युगद्रष्टा सयाजीराव

युगद्रष्टा सयाजीराव

बाबा भांड

प्रभात प्रकाशन, दिल्ली
ISO 9001:2008 प्रकाशक

प्रकाशक • **प्रभात प्रकाशन**
4/19 आसफ अली रोड,
नई दिल्ली–110002

संस्करण • प्रथम, 2018
मूल्य • पाँच सौ रुपए
मुद्रक • आर–टेक ऑफसेट प्रिंटर्स, दिल्ली

YUGDRASHTA SAYAJIRAO *by* Baba Bhand ₹ 500.00
Published by Prabhat Prakashan, 4/19 Asaf Ali Road, New Delhi-2
e-mail: prabhatbooks@gmail.com ISBN 978-93-5266-718-5

समय से आगे देखनेवाले
‘युगद्रष्टा’ बड़ौदा **नरेश महाराज सयाजीराव गायकवाड़**
के बारे में उपन्यास लिखने में
मेरी हर तरह की सहायता करनेवाले
सभी स्नेहीजनों के लिए।

समय से आगे देखनेवाला राजा

आदिवासी क्रांतिवीर टंटया भील ने सवा सौ वर्ष पूर्व शक्तिशाली ब्रिटिश सत्ता के विरोध में लंबे समय तक संघर्ष किया। किसानों-आदिवासियों ने उसका साथ दिया। सोलह वर्ष पूर्व मैंने 'टंटया' उपन्यास लिखा। आदिवासी जननायक की कहानी पढ़कर अहमदाबाद के वरिष्ठ लेखक श्री मधुकर शंकर प्रधान की चिट्ठी आई—

"बड़ौदा के महाराजा सयाजीराव गायकवाड़ पर उपन्यास लिखिए। किसान परिवार का बेटा राजा बनता है और बड़ौदा रियासत को एक ऊँचाई पर पहुँचाता है। अलग अर्थ में इन दोनों में समानता है।"

'टंटया' उपन्यास के बाद मैं नए विषय की खोज में था ही। मटका, जुआ और वेश्याओं के बारे में एक पुराना विषय दिमाग में था। उस पर कुछ काम भी कर चुका था, लेकिन प्रधानजी की चिट्ठी ने नया विषय देकर मुझे काम पर लगाया। सयाजीराव गायकवाड़ का नाम सुना था। इतना पढ़ा हुआ याद आता है कि देहात का बालक दैवगति से राजा बनकर रियासत में सुधार लाता है।

शासकीय ग्रंथागार में मेरे स्नेही डॉ. रा.शं. वालेकर थे, जिन्होंने 'टंटया' के संदर्भ में पर्याप्त सहायता की थी। उनसे मिला। घंटेभर में उन्होंने आठ पुस्तकें सामने रख दीं। झेरॉक्स कीं। पढ़ने और टिप्पणियाँ बनाने का काम शुरू हुआ। एक मित्र से बात की तो उसने झट से कहा, "लगता है, तुम अब ऐतिहासिक और जीवनी उपन्यासकार बनते जा रहे हो।"

मित्र की प्रतिक्रिया मेरे अंदर के लेखक को लाल झंडी लगी। लेखक को लकीर का फकीर नहीं बनना चाहिए। निरंतर नए विषय की खोज में रहना चाहिए। विषय की जड़ तक पहुँचकर सर्जनशील रचना करनी चाहिए। और इस सोच में सयाजीराव महाराज से संबंधित प्रकल्प नजर के सामने से हट गया।

इस दरमियान कुछ पुस्तकें लिखी गईं। अन्यों के मरण पर जिनका जीवनयापन चलता है, उन पर 'दशक्रिया' उपन्यास लिखा। टंटया का संघर्ष आम आदमी का सामूहिक

संघर्ष था। उसे भी 'टंटया' उपन्यास में चित्रित किया। अपने हाथों लकड़ियाँ काटकर अपनी चिता रचते हुए संत ज्ञानेश्वर की समाधि के पर्वकाल में पाँच सौ एक अभंगों की रचना कर अग्निसमाधि लेनेवाले मेरे भतीजे कृष्णा पर 'योगी' उपन्यास लिखना अनिवार्य था। फिर जुआ, मटका और वेश्या के अधोविश्व पर 'जुआ' उपन्यास भी लिखा। मेरा लेखक नए विषयों की खोज की प्रक्रिया में फिर एक बार छोड़ दिए सयाजीराव गायकवाड़ के विषय पर आ गया। इस विषय पर लिखने की सोच ने जोर लगाया और फिर से संदर्भ जुटाने लगा। कई संदर्भ मिल गए। मित्र डॉ. रमेश वरखेड़े के साथ बड़ौदा पहुँचा। श्री मधुकर प्रधान भी अहमदाबाद से पधारे। डॉ. दा.वि. उर्फ दादूमियां, अविनाश कप्तान, सयाजीराव महाराज विश्वविद्यालय के ग्रंथालय से सहायता मिली। मराठी विभागाध्यक्षा डॉ. सुषमा करोगल की छात्रा डॉ. वैभवी देहूकर ने ग्रंथालय सहायता के साथ हिंदी, मराठी, अंग्रेजी की अस्सी पुस्तकों की झेरॉक्स बनवा दी।

बड़ौदा नगर, राजमहल, म्युजियम आदि देखते समय लंदन शहर की याद आ गई। संदर्भ साहित्य से नोट्स लेते हुए उपन्यास का ढाँचा मन में साकार होने लगा। दुःख हुआ कि बारह वर्ष पहले हमने इस काम को क्यों नहीं अंजाम दिया? जो सामग्री हाथ आई, वह चकित कर देनेवाली थी। फुले-शाहू-आंबेडकर की विरासत पर गर्व करनेवाले, प्रगतिशील कहलानेवाले महाराष्ट्र ने सयाजीराव गायकवाड़ को जान-बूझकर तो उपेक्षित नहीं रखा होगा?

स्वतंत्रता-पूर्व भारत में पाँच-छह सौ रियासतें थीं। अपने वैभव की शान में जनहित को अहमियत देनेवाले उनमें बिरले ही थे। शक्तिशाली ब्रिटिश सत्ता के अधीन रहकर अपने-आप को बचाने का ही बहुतेरों का प्रयास था। ऐसे समय में मालेगाँव के पास के कवलाणा देहात का बारह वर्ष का एक बालक राजा बन जाता हैं। स्वयं पढ़कर बड़ौदा रियासत को देश में क्रमांक एक का राज्य बना देता है, बड़ी विलक्षण घटना थी।

सयाजीराव की पहचान एक उदार मतवादी, जनतंत्र के पुरस्कर्ता, प्रगतिशील, समाज सुधारक राजा के रूप में होने लगी। इससे भी बढ़कर बात थी—जोखिम उठाकर जिंदगी भर देश के क्रांतिकारियों की और आंदोलनों की सहायता करना। सयाजीराव अकेले राजा थे, जिन्होंने ब्रिटिश सत्ता के विरोध में इस तरह का धोखा मोल लिया था।

सयाजीरावजी ने बड़ौदा में अनिवार्य मुफ्त शिक्षा, अस्पृश्यता निवारण, अस्पृश्य आदिवासियों के लिए स्कूल, गाँव-गाँव में ग्राम पंचायत और ग्रंथालय, बाल-विवाह पर पाबंदी, विधवा पुनर्विवाह को समर्थन, स्त्री शिक्षा, सहकारी क्रेडिट सोसाइटी के लिए कानून, कृषि और उद्योग का विकास के साथ-साथ साहित्यिक पुस्तक प्रकाशन, कला, नाट्य-संगीत, चित्रकला, शिल्पकला आदि को राजाश्रय देकर बहुत बड़ा महान् कार्य किया। उन्होंने महात्मा ज्योतिबा फुले, राजर्षि शाहू,

डॉ. बाबासाहेब आंबेडकर महर्षि विट्ठल रामजी शिंदे, कर्मवीर भाऊराव पाटील, पं. मदनमोहन मालवीय आदि महानुभावों की सहायता की। साथ ही, लेखक और प्रकाशकों की मदद भी की। स्वयं बड़ौदा रियासत ने तीन सौ बानवे मूल्यवान ग्रंथों का प्रकाशन किया।

एक चरवाहे के बेटे ने अपने चौसठ वर्षों के कारोबार में स्वतंत्रता-पूर्व युग में शिक्षा, समाज-परिवर्तन, कला, साहित्य, संस्कृति और राष्ट्रभक्ति के क्षेत्र में हिमालय जैसा बड़ा और ऊँचा काम किया। जिस जमाने में अन्य रियासतों के राजा क्रांतिकारियों को पकड़वाकर अपनी राजनिष्ठा का परिचय दे रहे थे, उस जमाने में उन्हें बचाने और प्रेरित करने का जोखिम सयाजीराव उठा रहे थे। अरविंद घोष, दादाभाई नौरोजी, बाल गंगाधर तिलक, मादाम कामा, वि.दा. सावरकर, न्या रानाडे, सुभाषचंद्र बोस, वारिंद्र घोष आदि के साथ सयाजीराव का संबंध ब्रिटिश सत्ता को चुभ रहा था। सयाजीराव के इस पहलू पर मराठी, हिंदी या गुजराती में प्राय: नहीं लिखा गया था।

सयाजीराव ने विश्व-यात्रा कर दुनिया देखी। जहाँ जो नया देखा, उसे बड़ौदा लाने की कोशिश की। दूसरी 'विश्व धर्म परिषद्' शिकागो और विश्व नृवंश परिषद्, लंदन की अध्यक्षता उन्होंने की। हजारों छात्रों, कलाकारों और संस्थानों को करोड़ों की सहायता दी।

अरविंद घोष पंद्रह वर्ष महाराज तक निजी सचिव थे। इतिहासकार गो.स. सरदेसाई सैंतीस वर्ष उनके रीडर और राजपुत्रों के शिक्षक थे।

ब्रिटिश शासन के लिए सिरदर्द थे सयाजीराव। लॉर्ड हार्डिंग्स ने अपने आरोप-पत्र में लिखा था, "सयाजीराव बहुत चालाक हैं। कोई सबूत पीछे नहीं छोड़ते। प्रभुसत्ता को उनसे खतरा है।" चक्रवर्ती राजगोपालचारी ने कहा है, "आज तक भारत में दो ही योग्य राजा हुए हैं—छत्रपति शिवाजी महाराज और सयाजीराव गायकवाड़।" महात्मा गांधीजी ने बड़ौदा में हरिजनों को शिक्षा के द्वार खोलनेवाले महाराज को 'अस्पृश्यता का कलंक पोंछनेवालों में पहले' कहा है। इतिहासकार राजवाड़े ने महाराष्ट्र के श्रेष्ठ व्यक्तियों में पिछले सौ वर्षों में पहला नाम सयाजीराव का लिया है।

सन् 1939 में महाराज का निधन हुआ। 1947 में भारत स्वतंत्र हुआ। गुजरात नया राज्य बन गया। महाराष्ट्र के लिए सयाजीराव गुजरात के हुए। गुजरात के लिए सयाजीराव मराठा रह गए जबकि सयाजीराव के मन में ऐसा कोई भेद नहीं था। सयाजीराव के काम अतुलनीय हैं। आदर्श राजा, आदर्श लोक प्रतिनिधि सयाजीराव महाराज नजरअंदाज होते गए। ऐतिहासिक सत्य और मुश्किल यथार्थ को औपन्यासिकता देने में संयम और न्याय से काम लेना पड़ा। समय के पार देखनेवाले 'युगद्रष्टा महाराजा' सयाजीराव महाराज के इस आख्यान का न्याय पाठक ही करेंगे।

—बाबा भांड

अनुवादकीय

'आख्यान सयाजीराव महाराज' श्री बाबा भांड के सफल मराठी उपन्यास 'युगद्रष्टा महाराजा' का संपादित अनुवाद है। इसे जीवनीपरक उपन्यास भी कहा गया है। यह बड़ौदा नरेश श्री सयाजीराव महाराज गायकवाड़ के जीवन की महत्त्वपूर्ण घटनाओं पर आधारित है। उनकी जीवनी के अधिक-से-अधिक ब्यौरों को प्राप्त करने के लिए श्री बाबा भांड ने न केवल अब तक प्रकाशित संदर्भ साहित्य को खँगाला बल्कि अब तक अप्रकाशित व अनुपलब्ध सामग्री का अनुसंधान करने के लिए बड़ौदा सरकार के अभिलेखों से लेकर लंदन की 'इंडिया लाइब्रेरी' तक दौड़ लगाई। इस उपक्रम में उनके पास इतनी जानकारी संचित हुई कि जिसके आधार पर दस-पंद्रह नए ग्रंथ भी प्रकाशित किए जा सकते हैं; और उन्होंने महाराज के भाषण, लेख, आदेश आदि के संकलित ग्रंथ प्रकाशित किए भी। उपलब्ध सामग्री असाधारण है। समाज-सुधार, दलितोद्धार, बड़ौदा बैंक की स्थापना, विश्वविद्यालय, स्कूल, साहित्य, संगीत, चित्र, शिल्प आदि कलाओं को प्रोत्साहन, देशभक्त, क्रांतिकारियों की सहायता, ब्रिटिश शासन के प्रति व्यवहार, नगर-निर्माण, कृषि सुधार, विदेश यात्राओं के अनुभव जैसी बातों से विकसित विश्व-बोध आदि कितनी ही विशेषताओं और कार्यों को देखते हुए उपनिवेशकालीन भारतीय रियासतों के राजाओं में उन्हें 'शिरोमणि' तो कहा ही जा सकता है और इतिहास में पहली बार इनको अमल में लाने के कारण 'युगद्रष्टा महाराज' भी कहा जा सकता है। अब यदि उन्हें 'भारतरत्न' जैसी उपाधि से विभूषित न भी किया गया हो, तो भी अपने विशिष्ट व्यक्तित्व और कृतित्व के बल पर महाराज स्वयंसिद्ध 'भारतरत्न' हैं।

उत्तरकाल में विख्यात अनेक महापुरुषों का पूर्व जीवन बड़ौदा शासन की छत्रच्छाया में बीता। यह संयोग की बात नहीं थी। महाराज ने उनके गुणों को परखकर भी अपने राज्य के लिए चुना था। इनमें अरविंद घोष, भीमराव आंबेडकर, राजा रवि वर्मा, बाल गंधर्व आदि कई नामों को गिनाया जा सकता है।

भारतीय सभ्यता, संस्कृति, स्वतंत्रता और आधुनिकता को अंजाम देनेवाले ऐसे समय से आगे चलनेवाले महान् राजा का जीवन–चरित्र महाराष्ट्र में भी उचित परिप्रेक्ष्य में नहीं आया था और एक तरह से उपेक्षित ही रहा था। इस शल्य को दूर करने के इरादे से ही श्री बाबा भांड ने यह सारा उद्यम किया और परिणामस्वरूप एक बृहद् उपन्यास लिखने में सफलता प्राप्त की। वर्ष 2012 में प्रकाशित इस 528 पृष्ठों के उपन्यास के मराठी में अब तक आठ संस्करण प्रकाशित हो चुके हैं।

प्रस्तुत अनुवादक को प्रतीत हुआ कि भारतीय परिप्रेक्ष्य में श्री सयाजीराव महाराज का असाधारण व्यक्तित्व और कृतित्व प्रायः उपेक्षित ही रहा है। एक अनपढ़ देहाती बालक का इस प्रकार एक आधुनिक दृष्टिसंपन्न, स्वतंत्रता–प्रेमी, राजनीति कुशल, अभिजात कला रसिक, बहुगुणोपासक के रूप में रूपांतरित हो जाना किसी चमत्कार से कम नहीं। इस महानुभाव को भारतीय तथा राष्ट्रीय आयाम में प्रस्तुत करने के उद्देश्य से ही अनुवादक इसके हिंदी अनुवाद के लिए प्रेरित और प्रवृत्त हुआ।

सयाजीराव की दृष्टि भारतीय थी। उन्होंने जान लिया था कि भारत जब एक राष्ट्र बन जाएगा, तब राष्ट्रभाषा के रूप में हिंदी ही एकमात्र विकल्प होगा। उन्होंने आदेश दिया था कि हिंदी के महत्त्व को समझकर बड़ौदा रियासत के स्कूलों में अंग्रेजी के साथ हिंदी शिक्षा का भी प्रबंध किया जाए।

इस अनुवाद से पूर्व इस अनुवादक ने श्री बाबा भांड के 'दशक्रिया' और 'टंटया' इन दो सफल उपन्यासों के हिंदी अनुवाद प्रस्तुत किए थे और दोनों का उचित स्वागत हिंदी पाठकों ने किया था। दोनों के पेपरबैक संस्करण भी प्रकाशित हुए। 'दशक्रिया' को तो हैदराबाद, दक्षिण के जनप्रिय हिंदी समाचार–पत्र 'हिंदी मिलाप' ने अपने रविवारीय संस्करण में धारावाहिक रूप से पुनर्मुद्रित किया। 'टंटया' के अनुवाद की भी भूरि–भूरि प्रशंसा हुई।

जीवनी, चरित इतिहास दस्तावेज, इतिवृत्त चरित्र–चित्रण, घटना प्रसंगों का कल्पनाप्रसूत भाव–चित्रण, औपन्यासिक विधान आदि सब मिलाकर एक सरल जनतुल्य कथन के लिए 'आख्यान' पद उपयुक्त प्रतीत हुआ, इसलिए 'आख्यान सयाजीराव महाराज।' आशा है, 'आख्यान सयाजीराव महाराज' का हिंदी के सुधी पाठक स्वागत करेंगे और भारतीय इतिहास, सभ्यता और संस्कृति में उनके अभूतपूर्व योगदान का विस्मरण नहीं होने देंगे।

—निशिकांत ठकार

नांदी आख्यान

नर्मदा मैया के उत्तरी टीले पर गंगनाथ आश्रम की लकड़ी की किवड़िया के चरमराने की आवाज को सुनते ही आँगन में बँधी कपिला गाय हड़बड़ाकर उठ खड़ी हो गई। गरमाहट पाने के लिए उसके पेट से चिपका बछड़ा भी काँपते हुए खड़ा हो गया।

साढ़े छह फीट लंबे ब्रह्मानंदजी अपनी कुटिया से बाहर आ गए। धीमी हवा की लहर से झूम रही अपनी दाढ़ी को सहलाते हुए उन्होंने पूरब की ओर देखा। दो मील की दूरी पर चाँदोद गाँव अभी भी नीद में था। गाँव के पूरब में स्टेशन पर सबेरेवाली गाड़ी खड़ी थी। गाड़ी ने सीटी दी। चाँदोद से उस पार नर्मदा मैया का पात्र घोड़े के नाल के आकार में मुड़ गया था। दो मील पर रेवाराणाजी का महल था। महल के परे संगम। संगम पर भवानी माता का मंदिर। नदी के तीर पर गगनचुंबी ऊँचे पेड़। उन पर भोर की लाली का गुलाल उछला हुआ। आश्रम के दाहिनी ओर गंगानाथ महादेव का छोटा सा मंदिर था। मंदिर के अंदर दीये की ज्योति हवा की लहर पर डोल रही थी। अँधेरे में पिंडी नहीं दिखाई दे रही थी। पिंडी की ओर हाथ जोड़कर आजानुबाहु ब्रह्मानंदजी कुछ बुदबुदाने लगे—“हरऽ हरऽ नरमदेश्वर! नए दिन का आरंभ हो रहा है। परचक्र को सहने की शक्ति हमें दे दो। तभी पराधीनता के फँदे को फेंक देने की उम्मीद बची रहेगी।”

स्वामी पीछे मुड़ गए। युवा शिष्य केशव अभी तक नहीं आया था। हर दिन तो पहले ही जाग पड़ता था। मंदिर के नैऋत्य कोने में स्थित सरस्वती गुफा में ध्यान साधना किया करता था। मंदिर के पासवाले ऊँचे बेल के पेड़ की पत्तियाँ तोड़कर स्वामीजी के लिए लाया करता था। वायव्य कोने की ढलान के पास गोशाला थी। वहाँ का काम निपटाकर मंदिर के बाहर आकर उनकी बाट जोहता था।

ब्रह्मानंदजी ने मंदिर की ओर देखा, फिर नर्मदा मैया के पात्र की ओर। सामने ढलान के पास गहरे स्थान पर नर्मदा कल-कल करती बह रही थी। फिसलनेवाली ढलान पर वह चलने लगे तो केशव ने सामने आकर गुरुजी को वंदन किया—“हरऽ हरऽ नर्मदश्वर, स्वामीजी।”

केशव से विलंब का कारण पूछे बिना ही उन्होंने कहा, ''चलो केशव, आज हम रोज की तरह जाग नहीं सके।''

''आप कल रात अतिथियों के साथ बातें कर रहे थे। सोने में विलंब हो गया था। मैं भी रोज की तरह सुबह जाग नहीं सका।'' केशव की बात को बीच में ही काटते हुए ब्रह्मानंदजी ने कहा, ''अरे, नहीं-नहीं, वे अतिथि नहीं थे। अपने विशेष साथी विद्यानंदजी थे।'' वह नर्मदा की ओर बढ़ने लगे, केशव उनके पीछे।

''केशव, एक बार तुमने हमारे घराने के बारे में पूछा था। तब मैंने कहा था कि फिर कभी बताऊँगा। कल रात के अतिथि और मेरे अपने बारे में अब तुम्हें संक्षेप में कुछ बताऊँगा।

''शिवछत्रपति ने हिंदवी स्वराज का बंदनवार बाँधा, तब किसी एक मराठा सरदार का साथ मिला। महाराज की सेवा करनेवाले दो घराने थे—एक बालाजी आवजी चिटनवीस का और दूसरा रोहिड़खोरकर वाले देशपांडे का। हम रोहिड़खोरकर घराने की पाँचवीं पीढ़ी के एकनिष्ठ सेवक। सतारा के छत्रपति प्रतापसिंहजी की सेवा में थे। अंग्रेजी कंपनी सरकार ने प्रतापसिंहजी को पदच्युत कर किसी अपराधी की तरह काशी में बंदी बनाया। हर साल एक लक्ष बीस हजार रुपयों की नियुक्ति हुई। उनके दूसरे सेवक, दूसरे बाजीराव को लेकिन आठ लक्ष रुपए मंजूर किए। यह अंग्रेजों का उल्टा न्याय था। हमारे छत्रपति के साथ सरासर नाइंसाफी थी।'' केशव की ओर देखकर स्वामीजी ने उसका चेहरा निरखा।

''उन्होंने ऐसा क्यों किया?'' केशव ने आश्चर्य से पूछा।

''सरकार की यह गलती थी। इसके विरोध में छत्रपति का पक्ष रखने के लिए मैंने विलायत जाने की सोची। मेरे सामने मुसीबतों का पहाड़ था। अंग्रेजी भाषा के परकोटे खड़े थे। असीम इच्छा शक्ति और छत्रपति के प्रति निष्ठा के बलबूते विलायत पहुँचा। ईस्ट इंडिया कंपनी के डायरेक्टर बोर्ड के सामने दस्तावेजों के प्रमाण प्रस्तुत करते हुए प्रतापसिंहजी पर हुए अन्याय की कैफियत रख दी। सिद्ध किया कि अंग्रेजों के सारे अभियोग झूठे थे। इंग्लैंड की पार्लियामेंट में भी भाषण दिया। शहर में सैकड़ों सभाएँ कीं। 1840 से 1854 तक चौदह वर्ष स्वामी को न्याय दिलाने के लिए जी-तोड़ मेहनत की, लेकिन सब बेकार गई।'' स्वामी ब्रह्मानंद रुक गए। उनका स्वर भारी हो गया था।

''दुनिया को समता और न्याय की शिक्षा देनेवाले गोरे साहब का ऐसा व्यवहार?'' केशव ने पूछा।

''केशव, साहब के खाने के दाँत अलग और दिखाने के अलग थे। मुंबई के गवर्नर सर रॉबर्ट ग्रेंड ने लंदन के कंपनी डायरेक्टर को पहले ही सूचित किया था कि ब्रिटिश राज के मुल्क के लिहाज से सतारा की रियासत रोड़ा है। हम लोगों ने पहले जो गलती

की थी, उसे सुधारने का बढ़िया मौका है। सतारा की भूमि उर्वरा है। प्रजा सहनशील है। राजेशाही की गुड़िया को उठाकर फेंक देने के अवसर को गँवाना नहीं चाहिए।'' डायरेक्टर बोर्ड ने मुझे सुना दिया, ''गवर्नर का निर्णय सही है।'' सुनकर मेरी दशा क्या हो गई होगी, इसकी कल्पना आज भी नहीं की जा सकती। चौदह वर्षों के प्रयास, यातायात सब साहब की कलम के एक झटके से मिट्टी में मिल गए।''

ब्रह्मानंदजी नदी किनारे पहुँचे। पूरब की तरफ से आकर नर्मदा नैऋत्य दिशा में मुड़ गई थी। उसकी कल-कल करती धारा चट्टान से टकराकर फिर आगे बढ़ने लगी। मन में सोचा कि हमें भी इस तरह अपने मन को मोड़ देना चाहिए।

कफनी को तन से हटाते हुए बोले, ''यह रंगो बापूजी दुःखी मन से उस दिन टेम्स नदी के किनारे हताश बैठा हुआ था। दिन में जैसे अँधेरा छा गया था। तभी सहसा नानासाहेब पेशवा के मंत्री और वकील अजीमुल्ला खाँ से मुलाकात हो गई। नानासाहेब का पक्ष रखने के लिए विलायत आए हुए थे, लेकिन साहब ने उनकी उम्मीदों पर भी पानी फेरा था।''

ब्रह्मानंदजी ने बाईं ओर देखा। भवानी माता के कलश पर सूर्यनारायण की किरणें झलकने लगी थीं। उनका बिंब नर्मदा के पानी में उतरा था। हाथ जोड़कर उन्होंने अपने आपको नर्मदा की धारा में झोंक दिया। कुछ देर तैरने के बाद कमर तक के पानी में खड़े होकर पूरब की ओर देखा। नर्मदा की लहरों पर सूर्यनारायण का तेजस्वी बिंब डोलने लगा था। अंजुरी में जल का अर्घ्य देते हुए बोले, ''हमारी मातृभूमि की दास्य शृंखलाओं को हटाने के लिए बलोपासना की शक्ति हमें देना।''

स्वामी ब्रह्मानंद पानी से बाहर आ गए। गीले कपड़ों को निचोड़कर कंधे पर डाल दिया। नर्मदा की ढलान पर चढ़ते हुए उन्होंने अपनी खंडित कहानी को फिर जारी रखा।

''निराश हम भारत लौट आए। मुंबई के बंदरगाह पर हजारों लोग इस रंगो बापूजी की जय-जयकार कर रहे थे। सुनकर हमारे बेजान मन में चेतना के अंकुर फूटने लगे। जगन्नाथ नाना शंकरशेठ, सर जमशेठजी जिजीभाई और रिश्तेदारों ने स्वागत किया। कुछ दिन बाद हम अपने कुलदेवता रायरेश्वर के मंदिर गए। स्वयंभू शंकर की पिंडी पर अपनी कलम, स्याहीदान और पगड़ी उतारकर आमरण उनका त्याग किया। हमारे संन्यास का आरंभ हो गया।''

''लेकिन आपका काम तो चल ही रहा था न?''

''रंगो बापूजी ने वकील का लबादा उतार दिया था और संन्यासी के गेरुए वस्त्र अपनाए थे। यहाँ की रियासतों के राजाओं से मिलना-जुलना शुरू किया। कानपुर में तात्या टोपे से मुलाकात हुई। उन्होंने नानासाहब पेशवा को बता दिया। आप आए और बिठूर ले गए।''

''बीती बात बिसार दीजिए, अब हम एक ही नौका के मुसाफिर हैं। इसे ध्यान में रखकर भविष्य के बारे में सोचें।'' नानासाहब से प्रार्थना की। हमने उनसे प्रश्न किया, ''अंग्रेजों से दस्तावेजों की लड़ाई के अब कोई मायने नहीं रहे। काशी से रामेश्वरम् तक तमाम हिंदुस्तान एक दिल होकर खड़ा होगा, तभी काम बनेगा। लेकिन ऐसे आंदोलन का नेता कौन बनेगा?''

''वक्त आने पर उत्तर हिंदुस्तान के हम सारे दखनी रियासत पेशवाई की पुनर्स्थापना के लिए प्राणों की बाजी लगाएँगे।''

''सुनकर मैं दहल गया। समझ गया कि दिल्ली का बादशाह, पंजाब के सिख, झाँसी की रानी और पेशवा सब अपनी-अपनी रियासतों के बारे में सोच रहे हैं। जनता की फिक्र किसी को नहीं। हम सोचते थे कि सब एक होकर अंग्रेजी सत्ता को उखाड़ दें।''

''ऐसा क्यों नहीं हो सका?''

''छत्रपति के सारे सरदार, पेशवाई का सपना देखनेवाले सब आपसी कलह, दुश्मन का लांगूल चालन और घरभेदी वृत्ति के शिकार हो गए थे। परस्पर द्वेष और जाति-पाँति के ऊँच-नीच भाव ने मराठों के तेज को शबल कर दिया था। नेता कोई नहीं था।

''हाथ आए अवसर को हमारे लोगों ने गँवा दिया। दुर्भाग्य की बात यह कि इस विद्रोह को कुचलने के लिए हमारे ही कुछ लोगों ने अंग्रेजों की सहायता की। भोर रियासत के एक सेवक कृष्णराव सिंदकर ने हमारा साथ देने की बात की तो उससे मिलने गए। पता चला कि बीमार हैं। भीतर के कमरे में छिपे अंग्रेज सिपाही ने झपटकर हमें बंदी बना दिया। ग्वालियर के किले में कैद किया। सौभाग्य से पहरेदार देशप्रेमी था। इसलिए रात में ही वहाँ से भाग निकले। अपने ही धोखेबाजों से सावधान रहने का पाठ पढ़ा। स्थानांतर करते हुए यहाँ आ गए। नर्मदा तीरे गंगनाथ ने आश्रय दे दिया।''

गंगनाथजी के सामने ब्रह्मानंदजी ने आसन जमाया। केशव भी आकर बैठ गया। ब्रह्मानंदजी ने फिर कहना शुरू किया। ''गंगनाथ से बड़ौदा पचास मील की दूरी पर हमने खंडेराव महाराज से सहायता की माँग की। अंग्रेजों के विरोध में कुछ भी करने से उन्होंने इनकार किया। रियासत की बगावतों को कुचलकर अंग्रेजों से वाह-वाही लूटी। उनके अकाल निधन से तसवीर कुछ बदल गई। नए महाराज मल्हारराव ने अंग्रेजों का साथ देनेवाले दीवान भाऊ शिंदे आदि को दंड देते हुए उनकी जायदाद जब्त की और उस संपत्ति को हमारे चरणों पर रख दिया। हमने कहा, 'हम ठहरे संन्यासी! इसका हमें क्या उपयोग? कुछ लोकहित का काम करें।' उनका विचार यहाँ घाट बनाने का था लेकिन हमने मना किया। लोगों का आना-जाना बढ़ेगा तो अंग्रेजी जासूस भी पहुँच जाएँगे। महाराज मान नहीं रहे थे तो दो मील की दूरी पर चाँदोड़ तीर्थक्षेत्र पर घाट बनवाने के लिए मनाया। इस समय दादाभाई नवरोजी महाराज के दीवान नियुक्त हुए थे। हमारे

कार्य को आधार मिल गया। गंगनाथ को देशप्रेमी युवकों का केंद्र बनाने का हमारा सपना इसलिए टूट गया कि कर्नल फेअर के मामले के पीछे महाराज का हाथ होने की बात जानते ही दादाभाई ने दीवान पद से त्याग-पत्र दे दिया।''

''अभी आप रात के अतिथि के बारे में बता रहे थे...''

''हाँ, विद्यानंदजी, हमारे कार्य के एक साथी। पंजाब केसरी रणजीतसिंह की सेना में थे। अफगान लड़ाई में लड़े। लड़ाई के बाद महाराज से कहा, 'सैनिकी जीवन में मन नहीं रमता। मुझे छुट्टी दीजिए।' त्याग-पत्र दे दिया। महाराज ने पूछा, ''आगे क्या करने का इरादा है?''

विद्यानंदजी ने कहा, ''नर्मदा किनारे पर्णकुटी बनाकर आश्रम बनाऊँगा। संन्यासी बनकर युवकों को राष्ट्रप्रेम और बलसाधना सिखाऊँगा'' इसी समय मैं लंदन से लौटा था। अमरकंटक नर्मदा की उद्गम स्थली पर विद्यानंदजी से मुलाकात हुई। हमारे सुर मिल गए। मंदसोर में पर्णकुटी बनाकर उन्होंने राष्ट्र-कार्य शुरू किया। हम घूमते-घामते यहाँ आए तो झाड़ियों में बसे टीले की जगह हमें पसंद आ गई। सुरक्षित स्थान। दो तरफ बड़े नाले। वर्षा में तो नाँव से ही आना पड़ता है। माँडवा रियासत के राणा ठाकुर ने हमें यहाँ आश्रय दे दिया। बड़ौदा पास ही था संपर्क के लिए।''

''विद्यानंदजी रात मे रुके नहीं, तुरंत चले गए?'' केशव ने पूछा। ब्रह्मानंदजी ने कहा, ''हाँ, कुछ जरूरी बातें करनी थीं तो उसके बाद चले गए। हमारी योजना है कि हिंदुस्तान में कुछ स्थानों पर राष्ट्रीय गुरुकुल का प्रारंभ करें। पुणे के पास तलेगाँव, बुलढ़ाणा के पास खामगाँव और यहाँ इसका दायित्व केशव हम तुम पर सौंप रहे हैं। हमारी उम्र हो चुकी है। कल हम हों न हों। राष्ट्र-कार्य का दायित्वपूर्ण काम तुम्हें ही करना है। माँडवा के राजा ने स्थान दे दिया लेकिन बड़ी सहायता और आश्रय बड़ौदा के सयाजीराव गायकवाड़ महाराज से मिलनेवाली है। उनका संदेसा आया है। दोपहर में उनके दूत आ रहे हैं। कल विद्यानंदजी ने गंगनाथ स्थान के बारे में पूछा था। मुझे लगा कि तुम्हें भी उस समय होना चाहिए था।''

''आपने उन्हें क्या बताया?''

''अपने भारत में धार्मिक और पौराणिक महत्त्व के कई स्थल हैं। हमारी सांस्कृतिक विरासत। पवित्र गंगा सबको पापों से मुक्ति दिलाती है लेकिन इधर गंगा को मलिन करने का काम जारी है। इससे मनुष्यों के विकार बढ़ते जाएँगे। खैर! और एक स्थान नर्मदा तीर पर है। नर्मदा को 'रेवा' कहा जाता है। उसके किनारे गंगाजी नामक सिद्धपुरुष रहते थे। नर्मदा मैया के पवित्र जल से उनकी पंचपातकों से मुक्ति हो गई। स्वयंभू महादेवजी ने दर्शन दिए। इसलिए उन्होंने यहाँ पर गंगानाथ महादेव की स्थापना की। पाने पर यहाँ से चले गए लेकिन जाने से पहले एक शुभ्र कपिला गाय और उसका बछड़ा छोड़ गए।

तब से यहाँ शुभ्र गाय और बछड़ा दान देने का रिवाज शुरू हो गया। इसलिए इस तीर्थ को गाय-बछड़े का 'कांहोडी' तीर्थ कहते हैं। विद्यानंदजी को भी आश्रम बहुत पसंद आया। घने जंगल से घिरा निर्जन स्थान, जैसे अभेद्य गढ़ हो। इसीलिए हमने इस स्थान को चुना। राष्ट्रीय कार्य की स्थापना का स्वप्न देखा। उसे पूरा करने का दायित्व गंगनाथ की साक्षी में तुम पर सौंपते हैं।'' स्वामी ब्रह्मानंद ने भावावेश में केशव के माथे पर आशीर्वादस्वरूप हाथ रख दिया।

दोपहर में कांहोडी तीर्थ के किनारे नौका पहुँच गई। मल्हारराव घाट से अरविंद घोष, खासेराव जाधव और केशवराव देशपांडे आए हुए थे। अरविंद घोष ने पेड़ों से घिरे गंगनाथ मंदिर की ओर देखा। भगवा झंड़ा दिखाई दे रहा था ''अरविंद बाबू, स्थान कैसा है ?'' खासेराव ने दाएँ-बाएँ देख मुसकराते हुए पूछा!

''निकट आने तक पता ही नहीं चलता। भगवा ध्वज नहीं दिखाई देता तो समझ में भी नहीं आता कि यहाँ कुछ है।'' किनारे की चढ़ान चढ़ने लगे तो आम के पेड़ पर बैठे बंदरों ने आवाज के साथ अजनबी मेहमानों का स्वागत किया। आवाज सुनकर केशव मंदिर के पीछे आ गया। नदी के पात्र की ओर देखा। अतिथियों को देख दौड़ता हुआ गया।

''हर-हर नर्मदेऽ'' स्वागत करते हुए उसने कहा, ''मैं, केशव। स्वामीजी ने सुबह ही आपके आगमन के बारे में सूचित किया था। अभी स्वामीजी सरस्वती गुफा में ध्यान साधना में व्यस्त हैं। आप को वहाँ ले आने के लिए कह दिया है।''

''लेले गुरुजी ने स्वामीजी के बारे में बताया था।'' अरविंद घोष बोले। ''केशव, आप हैं अरविंदजी घोष। बंगाल के हैं। महाराज सयाजीराव के निजी सचिव। ये हैं बैरिस्टर केशवराव देशपांडे, सरसुभे अर्थात् कलक्टर। और मैं खासेराव जाधव। मैं भी सरसुभे हूँ।'' खासेराव ने सबकी पहचान करा दी।

केशव को देखकर पेड़ पर कूद रहे बंदर चुप हो गए। टीले पर घनी झाड़ी थी। झाड़ी में छिपा मंदिर पास आने तक नजर नहीं आता था। केशव सबको मंदिर के भीतर ले गया। सबने भक्तिभाव से दर्शन किए।

''स्वामीजी के पास जाएँगे।'' केशव ने कहा। उसके पीछे-पीछे सब सरस्वती माँ की गुफा के पास आ गए। आठ कदम नीचे उतरना पड़ा। सामने माँ सरस्वती की मूर्ति और दाहिनी ओर दीवार के पास स्वामी ब्रह्मानंद ध्यानस्थ बैठे हुए। तीनों ने माँ के दर्शन किए। स्वामीजी के सामने बैठ गए।

योगी ब्रह्मानंदजी की मुद्रा तेजपूर्ण थी। ध्यानस्थ होने के कारण आँखें बंद थीं। अरविंदजी ने दोनों हाथ जोड़कर प्रणाम किया। ब्रह्मानंदजी ने अधखुली आँखों से देखा। उनकी दिव्य दृष्टि अरविंदजी के मन में गहराई में उतर गई। 'जय नर्मदेश्वर' कहते हुए उन्होंने तीनों का स्वागत किया। अरविंदजी की ओर स्मित करते हुए कहा, ''गंगनाथ और

माँ सरस्वती के दरबार में आप सबका स्वागत है। आपकी भवानी मंदिर की कल्पना हमें पसंद आ गई। इसीलिए हमने सयाजीराव महाराज के पास योजना भेज दी। यह परिसर आपको पसंद आया तो फिर आगे की योजनाओं के बारे में भी सोचेंगे। केशव आपकी सहायता करेगा राष्ट्रीय गुरुकुल के काम में।''

''परिसर तो हम जैसा चाहते थे, वैसा है। आपकी कृपा-आशीर्वाद से सब सहज हो जाएगा।'' केशवराव देशपांडे ने कहा।

''विलायत में पढ़ रहे थे, तब से आपकी ख्याति सुन रखी है। ब्रह्मा, विष्णु, महेश एक साथ आ गए तो संकल्पित राष्ट्र-कार्य की सिद्धि में बाधा नहीं आएगी। सयाजीराव जैसे युगदर्शी राजा का आधार होने से इस कार्य में गति आएगी। हमारे अधूरे स्वप्न को आप युवकों को ही पूरा करना होगा।'' सरस्वती गुफा से सब बाहर आ गए। तीनों अतिथियों को परिसर दिखाया गया। सरस्वती गुफा के उत्तरी ढलान की ओर निर्देश करते हुए स्वामीजी ने कहा, ''अपने राष्ट्रीय गुरुकुल के लिए यह स्थान देखिए।'' अरविंदजी की ओर मुड़कर पूछा, ''इस गुरुकुल का क्या नाम रखने का इरादा है ?''

''गंगनाथ भारतीय विद्यालय'' झट से अरविंद बाबू ने कहा। ''सयाजीराव महाराज चाहते हैं कि यहाँ शक्ति और सरस्वती की आराधना हो।''

''यह तो नर्मदेश्वर गंगनाथ की इच्छा है। आप आगे की काररवाई शुरू करें। हम आपके स्वागत के लिए उत्सुक हैं।'' ब्रह्मानंदजी प्रसन्न होकर बोले। तीनों को लेकर गंगनाथ महादेव मंदिर की ओर चल पड़े।

चलते हुए ब्रह्मानंदजी सयाजीराव के बारे में ही सोच रहे थे। मन-ही-मन उनको विश्वास हुआ कि अपने इस देश-कार्य में इस राजा का साथ मिले, यह गंगानाथ की ही इच्छा है। इस युगदर्शी राजा का साथ कल के समृद्ध राष्ट्र की मानो नान्दी ही है। इस संकेत से उनकी मुद्रा पर समाधान झलक रहा था। उस युगदर्शी राजा की यह कहानी।

1

मौजा कवलाना।

बागलान खानदेश सीमा पर सौ घरों का गाँव। बारानी खेती। बौने मकान और सँकरी गलियों के बीच सड़क पर ही बहता नाली का पानी। वहीं सूख जाता। पूरब की ओर हनुमानजी का मंदिर। खुले मैदान में अस्त-व्यस्त फैला बड़ का पेड़। विगत वैभव का साक्षी। पेड़ के नीचे चबूतरे पर बैठकर लोग अतीत की गप्पें हाँका करते। सुख-दुःख की बातें। लंबी चली गई बारिश का डर और धूप की बढ़ती गरमी की चिंता रात के भजन में दूर भाग जाती। बड़वाले मैदान में बच्चों के खेल चलते। रात धीरे-धीरे बढ़ने लगती तो गाँव चादर ओढ़कर सो जाता। बड़ी भोर गाँव जाग उठा। कुएँ पर गागर-बाल्टियों की आवाजें आने लगीं। पूरब की लाली हनुमान मंदिर से उतरकर गाँव की गली-कूचों में फैल गई। गोठ में बकरियों के गले की डोर ढीली होते ही वे गरदन हिलाती हुई खेत की तरफ निकल पड़ीं। मक्खियों को हटाने के लिए गरदन हिलाने पर गाय के गले की घंटियाँ मधुर स्वर में गूँजने लगतीं। बंद झोंपड़ियों के किवाड़ खुल गए। दिशा मैदान के लिए लोग बाहर निकलने लगे। औरतें आँगन में गोबर-पानी सींचने लगीं। चूल्हे जलने लगे।

मालेगाँव सड़क पर नीम के घने पेड़ों के पीछे से सूर्यनारायण की लंबी किरणें कवलाना गाँव पर उतरने लगीं और काले घोड़े पर सवार साहब गाँव की तरफ मुड़ गए। सामनेवाले दो घोड़ों पर नीली वरदी की पुलिस थी। बीच में साहब का घोड़ा। मालेगाँव सड़क से आधे मील की दूरी पर कवलाना गाँव। बैलगाड़ी की सड़क के दोनों ओर नीम के पेड़ों की कतारें।

हनुमान मंदिर के पीछेवाला नाला लाँघकर साहब के घोड़े खँडहर बने प्रवेश द्वार से भीतर आए तो दो-तीन कुत्तों ने भौंककर सुबह आए मेहमानों का स्वागत किया। हाथ में लोटा लेकर जा रहे लाल पगड़ीवाले आदमी ने कुत्तों की तरफ पत्थर फेंक उन्हें भगा दिया।

बड़ी सुबह साहब के आने की वार्त्ता गाँव में फैल गई। हनुमानजी के चबूतरे पर

नीम के तिनके से दाँत माँजनेवाले उखाजी ने झट से तिनका फेंक दिया। मुँह का कड़वा रस थूककर साहब को झुककर 'राम-राम' कहा। और भी लोग जमा हो गए।

"काशीराव गायकवाड़ पाटील का मकान दिखाओ" घोड़े से उतरकर सिपाही के कहते ही उखाजी ने चकित होकर साहब की ओर देखा। "चलिए साहब। मेरा बड़ा भाई है वो।" उखाजी ने कहा और सिपाही के साथ चलने लगा। वह चकरा गया कि साहब किसलिए आए होंगे? सिपाही से पूछने की हिम्मत नहीं हुई। "दादाऽ।" उखाजी के आवाज देने पर दरवाजे के पास बैठे काशीराव ने बाहर देखा। सिपाही और उखाजी को देख पगड़ी बाँध ली। धोती कंधे पर डालते हुए बाहर आ गए।

"पाटील, नासिक के कलेक्टर मेहरबान इलियट साहब ने तुम्हें बुलाया है। हनुमानजी के पास रुके हुए हैं।" सिपाही का हुक्म सुनकर काशीराव चल पड़े। उनके बड़े भाई गवाजीराव कवलाना में पुलिस पाटील थे। भाई के पास साहब लोगों का आना-जाना था लेकिन आज कलेक्टर के स्वयं आ जाने से उनके मन में तरह तरह की आशंकाएँ उठीं। घोड़े पर बैठे, टोप पहने साहब को झुककर मुजरा किया—"राम राम, हुजूर"

"क्या नाम तुम्हारा, पाटील?" साहब के पूछने पर हाथ जोड़कर कहा, "मैं काशीराव हूँ, हुजूर।"

"तुम्हारे कितने बेटे हैं, पाटील?" घोड़े पर से उतरते हुए साहब ने पूछा। काशीराव ने उखाजी और पास इकट्ठा हुए बच्चों की तरफ देखकर कहा, "मेरे तीन हैं, साहब यह बड़ा आनंदा, बीच का गोपाल और छुटका संपत।"

"तुम्हारे भाई के भी और होंगे न?"

"जी हाँ, हैं न, यह दादासाब। कुछ खलियान में और कुछ मवेशियों के पीछे चले गए हैं।"

"तुम्हारे और भाई के बच्चों को लेकर कल नासिक में हमारे बँगले पर आ जाना।" साहब घोड़े पर बैठ गए। एड़ देने से पहले काशीराव की ओर देखकर बोले, "सरकारी काम है। लापरवाही मत करना।"

काशीराव ने 'हाँ' कहते हुए हाथ जोड़ दिए। घोड़े जब नजर से दूर हो गए तो वह जल्दी-जल्दी घर की तरफ लौटे। दरवाजे पर उमाबाई फिक्र में खड़ी थी। काशीराव ने बताया, "कल नासिक बुलाया है मुझे, बेटों के साथ।"

"वो किसलिए? आप जाइए, मेरे बच्चों को मत ले जाना।" काशीराव ने कुछ नहीं कहा। उखाजी की तरफ मुड़कर बोले, "तू बड़ौदा गया हुआ था तब मल्हारराव महाराज से मिला था। पुणे में चिमनाबाई से भी मिला था। उनका कुछ काम हो न हो।" "गायकवाड़ राजा हैं बड़ौदा के। उनका हाथ मिले तो जनम का दलिद्दर मिट जाएगा, सोचकर मिला था लेकिन कलेक्टर खुद आ गया! मतलब, कुछ और ही बात लगती

है।'' उखाजी ने कहा। गायकवाड़ के पास कलेक्टर के आने की और बच्चों को नासिक बुलाने की खबर गाँव में फैल गई। लोग पूछताछ करने लगे। काशीराव खामोश थे।

''लेकिन बच्चों को किसलिए बुलाया होगा?'' उमाबाई ने चिंता के भाव से पति से पूछा।

''मुझे ठीक से पता नहीं, पर मेरा अनुमान है। बड़ौदा में अपने गायकवाड़ सरकार हैं। काम-धंधे में उनकी कुछ मदद मिल जाए तो…'' काशीराव बुदबुदाए।

''लेकिन मेरे सोने के टुकड़ों को क्यों ले जा रहे हैं आप? नहीं चाहिए हमें बड़ों का सहारा।'' काशीराव फिर चुप हो गए।

काशीराव लंबे-चौड़े, गेहुएँ वर्ण के, लंबी नाक और घनी काली मूँछवाले मर्दाना चेहरे के थे। आँखें छोटी लेकिन पानीदार। नजर में खानदानी झलक थी। पुराने ढंग की पगड़ी और चुन्नरवाली कमीज में खूबसूरत लगते थे। कसरत से कमाया बदन। मितभाषी थे। बड़े भाई गबाजीराव के पुलिस पाटील होने से गाँव में सम्मान था। दूसरे बंधु बाबूराव कुछ चिड़चिड़े और बातूनी थे। उखाजी लेकिन मेहनती और विनम्र थे।

दिनभर काशीराव और उखाजी नासिक जाने की तैयारी में लगे रहे। उमाबाई की रातभर आँख नहीं लगी। सुबह उठकर काशीराव ने पत्नी को रोटी सेंकने के लिए कहा। घोड़े की बग्गीवाला हाजिर हो गया। उमाबाई ने गुस्से में रसोई बनाना शुरू किया। आँखों से पानी बह रहा था। सूर्यनारायण के हाथभर ऊपर आने पर काशीराम निकलने के लिए हड़बड़ी करने लगे। छोटा संपत, भतीजे दादासाहब, गणपत बग्गी में बैठ गए, लेकिन गोपाल कहीं नजर नहीं आ रहा था। खलियान में एक आदमी देख आया। मैदान में कुछ बच्चे गिल्ली-डंडा खेल रहे थे। उनमें से एक ने बताया, ''बच्चों के साथ गोपाल खंडोबा मंदिर के पीछेवाले कुएँ में तैरने गया है।''

''कैसा बच्चा है! सुबह कहीं तैरने जाते हैं?'' काशीराव के गोरे चेहरे पर नाराजगी छा गई। ग्रामदेवता खंडोबा के मंदिर के पास कुएँ में झाँककर देखा तो बच्चों के साथ गोपाल तैर रहा था।

काशीराव के आवाज देते ही एक-एक बच्चा डोर को पकड़कर ऊपर आ गया।

''कब से ढूँढ़ रहा हूँ तुझे? बताकर नहीं आ सकता था?'' विशाल भाल पर सुबह ही आए पसीने को उपरने से पोंछते हुए गुस्से से बोले, ''चल, बग्गी रुकी हुई हैं। इन निठल्ले बच्चों के साथ ऊधम मचाने के सिवा दूसरा कोई काम नहीं।''

गोपाल ने भीगे कपड़े ही पहन लिये। उसके साथी खंडू, चिंधिया और सकरु सकपकाये खड़े थे। गोपाल का माथा खंडोबा की सीढ़ी पर टिकाकर काशीराव चले पड़े। हनुमान मंदिर के पास बग्गी खड़ी थी। पास में ही उमाबाई संकोच से खड़ी थी। दौड़ते आ रहे गोपाल को उसने सीने से लगाया। अपने कलेजे के टुकड़े को कोई है जो

खींचकर ले जा रहा है, इस डर से उनका गला भर आया। आह फूट न पड़े, इसलिए उसने पल्लू को मुँह में ठूँस लिया। काशीराव ने हाथ पकड़कर गोपाल को बग्गी में बिठा लिया। जेठानी के गले में पड़कर उमाबाई फूट-फूटकर रोने लगी।

गाँव की सीमा के बाहर बग्गी नासिक की ओर भागने लगी।

काशीराव की आँखों के सामने दैवगति का कालपट साकार होने लगा। मन-ही-मन बुदबुदाए, "तकदीर के मोहरे कैसे चलते हैं पता नहीं, लेकिन लगता है, इस बार लच्छन अच्छे नजर आ रहे हैं।"

छत्रपति शाहू महाराज के जमाने में पहले बाजीराव की मराठा सेना ने दिल्ली तक धावा बोल दिया था। मराठा सेनापति दाभाडे ने गुजरात में मुगलों को काठियावाड़ तक पीछे हटा दिया था। उनके साथ था एक मराठा सरदार दामाजीराव गायकवाड़, पुणे जिले के खेड़ तहसील में दावड़ी गाँव का रहनेवाला। उसका मूल कुलपुरुष नन्दाजी। भोर रियासत में किले का अमलदार था। एक बार उसने बाघ से गाय को बचाने के लिए उसे किवाड़ के पीछे छिपा दिया, इसलिए उसका नाम हुआ गाय-कवाड़। नन्दाजी के पुत्र दामांजी भी बहादुर थे। हैदराबाद निजाम को मराठों ने राक्षसभुवन की लड़ाई में पराभूत किया। उसमें दामाजी की बहादुरी देख शाहू महाराज ने उन्हें 'शमशेर बहादुर' खिताब दिया। उनकी मृत्यु के बाद पिलाजी सरदार बने। इनके बेटे दूसरे दामाजीराव ने मुगलों से बड़ौदा रियासत पर कब्जा कर लिया और गायकवाड़ कुल की सत्ता स्थापित हुई।

1761 की पानीपत की लड़ाई में मराठों की हारी हुई सेना तितर-बितर हो गई। दामाजीराव किसी तरह अकेले ही बड़ौदा लौट आए। उनके छोटे भाई भागकर मालेगाँव-सटाना क्षेत्र में गिरनारे गाँव में बस गए। प्रतापराव के दो बेटे—कालोजी और जावजी खेती करने लगे। काशीराव कालोजी के पड़पोते। उन्होंने कवलाना गाँव में खेती की और गाँव का मुखिया पद प्राप्त किया। उनके चार भाई थे।

बड़ौदा राजघराने से काशीराव का ऐसा नाता था लेकिन दरमियान कई वर्षों में कोई सीधा संबंध नहीं आया। खा-पीकर परिवार सुखी था। फिर भी, अपने वंशज बड़ौदा के राजा हैं तो उनसे कुछ लाभ पाने की मंशा से काशीराव के छोटे भाई उखाजीराव और सखाराम अपनी माँ के साथ बड़ौदा गए हुए थे। खंडेराव महाराज से साक्षात्कार भी हुआ। महाराज की संतान न होने से अपने में से किसी को महाराज गोद लें तो अच्छा। लेकिन खंडेरावजी के अकाल निधन से कुछ नहीं हो सका। फिर मल्हाररावजी के जमाने में भी उखाजी बड़ौदा हो आए। परंपरागत बँटवारे का ताम्रपट दिखाया। कवलाना के गायकवाड़ बड़ौदा के घराने से वैध रूप से संबंधित हैं, इसे मंजूर किया गया। सम्मान के लिए वस्त्र देना चाहा तो उखाजी ने कहा कि इस सम्मान के अधिकारी तो मेरे बड़े भाई काशीरावजी हैं। अंग्रेजों ने मल्हारराव को भी पदच्युत किया। खंडेरावजी की पत्नी

जमनाबाई का मुकाम पुणे में था। उखाजीराव वहाँ भी उनसे मिल आए। कलेक्टर के आने से पहले उनकी तरफ से कुछ लोग कवलाना आए हुए थे। बड़ौदा राजघराने के कौन–कौन संबंधी हैं, इस बात की पूछताछ कर रहे थे। यह भी पूछा था कि बेटे कितने हैं। इस बात से काशीराव और उखाजीराव की आशाएँ फिर पल्लवित हो गई थीं। दोपहर में सड़क के किनारे कुएँ के पास बग्गी रुक गई। घोड़ों को दाना–पानी किया गया। सबने उमाबाई की दी हुई रोटियाँ चबाईं। बच्चे लपक–डंडा खेलने में मशगूल हो गए। इस खेल में गोपाल बड़ा माहिर था। हर बार कुछ नई चाल चलता था और जीत जाता था।

धूप ढलने के बाद यात्रा फिर शुरू हुई। तीसरे प्रहर नासिक में गोपालराव डोंगरे के घर पधारे। गुड़–पानी से स्वागत हुआ। बातचीत शुरू हो गई। गोपालरावजी ने कहा, "कुछ समय तक खंडेराव गद्दी पर थे। उनकी दो पत्नियाँ थीं। दोनों के चल बसने के बाद रहमतपुर के माने पाटील की बेटी जमनाबाई के साथ उनका विवाह हुआ। पहली दोनों पत्नियों से कोई संतान नहीं थी। जमनाबाई ने कई व्रत किए, मन्नतें मनाईं। मल्हारराव ने खंडेराव की हत्या की साजिश रची। इसलिए उन्हें कैद कर पादरा जेल में डाला गया। दुर्भाग्य की बात कि 1870 में खंडेराव का अकाल निधन हो गया। बड़ौदा रेजीडेंट कर्नल बार मल्हारराव को फिर बड़ौदा ले आए। गद्दी पर बिठाया। उनसे करारनामा लिखवा लिया कि जमनाबाई के पुत्र होने पर गद्दी पर उनका अधिकार नहीं रहेगा। जमनाबाई को पुणे में गद्रे वाड़ा में रखा गया।

"मल्हारराव में राज्य को सँभालने की औकात नहीं थी। उन्होंने खंडेराव के लोगों को सताना शुरू किया। माजी दीवान शिंदे पर इल्जाम लगाकर कैद किया। वह कैद में ही चल बसे। उनके मनमाने कारोबार से रेजीडेंट के साथ मतभेद बढ़ते गए। जमनाबाई के प्रसूत होकर कन्यारत्न का लाभ होने की वार्त्ता सुनकर मल्हारराव की खुशी का ठिकाना नहीं रहा। मल्हारराव ने कर्नर फेअर के शरबत के प्याले में जहर डालकर उन्हें मारने की कोशिश की, लेकिन वे बच गए। पूछताछ हुई। हिंदुस्तान सरकार ने मल्हारराव को पदच्युत करने का आदेश रेजीडेंट को 13 जनवरी, 1875 को तार से दे दिया। मल्हाराव के अभियोग की जाँच–पड़ताल हुई। 19 अप्रैल को हिंदुस्तान सरकार का आदेश आया कि मल्हारराव को पदच्युत कर जमनाबाई साहेब के लिए किसी लड़के को गोद लिया जाए। 23 अप्रैल, 1975 को मल्हारराव को पहरे में रेल से मद्रास भेज दिया गया। अब आपकी समझ में आ गया होगा कि आपको बड़ौदा किसलिए बुलाया होगा!" गोपालराव की बात पर काशीराव सोचने लगे।

नासिक के कलेक्टर और इनाम कमिश्नर को मुंबई के गवर्नर से आदेश आया कि बड़ौदा राजघराने के कुछ लोग खानदेश में कवलाना गाँव में हैं। उनकी जानकारी दाखिल कर फौरन भेज दो।

इलियट ब्रिटिश प्रशासन में अनुशासनप्रिय अधिकारी थे। उन्होंने तुरंत अपने दायित्व को पहचाना। बड़ौदा रियासत के लिए दत्तक पुत्र के चुनाव के लिए गायकवाड़ कुल के युवक की खोज शुरू हो गई थी। इलियट ने पारंपरिक रीति का आधार लेना तय किया।

ब्रिटिश शासन के पहले ग्राम प्रशासन की ठीक व्यवस्था थी। गाँव का पाटील मुखिया हुआ करता था। गाँव पर उसका नियंत्रण था। झगड़े-टंटे वही सुलझाता था। गाँव का दफ्तर पटवारी सँभालता था।

मराठी मुल्क में पंढरपुर, आलंदी, नासिक, त्र्यंबकेश्वर आदि तीर्थक्षेत्र थे। भक्तजन वर्ष में एक बार दर्शन के लिए जाते थे। वहाँ दान-धर्म होता था। पूजा-अर्चना करनेवाले उपाध्याय आनेवाले लोगों की जानकारी अपने बहीखाते में लिखते थे। कई वंशों की जानकारी सुलभ होती थी। इसे अधिकृत माना जाता था। ब्रिटिशों ने भी इस स्वीकृति दी थी।

इलियट ने खोजबीन की कि नासिक-त्र्यंबकेश्वर में राजघराने के उपाध्याय कौन हैं। बड़ौदा गायकवाड़ घराने के वंशजों की जानकारी की पूछताछ करने पर उन्हें अपने काम में सफलता नजर आई। नासिक के विनायक भट दीक्षित और त्र्यंबकेश्वर के धोंड़ भट शुक्ल के दफ्तर में टीप मिल गई। इलियट ने विनायक भट से पूछा "टुम ये कैसे टीप करटे हो?"

विनायक भट ने कहा, "नासिक क्षेत्र में लोग जब यात्रा के लिए आते हैं, तब किसी ब्राह्मण उपाध्याय से सारे विधि करवाते हैं। जिस घराने का जजमान कर्म हम करते हैं, उनके दान-धर्म पर हमारा अधिकार होता है। उनके वंशज भी हमारे पास ही आते रहते हैं। इनकी पीढ़ियों की जानकारी हमारे बहीखाते में दर्ज होती है। गायकवाड़ वंश के संस्थापक पिलाजीराव 1731 में नासिक आए थे। हमारे जजमान बने। हम उनके उपाध्याय। पिलाजीराव के पुत्र प्रतापराव। कवलाना के काशीराव उनके पड़पोते।"

"टुम कौन से नाम की टीप करटे?"

"साहब, धर्मशास्त्र के नियमानुसार हम सिर्फ वैध वंशजों के ही नाम लिखते हैं, अनौरसों के नहीं।"

सुनकर इलियट प्रसन्न हुए।

"इंदौर, ग्वालियर, नेपाल के राजाओं के उपाध्याय भी ऐसा ही कहेंगे।" विनायक भट से यह सुनते ही इलियट ने उन्हें ऐसा लिखकर देने को कहा। विनायक भट ने प्रतिज्ञा-पत्र लिख दिया। अन्य उपाध्यायों ने साक्षी बनकर हस्ताक्षर किए।

यह प्रमाण हाथ आते ही कि कवलाना के काशीराव गायकवाड़ बड़ौदा राजघराने के वंशज हैं और कानूनी तौर पर भी औरस हैं तो इलियट और एथरिज ने मुंबई गवर्नर की तरफ से बड़ौदा रेजीडेंट के पास तुरंत रपट पहुँचा दी।

□

2

बड़ौदा के राजा खंडेरावजी चाहते थे कि गोपाल हरि देशमुख ऊर्फ लोकहितवादी, जो अहमदाबाद में न्यायाधीश थे, अपनी रियासत के दीवान बनें। लेकिन चंचल देशी नरेशों की नौकरी करने की अपेक्षा उन्होंने अंग्रेजों की सेवा को अग्रता दी। खंडेराव के अकाल निधन के पश्चात् उनकी पत्नी जमनाबाई बड़ौदा में अकेली रह गईं। तब वह गर्भवती थीं। खंडेराव के बंधु मल्हारराव कारोबार देखने लगे। दोनों भाइयों में दुश्मनी थी। इसलिए जमनाबाई के लिए बड़ौदा में रहना खतरे से खाली नहीं था। उन्होंने गोपाल हरिजी के पास संदेश भेजा। गोपाल हरि बड़ौदा पधारे।

"मुझे अपनी बेटी समझकर मेरी रक्षा कीजिए।" जमनाबाई ने कहा।

"अभी इसी वक्त आप राजमहल छोड़कर मेरे साथ चल सकेंगी?" गोपाल हरि के पूछने पर जमनाबाई तुरंत उनके साथ निकल पड़ीं। रियासत की सीमा से बाहर ब्रिटिश कैंप की सरहद में आए। गोपाल हरि ने रेजीडेंट को सारी स्थितियों से अवगत किया। रेजीडेंट ने उन्हें सुरक्षा मुहैया करा दी।

जमनाबाई की प्रसूति की ओर मल्हारराव की नजर थी। उनके बेटी हो जाने की खबर से मल्हारराव फूले नहीं समाए। राज्य का कारोबार अब अपने ही हाथ रहेगा, इस विचार से उन्हें हर्षोन्नमाद हो गया। ऐसे हालात में जमनाबाई को बड़ौदा रखना खतरनाक था, यह सोचकर रेजीडेंट की सलाह पर गोपाल हरि ने उन्हें पुणे भेज दिया। शनिवार पेठ में गद्रे वाड़ा में रहने लगी। गोपाल हरि का घर पुणे में था। उनके यहाँ आना-जाना होता रहा। वहाँ उनकी मुलाकात न्यायमूर्ति महादेव गोविंद रानाडे से हो गई।

बड़ौदा में मल्हारराव के बेलगाम कारोबार के कारण सरकार ने जाँच कमीशन नियुक्त किया। इसी समय गोपाल हरि ने जमनाबाई को दत्तक लेने के लिए सरकार से आवेदन करने को कहा। लेकिन स्वयं सरकारी नौकर होने के कारण आगे की काररवाई के लिए उन्होंने अपने सुपुत्र कृष्णराव देशमुख की सहायता लेने को कहा। जमनाबाई ने उनसे कहा, "मैं आपकी बहन हूँ। मायके आई बहन का, इतना काम कर दीजिए।"

''बहन बड़े घर की है।'' कृष्णराव ने मुसकराते हुए कहा।

''काम भी ऐसा ही बड़ा है।'' जमनाबाई के कहते ही कृष्णराव बोले, ''तो फिर फीस भी बड़ी देनी होगी।''

जमनाबाई ने संजीदा होकर कहा, ''हमारा काम हो जाने पर हम आपको एक लक्ष रुपए फीस के दे देंगे। यह मेरा वचन है। लिखा-पढ़ी की जरूरत नहीं। मुसीबत में फँसी बहन का अपने मुँहबोले भाई को दिया हुआ शब्द है यह।''

कृष्णराव अभी हाल में इंग्लैंड से बैरिस्टर होकर लौटे थे। इंग्लैंड से कुछ बुरी आदतें लेकर भी आए थे, इसलिए आमदनी पर्याप्त नहीं पड़ती थी। मद्यपान प्रतिदिन चलता था। देर से जाग पड़ने से दिन देर से शुरू होता था। यह सब देख उनकी माँ का दिल दुखता था कि क्यों होनहार बेटे को विलायत भेजा! ऐसी स्थिति में कृष्णराव के लिए अचानक लाभ का योग बन आया।

कृष्णराव ने बड़ौदा रियासत के सारे ब्योरे ढूँढ़ लिये। दत्तक पुत्र की माँग कैसे वाजिब है, यह बताते हुए जमनाबाई की तरफ से निवेदन वाइसरॉय के पास भेज दिया। दत्तक को अनुमति न देकर रियासतों को खालिसा करने की अंग्रेजों की नीति को देखते हुए सब चिंतित थे।

इंग्लैंड में कृष्णराव के एक मित्र थे, विक्टोरिया रानी के जामात डयूक ऑफ कैनाट। उनको सारी बातें लिखकर बता दीं और यह भी लिखा कि एक लाख की फीस मिलने पर वह इंग्लैंड आएँगे। संभवत: इसका कुछ प्रभाव पड़ा होगा। मल्हारराव को पदच्युत कर जमनाबाई को दत्तक पुत्र लेने की अनुमति सरकार ने दे दी। मल्हारराव को मद्रास जेल भेजा गया और जमनाबाई सम्मानपूर्वक बड़ौदा आ गईं। 1 मई, 1875 के दिन।

बाईस वर्ष की जमनाबाई साढ़े तीन वर्ष की ताराबा को लेकर बड़ौदा के लिए निकल पड़ीं। बड़ौदा के रेजीडेंट सर रिचर्ड मीड उनके स्वागत के लिए स्वयं स्टेशन पर हाजिर हुए। सरकारी बैंड ने जमनाबाई का स्वागत किया। दो तोपों ने पंद्रह गोलों की सलामी दी। जमनाबाई सम्मानपूर्वक राजमहल पधारीं।

दूसरे दिन इंदौर के अनुभवी दीवान सर टी. माधवराव की हिंदुस्तान सरकार ने बड़ौदा के दीवान पद पर नियुक्ति की। गवर्नर जनरल का आदेश था कि रिचर्ड मीड और टी. माधवराव दत्तक पुत्र-चयन के लिए जमनाबाई की सहायता करें। सर टी. माधवराव तंजौर के ब्राह्मण परिवार से थे। उच्च विद्याविभूषित। गणित और दर्शन के मद्रास विश्वविद्यालय में प्राध्यापक थे। फिर त्रावणकोर, इंदौर रियासत में दीवान भी रहे। माधवराव का व्यक्तित्व आकर्षक था। लंबोतरे चेहरे पर नुकीली मूँछें शोभा देती थीं। धोती पर रेशम का लंबी कमीज फबती थी। दोनों हाथों में हीरे की अँगूठियाँ, गले में कंठा, सीने पर कर्तृत्व के बिल्ले, सिर पर त्रावणकोरी पगड़ी जँचती थी। बोलचाल

में खानदानी अदब। पानीदार आँखों में बुद्धि की चमक और आत्मविश्वास की झलक थी। ऐसे होशियार, नीतिज्ञ और प्रशासन कुशल व्यक्ति को बड़ौदा की गद्दी के लिए वारिस ढूँढ़ने का काम रिचर्ड मीड की सहायता और जमनाबाई की पसंद से करना था।

उन्होंने बड़ौदा राजकुल के गायकवाड़ राजकुमारों की खोज की। चार युवक उत्सुक थे। तीस वर्ष के सदाशिवराव, अट्ठाईस के मुराररराव और गणपतराव तथा पच्चीस के खंडेराव। लेकिन हिंदुस्तान सरकार का स्पष्ट आदेश था कि नाबालिग राजा का चयन करें। ब्रिटिश राजनीति थी कि अज्ञान राजा को अपने प्रभाव व दबाव में रखना आसान होगा। जमनाबाई साहब भी यही चाहती थीं। बड़ौदा के गायकवाड़ों पर उनका भरोसा नहीं था। बेहतर यही था कि बड़ौदा से दूर का वारिस खोजा जाए। और भी एक वजह यह थी कि जमनाबाई मात्र बाईस वर्ष की थीं और यहाँ के उत्सुक राजकुमार उनसे बड़े थे।

कवलाणा गाँव के बच्चों की खोज की जा रही है, इस बात की भनक पड़ते ही वहाँ के गायकवाड़ों के अनौरस होने का दुष्प्रचार शुरू हुआ। सर टी. माधवराव ने पुराने दफ्तर को ढूँढ़ा तो उसमें हिंदुस्तान सरकार का आदेश मिला, जिसमें पहले ही उपरोक्त राजकुमारों के अधिकार को अस्वीकार किया गया था। फिर भी, कवलाणा वंश के औरस होने को प्रमाणित करना जरूरी था। इसी समय नासिक कलेक्टर की रपट प्राप्त हुई, जिसके अनुसार कवलाणा के वंशज धर्मशास्त्रानुसार औरस होने की बात प्रमाणित की गई थी। नासिक कलेक्टर को तार से आदेश दिया गया कि गायकवाड़ों के इन वारिसों को लेकर बड़ौदा पहुँच जाओ। दूसरे दिन गोपालराव डोंगरे ने अपने खरचे से काशीराव के बच्चों के लिए नए कपड़े खरीदे और सबको लेकर कलेक्टर इलियट के बँगले पर हाजिर हो गए। ''काशीराव पाटील, टुमको बरोरा सरकार ने बुलाया है। टुमचे बच्चे और टुम कल मुंबई से होटे हुए बरोरा जाएँगे। हमारा प्रेसकॉट साथ में होगा। टुम को शुभकामना।'' इलियट खुशी से बोले। चारों बच्चों की ओर देखकर मुसकराए। पिछले कुछ दिनों से कवलाणा घराने का संबंध ढूँढ़ने में उन्होंने काफी पसीना बहाया था।

कलेक्टर को धन्यवाद देकर काशीराव डोंगरे के घर लौट आए। दूसरे दिन पुलिस इंस्पेक्टर प्रेसकॉट हथियार से लैस पुलिस दल के साथ आए। सब लोग ताँगे से स्टेशन आए। शहर से छह मील दूर स्टेशन था।

दादासाहब और गणपत इस यात्रा से तो खुश हो गए थे, लेकिन गोपाल सुबह से ही गंभीर बना हुआ था। गोपालराव डोंगरेजी ने जो बताया था, उसे उसने ध्यानपूर्वक सुना था। कलेक्टर की शुभकामनाएँ और आदरभाव से उसकी समझ में आया था कि मामला कुछ अलग है। अन्यों से अलग तरह से हमसे पेश आ रहे लोग, इसका मतलब जरूर कुछ अलग है। पुलिस के सिपाही भी बाअदब थे। आनेवाले दायित्व की आहट शायद गोपाल को मिल गई।

मुंबई जानेवाली गाड़ी से सब रवाना हो गए। बच्चों की पहली रेल-यात्रा। गोपाल ने दूर से रेलगाड़ी देखी थी। खंडोबा के मेले में बारह बैलगाड़ियाँ एक-दूसरे से जोड़कर खींचे जाने का रिवाज था। उसमें अन्य बच्चों के साथ बैठकर उसने भी मजा लूटा था। तब पता नहीं था कि कभी रेलगाड़ी में भी बैठेंगे! गोपाल सोचने लगा बैलगाड़ी, ताँगे और रेलगाड़ी की गति के भेद के बारे में।

दूसरे दिन दोपहर बड़ौदा पहुँचे। कैंप के बँगले में स्वागत हुआ। रेजीडेंट रिचर्ड मीड और जमनाबाई के बंधु बालासाहब माने बँगले पर पहुँच गए। मीड साहब पूछताछ कर लौट गए। बालासाहब का ध्यान बच्चों की ओर था। बच्चे अजनबी जगह पर कुछ सकपका गए थे। उनके चेहरे पर अदृश्य भय था। उसे हटाने के लिए बालासाहब बोले, "गिल्ली-डंडा कौन खेलना चाहता है ?" सुनकर बच्चों का तनाव कम हो गया। फिर उन्होंने कहा, "हम जब तुम्हारी उम्र के थे तब बंदरों की तरह पेड़ पर चढ़ते थे। लपक-डंडा खेला करते थे।" तो गोपाल ने कह दिया, "रास्ते में हमने भी खेला लपक-डंडा।"

बालासाहब ने चकित होकर काशीराव की ओर देखा। उन्होंने कहा, "कवलाणा से नासिक आते हुए दोपहर में ताँगा खोल दिया था, तब बच्चे चढ़े थे पेड़ पर।"

बालासाहब ने नौकर को आवाज दी। एक हाथ लंबी अँगूठे जितनी मोटी छड़ ढूँढ़ने को कहा। उसका डंडा बन गया। गिल्ली बनाई गई। सब बच्चों को मैदान में ले जाकर खूब खेले। गिल्ली-डंडे के खेल में गोपाल का कौशल देखते ही बनता था। जहाँ कोई खिलाड़ी खड़ा नहीं, वहाँ गिल्ली फेंकने में वह माहिर था। गिल्ली को लोकने में भी वह सबसे आगे था। बालासाहब देखते ही रह गए। काशीराव चिंता में थे। एक मन कह रहा था कि किसी बच्चे को चुना गया तो सात जन्मों का भला होगा। दूसरा मन कहता कि अपने पेट के बच्चे को पराए धन के लोभ में छोड़ देना अच्छा नहीं। धीरज खोकर वह असहाय बने बच्चों का खेल देखने लगे।

जमनाबाई महल में बैठी हुई थीं। अतीत उनकी आँखों के सामने से गुजर रहा था। विवाह तेरहवें वर्ष में हुआ, तब महाराज खंडेराव चालीस के थे। पहली दो पत्नियाँ गुजर चुकी थीं। संतान नहीं थी। जमनाबाई रहमतपुर के सरदार माने की सुपुत्री। बड़ी तेजस्वी आँखें। लंबे बाल, सीधी नासिका। चेहरे पर निश्चयात्मक भाव। मँझोला कद। चेहरे पर राजतेज। खंडेरावजी के अकाल निधन के समय गर्भवती थीं। मुश्किलों में अपने आप को और गर्भ को सँभाला। भाग्य ने साथ दिया। वनवास समाप्त हुआ और राजवैभव फिर से मिला। गंभीर बनकर कन्यारत्न को दोष दिए बिना दत्तकपुत्र के चयन के कठिन काम को अंजाम दिया।

जमनाबाई के बंधु बालासाहब को आने में देर हो गई। कहा था कि कवलाणा के कुमारों से मिलकर तुरंत आता हूँ लेकिन जैसे-जैसे विलंब होता गया, जमनाबाई की

अधीरता बढ़ गई। कई विचार मन में कौंधने लगे। तभी बालासाहब आते हुए दिखाई पड़े।

"देर हो गई आपको, दादासाब!"

"हाँ, ताईसाब !" प्रसन्न होकर बालासाहब बोले, "मंडली से ख्याली खुशहाली पूछ ली। बच्चों के साथ खेला।" भाई की इस बचकानी हरकत पर अचरज से जमनाबाई ने पूछा,

"आप खेले?"

"जी। बड़े दिनों बाद गिल्ली-डंडा हाथ आया। पूरा बचपन ही दौड़ता हुआ चला आया।" जमनाबाई और भी कुछ पूछना चाहती थीं, लेकिन अपने आप को रोका। कल तो बच्चों से मिलना है ही।

"मंडली की देखभाल ठीक हो।" और भी कुछ कहना था पर नहीं कहा। बालासाहब निकल पड़े।

जमनाबाई रातभर सो न सकीं। पिछले कुछ वर्षों की घटनाएँ आँखों के सामने धड़क रही थीं। छोटी राजकन्या ताराबाबा रोने लगी तो वह फिर वर्तमान में लौट आईं। चार वर्ष की बच्ची को थपथपाकर सुलाने लगीं। अब तक रोके आँसू पलकों के किनारे से बहने लगे। देर रात नींद आ गई।

दूसरे दिन बालासाहब माने कैंप बँगले पर जल्द ही पहुँच गए। सबका कलेवा हो गया। चारों कुमारों ने नए कपड़े पहन लिये। चार घोड़ों की बग्गी में मोतीबाग राजमहल की ओर चल पड़े। राजमहल में चयन को लेकर उत्सुकता चरम सीमा पर थी।

दीवानखाने में चारों राजकुमारों और काशीराव को सम्मानपूर्वक बिठाया गया। परदे के पीछे जमनाबाई रानीसाहेबा बैठी हुई थीं। बालासाहब पहले दादासाहब को सामने ले गए। उससे पूछा, "आपको यहाँ किसलिए लाया गया है?" प्रश्न पर दादासाहब चकरा गए, "मुझे पता नहीं" धीरे से बोले। फिर संपतराव से वही प्रश्न पूछा गया। उन्होंने कहा, "पढ़ने के लिए लाया गया है।" तीसरे कुमार गणपतराव बोले, "मैं नहीं जानता।" चौथे कुमार रानीसाहेबा के सामने खड़े थे। बारह वर्ष के गोपाल के चेहरे पर बुद्धि का तेज था। आँखों में आत्मविश्वास। उनसे पूछा गया "आपको यहाँ किसलिए लाया गया है?"

गोपाल ने रानीसाहेब की ओर आत्मविश्वासपूर्वक देखते हुए निडरता से कहा, "मैं यहाँ बड़ौदा का राजा बनने के लिए आया हूँ।" सुनते ही रानीसाहेब चकित रह गईं। सर्वांग पर रोमांच खड़े हो गए। फिर से गोपाल का चेहरा देखा। शांत लेकिन स्वाभिमानपूर्ण दृढ़ निश्चय और प्राकृतिक बुद्धिमत्ता की झलक।

जमनाबाई ने मन-ही-मन चयन कर डाला। लेकिन अपनी राय तुरंत नहीं बताई। बच्चे बँगले पर लौट गए। रानीसाहेबा ने टी. माधवराव और सर रिचर्ड मीड से पूछा।

बालासाहब की राय पूछी। फिर दो बार बालासाहब कुमारों को राजमहल ले आए। सीधे रानीसाहेबा से मुलाकात कराई। दोपहर के भोजन में टेबुल पर सोने चाँदी, पीतल के कटोरों में खीर परोसी गई थी। सबने एक-एक कटोरी उठाई। गोपाल ने सारी कटोरियाँ देखीं और बराबर सोने की कटोरी आत्मविश्वासपूर्वक उठाई। रानीसाहेबा की चतुर नजर ने इसे देखा। बच्चे खाना खा रहे थे, लेकिन गोपाल बालासाहब की ओर देखकर उनका अनुकरण किए जा रहा था।

पिछले दो-तीन दिनों से जमनाबाई छोटी-छोटी घटनाओं के बहाने दत्तक चयन को आजमा रहीं थी। मन का संकेत गोपाल के पक्ष में था। टी. माधवराव और सर रिचर्ड मीड ने भी अपनी राय बता दी। जमनाबाई के चयन का समर्थन करनेवाली जन्मपत्री देखकर दरबार के ज्योतिषी ने भी राजयोग बताया। गोपाल का चयन पक्का हो गया।

यह समाचार कैंप से कवलाणा के लोगों तक पहुँचते ही खुशी फैल गई, लेकिन काशीराव दुःख से गद्‌गद हो गए। गोपाल को गले लगाकर आँखों के आँसू पोंछ डाले। इस समाचार को सुनकर अल्हड़ गोपाल अपने बड़े दायित्व के अनुमान से एकदम गंभीर बन गया।

बालासाहब माने ने काशीराव के कंधे पर स्नेह से हाथ रखा। गोपाल को हटाकर काशीराव अदब से खड़े हो गए। बालासाहब ने बताया कि कल कवलाणे की मंडली यहाँ पहुँच जाएगी। नासिक के साहब को आदेश गया है। गुरुवार का मुहूर्त पक्का है। गोपाल की ओर देखकर बोले, "तो, क्या राजे, आज गिल्ली-डंडा खेलेंगे?" गोपाल मुसकराया, लेकिन फिर गंभीर बना। दायित्व के अदृश्य बोझ को महसूस करता रहा।

रातभर काशीराव और उखाजीराव को नींद नहीं आई। कई वर्षों की आशा सफल हुई, उसकी खुशी, तो अपना बेटा अब दूर हो गया इस बात का गम। रेजीडेंट सर रिचर्ड ने दत्तक चयन की वार्त्ता वाइसरॉय को तार से दे दी। 25 मई को उनकी स्वीकृति आ गई। रेजीडेंट ने घोषित किया कि काशीराव गायकवाड़ के सुपुत्र को बड़ौदा नरेश के रूप में चुना गया है। प्रजा इसका स्वागत कर दीर्घायु और रियासत की प्रगति की प्रार्थना करे। गाँव की मंडली आई। उन्हें पुराने राजमहल में रखा गया। चारों बच्चों को हाथी पर बिठाकर शाही बैंड के साथ वहाँ लाया गया। शहर बंदनवारों से सजाया गया। बड़े राजमहल में राज्याभिषेक की धूम मच गई। गोपाल हाथी से उतर गया। सामने कवलाणा की मंडली खड़ी थी। गोपाल माँ के पास चलते हुए गया। पिछले कुछ दिनों से उमाबाई अनहोनी को लेकर परेशान थी। बेटे के बिछुड़ने के दुःख से वह पागल-सी हो गई लेकिन पराई जगह का अहसास होकर संयम किया। आगे बढ़कर गोपाल को गले लगाया। गालों पर हाथ फेरा। कवलाणा का बारह वर्ष का गोपाल राजा हो रहा है, इस खयाल से ही गाँव के लोग खुशी से खामोश हो गए थे।

गुरुवार का दिन। गायकवाड़ राजघराने का नया दिन। मुहूर्त था वैशाख वदी 7 शक 1797 अर्थात् 27 मई, 1875। राजमहल में सुबह से ही धूमधाम थी। महारानी जमनाबाई अपने परिवार के साथ मंगल वाद्यों सहित निकल पड़ीं। सबका राजेशाही से स्वागत किया गया। राजघराने के पुरोहित भाऊ विनायक राजगुरु और अन्य संबंधी साथ में थे।

काशीराव और उमाबाई के सुपुत्र गोपाल का महारानी जमनाबाई के दत्तक-पुत्र के रूप में दत्तक विधि संपन्न हुआ। कुमार राजा का नया नाम 'सयाजीराव तृतीय' रखा गया। शक्कर बाँटी गई। गाजे-बाजे के साथ महाराज को राजमहल लाया गया। दरबार हॉल सजाया जा चुका था। धूप-केवड़ा-इत्र की सुगंधि फैली हुई थी। राजमहल के बाहर सैनिक और गोरों की पलटनें खड़ी थीं। पुलिस बैंड बजने लगा। ढोल-ताशे, शहनाई के सुर सुनाई देने लगे।

दरबार हॉल की पश्चिमी दीवार के पास रत्नजड़ित सिंहासन था। राजपुरोहित ने राज्याभिषेक समारोह का आरंभ किया। गंगा, यमुना, सिंधु, सरस्वती, कृष्णा, गोदावरी, कावेरी और नर्मदा के पवित्र जल का सिंचन महाराज पर किया गया। मंत्रघोष में रत्नजड़ित राजमुकुट सिर पर रखा गया। अलंकार पहनाए गए।

श्रीमंत महाराज सयाजीराव तृतीय के नाम से मुनादी की गई। छत्र-चामर हिलने लगे।

महाराज की सवारी दरबार की ओर चल पड़ी। दीवान सर टी. माधवराव महाराज के सामने चल रहे थे। गद्दी हॉल दरबार में महाराज के बाईं ओर बहन ताराबा बैठी हुई थी। दाईं ओर सगे-संबंधी। सामने दीवान साहब। दोनों तरफ सामंत, सरदार, अधिकारी, मानकरी। दत्तक मामले में बैरिस्टर कृष्णराव देशमुख की बड़ी सहायता हुई थी। वह सम्मानपूर्वक निमंत्रित और उपस्थित थे। उनके पिताजी लोकहितवादी गोपालराव देशमुख अहमदाबाद तबादले के बावजूद उपस्थित थे।

सर टी. माधवराव महाराज को सम्मान के साथ गद्दी तक ले आए। साथ में महारानी जमनाबाई थीं। महाराज पूर्वाभिमुख होकर गद्दी पर विराजमान हो गए। तोपों की सलामी दी गई। बैंड बजने लगा।

महाराज के गद्दी पर स्थानापन्न होते ही मुजरा आदाब का कार्यक्रम आरंभ हुआ। पहला सम्मान हुआ, जन्मदाता पिता काशीराव का। वह चलते हुए महाराज के सामने आए। आँखों भर देख लिया। झुककर मुजरा किया। सयाजीराव ने अपने वृद्ध पिता को देखा। मुजरा करते हुए देख दिल में गद्गद् हो उठे। मन बेचैन हो गया, लेकिन दूसरे ही पल सँभल गए। चेहरे पर राजसी हँसी के साथ होशियार हो गए। अब हम गोपाल नहीं, सयाजीराव हैं, इस अहसास के साथ बदलाव के अनुभव का सामना करने को प्रस्तुत हो गए।

सर टी. माधवराव ने कपड़ों की भेंट महाराज के हाथ में थमा दी। देते हुए चेहरे पर आनंद लाने का प्रयास किया। काशीराव की हालत महाराज से भिन्न नहीं थी। सम्मान–भेंट का कार्यक्रम महाराज ने चतुराई से संपन्न किया।

काशीराव अपने आसन की ओर लौट पड़े तो उन्हें सारा बीता जमाना याद आ गया। संतोष के साथ जिए, उसका फल मिल गया। सपने में भी असंभव घटना घट गई। बड़ौदा राजवंश से संबंध बताने पर गाँववाले मजाक उड़ाते थे। काशीराव अपने पिता की तरह ही तगड़े और पहलवानी का शौक रखनेवाले थे। मालेगाँव में एक बार गोरे सिपाहियों ने जबरदस्ती मजदूरों को ले जाने की कोशिश की थी, तो काशीराव और उनके भाइयों ने उन्हें डंडे से पीटकर भगा दिया था। छावनी में जाकर काशीराव ने गोरे अधिकारी से बात की। अन्याय के विरोध में लड़ने की वृत्ति देखकर गोरे अधिकारी ने उनकी तारीफ भी की थी। महाराज का बचपन याद आया। शीतला निकल आई थी। उसकी जरा सी निशानियाँ रह गई थीं। गंदुमी वर्ण, सीधी नासिका, छोटी लेकिन चमकदार आँखें तो अपने से ही ली हैं। बचपन से ही गोपाल शांत और विवेकी बालक था। खेलना और तैरना बहुत पसंद था। एक बार ऊपर से कूदने पर दोस्त खंडू चट्टान पर गिर गया। सिर फूट गया। सब बच्चे घबरा गए लेकिन गोपाल उसे पानी के बाहर ले आया। उसे सही–सलामत उसके घर पहुँचा दिया।

दूसरा वाकया आँखों के सामने आया। गोपाल की आयु पाँच वर्ष की होगी। दिनभर बच्चों के साथ खेलना। शाम को घर लौटना। एक बार एक साँड बिगड़ गया। बच्चे भागने लगे। सामने गोपाल। साँड ने उसे सींगों पर उठा लिया और दौड़ने लगा। बच्चे चिल्लाने लगे। गोपाल सँभल गया। उसने सींगों को जोर से पकड़े रखा। सींगों के बीच ऐसे खड़ा रहा, मानो घोड़े पर सवार हो। काशीराव सामने से आ रहे थे। बच्चे को नहीं पहचाना। सँकरी गली में साँड को रोककर उसके सींगों को पकड़ लिया। उसे हिलने नहीं दिया। गोपाल नीचे कूद पड़ा। काशीराव ने गोपाल को गले लगाया। कितनी बड़ी मुसीबत टल गई थी।

दरबार समाप्त हुआ। काशीराव की यादों की बारात भी टूट गई।

तीसरे पहर दूसरा दरबार हुआ। महाराज के राज्याभिषेक के बारे में अंग्रेज सरकार का खरीता आया हुआ था। गवर्नर जनरल के प्रतिनिधि के रूप में बड़ौदा रेजीडेंट कर्नल सर रिचर्ड मीड साहब ग्यारह बजे रेजिडेंसी से निकल पड़े। साथ में अठारह अधिकारी थे। लहरीपुरा दरवाजे पर सजे–धजे हाथी पर बैठकर राजमहल की ओर चल पड़े। राजमहल के सामने सर टी. माधवराव ने सबका स्वागत किया। सिंहासनवाले दीवानखाने में ले आए। महाराज ने उनसे हाथ मिलाया। रिचर्ड मीड और असिस्टेंट रेजीडेंट रिची दोनों हाथ पकड़कर महाराज को गद्दी तक ले आए। रिचर्ड मीड ने उठाकर गद्दी पर बिठा दिया।

सर टी. माधवराव ने इत्र–गुलाब, पान, सुपारी महाराज को पेश की। 122 तोपों की सलामी दी गई। अंग्रेज सरकार ने महाराज के लिए चौदह हजार रुपयों की पोशाक भेजी थी। रिचर्ड मीड ने उसे अर्पण किया। महराज ने प्रतिदान में उनको पोशाकें भेंट कीं। महाराज ने उन्हें दरवाजे तक जाकर विदा किया। दीवान तथा अन्य अधिकारियों और माननीयों ने महाराज को मुजरा किया। पोशाकें दी गईं। दरबार विसर्जित हुआ।

तुरंत टी. माधवराव ने अपने हस्ताक्षर से 'जाहिरनामा' शाया किया—

''सभी जनों को जाहिर किया जाता है कि आज प्रातः मे. गवर्नर जनरल साहब के एजेंट और स्पेशल कमिशनर ने 25 तारीख को प्रकाशित जाहिरनामे के अनुसार श्री महारानी जमनाबाई ने श्री महाराज साहब को विधिवत् दत्तक स्वीकार किया है। कई अंग्रेज और स्थानिक अधिकारियों और भद्रजनों की उपस्थिति में राज्याभिषेक संपन्न हुआ है।

इस घटना को जानकर बड़ौदा राज्य के सभी प्रजाजनों को चाहिए कि वे श्री महाराज सयाजीराव के दीर्घायु और अभिवृद्धि के लिए ईश्वर से प्रार्थना करें।''

27 मई, 1875

सर टी. माधवराव, दीवान

□

3

अद्भुत कथा की तरह घटना घटी और सयाजीराव का अमल शुरू हो गया। बड़ौदा रियासत की हालत बेहद बिगड़ी हुई थी। सर टी. माधवराव के सामने चुनौती थी। महाराज कुमार वय के थे। शिक्षा का नामोनिशान नहीं था। नए महाराज को अक्षर से प्रशासन तक श्रीगणेश करना था।

सर टी. माधवराव ने कारोबार देखना शुरू किया तो उनको पता चला कि पिछले वर्ष 77 लक्ष रुपयों का घाटा है। राज्य कोष खाली था। दफ्तर देखा। भानुमती का कुनबा था। रियासत के अलंकार, हीरे-मोती, मूल्यवान चीजें, कहीं किसी चीज के ब्योरे नहीं थे। साहूकारों से बार-बार ऋण लिया गया था। खजाना उलटा बह रहा था।

बड़ौदा रियासत में सब तरह की असुविधाएँ थीं। पीने के पानी की कमी थी। नहाने-धोने के लिए खारा पानी इस्तेमाल होता था। शहर में खुले नाले थे। हर वर्ष संक्रामक बीमारियाँ फैलती थीं। सँकरी गलियाँ, एक-दूसरे से सटे मकान। सूरज की धूप से महरूम। माधवराव ने देखा कि इसकी सफाई अकेले के बस की बात नहीं। उन्होंने अपने विश्वसनीय मित्रों को बड़ौदा में अधिकारी बनाया। उनकी सहायता से अल्पवयस्क राजा का कारोबार शुरू हो गया।

बड़ौदा रियासत का मुल्क अखंड नहीं था। काठियावाड़ गुजरात में फैला हुआ था। सरहदें ब्रिटिश मुल्क और अन्य रियासतों की सरहदों से लगी हुई थीं। कई जगह सीमा के सवाल थे। रियासत की सड़कें अच्छी नहीं थीं। रेल नहीं थी। यातायात के साधन कम थे। कारोबार करने में कई रुकावटें थीं। पश्चिम के ओखा मंडल में भीलों की गुनहगार जाति का जोर था। इन आदिवासियों को काबू में रखना मुश्किल था। नवसारी के ठाकुर विद्रोह की भाषा बोलने लगे थे। कूटनीति से कारोबार चलाने के साथ राजा को बरगलानेवाले हित-संबंधियों से भी राजघराने की सुरक्षा करने की चुनौती दीवान के सामने थी।

रियासत में नजराना प्रणाली की हद हो गई थी। राजा को नजराना देकर अधिकार-पद लूटनेवाले खुशामदखोरों की ताकत बढ़ी थी। गरीबों को दम देकर बंधुआ मजदूर बना

दिया जाता था। अपराधियों को सरेआम फाँसी पर लटकाया जाता था। आम आदमी की जायदाद बिना पूछताछ के जब्त की जाती थी। नीलाम से न्याय खरीदा जाता था। जन स्वास्थ्य की चिंता नहीं थी। अधीन नरेशों के संबंधों में भी तनाव आ गया था।

दीवान सर टी. माधवराव ने सब ठीक करने का दायित्व स्वीकार किया था।

दिनभर के व्यस्त कार्यक्रमों में सयाजीराव को सोचने की फुरसत नहीं मिल रही थी। महारानी जमनाबाई और सर टी. माधवराव के कहने के अनुसार यंत्रवत् कृति कर रहे थे। देर रात सहभोजन से राज्याभिषेक समारोह का समापन हो गया। कवलाणा के मेहमानों को विदा किया गया। काशीराव तथा उमाबाई कदम-कदम पर पीछे मुड़कर बाल राजा को देख रहे थे। सयाजीराव महारानी जमनाबाई के पास खड़े थे। उनका भी ध्यान अपने माता-पिता की ओर लगा हुआ था। महारानी ने सयाजीराव को पास लेकर उनकी पीठ पर हाथ फेरा। सयाजी ने महारानी की ओर देखा। उनकी मुसकान में धीरज का संकेत था। उनका हाथ पकड़कर वह उन्हें भीतर ले गईं।

"अब आप राजा हैं। राजा की तरह बरताव करें। अब आप इस बड़ौदा रियासत के स्वामी और सारी प्रजा की चिंता करनेवाले पालक हो गए हैं।" महारानी ने दायित्व का पहला पाठ पढ़ाया। राज कारोबार के बड़े दायित्व ने सयाजीराव को सहसा बुजुर्ग बना दिया। फिर भी, थके पिता और रोती हुई माँ की याद से वह बेचैन हो गए।

महारानी उन्हें शयनकक्ष में ले आईं। चाँदी का पलंग। उसके किनारे सोने के पत्तर की नक्काशी। राजवस्त्र उतारने के लिए सेवक दौड़कर आगे बढ़े। जमनाबाई सामने बैठी थीं।

"सो जाइए अब। दाईं तरफ हमाम है। यहाँ मेज पर पानी का पात्र है। कुछ चाहिए होगा तो बाहर सेवक हैं। मैं यहाँ पड़ोस के दालान में ही सोनेवाली हूँ।" जमनाबाई ने बताया।

राजमाता की फिक्रमंदी से सयाजीराव सँभल गए। झट से उठकर राजमाता को झुककर नमस्कार किया। उनके दोनों कंधों को पकड़कर राजमाता ने उन्हें उठाया, अपने पेट से लगाया। उनकी मुँह से आह निकलनेवाली थी, लेकिन उन्होंने अपने आप को रोका। सयाजीराव को पलंग पर लिटाकर जमनाबाई ताराबा का हाथ पकड़कर अपने दालान में आ गईं।

सयाजीराव पलंग पर लेटे हुए थे, लेकिन आँख नहीं लग रही थी। कवलाणा से बड़ौदा की यात्रा और फिर राज्यारोहण तक की घटनाओं का चलचित्र आँखों के सामने सरकने लगा। बीच ही में कवलाणा के सकरु और चिंध्या, इन भील मित्रों की याद आती रही। उनके साथ खेले, नदी में तैरे, वह सब अब यादों में ही रहेगा। आज दादासाहब, संपत जैसे भाइयों का भी साथ छूट गया।

हम राजा बन गए लेकिन अपने संबंधी अब दूर जाएँगे। सयाजीराव बेचैन हो उठे। गाँव छोड़ा, तब माँ का बिलखना देखा था। आज फिर उन्हें लौटते हुए देखा, जैसे किसी ने उनके कलेजे का टुकड़ा ही छीन लिया हो! एक तरफ था राजवैभव का थाल सामने और दूसरी तरफ जन्मदाताओं की बेजुबान पीड़ा! सयाजीराव को अकेले सोने की आदत नहीं थी। चाँदी का पलंग, मुलायम गद्दे चुभने लगे। गूदड़ी की ममता का स्पर्श अब हमेशा के लिए दूर हो गया। फानूस की ओर छत की तरफ देखकर निद्रा की आराधना करना अनिवार्य था। नए जीवन का स्वीकार किया है। पिछला सब पोंछ डालना होगा। नए खेल को खेलना शुरू करेंगे। सयाजीराव ने निश्चय किया और गोपाल को विदा कर निद्रा को अपनाया। चींटी की गति से रात आगे बढ़ रही थी। बाल-राजा सोए हैं या नहीं, देखने के लिए जमनाबाई पलंग के पास आईं। उनकी आहट पाकर सयाजीराव ने राजमाता की ओर देखा।

''राजकुमार, अभी नींद नहीं आई?'' पलंग के कोने पर बैठकर कहा, ''सो जाइए अब। नई जगह पर ऐसा होता है। नींद से आराम मिलेगा। कल फिर आपको दिनभर काम करना है।'' वह महाराज के माथे को थपथपाती रही तो सयाजीराव की बेचैनी ममता के स्पर्श से दूर होती गई। जमनाबाई के हाथ में उमाबाई के हाथ की ममता का अनुभव उन्हें हुआ।

कवलाणा के लोगों के लिए राज दरबार का ठाट-बाट, मान-सम्मान, सब तर्कातीत था। काशीराव को खामोश बैठे देखकर उखाजी बड़े भाई से बोले, ''दादा, आप क्यों परेशान नजर आ रहे हैं? गोपालराव ने अपने खानदान का पूरा कर्जा चुका दिया। 'अंधा माँगे एक आँख' जैसी हालत हो गई है अपनी।''

''हाँ, उखाजी। मैं परेशान इसलिए हूँ कि गोपाल को चुना गया उस दिन दीवान बहादुर ने मुझे बुलाया था, तो सामने महारानी बाईसाहब भी थीं। उन्होंने मेरे सामने दो शर्तें रखीं। एक, गोपाल राजगद्दी पर बैठेगा। दूसरे, उसके बाद माँ-बाप पहले जैसा संबंध नहीं रख सकेंगे।'' जन्मदाता पिता की समूची पीड़ा और कलेजे की कसक काशीराव की मुद्रा पर दिखाई पड़ी। ''मेरे सामने आफत आ गई। सीने पर पत्थर रखा। इस बात को सोचा भी नहीं कि इसकी माँ पर क्या बीतेगी? मैंने 'हाँ' कर दी। आज बेटा राजा बन गया पर…'' काशीराव का गला भर आया। दूर दीवार के पास विकल बैठी उमाबाई कभी पति को देख रही थी तो कभी आस-पास। गरीबी ने ममता पर जीत हासिल की थी।

बड़ौदा रियासत की अस्थिरता समाप्त हो गई। सयाजीराव की शक्ल में नया राजा मिल गया। राज्य प्रशासन के बारे में विमर्श करने के लिए रेजीडेंट ने सर टी. माधवराव को याद किया।

''सयाजीराव के बालिग होने तक प्रशासन के बारे में सरकार ने आदेश दिया

है।'' रेजीडेंट साहब ने उसे सुना दिया, ''बड़ौदा रियासत की सेना पर रेजीडेंट का पूरा अधिकार रहेगा। अन्य अधिकार दीवान साहब के पास होंगे। नए कर बनाना, जमीन की जमाबंदी, दस हजार रुपए से अधिक खर्च करना, पाँच सौ से अधिक रकम का सरकारी काम देना, जमीन दान देना, फाँसी की सजा आदि बातों की अनुमति रेजीडेंट दे सकेंगे।''

पंख कतरनेवाले इस निर्णय को सुनकर माधवराव बेचैन हो उठे। उनके और अंततः महाराज के अधिकारों को हिंदुस्तान सरकार ने नियंत्रित कर दिया था। दीवान को चुप देखकर रेजीडेंट ने कहा, ''उपर्युक्त मसलों को छोड़कर बाकी कारोबार के अधिकार आपके पास रहेंगे। वक्त पड़ने पर हम मशविरा करेंगे और आपको उसे मानना पड़ेगा। हर छह मास बाद आपको रपट देनी होगी।''

''राजमाता के अधिकारों के बारे में... ?''

''राजमाता गायकवाड़ खानदान की प्रधान हैं। राजा के सयाने होने तक वह उनकी पालक रहेंगी। राजघराने के सब लोगों पर उनका अधिकार रहेगा। राजमहल का कारोबार भी उनके अधीन होगा, लेकिन अब वे नए जवाहरात की खरीद नहीं करेंगी, न अपने संबंधियों को बेशुमार उपहार दे सकेंगी। गैर-जरूरी खर्च को टालना होगा। यही सरकार का आदेश है। और हाँ, महारानी अब राज्य के प्रशासन में हस्तक्षेप नहीं करेंगी। आप उन्हें इस बारे में समझाइए।''

रेजीडेंट से विदा लेकर दीवान लौट आए। निश्चय किया कि रेजीडेंट के बंधनों की चौखट में ही काम करेंगे। कुशल और अनुभवी प्रशासक दीवान साहब पर बड़ौदा की दुरावस्था को सुधारने का दायित्व आ पड़ा था। इसके लिए उन्होंने अनुभवी सहकारियों की नियुक्तियाँ कीं। अधिकारों का विकेंद्रीकरण किया। काजी शहाबुद्दीन को मुल्की विभाग, पेस्तनजी जहाँगीर को सेना, जमाकारी, राजकीय विभाग, विनायक कीर्तने को निजी न्याय और विद्या विभाग, रावबहादुर कुँवरजी कावसजी को पुलिस, कारागार, स्थानिक स्वराज, वैद्यकीय और पब्लिक वर्क्स विभाग तथा अप्पाजी मेढ़ेकर को कोष, टकसाल और हिसाब विभाग सौंपे गए। सभी अधिकारी नए किंतु विश्वासपात्र थे। स्वतंत्र दायित्व मिलने पर वे काम पर जुट गए।

राज्य प्रशासन में गाँव सबसे छोटा घटक था। पाटील सर्वे-सर्वा। गाँव का अनियंत्रित राजा! अनेक गाँवों पर एक थानेदार। उस पर सर फौजदार। सजा के जुल्मी तरीके थे। शिक्षा के नाम पर अँधेरा था। बीस लाख जनता के लिए मात्र पाँच पाठशालाएँ। हिसाब लगाने आया तो शिक्षा समाप्त। लकड़ी के तख्ते पर ईंट का चूरा फैलाकर लकड़ी की कलम से अंक और अक्षर पढ़ाए जाते थे। ईंट का चूरा न हो तो धूल।

दीवान और रेजीडेंट ने सयाजीराव की शिक्षा की योजना इस तरह से बनाई कि वह उनकी सत्ता के सामने दबकर रहें। इस योजना को महारानी की मान्यता मिली।

7 जून को पुराने राजमहल में सरस्वती पूजा से सयाजीराव की शिक्षा का श्रीगणेश हुआ। पहली मंजिल पर बारादरी कमरे में केशवराव पंडित और व्यंकटराव जोशी पढ़ाने आने लगे। सयाजीराव गाँव में पाठशाला होने के बावजूद स्कूल नहीं गए थे। इसलिए शिक्षा का आरंभ अक्षर और अंक ज्ञान से हुआ।

दोनों शिक्षक अदल-बदलकर आते थे। चचेरे भाई गणपतराव और छोटे भाई संपतराव भी साथ में पढ़ते थे। रोज पाँच घंटे का स्कूल था। राजमहल के धूमधाम के माहौल में शिक्षा सही ढंग से नहीं हो पा रही है, यह देखकर माधवराव ने रेजीडेंट और महारानी की अनुमति से नई योजना बनाई जिसके तहत राजमहल से दूर एक बँगले में नया स्कूल बनाया गया, जिसमें शहर के रईस, सेठ, साहूकार, सरदारों के बच्चे भी पढ़ने के लिए आने लगे। माधवराव ने नई योजना के लिए कुशलता से महारानी की और गवर्नर जनरल की अनुमति प्राप्त की थी। इसके बाद महाराज के लिए अच्छे अंग्रेजी अध्यापक की खोज शुरू हुई।

प्रातः छह बजे से सयाजीराव का दिनक्रम आरंभ होता था। दूध पीने के बाद रहमान मियाँ उस्ताद घोड़े पर की दौड़ करवाते थे। दो-चार दिनों में ही सयाजीराव बैठना सीख गए। पाँच-छह मील की दौड़ के बाद पुराने सरकार बाड़े के अखाड़े में डंडा-बैठक, कुश्ती, मल्लखाब जैसी पहलवानी शुरू हो जाती।

डेढ़ घंटे बाद राजमहल लौटकर स्नान, कलेवा, थोड़ी-सी पढ़ाई। एक बार इसी तरह बारादरी की खिड़की से सामने देखा तो सामनेवाली इमारत की सीढ़ियों पर खड़े काशीराव ऊपर ही देखते हुए नजर आए। पिता को इस तरह खड़े देख सयाजीराव सिहर उठे। माँ की याद से बेचैन हो गए। एक दिन जमनाबाई साहिब ने सयाजीराव से कहा था—

"आप अब बड़ौदा रियासत के राजा हैं। राज्य की जनता आपकी प्रजा है। राज-कर्तव्य प्रधान है। माता-पिता से बार-बार मिलने नहीं जा सकते। राजा को राजा की तरह व्यवहार करना चाहिए।"

सयाजीराव ने देखा, काशीराव दूसरी मंजित की छत से हाथ हिला रहे थे। पिता से उनकी अच्छी बनती थी, लेकिन राज्याभिषेक के बाद दूरी पैदा हो गई। काशीराव ने गाँव की परिस्थितियों से तंग आकर बड़ौदा की महारानी और दीवान की उन शर्तों को मान लिया था, जो उन्हें नहीं करना चाहिए था। पत्नी को भी उन्होंने मनवा लिया था।

बेटे के राजा बन जाने से कवलाणा के सारे परिवार का प्रबंध बड़ौदा में ही एक बड़ी हवेली में किया गया था। नए पोशाक, खाने-पीने की सुविधा, ऐशोआराम। काम कुछ भी नहीं। उमाबाई लेकिन बेचैन थी। अपने सगे बेटे से रोज मिल नहीं सकते, बात नहीं कर सकते। दूर से देखकर मन-ही-मन रोते रहना। मन में ही कहती, "किस काम का यह राजा की माँ बनना? जीते-जी कैद बन गई। गाँव की तरफ अच्छा था। कोई

बोलनेवाला नहीं था। यहाँ दिनभर इस हवेली में जी ऊब जाता है।''

काशीराव ने संयम से काम लिया। दूर से बेटे को देखा करते। बचपन का नटखट गोपाल राजा बन जाने के दायित्व से सहसा गंभीर हो गया था। उसने शिक्षा की ओर ध्यान दिया। प्रजा गुजराती है, इसलिए उस भाषा के शिक्षक रतन मास्टर की नियुक्ति की गई। सयाजीराव ने मन-ही-मन समझ लिया था कि आनेवाले दिनों में लगन और मेहनत ही अपने साथी होंगे।

□

4

सयाजीराव के राज्याभिषेक समारोह को चार मास बीत गए। खबर आई कि इंग्लैंड के युवराज 'प्रिंस ऑफ वेल्स' हिंदुस्तान आनेवाले हैं। अक्तूबर का अंतिम सप्ताह। महारानी जमनाबाई, सयाजीराव महाराज, दीवान और अधिकारियों का काफिला चल पड़ा। साथ में छोटी बहन ताराबा भी थी। बड़ौदा से विशेष रेलगाड़ी मुंबई स्टेशन पर पहुँची। तब महाराज के सम्मान के लिए इक्कीस तोपों की सलामी दी गई। मुंबई के गवर्नर सर फिलिप वुडहाउस स्वयं स्वागत के लिए उपस्थित थे। लालबाग बँगले में बड़ौदावालों का प्रबंध किया गया।

सयाजीराव दूसरी बार मुंबई आ रहे थे। कुछ माह पहले नासिक से बड़ौदा जाते हुए मुंबई की जगमगाहट देखकर गोपाल चकित रह गया था। उसी का स्वागत आज इक्कीस तोपों की सलामी से किया गया था। गोपाल की देखी मुंबई और सयाजीराव की देखी मुंबई में कितना अंतर था, उसे मन-ही-मन नापा जा रहा था। दरबारी मेहमाननवाजी की एक अलग भाषा होती है। उसे शिद्‌दत से समझा जा रहा था।

दूसरे दिन गवर्नर जनरल लॉर्ड नॉर्थब्रुक मुंबई पधारे। उनके स्वागत के लिए सभी रियासतों के राजा-महाराजा सज-धजकर स्टेशन पर मौजूद थे। उनमें सयाजीराव भी थे और उनके हमउम्र मैसूर के महाराजा चामराजेंद्र वाडियार भी थे। दोनों का हाल ही में दत्तक विधान हुआ था। दोनों राजा परस्पर मिले, लेकिन भाषा की मुसीबत के कारण विशेष बातें नहीं हुईं, फिर भी दोनों में आत्मीयता का संबंध कायम हुआ।

आठ नवंबर को 'प्रिंस ऑफ वेल्स' मुंबई पहुँच गए। सबके साथ महाराज भी उनके स्वागत के लिए बंदरगाह गए थे। दूसरे दिन उनसे मिलने दीवान और प्रमुख अधिकारियों के साथ चले गए। प्रिंस लाल सैनिकी पोशाक में थे। उस लंबे-तगड़े राजपुत्र के साथ महाराज ने हाथ मिलाया। प्रिंस ने महाराज को पास के आसन पर बिठाया। प्रिंस को उपहार में क्या दिया जाए, इस बात पर राजमाता और दीवान में बात हो रही थी, तब सयाजीराव ने तुरंत सुझाया, "अपना उपहार सबसे अलग होना चाहिए। क्यों न नास की

रत्नजड़ित मंजुषा दी जाए?'' अपनी बात का स्वीकार देख महाराज का आत्मविश्वास बढ़ गया। वह प्रतीक्षा करने लगे कि कब यह उपहार दिया जाता है। मंजुषा के साथ एक रत्नजड़ित अँगूठी और तलवार भी दी गई। स्वागत-समारोह संपन्न हो गया।

'प्रिंस ऑफ वेल्स' की ओर से संदेश आया कि वह बड़ौदा रियासत का दौरा करना चाहते हैं। वहाँ के शिकार और साठमारी में उनकी दिलचस्पी है। पूर्वनिर्धारित कार्यक्रम से भिन्न यह कार्यक्रम सहसा निश्चित हो जाने से दीवान और अधिकारी स्वागत की तैयारी के लिए तुरंत बड़ौदा निकल पड़े। सयाजीराव दो दिन बाद लौट आए।

राजपुत्र के स्वागत के लिए भव्य शामियाना खड़ा किया गया। सड़कों पर बंदनवार सजाए गए।

एक हफ्ते बाद 19 नवंबर, 1875 को प्रात: आठ बजे 'प्रिंस ऑफ वेल्स' का बड़ौदा स्टेशन पर आगमन हुआ। सयाजीराव ने शाही स्वागत किया। सरकारी हाथी पर सोने की अंबारी थी। उस पर युवराज को विराजमान किया गया। सामने नीली वरदी में पुलिस बैंड। सड़क के दोनों किनारे लोगों का हुजूम राजपुत्र की जय कहता हुआ।

रेजीडेंट के बँगले पर प्रिंस का मुकाम था। दूसरे दिन शिकार का कार्यक्रम था। सयाजीराव के लिए भी यह नया अनुभव था। प्रात: जल्दी ही जाग पड़े। शहर से चार मील की दूरी पर घनी झाड़ी में मकरपुरा महल था। वहाँ सुबह के नाश्ते का प्रबंध था। महाराज, राजपुत्र, रेजीडेंट और दीवान घोड़े की बग्गी में पहुँच गए। महल के प्रागण में आठ ताँगे खड़े थे। महाराज और मंडली शिकार के लिए निकल पड़ी। उनके आगे-पीछे हथियारबंद शिकारी घोड़े पर सवार थे। महाराज के साथ एक अनुभवी शिकारी था, जो सम्माननीय अतिथि को शिकार के बारे में जानकारी दे रहा था। आधे मील की दूरी पर नदी थी। उसे लाँघकर काफिला दूसरे किनारे पर आया। पास की झाड़ी में कमर तक लंबा जाल बिछा हुआ था। उसमें पिंजड़े में बंद कुछ पंछी थे। उनकी आवाज से आकर्षित हो दूसरे पक्षी जाल में उलझ रहे थे। पंछियों का शिकार देख ताँगे आगे बढ़ गए। पीछे से आनेवाले घुड़सवार जाल में उलझे पंछियों को बाँस की टोकरी में डालते जा रहे थे।

ताँगे कपास के खेत में गाड़ी राह से चले जा रहे थे। पास में हिरणों का झुंड चर रहा था। सुबह की सुनहरी धूप में उनके बदन पर गोल चकत्ते चमक रहे थे। घोड़े के गलों की घुँघरुओं की खनक सुनकर वे कान उठाकर इस लवाजिमे की ओर देखने लगे। ताँगे रुक गए। डर दूर हो जाने से हिरण फिर से घास चरने लगे। झुंड अब नजर की सीमा में आ गया था।

तीसरे ताँगे में एक चीता बँधा हुआ था। आँखों पर पट्टी बँधी हुई थी। शिकारी ने पट्टी हटा दी। गले की जंजीर खोल दी। चीते ने खड़े होकर नजर घुमाई। पचास-साठ फीट की दूरी पर हिरणों का झुंड खड़ा था। शिकार को नजर की हद में देखकर चीते ने

छलाँग लगाई। आई बला को देख झुंड तितर-बितर हो गया। चीते ने एक बड़े नर पर झपट्टा मारा। हिरणों ने पीछे मुड़कर एकबारगी देखा और बेतहाशा दौड़ पड़े। शिकारी भी दौड़ पड़े। चीते को हटाकर शिकार को ऊँट पर लाद दिया। शिकारी के इशारे पर चीता लौट आया। गाड़ी में बैठ गया। आँखों पर फिर पट्टी बाँधी गई। सनसनीखेज शिकार देखकर प्रिंस खुश हो गए। सयाजीराव की नजरों के सामने लेकिन तड़पता हुआ हिरण था।

शाम को राजपुत्र के सम्मानार्थ बड़े खाने का आयोजन था। शहर के प्रतिष्ठितों और अधिकारियों को आमंत्रित किया गया था। राजमहल के पास ही बड़ा शामियाना सजा हुआ था। पाश्चात्य और भारतीय भोजन का प्रबंध था। भोजनोत्तर नयनरम्य आतिशबाजी हुई। स्थानीय कलाकारों का नृत्य-गायन का कार्यक्रम भी संपन्न हुआ।

दूसरे दिन प्रात: दरबार हॉल में 'प्रिंस ऑफ वेल्स' का भव्य स्वागत किया गया। चाँदी के रथ को सोने की पट्टियाँ लगी हुई थीं। सफेद आठ घोड़े जुते हुए थे। राजपुत्र और मुख्य अतिथियों को जुलूस के साथ राजदरबार लाया गया।

सर टी. माधवराव ने सयाजीराव का भाषण पढ़ा। राजपुत्र ने नए महाराज की तारीफ करते हुए कहा, "महाराज मेरे बड़े बेटे की उम्र के हैं। दो दिन की संगत में ही मुझे उनकी बुद्धिमत्ता नजर आई। उनकी माता महारानी जमनाबाई साहेब भी समझदार हैं। पूर्व जीवन के दु:खद अनुभव ने उन्हें सुज्ञ बना दिया है। मुझे उम्मीद है कि महाराज अपनी शिक्षा में दिन-ब-दिन तरक्की करेंगे और अपनी रियासत में सब तरह के सुधार लाएँगे। सबको समृद्धि की शुभकामनाएँ।" महारानी जमनाबाई ने 'प्रिंस ऑफ वेल्स' की पत्नी को अपने जवाहिरखाने से मोतियों की एक रत्नजड़ित माला और कंठा नजर किया।

औपचारिक भाषणों के बाद प्रिंस के बारे में अपनी कृतज्ञता व्यक्त करने के लिए सयाजीराव ने उत्स्फूर्त भाषण मराठी में दिया—"हमारी जैसी छोटी रियासत में आने की आपको अनुमति देने के लिए हम महारानी विक्टोरिया के बहुत आभारी हैं। हमारी तरफ से आप महारानीजी से जरूर आभार विदित कीजिएगा।"

मुंबई के गवर्नर ने उसका अंग्रेजी तर्जुमा सुनाया। प्रिंस ने दिलचस्पी से सुना। बिना किसी अधिकारी की सहायता से सयाजीराव ने पहली बार दरबारी औपचारिकता की खानदानी शैली को अपनाया। दरबार के बाद साठमारी का कार्यक्रम था।

राजमहल के बाहर बड़ा मैदान था। गोलाकार मैदान के चारों ओर दो पुरस ऊँची दीवार थी। उत्तर की तरफ से सीढ़ियाँ थीं। दीवार पर रंग-बिरंगे कपड़ों में लोग बैठे थे। मैदान की पश्चिमी दीवार पर प्रतिष्ठित मेहमानों के लिए अर्धगोलाकार छत बनाई गई थी। भगवे रंग की दीवार पर बड़ौदा के भगवे ध्वज लहरा रहे थे। मैदान के बाहर के पेड़ों पर भी लोग चढ़कर बैठे थे। सरकारी बैंड बज रहा था। 'प्रिंस ऑफ वेल्स' के

मुख्य दर्शक-दीर्घा में आते ही दर्शकों ने जयघोष के साथ स्वागत किया।

साठमारी के खेल का प्रारंभ हुआ।

पहले दो पहलवानों ने कुश्ती लड़ी। उनका चापल्य और कौशल देखकर सभी दंग रह गए। फिर सब लोग मैदान के बाहर चले गए। दक्षिण दीवार का सँकरा द्वार खोलते ही एक बड़ा भैंसा डकरता हुआ आ गया। उसके पीछे दूसरा आया। मैदान के बीच खड़े होकर दोनों एक-दूसरे को चुनौती देने लगे। पैरों से जमीन उखाड़ने लगे। बैंड और नगाड़े की आवाजों ने उनमें जोश भर दिया। एक-दूसरे को पछाड़ने के लिए दो कदम पीछे हटकर फिर हमला बोलने लगे। सींग में सींग उलझ गए। ऐसी दशा में एक ने दूसरे को दीवार तक पीछे ढकेल दिया। दूसरे ने जोर लगाया तो वह पीछे हट गया और सामनेवाला भौंचक होते ही उसके पेट में सींगों को घुसेड़ दिया। पहला भागने लगा। विजयी भैंसे ने उसका दरवाजे तक पीछा किया।

दक्षिण दरवाजे से तुरही बजने की आवाज आई। दरवाजा खुल गया। साँकलों से बँधे दो हाथियों को लेकर दो आदमी मैदान में आ गए। दोनों के हाथों में नोकदार भाले थे। मैदान के दोनों किनारे पर हाथियों को आमने-सामने खड़ा किया गया। दोनों को मैदान में छोड़कर लोग बाहर आ गए। बैंड बजने लगा। दो मदमस्त हाथी सूँडों को हिलाकर डोलने लगे। दोनों ने सूँड ऊपर उठाकर आवाज से चुनौती दी। पास आकर सूँडों से एक-दूसरे को पकड़ने लगे, मानो वे कुश्ती की सलामी दे रहे हों। एक-दूसरे को आजमाने लगे। सहसा एक ने आवाज के साथ सामनेवाले के मस्तक पर प्रहार किया। दर्शकों से प्रोत्साहन की आवाजें आने लगीं। दोनों डोलते हुए कुछ पीछे हटे। फिर दुगुने आवेश से भिड़ गए। पहले ने अपने दाँत से दूसरे के पेट पर आघात किया तो पीड़ा से वह पीछे हटा। पहला और आवेश में आ गया। जोर से धड़कने से उसका दायाँ दाँत टूट गया। खून का फव्वारा उड़ा। दूसरे ने अवसर पाकर हमला किया। दोनों के माथे खून से लथपथ हो गए।

सयाजीराव ने सर टी. माधवराव की तरफ देखा। माधवराव के इशारे पर सेवकों ने दोनों हाथियों को साँकल में बाँध दिया। उन्हें एक-दूसरे से अलग किया गया। प्रिंस ने तालियाँ बजाकर खुशी जाहिर की। साठमारी का खेल खत्म हुआ। सर टी. माधवराव के प्रशासकीय पूर्वानुभव तथा ब्रिटिशों की रुचि की जानकारी होने से राजपुत्र के सारे कार्यक्रम सफलतापूर्वक संपन्न हुए। राजपुत्र को तेईस तारीख को विदा किया गया।

हिंदुस्तान सरकार ने सयाजीराव की शिक्षा की योजना को मंजूरी दे दी। नए रेजीडेंट मेलविल ने अंग्रेजी के अध्यापक के रूप में ब्रिटिश अधिकारियों की सिफारिश पर एफ. एच. इलियट की नियुक्ति की। इलियट युवा आई. सी. एस. बेरार में शिक्षा विभाग के निदेशक थे।

इलियट 10 दिसंबर, 1875 को काम पर आ गए। महारानी और दीवान के मशविरे पर महलवाले बाग के पास के बँगले में स्कूल शुरू हुआ। इलियट लंबे, छरहरे बदन के, चौड़े माथे और सीधी नाकवाले गोरे युवा थे। आँखों में बुद्धि की चमक के साथ हास्य की दमक भी थी। व्यक्तित्व में अधिकारी का रौब था, फिर भी उदारमनस्क, हँसमुख और उम्दा होने से दूसरों पर छाप डालते थे।

आते ही उन्होंने अध्ययन-क्रम निर्धारित किया। बड़ौदा रियासत की भाषा गुजराती थी, लेकिन प्रशासन के अधिकारी मराठी भाषिक थे। दरबार की भाषा उर्दू-फारसी थी। इसे ध्यान में रखकर सयाजीराव को चार भाषाओं को पढ़ाना आवश्यक था। अकेले राजा को पढ़ाना ठीक नहीं था, इसलिए सयाजीराव को रिश्तेदारों, सामंतों, सरदारों आदि के बेटों के साथ पढ़ाया गया। भाषाओं के साथ इतिहास, भूगोल और गणित। इलियट को पढ़ाने में सुविधा हो, इसलिए मराठी पढ़ाने का काम केशव पंडित ने किया। सयाजीराव और शिक्षक इलियट साथ में ही मराठी पढ़ने लगे।

ब्रिटिश पब्लिक स्कूल के अनुसार नई इमारत का नक्शा बनाया गया। मिलनसार इलियट बच्चों के साथ हिल-मिल गए। शिक्षक का डर नहीं रहा। आत्मीयता बढ़ गई। छात्र के व्यक्तित्व विकास में शिक्षक का योगदान बड़ा होता है। सौभाग्य से सयाजीराव को इलियट जैसे गुरु मिल गए। छात्रों के पहले वर्ष की प्रगति का लेखा-जोखा इलियट ने दीवान को सुपुर्द किया। उसमें लिखा था, "सयाजीराव का आरंभ धीमी गति से हो रहा है, किंतु उनमें पढ़ने की जिज्ञासा है। परिश्रम और लगन की कमी नहीं।" दीवान सर टी. माधवराव ने अपनी भी राय दी, "महाराज की शिक्षा के बारे में मातोश्री महारानी जमनाबाई साहेब बहुत फिक्रमंद हैं। उनकी ममता शिक्षा के आड़े नहीं आती। महाराज की शिक्षा के लिए जितनी सुविधाएँ मुहैया की गई हैं, उतनी अन्य किसी देशी रियासत में नहीं हैं। महाराज की शारीरिक और नैतिक शिक्षा की ओर उनका पर्याप्त ध्यान है।"

इलियट ने सयाजीराव का दिनक्रम निर्धारित कर दिया था। स्कूल के पंद्रह दिन बाद एक दिन की छुट्टी थी। एक वर्ष की पढ़ाई में सयाजीराव को बार-बार याद दिलाया जाता था कि आप महाराज हैं। राजा की तरह व्यवहार करना चाहिए। प्रजा से पर्याप्त दूरी रखनी चाहिए। इन संस्कारों से महाराज एकाकी बनते गए। कोई सखा-संगी नहीं रहा। ऐसे में इलियट ही उनके गुरु, मित्र और जीवन भर के स्नेही बने। सयाजीराव आदर से उन्हें 'सर' पुकारते थे।

सयाजीराव की प्रगति से इलियट संतुष्ट तो थे, लेकिन स्पर्धाभाव से अधिक प्रगति होती है, यह जानकर उन्होंने अन्य बुद्धिमान छात्रों को प्रवेश दिया जिनमें माधव नारायण गोडबोले अव्वल था। इलियट इन दोनों को अलग से पढ़ाने लगे। दोनों की अधिक प्रगति हुई।

1 जनवरी, 1877 के 'दिल्ली दरबार' में महारानी विक्टोरिया के हिंदुस्तान की मलिका बनने की घोषणा होनेवाली थी। अंग्रेजी साम्राज्य के वैभव को प्रदर्शित करनेवाले इस समारोह के लिए सयाजीराव, जमनाबाई, दीवान और रेजीडेंट को उपस्थित रहना था। 7 दिसंबर को चल पड़नेवाले थे तो एक घंटा पहले जमनाबाई साहेब ने सयाजीराव से कहा कि 'दिल्ली दरबार' के बाद कुछ तीर्थस्थानों के भी दर्शन करने हैं। कुछ महीने लग सकते हैं, तो सामने की हवेली में माता-पिता से मिल आइए। मामासाहब साथ में होंगे।

सयाजीराव के आने की सूचना हवेली में पहुँच गई थी। उमाबाई ने सयाजीराव को दरवाजे से आते हुए देखा। अपने गोपाल को गले लगाने को उत्सुक थी, लेकिन भावोर्मि को रोक लिया। यह गोपाल नहीं, यह तो बड़ौदा नरेश हैं।

सयाजीराव आगे बढ़कर माँ से लिपट गए। बहुत दिनों बाद माँ का खुरदरा हाथ गालों पर फिरा। अब तक रोके ममता के आँसू माँ के गालों पर बहने लगे। ''राजा को खुशी की आँख से देखना चाहिए, ऐसे रोते हुए नहीं।'' काशीराव के आवाज से वह चौंक पड़ी। पल्लू से आँखें पोंछ लीं। सयाजीराव ने मुड़कर पिता के चरणों पर माथा रख दिया। काशीराव ऐसे पीछे हटे, जैसे कोई झटका बैठा हो। ''महाराज को किसी के सामने इस तरह झुकना नहीं चाहिए'' सयाजीराव के हाथों को हाथ में लेकर आँसूभरी नजर से देखने लगे।

सारी ममता की मंडली पास थी, लेकिन सयाजीराव को अकेलेपन के झोंके ने घेर लिया था।

''महाराज, चलने का समय हो गया है। महारानी साहेब बाहर आपकी प्रतीक्षा कर रही हैं।'' बालासाहब माने ने धीरे-से कहा। सयाजीराव ने उसकी ओर एक बारगी देखा। दादासाहब से बोले, ''हम हो आते हैं। कुछ दिन पढ़ाई में रुकावट आएगी।'' और चल पड़े। रानीसाहेब के साथ बग्गी में बैठ गए। पीछे मुड़कर हवेली की ओर देखने की हिम्मत नहीं हुई।

रेल-यात्रा में स्थल दर्शन करते हुए सयाजीराव 14 दिसंबर को दिल्ली पहुँच गए। शामियानों की नगरी ही मानो बसाई गई थी। दरबार के लिए बड़ा षट्कोणी मंडप सजाया गया था। भारत के सारे राजा मौजूद थे।

बड़ौदा रियासत के शामियाने में 1,046 लोग थे। ऊँट, घोड़े, हाथी आदि 182 जानवर थे। राजमार्ग पर जुलूस में चल पड़े, तब बड़ौदा की शान को सबने देखा।

सर टी. माधवराव ने सयाजीराव महाराज को इंदौर नरेश से और फिर ग्वालियर के शिंदे, हैदराबाद के निजाम आदि से मिलवाया। सयाजीराव सूक्ष्म दृष्टि से सारा वैभव देख रहे थे। दीवान और महारानी के मार्गदर्शन में दरबारी रीति-रिवाजों से परिचित हो रहे थे। उनके ध्यान में आ गया कि ब्रिटिश साम्राज्य बड़ा वृक्ष है और रियासतें उनकी

शाखाएँ। व्यवस्था में सत्ता संबंधों की शृंखला को पहचान रहे थे। 'होनहार बिरवान के होत चीकने पात' के अनुसार सारा काम चल रहा था।

वाइसरॉय नार्थब्रुक के स्थानांतरण के बाद लॉर्ड लिंटन आए हुए थे। दरबार के दो दिन पहले उन्होंने बड़ौदा की छावनी देखी। सयाजीराव ने स्वागत किया। अनुभव किया कि हम हिंदुस्तान की एकमात्र सत्ता के एक भाग हैं।

एक दिन पहले मुख्य दरबार का मानो पूर्वाभ्यास किया गया। बड़े लाट ने सयाजीराव का सम्मान करते हुए कहा, "बड़ौदा रियासत और ब्रिटिश साम्राज्य के मित्रत्व के संबंध हैं। उसके प्रतीक रूप में महारानी विक्टोरिया ने आपके लिए निशान और सुवर्ण पदक भेज दिया है।" इस सम्मान से सयाजीराव और भी संजीदा हो गए। बड़े लाट ने फिर कहा, "महारानी साहेबा ने आपको 'दौलत-ई-इंग्लिशिया' और 'फरदनंद-ई-खास' उपाधियों भी नवाजा है।"

महारानी विक्टोरिया के प्रति कृतज्ञता व्यक्त करते हुए सयाजीराव ने कहा, "हम पर जो भरोसा किया गया, उसके लिए माँ साहेब और हम बहुत आभारी हैं। हम अपने दायित्व का पूरी तरह से निर्वाह करेंगे।" फिर टी. माधवराव को भी 'राजा' उपाधि से नवाजा गया। नरेश और दीवान का एक साथ सम्मान असाधारण योग था।

1 जनवरी का बड़ा दरबार हुआ। लॉर्ड लिंटन पधारे। महारानी विक्टोरिया के अधिकार-ग्रहण का घोषणा-पत्र उर्दू में पढ़ा गया। कई नरेशों ने विक्टोरिया के दीर्घायु की कामना की। रात में आतिशबाजी हुई।

राजा-महाराजाओं से मिलने में एक हफ्ता बीत गया। सयाजीराव ने लौटते हुए मथुरा, वृंदावन, गोकुल, आगरा, फतेहपुर सीकरी, लखनऊ, काशी, गया, प्रयाग आदि स्थलों के दर्शन किए। राजमाता ने कई स्थलों पर दान-धर्म किया। सयाजीराव ने जाना कि राजा को हमेशा प्रजा को कुछ-न-कुछ देना चाहिए। 4 फरवरी को सब बड़ौदा पहुँच गए।

इस यात्रा ने सयाजीराव को हिंदुस्तान का भौगोलिक, धार्मिक और राजनीतिक सर्वांग दर्शन ही कराया। भविष्य-यात्रा की यह नान्दी थी।

दो माह बाद फिर से इलियट सर का स्कूल शुरू हुआ। सयाजीराव ने कक्षा में अपनी यात्रा का विस्तृत वृत्तांत सुनाया।

□

5

मल्हारराव के जमाने में बिगड़ी हालत को सुधारने और हिंदुस्तान सरकार के साथ अच्छे संबंध बनाने के साथ ही सर. टी. माधवराव को सयाजीराव की शिक्षा की ओर भी ध्यान देना था। राज्याभिषेक के तुरंत बाद उन्होंने महाराज की ओर से घोषणा-पत्र का फलक कचहरी के सामने प्रदर्शित किया—

"किसी भी आदमी पर अपराध दर्ज होने पर उसकी पूरी तरह से पूछताछ के बाद ही निर्णय होगा। इससे पूर्व उसे जेल नहीं भेजा जाएगा। सही वजह के बिना किसी की जायदाद कुर्क नहीं होगी। कानूनी तौर पर नियुक्त अधिकारी ही कारोबार में अधिकार का प्रयोग करेंगे। प्रजा को इंसाफ की हामी दी जाती है।"

बड़ौदा के कुछ अन्य गायकवाड़ राज-पाट पर अपना अधिकार बता रहे थे। सर टी. माधवराव ने इन नाराज लोगों की विविध पदों पर नियुक्तियाँ कर उन्हें शांत किया। उनका कर्ज मुआफ किया गया। पदच्युत मल्हारराव को सालाना डेढ़ लाख का मुआवजा दिया गया। उनके दरबारी नौकरों को एकमुश्त रकम देकर उनकी नौकरियाँ समाप्त की गईं।

मल्हारराव को मद्रास भेज दिया गया था, लेकिन उनके इशारे पर कुछ रिश्तेदारों ने बगावत करना शुरू किया। महारानी और रेजीडेंट की अनुमति से सैनिक बल ने बगावत को ठंडा कर दिया। गायकवाड़ वंश के लोगों को मुआफी के साथ हानि की भरपाई भी की गई। साहूकारों

साहूकारों से कर्ज लेकर कुछ लोगों ने सन्मानीय पद खरीदे थे। सामंत-साहूकारों के विवाद का भी निपटारा माधवराव ने कुशलता से किया। उनकी कूटनीति ने विरोधियों को चुप कराया। प्रशासन में न्याय और पारदर्शिता को प्रधानता दी गई।

राज्य कारोबार में न्याय प्रणाली महत्त्वपूर्ण होती है। माधवराव ने उसमें सुधार किये। अंग्रेजी प्रणाली का अनुकरण किया। इस प्रस्ताव को रेजीडेंट से मंजूर कराया। जिले में न्यायाधीश और तहसील में मुंसिफ की नियुक्तियाँ की गईं। अपील कोर्ट दीवान के पास। प्रशसन में नए पर्व का आरंभ हुआ। इलियट ने बड़ौदा रियासत का इतिहास 'रूलर्स

ऑफ बरोडा' पुस्तक लिखी,जो सयाजीराव की शिक्षा के दूसरे वर्ष पूरी हुई। अंतिम अध्याय सयाजीराव का दत्तक विधान और उनकी शिक्षा के बारे में था। उसमें उन्होंने लिखा, ''मुझे समझा दिया गया था कि सयाजीराव का प्रशिक्षण भविष्य के विचार से किया जानेवाला अभिनव प्रयोग है। उम्र के हिसाब से सयाजीराव छोटे लगते थे। प्रथम दृष्टि में व्यक्तित्व साधारण प्रतीत होता था, लेकिन राजचिह्नों के धारण करते ही मुख पर आभा छा जाती थी। उनकी संवेदनशीलता का ही इसमें परिचय मिलता है। नटखट गोपाल राजा बनते ही गंभीर हो गया। सुंदर नहीं, लेकिन हँसमुख और प्रसन्न थे। देर से पढ़ाई शुरू हुई, लेकिन प्रगति नेत्रदीपक रही। गणित को लगन से सीखा। इस गुण की बदौलत वह अपने जीवन में मुश्किल चुनौतियों का सामना करेंगे। शिक्षा के भरे-पूरे दिनक्रम में उन्हें साहूकारोखेलने का मौका बहुत कम मिल रहा है।''

सयाजीराव पर इलियट सर के व्यक्तित्व की काफी छाप पड़ी है। अब वह छोटे-छोटे भाषण भी करने लगे लेकिन लिखावट की ओर ध्यान देने की फुरसत शायद नहीं मिली। संस्कारक्षम सयाजीराव पाश्चात्य और भारतीय, दोनों संस्कृतियों से संस्कारित हो रहे थे।

बड़ौदा रियासत की भलाई के लिए दीवान माधवराव ने कई साहसपूर्ण निर्णय लिये थे जिन पर रेजीडेंट की बारीक नजर थी। रेजीडेंट का बुलावा धर्म-संकट होता है, इसे वह बखूबी जानते थे। उस दिन भी ऐसा ही हुआ। आते ही रेजीडेंट ने कहा, ''दीवानजी, आपने जनहित के कई निर्णय लिये हैं। इसे देख हिंदुस्तान सरकार ने भी कुछ निर्णय किए हैं। देखिएगा।''

माधवराव आदेश पढ़ने लगे, ''इसके आगे रियासत नमक का उत्पाद बंद कर दे।'' रेजीडेंट से बोले, ''यह तो रियासत की जीविका का आधार है। आम आदमी का आम अधिकार न छीना जाए तो अच्छा। मेरी सरकार से प्रार्थना है।''

''यह सरकारी नीति है। जो इसे नहीं मानेंगे, उनपर कानूनी काररवाई होगी। सरकार का निर्णय अंतिम है। आपसे और क्या कहा जा सकता है?'' रेजीडेंट ने आगे कहा, ''आदेश में और दो बातें हैं। रियासत अपनी सेना के लिए बारूद खरीदती थी, उत्पादन भी करती थी। अब शस्त्र का उत्पादन नहीं किया जा सकेगा। उसे सिर्फ ब्रिटिशों से ही खरीदना होगा। दूसरी बात अफीम के बारे में है। अब कोई किसान हमारी इजाजत के बिना अफीम की खेती नहीं कर सकेगा, न बेच सकेगा। उसे सरकार ही खरीदेगी। विक्रेताओं को परमिट लेना पड़ेगा। बाहर भेजते वक्त चुंगी देनी पड़ेगी।''

''अफीम यहाँ के किसानों के जीने का आधार है। इससे तो हमारी रियासत की भी आर्थिक हानि होगी। किसानों में असंतोष फैलेगा।'' होनी की आहट माधवराव के दिमाग में थी।

"इसे दूर करना आपके प्रशासन का दायित्व है। आप जानते ही हैं कि सरकार के प्रस्ताव आदेश ही होते हैं।"

माधवराव उलझन में पड़ गए। जानते थे कि इनका विरोध नहीं किया जा सकता। बड़ौदा रियासत के अधिकारों को अंततः तिलांजलि देनी पड़ी।

रेजीडेंट मेलविल से मिल-जुलकर काम करने में ही माधवराव ने ठीक समझा। आखिर दोनों ही इंग्लैंड की निरंकुश सार्वभौम सत्ता को माननेवाले थे। राजा पर भी राजनीति और प्रशासन के ऐसे ही संस्कार उन्हें करने थे लेकिन इलियट कई बातों में इनसे अलग थे। ममता और शांति की मूर्ति थे। जानते थे कि एक राजा को तैयार करना है। एक वर्ष में ही जान गए कि उनकी मेहनत बेकार नहीं जाएगी। उनके छात्र में प्रकृति प्रदत्त बुद्धि है। उसे खाद-पानी देकर मशक्कत करनी होगी।

सयाजीराव की शिक्षा का तीसरा भाग जमनाबाई देख रही थी। उन्होंने बड़ी सावधानी और सूझ-बूझ से सयाजीराव को दत्तक चुना था। बच्चे पर पहला संस्कार माँ का होता है। बाद में शिक्षक और संगी। खेत में उगे पौधे को बड़ौदा के राजवृक्ष पर कलम लिया गया। देहात के बालक को राजदरबार के रिवाजों में ढलते हुए शुरू में कुछ मुश्किल हुई, लेकिन जमनाबाई और इलियट ने उसकी सही हिफाजत की। महारानी माँ की ममता, उदारता, हर बात समय पर करने की सावधानी और कठोर अनुशासन, इन गुणों को युवराज ने भी अपनाया।

केशवराव गुरुजी ने सयाजीराव को बचपन की यादें लिखने के लिए कहा। इससे उन्हें दिल खोलकर व्यक्त होने का एक अच्छा जरिया मिल गया। उन्होंने लिखा—

॥ श्री ॥

"मेरे दत्तक विधान के बाद मुझे अपने पिता की बहुत याद आती रही। उनके बिना चैन नहीं था। उनके साथ मेरी बहुत पटती थी। मुझे उनसे मिलने की अनुमति होनी चाहिए। मुझे अन्य लोगों के साथ भी मिलने नहीं दिया जाता। व्यावहारिक बातों की शिक्षा मुझे नहीं मिलती।'

केशवराव ने पढ़ा और उनके चेहरे पर संतोष छा गया। प्रसन्नता से सयाजीराव की ओर देखकर बोले, "अच्छा लिखा है आपने।" शाबाशी देते हुए कहा, "अब हर रोज लिखते जाइए। इससे मन हल्का हो जाता है। मन में विचारों की मशक्कत होती है। आप राजा हैं, राजा को इस तरह भावुक नहीं होना चाहिए।"

इलियट सर आए तो उन्होंने भी पढ़ा। सयाजीराव की ओर देखा। नजर में समाधान का भाव था। बोले, "बहुत ही सुंदर, माय डियर! आप पर हिंदुस्तान के एक अहम राजा बनने का दायित्व है। लिखने का आरंभ तो बहुत बढ़िया हुआ। अब हर रोज रोजनामचा लिखते जाइए। अब पढ़ाई बस। हम सब कबड्डी खेलेंगे।"

खेल के बाद भोजन के समय छात्र माधव गोडबोले ने सयाजीराव से कहा कि आपका लिखा गुरुजी ने दिखाया और सबको इस तरह का होमवर्क बताया। दिनभर जो होता है, उसके बारे में अपनी राय लिखना।

''लेकिन हमारी लिखावट तुम्हारे जैसी सुंदर नहीं है।'' सयाजीराव ने माधव से कहा, ''हमने कोशिश की, लेकिन नहीं हुआ। गणित से भी दोस्ती नहीं हो पाई।''

''मुझे तो पढ़ाई से खेलना ही पसंद है।'' संपतराव ने कहा। सयाजीराव बोले, ''अब गाँव के दिनों को सिर्फ याद करना। खेलना तो अच्छा लगता है, लेकिन पढ़ाई के विचार से मन को रोकना पड़ता है।''

''इलियट सर का ऐसा नहीं है। उन्होंने हमारे खेल की तारीफ की।'' माधव ने कहा।

''हाँ, छात्र और शिक्षकों के बीच खेले गए मैच में हम जीत गए लेकिन मुझे लगता है, इलियट सर ने जान-बूझकर मुझे नहीं पकड़ा। हमें प्रोत्साहित करने के लिए तो नहीं?'' सयाजीराव ने कहा।

''महाराज को तो जीतना ही होगा।'' बालासाहब गूजर ने निश्चयात्मक स्वर में कहा।

''नहीं, फिर वह सही खेल नहीं होगा। इलियट सर जो कहते हैं, उसके विपरीत होगा।'' सयाजीराव ने गंभीर होते हुए कहा और सोचा कि कल रोजनामचे में इसके बारे में लिखना होगा।

दोपहर में भोजन के समय महारानी को सयाजीराव ने कहा कि इलियट सर और केशवराव गुरुजी ने रोजनामचा लिखने के लिए कहा है, तो महारानी ने कहा, ''अरे वाह! हमें नहीं दिखाया आपने! न दिखाने जैसा कुछ है क्या?''

''ऐसा नहीं है, माँ साहेब'' कहते हुए उन्होंने महारानी को पढ़ने के लिए दिया। पढ़कर उनकी मुद्रा पर आश्चर्य, चिंता और फिर प्रसन्नता के भाव उभरे। सयाजीराव को पास लेते हुए बोलीं, ''आपकी परेशानी हमारी समझ में नहीं आई। हम आपके उज्ज्वल भविष्य के लिए ही सारे प्रयास कर रहे हैं। संबंधितों को हम समझा देंगे।'' महारानी ने प्रेम से सयाजीराव को पास खींच लिया। मन में सोचा, युवराज संवेदनशील हैं। उनकी बातें खयाल में रखनी होंगी। माधवराव और इलियट सर उनकी शिक्षा का नियोजन कर रहे हैं, लेकिन उन्हें ब्रिटिश सत्ता के हाथ की कठपुतली भी नहीं होने देना है।

महाराज के राज्याभिषेक के पूर्व 1870 तक बड़ौदा में शिक्षा विभाग नहीं था, न सरकारी स्कूल। निजी स्कूल चलते थे। उन पर किसी का नियंत्रण नहीं था। शिक्षा की आवश्यकता महसूस कर माधवराव ने 1875 में स्कूल विभाग खोल दिया और 180 प्राथमिक शालाएँ शुरू कीं। साढ़े सात हजार छात्रों की पढ़ाई शुरू हुई। इसी के साथ

माधवराव ने सार्वजनिक पुस्तकालय भी खोल दिए, ताकि प्रजा को ज्ञान मिले। आस-पास की दुनिया की जानकारी प्राप्त हो। इन दोनों कामों से बड़ौदा रियासत की भविष्यकालीन प्रगति का शिलान्यास ही हो गया।

रेजीडेंट मेलविल से लिफाफा आया कि हिंदुस्तान सरकार महारानी जमनाबाई का सम्मान करती है। दीवान माधवराव ने दूसरे दिन खास दरबार का आयोजन किया। मेलविल साहब ने महारानी को अंग्रेज सरकार की तरफ से 'क्राऊन ऑफ इंडिया' का खिताब प्रदान किया। माधवराव ने भाषण में कहा, "महारानी के सम्मान को हम अपना भूषण मानते हैं। कुछ समय पूर्व उन्हें कई परेशानियों का सामना करना पड़ा लेकिन अब वह राजसी वैभव में लौट आई हैं। इस सम्मान ने घी में शक्कर डाली गई है। सार्वभौम सत्ता के हम आभारी हैं।"

माधवराव अच्छे लेखक, कवि और छह भाषाओं के जानकार थे। उनके भाषण में कवित्व था और प्रांजलता थी। इसके साथ ही बड़ौदा शहर के सार्वजनिक उद्यान का उद्घाटन समारोह भी था।

सयाजीराव महाराज ने उद्यान के एक पौधे में पानी डालकर उद्घाटन किया। सभास्थल पर अपने जेब के कागज को टटोला। सबकी ओर देखकर पहले भाषण के लिए खड़े हो गए। रियाज तो किया था, लेकिन पहला ही अनुभव था—"सज्जनो, हम सब खुली हवा, हरी-भरी घास, सुंदर फूल-पौधे चाहते हैं लेकिन बड़ौदा शहर की आबादी इतनी घनी है कि घर के पास बगीचा संभव नहीं। गरीबों के लिए तो और भी नामुमकिन। इसलिए सपरिवार कुछ समय प्रसन्नता के साथ बिताएँ और शारीरिक तथा मानसिक आनंद प्राप्त करें, यह मेरी कामना है। इस उद्यान के बँगले को छोड़कर बाकी सारी भूमि मैं अपनी प्रिय प्रजा को नजर कर रहा हूँ।"

भाषण में उन्हें कँप महसूस हो रहा था। पसीना भी छूटा था। भाषण पढ़कर सुनाने की बात हुई थी लेकिन महाराज ने मन-ही-मन ठाना था कि बिना कागज का आधार लिये बोलेंगे। इसकी भनक उन्होंने दीवान और गुरुजनों को भी पड़ने न दी। पहले ही भाषण ने सबको प्रभावित किया। जीवन में अब कई भाषण करनेवाले थे, उसका यह आरंभ था।

इलियट सर और केशवराव गुरुजी ने एक-दूसरे की ओर संतोष के भाव से देखा। महाराज के पड़ोस में बैठी जमनाबाई भी मन-ही-मन प्रसन्न हुईं। महाराज की ओर कौतुक भाव से देखने लगीं—

सोने से पहले सयाजीराव ने रोजनामचा लिखना शुरू किया—

"पहले भाषण के अवसर पर मन में डर था। सोचा कि गुरुजी के कहने के अनुसार पढ़कर सुनाऊँ। सम्मानितों की पंक्ति में पिताजी बैठे हुए थे। उनकी तेजस्वी नजर मुझ पर लगी हुई थी। उनसे बोलने की इच्छा हुई, लेकिन तुरंत दीवान साहब ने भाषण करने

की प्रार्थना की। पिताजी की नजर ने हाथी का बल दिया और साहस के साथ बोलना शुरू किया। एक-एक शब्द अनायास आता गया। भाषण के बाद बैठने से पहले उनकी तरफ देखा। पलकों पर आए आँसुओं को वह अपने उपरने से पोंछ रहे थे। उनका चेहरा खुशी से फूला न समाता था।''

मन की बेचैनी में सयाजीराव पलंग पर लेट गए। थोड़ी देर बाद एक सेवक अंदर आया। उसने महाराज को भारी शाल उढ़ा दी। उसके स्पर्श में महाराज को पिता का आभास हुआ—''इतनी रात गए पिताजी महल में कैसे आए?'' वे उठ बैठे।

''हुजूर! क्यों जाग पड़े? कुछ चाहिए क्या?'' सेवक के पूछने पर वे फिर लेट गए।

दिन पढ़ने-खेलने में हँसी-खुशी जा रहे थे कि किसी की नजर लग गई। काशीराव बाबा की तबीयत अचानक बिगड़ गई। राजवैद्य के उपचारों का भी लाभ नहीं हुआ। उनके प्राण चल बसे। सयाजीराव पर दुःख का पहाड़ गिर गया। दो ही वर्ष अपने बेटे को राजगद्दी पर बैठा देख सके।

महारानी सयाजीराव को लेकर महल के सामनेवाली हवेली में आ गईं। पिता की बुलंद देह बेजान पड़ी देखकर सयाजीराव चीख पड़े। दीवार के पास उदास बैठी उमाबाई कभी पति की ओर तो कभी बेटे की ओर देख रही थी। जमनाबाई ने उन्हें सांत्वना दी। उमाबाई ने कहा, ''आप राजा बनें, यह सपना उन्होंने देखा था। अब हमें अकेले छोड़कर कैसे चल बसे?''

उमाबाई ने सयाजीराव को गले लगाया। ममता और वेदना की धाराएँ बहने लगीं।

काशीराव शांत भाव से सोए हुए लगते थे। पिताजी की यादें सयाजीराव के मन में चक्रवात की तरह घूमने लगीं।

बालासाहेब माने सयाजीराव को हाथ पकड़कर उन्हें दूर ले गए। विश्वामित्री नदी के किनारे काशीराव का अंत्य संस्कार हुआ। पिता से फिर मिलना नहीं होगा। सयाजीराव क्षुब्ध हो गए। ''राजे! चलिए अब।'' सुनकर हाथ जोड़ते हुए भारी कदमों से लौट पड़े।

□

6

राजपरिवार की ज्येष्ठ महिलाओं के बीच महाराज के विवाह के साथ उनकी बहन ताराबा के भी विवाह की चर्चा होने लगी थी। इससे प्रेरित होकर जमनाबाई साहब ने दीवान माधवराव को संदेश भेज दिया। माधवराव तुरंत पधारे।

''आइए दीवान साहब!'' जमनाबाई के कहने पर माधवराव स्थानापन्न हुए और पूछने लगे, ''क्या कोई खास काम है, महारानी साहेबा?''

''माधवरावजी, आज कुछ पारिवारिक बात करनी है। ताराबा के लिए वर ढूँढ़ना है और महाराज के लिए भी वधू की खोज करनी है। देखिएगा कि दोनों विवाह समारोह एक ही तिथि पर संपन्न हों, ताकि सगे-संबंधियों को बार-बार आना न पड़े और प्रजा का समय दो बार खर्च न हो। विवाह तो राजघराने के रीति-रिवाजों के अनुसार ही होंगे। प्रजा को राजघराने के प्रति प्रेम होता है। उसे इस आनंद में शामिल होने का पूरा अवसर मिलना चाहिए। माननीयों का यथोचित सम्मान होना चाहिए। शान-शौकत में खर्च भी कम नहीं होता। दोनों विवाह एक साथ संपन्न होंगे तो राज्य के खजाने पर ज्यादा बोझ नहीं पड़ेगा।''

माधवराव ने शांतिपूर्वक जमनाबाई के दायित्वपूर्ण शब्दों को ध्यान से सुना। फिर महारानी से कहा, ''महारानी साहेबा, आपकी हर बात मैं बखूबी समझ गया हूँ। पारिवारिक समारोह में राज्य के खर्च में किफायत का आपका मंसूबा उचित है। दोहरे खर्च को टालकर लेकिन राजघराने की शान को कायम रखते हुए विवाह समारोह संपन्न करने की जिम्मेदारी आप मुझ पर छोड़ दीजिए। लेकिन खुले दिल से मुझे बताइएगा कि आपकी नजर के सामने क्या कोई है, जिनसे रिश्ता पक्का किया जा सके?''

''दीवानजी, आप सिर्फ सरकारी काम-काज के दीवान नहीं हैं, मेरे बड़े भाई की तरह आपने मेरा साथ दिया है। सयाजीराव का व्यक्तित्व बनाने में आपने जिस आत्मीयता से काम लिया है, वह मात्र प्रशासकीय जिम्मेदारी नहीं है। महाराज के प्रति आपकी वत्सलता को मैं नहीं तो और कौन जान सकता है?'' जमनाबाई की बात में आई भाव

कातरता ने माधवराव के मन के कोमल तंतुओं को छेड़ा। फिर जमनाबाई ने उन्हें बड़े भाई का सम्मान देकर दायित्व भी बढ़ाया था। माधवराव ने महसूस किया कि वह मात्र राज्य के प्रशासक नहीं हैं, राजघराने के आप्तस्वकीय भी बन गए हैं।

''और एक काम है, माधवरावजी। सयाजीराव के नए राजमहल के लिए जगह ढूँढ़िए। वास्तु विशारद से ढाँचा बनवाइए। वास्तु ऐसी बने कि वैवाहिक सुख बढ़े और कारोबार का तनाव भी हल्का हो।''

माधवराव के लिए रानीसाहब की दूरंदाजी नई नहीं थी, लेकिन इस बार उसमें भावभीनापन था, जिसे उन्होंने बराबर पहचाना। उन्होंने काम शुरू किया।

सयाजीराव और ताराबा, दोनों के लिए राजघराने में ही रिश्ते खोजने की बात माधवराव ने ठानी। वह स्वयं तंजावुर से आए थे। तंजावुर के भोसले राजा सुसंस्कृत थे। कलाभिरुचि संपन्न थे। माधवराव ने सोचा कि इन दोनों रियासतों को रिश्ते में बाँधना परस्पर पूरक होगा। इस विचार से उन्होंने तंजावुर की रानीसाहेबा की भाँजी, हैबतराव मोहिते की कन्या लक्ष्मीबाई को पसंद किया।

महारानी जमनाबाई ने स्वीकृति दी, किंतु सयाजीराव के विवाह से पहले ताराबा का विवाह करना जरूरी था। सावंतवाडी के सरदार रघुनाथराव देसाई को पसंद किया गया। ताराबा की उम्र इस समय सिर्फ आठ साल की थी।

राज ज्योतिषी ने वधू-वरों की जन्मपत्री के आधार पर कहा कि दोनों विवाह एक तिथि पर संपन्न नहीं हो सकते। अत: ताराबा का विवाह 21 दिसंबर, 1879 को और सयाजीराव का 6 जनवरी, 1880 को निश्चित हुआ। ताराबा का विवाह समारोह तीन दिनों तक चला।

शाही विवाह के लिए शहर सज-धजकर तैयार था। चारों तरफ बंदनवार लगे थे। सर्वत्र उत्सव का उत्साह फैला हुआ था। हाथी पर सोने की अंबारी चढ़ाई गई। घोड़ों पर रत्नजटित जीन। जुलूस में ऊँट भी थे। रास्ते के दोनों ओर सैनिक और सिपाही खड़े थे। बाजे बजने लगे। तीन बजे श्रृंगारित हाथी पर सयाजीराव बैठ गए। सैनिकी बैंड बजने लगा। वधू स्थल की ओर जुलूस निकल पड़ा। मुंबई के गवर्नर रिचर्ड टेंपल, सेनापति वॉर्ड और रेजीडेंट भी जुलूस में शामिल हुए। जुलूस नजरबाग राजमहल में पहुँचा। सामने विशाल शामियाना बनाया गया था। वहाँ विविध देवताओं की पूजा, प्रार्थना, गृहशक्ति आदि शांति पाठ चल रहे थे।

शाही विवाह की इक्कीस दिनों की कार्यक्रम-पत्रिका शिला प्रेस पर छपी हुई थी। माधवरावजी ने महारानी साहेबा को बताया, ''समूचे राज्य में विविध कार्यक्रम हो रहे हैं। कृषि प्रदर्शन, घुड़दौड़, प्रशिक्षित प्राणियों और पंछियों के खेल, भैसों की साठमारी, सैन्य दल के संचलन, कीर्तन, गायन, तमाशा, जलसे, छात्रों के लिए प्रतियोगिताएँ, शाही

मेहमानों के लिए शिकार का आयोजन वगैरह कार्यक्रमों की कोई कमी नहीं है।''

''आप स्वयं ध्यान दे रहे हैं, इसलिए हमें कोई चिंता नहीं है।'' जमनाबाई ने कहा। निमंत्रित राजा-महाराजा, सरदार, मान्यवर, शहर के महत्त्वपूर्ण नागरिक आदि के लिए शाही भोजन समारोह आयोजित किए गए। सारे समारोह और विधियाँ माधवरावजी की देख-रेख में सफलतापूर्वक संपन्न हो रही थीं।

शाही मंडप में विवाह समारोह संपन्न हुआ। शुभमंगल हुआ। मोहिते चाचा ने अपनी भतीजी का हाथ सयाजीराव महाराज के हाथ में दे दिया।

पिछले छह वर्षों से महाराज शिक्षा के कार्यक्रमों और राजकीय दायित्व के बोझ से घर के सुख से वंचित हो गए थे। अब उनके जीवन में गृहसौख्य ने प्रवेश किया। राजमाता, राजशिक्षक, दीवान आदि संबंध चौखटे में बँधे हुए थे। महाराज अकेलापन महसूस कर रहे थे। धन-दौलत की कोई कमी नहीं थी, लेकिन अंतरंग खोलकर बात करें, ऐसी कोई जगह नहीं थी।

विवाह के पश्चात् लक्ष्मीबाई का नाम 'महारानी चिमणाबाई' रखा गया। उनका सयाजीराव के जीवन में प्रवेश अब तक के कठिन जीवन प्रस्तर में अंकुर पल्लवित होने जैसा था। कवलाणा से उखाड़कर लाए गए पौधे को जड़ पकड़ने में चिमणाबाई के सहजीवन का योगदान बड़ा था। एकाकी, अकेले जीवन को प्रेम का स्पर्श मिल गया। पुराने सरकारवाड़े में नवदांपत्य का प्रेमभाव खिलने लगा।

नए राजमहल का नक्शा मेजर मैंट नामक कुशल वास्तु रचनाकार से बनवाया गया। उसका शिलान्यास समारोह 12 जनवरी को गवर्नर रिचर्ड टेंपल के हाथों संपन्न हुआ। राजमहल का नाम 'लक्ष्मी विलास' रखा गया। रानीसाहेबा के पूर्वनाम को ही महाराज ने संभवतः सुझाया होगा।

राजमहल के बारे में दीवानजी ने बताया, ''इसकी रचना भारतीय परंपरा के अनुसार की गई है। हिंदू, मुसलमान—दोनों पद्धतियों का मिलाप किया गया है। सुख-सुविधा में आबोहवा का खयाल किया गया है। इसके लिए पत्थर अपनी ही रियासत की सोनगढ़ की खदान से लाया गया है। यहाँ की मिट्टी का होगा यह राजमहल।''

गवर्नर ने महाराज के अनुशासन और शिक्षा की प्रशंसा करते हुए शुभकामनाएँ दीं।

अगस्त का महीना। हस्बमामूल माधवराव रानीसाहेबा से मिलने आए। उनसे कहा, ''सयाजीराव महाराज के अधिकार-ग्रहण से पूर्व के तीन वर्षों के प्रशिक्षण का पाठयक्रम मैंने बनाया है। इसे पूरा करने के बाद महाराज को कारोबार सौंप देने का प्रस्ताव सरकार के पास भेज दिया है।''

महाराज सत्रह के हो गए थे। दीवानजी की योजना उनके इक्कीसवें वर्ष के जन्मदिन पर राज्य का कारोबार सौंप देने की थी।

दीवानजी का मंसूबा सुन जमनाबाई खामोश रहीं। मन में आया कि तीन वर्षों के प्रशिक्षण में खतरा तो नहीं है ? माधवराव उत्तम प्रशासक थे। अधिकारियों पर पूरा नियंत्रण था। सुधारवादी थे। चरित्र साफ था। रियासत की माली हालत को मजबूत किया था। विविध लोकोपयोगी कामों से राजा से भी लोकप्रिय होने लगे थे। चतुर राजमाता के मन में अंदेशा पैदा हुआ। फिर हिंदुस्तान सरकार ने उन्हें 'राजा' की उपाधि से नवाजा था। सयाजीराव की समझ में भी यह बात आने लगी थी कि दीवानजी सत्ताधीश तो नहीं बनना चाहते ?

माधवराव कुशल प्रशासक तो थे, लेकिन केंद्रीय सत्ता का हित देखनेवाले थे। मैसूर, त्रावणकोर रियासतों के अधिकारों को सीमित करने का पूर्वानुभव था उनको।

राजमाता जमनाबाई का विचार था कि विवाह के पश्चात् महाराज को राज्य प्रशासन के सर्वाधिकार प्राप्त हों। गुरु इलियट का भी यही मशविरा था। इसकी भनक माधवराव तक पहुँच गई। उन्होंने फिर एक बार कोशिश करते हुए रानीसाहेबा से कहा, ''सयाजीराव महाराज की शिक्षा में प्रगति उत्तम है, लेकिन कुशल प्रशासन के लिए उन्हें और कुछ बातों का प्रशिक्षण आवश्यक है। महाराज के हाथों कारोबार देने की जल्दबाजी न कर उन्हें कम-से-कम दो साल और प्रशिक्षण दिया जाना चाहिए।''

राजमाता ने तुरंत कोई प्रतिक्रिया नहीं दी। इलियट सर से कहलाकर बैरिस्टर कृष्णराव, जोकि ब्रिटिश राजपुत्र ड्यूक से अच्छे परिचित थे, के मार्फत आवेदन-पत्र भिजवाया, जिसमें माँग की गई कि सयाजीराव अब बालिग हो गए हैं, इसलिए राज्य का कारोबार उन्हें सौंप दिया जाए। बैरिस्टर कृष्णराव ने स्वयं जाकर यह आवेदन वाइसरॉय को सौंप दिया। आवेदन के साथ महाराज के शिक्षक का अभिप्राय भी नत्थी किया गया था।

माधवराव को जब पता चला तो सत्ता के हाथ से खिसक जाने के डर से बेचैन हो गए। वह जब मैसूर में दीवान थे, तब वोडियार राजघराने को अधिकार सौंप देने से पहले उन्होंने सारे अधिकार अंग्रेज सरकार को दे दिए। परिणामस्वरूप, राजा नाममात्र के जमींदार रह गए थे। इस बार भी उन्होंने जल्दी में ऐसा ही प्रस्ताव सरकार के पास मंजूरी के लिए भेज दिया। यह मंजूर हो जाता तो दीवान का महत्त्व बढ़ जाता। उन्होंने यह भी संकेत दिया कि यदि प्रस्ताव नामंजूर होगा तो मल्हारराव महाराज के जमाने जैसी हालत पैदा होगी।

सयाजीराव महाराज माधवराव की इन गतिविधियों को जानते थे। उन्हें अनुमान हो गया कि आगे राज्य के कारोबार में बहुत सावधानी से कदम उठाने होंगे। माधवराव के प्रशासन कौशल के प्रति आदर तो था, लेकिन अब कुछ संशय ने भी प्रवेश किया।

हिंदुस्तान सरकार ने निर्णय किया कि राज्य का कारोबार महाराज को सौंपा जाए।

रेजीडेंट ने 17 जून, 1881 के पत्र से दीवान को इसकी सूचना दे दी। सरकारी आदेश में निम्नलिखित निर्बंध थे—

- महाराज को कारोबार दीवान और कौंसिल की सहायता से करना होगा।
- राज्य प्रबंध में कोई भी महत्त्वपूर्ण परिवर्तन रेजीडेंट की सलाह से ही करें।
- दीवान की नियुक्ति अंग्रेज सरकार की मान्यता से ही होगी।
- सेना की संख्या में कोई फेर-बदल न करें।
- फाँसी की सजा का अधिकार महाराज को होगा।

28 दिसंबर, 1881 को अधिकार प्रदान किया जाएगा, इस समाचार से माधवराव चकित रह गए। किंतु हालात की मजबूरी देखकर समझदारी से काम लिया। प्रशासकीय कर्तव्य को प्राथमिकता दी। प्रशिक्षण का ढाँचा बदलकर कालावधि कम की। महाराज की शिक्षा के लिए विविध विभागों को लेकर व्याख्यान आयोजित किए। **तज्ज्ञों** के लिखित नोट्स मँगवाए ताकि आगे भी उनसे मार्गदर्शन प्राप्त होता रहे। व्याख्यान अंग्रेजी में होनेवाले थे। प्रशिक्षण के उद्घाटन व्याख्यान में रेजीडेंट पी.एस. मेलविल ने कहा, ''राजमाता गायकवाड़ वंश की प्रमुख हैं। उनके प्रति आदर और निष्ठा कायम रहे। भगिनी ताराबाई से स्नेह रहे। सरकारी अधिकारियों के काम में अनावश्यक दखल न दें। नीतिशून्य लोगों से सावधान रहें। दशहरा-दीवाली को छोड़कर प्रजा से नजराना स्वीकार न करें। न्यायदान न्यायबुद्धि से हो। उसमें हस्तक्षेप का परिणाम अच्छा नहीं होता।''

दीवान माधवराव ने राज्य प्रबंध से संबंधित 46 व्याख्यान दिए। प्रधान रूप से यही बताया कि ब्रिटिश रेजीडेंट सरकार के प्रतिनिधि हैं। उनसे सम्मानजनक व्यवहार करें। सुपात्र व्यक्ति को ही नियुक्त करें। सगे-संबंधी, नौकर-चाकर, परिवारजन आदि से यथायोग्य आचरण करें। राज्य का धन अकारण व्यय न हो। सार्वजनिक हित को प्रधानता दें। समाचार-पत्र के नियमित पठन से आस-पास की परिस्थिति की जानकारी होती है। ब्रिटिश रियासत तथा अन्य रियासतों के प्रतिवेदन अवश्य पढ़ें। राज्य की प्रगति आपके दृष्टिकोण पर निर्भर होगी।

न्यायमूर्ति जे. एस. गाडगिल, ठाणावाला, करशेठजी रुस्तमजी, सरसुभे काजी शहाबुद्दीन, पेस्तनजी जहाँगीर, विनायकराव कीर्तने आदि विद्वानों के व्याख्यान सर इलियट को भी पसंद आ गए।

सात महीनों के इस व्याख्यान सत्र में जो बेशुमार जानकारी दी गई, उसमें से सयाजीरावजी ने कितनी ग्रहण की, इसे जानने का कोई जरिया नहीं है, लेकिन करीब एक सौ पचास व्याख्यानों में राज्य प्रबंध की बारीकियों से महाराज को परिचित कराने की कोशिश माधवरावजी ने ईमानदारी से की, इसमें संदेह नहीं। इसका कुछ-न-कुछ परिणाम तो हुआ ही होगा!

प्रशिक्षण के दौरान ही ब्रिटिश सरकार ने माँग की कि बड़ौदा रियासत के अंकित छोटे परगनों में विधि-व्यवस्था पर बड़ौदा पुलिस काबू नहीं पा सकती। वह काम ब्रिटिश पुलिस के नियंत्रण में दिया जाए और उसके खर्च के रूप में प्रतिवर्ष पौने चार लाख रुपए बड़ौदा सरकार ब्रिटिश सरकार को अदा करे। माधवराव ने चतुराई से इसका जबाब देते हुए कहा कि शीघ्र ही सयाजीराव कारोबार सँभालनेवाले हैं। राजमाता और महाराज से विमर्श कर उत्तर दिया जाएगा। सूत्र हाथ में लेने पर स्वयं महाराज ही इसका निर्णय करेंगे।

नया राजमहल अभी बना नहीं था, इसलिए नजरबाग में ही फूलों और दीपमालों से विशाल शामियाना सजाया गया। शहर में तोरण बंदनवार लगे। नए महाराज का राज यारोहण होगा, इससे प्रजा में आनंद छा गया था। सयाजीराव के विवाह समारोह में जो मनोरंजनादि विविध कार्यक्रम रखे गए थे, उनको फिर दोहराया गया। हिंदुस्तान सरकार के अधिकारी, देश की रियासतों के राजा-महाराजा, सामंतों, सरदारों आदि को निमंत्रित किया गया।

सिंहासन को सोने का नया मुलम्मा दिया गया। हाथी पर सोने की अंबारी, चाँदी का रथ, अन्य राजचिह्न चमकने लगे। गवर्नर जनरल लॉर्ड रिपन को विशेष निमंत्रण दिया गया, लेकिन अन्य कार्य में व्यस्त होने से उन्होंने मुंबई के गवर्नर सर जेम्स फर्ग्युसन को अपने प्रतिनिधि के रूप में भेज दिया।

28 दिसंबर, 1881 की प्रात: का आरंभ मंगलध्वनि से हुआ। राजमाता जमनाबाई का ध्यान सब तरफ था।

अभी-अभी अठारहवें वर्ष में पदार्पण करनेवाले सयाजीराव महाराज की निर्मल नीली आँखों में आत्मविश्वास दिखाई देने लगा था। सुदृढ़ काया और नोकदार मूँछों में जवानी झलक रही थी। गाढ़ी नीली रेशमी जरीदार पोशाक पर सोने के बटन चमक रहे थे। राज पोशाक सेनापति की शैली पर थी। गले में मोतियों की मालाएँ, सिर पर गायकवाड़ी पगड़ी। पगड़ी पर कई मूल्यवान हीरे-मोतियों की मालाएँ। माथे पर शिरपेंच में रत्नों की कलंगी। कमर में रत्नजड़ित सुनहरी मुठ की तलवार। राज वैभव के चिह्नों से महाराज का राजसी रूप खिल रहा था।

सयाजीराव महाराज और रानी चिमणाबाई का मंत्रघोष में अलग-अलग शाही स्नान करवाया गया। ग्रामदेवता के दर्शन पश्चात् माता जमनाबाई के दर्शन किए। बरसों से दिल में बसाए सपने को साकार होते देख वह मन-ही-मन फूली न समाईं। इस समारोह को देखने के लिए पति मल्हारराव के न होने के दुःख से आँखों के कोनों में आए आँसुओं को उन्होंने धीरे-से पोंछ लिया। बहन ताराराजे का हाथ हाथ में देते हुए बोलीं, ''अब आप दरअसल कारोबार का श्रीगणेश कर रहे हैं। प्रजा और संबंधियों का ध्यान आप अवश्य रखेंगे।''

"आईसाहेब, हमें हर पल याद रहेगा कि इस पद का पालन करने का अवसर तो आप ही ने प्रदान किया है। राज्य कर्म को हम राजधर्म के अनुसार ही निभाने का प्रयास करेंगे। संबंधियों और ताराबा का तो बिल्कुल ही ध्यान रखेंगे। इस बारे में आप निश्चिंत रहें। आपकी कृपा और आशीर्वाद ही हमारा संबल है। वही हमें आनेवाली चुनौतियों का सामना करने की हिम्मत देगा।"

जमनाबाई प्रसन्नतापूर्वक महाराज के साथ मंडप की ओर बढ़ीं। प्रवेशद्वार पर सर जेम्स फर्ग्युसन और दीवान माधवराव ने सबका स्वागत किया।

गवर्नर साहब ने सयाजीराव महाराज को चाँदी के सिंहासन पर बिठाया। स्वयं उनके दाहिनी ओर बैठ गए। बाईं तरफ राजमाता रानी चिमणाबाई और राजकन्या तारा राजे बैठ गईं। गवर्नर ने उठकर महाराज को अंग्रेजी सरकार की तरफ से आए सम्मान वस्त्र प्रदान किए। अधिकार-दान का आदेश पढ़कर सुनाया।

महाराज ने सरकार के प्रति आभार व्यक्त किया।

अंग्रेजी और बड़ौदा के तोपखाने ने महाराज को इक्कीस तोपों की सलामी दी।

माधवरावजी ने महाराज का 'जाहिरनामा' पढ़ा। उसमें प्रजा के कल्याण, रक्षा और संवर्धन की बात प्रमुख थी।

दरबार से बादशाही भोजन का कार्यक्रम संपन्न हुआ।

राज्यारोहण समारोह की धूमधाम समाप्त हो गई। महाराज जानते थे कि अभी बहुत कुछ सीखना बाकी है। तभी नए रेजीडेंट से मिलने आने के लिए संदेश प्राप्त हुआ।

सयाजीराव महाराज दीवानजी के साथ मिलने रेजिडेंसी गए। जानते थे कि कर्नल वॉटरफील्ड कुछ नसीहत देंगे। कर्नल ने अधिकार-पत्र की बातों को दोहराते हुए कहा कि वाइसरॉय के प्रतिनिधि के रूप में मुझे वाइसरॉय का आदेश आपको सुनाना है कि आप आगामी दो-तीन वर्षों तक राज्य के दैनंदिन कारोबार से दूर ही रहें। वर्तमान स्थिति में कोई महत्त्वपूर्ण परिवर्तन न करें। आप समझदार हैं। सरकार से अच्छे संबंध बनाने का एक ही मार्ग है कि उनके आदेशों का पालन करें।

रेजीडेंट का आदेश सुनकर महाराज चौंक गए। राज्यारोहण के तीसरे ही दिन ब्रिटिश सत्ता ने अपने नाखून दिखाना शुरू किया था। सयाजीराव की मुद्रा पर असहायता के भाव देखकर सर इलियट ने उन्हें आँखों-ही-आँखों में धीरज बँधाया। महाराज को इलियट के शब्द याद आए, "राजपद का अर्थ है—काँटों का ताज पहनकर बीहड़ रास्ते पर चलना।"

आदेश के पालन का आश्वासन देने पर सयाजीराव मन-ही-मन सोच रहे थे कि जिस सपने को मन में संजोया है, उसे साकार करना उतना आसान नहीं है।

ब्रिटिश सत्ता के दो चेहरे उनके सामने आए—एक राजनीतिक, दूसरा सामाजिक। एक कुटिल, दूसरा मानवीय। रेजीडेंट उस सत्ता का ही एक हिस्सा है। ध्यान में आया

कि उससे सावधान रहकर ही आगे की राह निकालनी होगी।

सयाजीराव की शिक्षा समाप्त होने से अब इलियट सर का काम पूरा हुआ था, जो दरअसल उनके गुरु ही नहीं, मार्गदर्शक और मित्र भी थे। उनसे बेहद प्यार करते थे। दोनों में अंतरंग संबंध स्थापित हुआ था। इलियट को संतोष था कि देहात से आए एक बच्चे का रूपांतर शिक्षा के कारण एक सुसंस्कृत युवा राजा में हुआ था। उसके व्यक्तित्व को बनाने में उनका शेर का हिस्सा था।

सयाजीराव ने इलियट सर को सम्मानपूर्वक निमंत्रित किया। उनके आते ही खड़े होकर झुककर वंदन किया। ''नहीं महाराज, अब आप झुककर वंदन नहीं करेंगे।'' इलियट के यह कहने पर महाराज बोले, ''सर, हमारे ह्रदय में आपके लिए गुरु का स्थान है और हमेशा रहेगा। आज आपको इसलिए निमंत्रित किया कि आपको बड़ौदा में रहने का अनुरोध करें। हम सरकार से निवेदन दे रहे हैं कि मार्गदर्शक के रूप में आपको आगे भी यहीं रखें। हमें आपकी अनुमति चाहिए। आप बड़ौदा सरकार में सेटलमेंट कमिश्नर का पदभार सँभालेंगे।''

''हमें प्रसन्नता होगी यह काम करने में,'' इलियट ने कहा।

''हम जानते है कि रेजीडेंट साहब को आपका बड़ौदा में रहना पसंद नहीं है, लेकिन हम प्रार्थना करेंगे।''

''रेजीडेंट इस महीने में निवृत्त हो रहे हैं। तब तक रुकिए।'' इलियट के सुझाव को महाराज ने स्वीकार किया। नए रेजीडेंट मेजर जनरल वैटसन ने महाराज का निवेदन स्वीकार किया। बड़ौदा सरकार में इलियट सर की सेवा जारी रही।

इलियट सर के महाराज पर प्रभाव व लेकर बड़ौदा के कुछ अधिकारी सशंक थे। पाश्चात्य विचारों के प्रभाव के कारण महाराज कुछ नास्तिक हो चले हैं, ऐसा भी प्रवाह था लेकिन इलियट सर ने कभी राजनीति या प्रशासन में दखल नहीं दिया। एक विश्वासपात्र मित्र के रूप में उन्होंने सयाजीराव को बिना माँगे परामर्श दिया।

□

7

राजमहल में राजमाता, सयाजीराव महाराज और इलियट सर अंग्रेज सरकार के आदेश पर विमर्श कर रहे थे। महाराज ने राजमाता से कहा, "आईसाहेब, सरकार ने तो हाथ-पाँव बाँधकर तालाब में मुक्त तैरने की इजाजत दी है। दो वर्ष राज्य कारोबार से दूर रहने की धमकी ही दी है।" इलियट सर ने महाराज की नाराजगी को पहचानते हुए समझाया, "इसमें दो बातों का खेल मैं देख रहा हूँ। दीवान साहब ने त्याग-पत्र दिया, उन्हें आप मुक्त करना चाहते हैं। यहाँ दोहरी कठिनाई है। सरकार का आदेश है कि आप दीवान की सलाह पर कारोबार करें। माधवराव को मुक्त करेंगे तो दीवान कोई नहीं रहेगा, तो अनायास सत्ता रेजीडेंट के हाथ चली जाएगी।"

सयाजीराव की प्रतिक्रिया को भाँपते हुए फिर बोले, "माधवराव को कुछ दिन रहने दीजिए। उन्हें समझाइए कि और कुछ दिन उनकी सहायता जरूरी है। एक वर्ष की अवधि में आप राज्य शासन की बारीकियों से परिचित हो जाएँगे।"

राजमाता ने भी इलियट सर का समर्थन किया। महाराज को माधवराव का अंग्रेज सरकार का पक्ष लेना पसंद नहीं था, लेकिन उन्होंने इलियट सर की बात मान ली।

सयाजीराव ने माधवराव को निमंत्रित किया। सम्मानपूर्वक स्थान देकर फिर कहा, "आप, इलियट सर और रेजीडेंट ने बड़ौदा राज्य के लिए और हमारे लिए भी बहुत अहम् काम किए हैं। रियासत के लिए और मेरे लिए भी आपकी बहुत जरूरत है। आरंभ में ही आपका त्याग-पत्र देकर जाना हमारे लिए मुश्किलें पैदा करेगा। हमें आपके मार्गदर्शन और साथ की अभी भी जरूरत है।"

माधवराव सोच में पड़ गए। सयाजीराव के प्रति उनके मन में आत्मीयता तो थी ही, उनका व्यक्तित्व बनाने और बड़ौदा रियासत के लिए किए कामों में उनका योगदान महत्त्वपूर्ण था। सात वर्षों तक उन्होंने प्रायः निरंकुश शासन किया था, लेकिन अब ऐसा संभव नहीं दिखता क्योंकि महाराज अक्लमंद हैं। अब उन्होंने राज्य कारोबार में ध्यान देना शुरू किया है।

"अगर आपको और रियासत को मेरी जरूरत है तो फर्ज मानकर मुझे रहना चाहिए।" भद्र और चतुर माधवराव ने महाराज के अनुरोध को स्वीकारते हुए पूर्ववत् कारोबार देखना शुरू किया।

"हम कवलाणा में थे, तब सब काम अपने हाथ से ही करते थे। यहाँ महाराज बन गए और नौकरों की पलटन ही सेवा में नियुक्त हुई है। कितने नौकर-चाकर, हुजरे मानकरी! बहुत सारे तो वंश-परंपरा से काम करनेवाले सगे-संबंधी ही हैं। कई एक अनपढ़ और अँगूठा बहादुर भी हैं।" सयाजीराव ने इलियट सर से कहा, "सभी रियासतों में ऐसा ही है।" इलियट ने कहा, "इतने सारे नौकर होने से एक काम ठीक से नहीं होता। हर कोई दूसरे पर डालता है। सब गड़बड़ होता है।"

"गैर-हाजिर नौकरों की तादाद कम की जा सकती है। माधवराव और राजमाता से सलाह लेंगे। निजी विभाग में जो सगे-संबंधी काम कर रहे हैं, उन्हें निवृत्ति तक रहने दीजिए अन्यथा गृह-कलह की समस्या पैदा हो सकती है। कुछ लोगों को हम प्रशिक्षित करेंगे। उनकी सेवा में अदल-बदल करते रहेंगे।" इलियट सर ने दूरंदेशी से कहा।

सयाजीराव भी इसी दिशा में सोच रहे थे। सुधार में जल्दबाजी से काम नहीं चलेगा, इलियट सर के इस कथन का अनुभव उन्हें कदम-कदम पर हो रहा था।

सयाजीराव ने राजमहल के कर्मचारियों की अव्यवस्था को दूर करने के लिए निजी सचिव को आदेश दिया कि अब हर कर्मचारी का काम और समय निर्धारित किया जाएगा। सब अपने ही लोग हैं, सगे-संबंधी भी हैं, लेकिन अब नियम से काम चलेगा।

निजी सचिव ने दीवान साहब का प्रस्ताव पढ़कर सुनाया, "निजी विभाग राजमाता जमनाबाई साहब के अख्तियार में है। इस विभाग से प्रतिवर्ष दान-धर्म किया जाता हैं। ब्राह्मणों को दक्षिणा दी जाती है। ब्राह्मण, मुसलमानों को खिचड़ी दी जाती है। इसका प्रतिमाह खर्च डेढ़ लाख रुपए है। हर रोज पाँच-छह हजार लोग खिचड़ी का चावल ले जाते हैं। स्वर्गस्थ पूर्वजों की सद्गति के लिए प्रार्थना करनेवाले पुरोहितों को बड़ी रकमें दान में दी जाती हैं। पूरा खर्च बड़ौदा रियासत के कुल खर्च का चौथा हिस्सा है। इसे बंद किया जाए या सीमित कर दिया जाए।"

"दीवान साहब का कहना सही है, लेकिन राजमाता के निजी कारोबार में हम हस्तक्षेप नहीं कर सकते। हम जानते हैं कि खिचड़ी का चावल बेचा जाता है, जिसे खरीदने के लिए दुकानें लगी हुई हैं। कथित पुण्यकर्म के लिए अकारण ही सरकारी धन खर्च होता है। इसे देखकर तो हम चकित ही रह गए।" महाराज ने कहा।

महाराज ने सचिव को थोड़ा रुकने के लिए कहा। भीतर जाकर राजमाता से कारोबार की कुछ इधर-उधर की बातें करते हुए धीरे-से कहा, "आईसाहेब, दीवान ने पिछले वर्ष का हिसाब-किताब हमारे सामने रखा है। उसे देखकर हमें लगता है कि खर्च पर

कुछ नियंत्रण रखने की जरूरत है। शुरू में हमने अपने नौकरों की तादाद में कटौती की है। जरूरतमंदों को दान देना राजधर्म है, लेकिन देखा है कि गलत लोग इसका नाजायज फायदा उठा रहे हैं। हमारे अख्तियार में जो था, वहाँ हमने कटौती की है, लेकिन अन्य मामलों में आपका अधिकार हैं। मार्गदर्शन चाहिए।'' महाराज रुक गए।

जमनाबाई समझदार थीं। पूछा कि, ''किस मामले में राजा हमारा मार्गदर्शन चाहते हैं?''

''राज्य का कुल खर्च एक करोड़ बीस लाख है। उसमें से तीस लाख रुपए अन्नदान और दान-धर्म के लिए खर्च होते हैं।'' महाराज ने राजमाता की प्रतिक्रिया की प्रतीक्षा की। गंभीर बनकर राजमाता ने कहा, ''दान-धर्म और गरीबों को अन्नदान गायकवाड़ राजवंश की पुण्य परंपरा है।''

''हमें स्वीकार है आईसाहेब, दान-धर्म करना ही चाहिए। वह हमारा राज कर्तव्य ही है, लेकिन अन्नदान गरीबों, अपाहिजों, बूढ़ों तथा निराधारों को हो। ऐसे कई तंदुरुस्त हिंदू-मुसलमान मुफ्त में मिलनेवाले अनाज पर अपनी जेबें भर रहे हैं। उनके बारे में आप आदेश दें।''

''राजा को किसी से आदेश नहीं लेना चाहिए। उचित का निर्णय स्वयं करना चाहिए।'' जमनाबाई ने कहा, ''सिर्फ इतना ध्यान रखिए कि निर्णय आपका ही होगा और जनकल्याण के पत का पालन हो।''

''आपकी आज्ञा समझ में आई, आईसाहेब।'' जमनाबाई को प्रणाम कर महाराज संतोष के साथ बाहर आ गए।

सयाजीराव बड़ौदा जैसी एक बड़ी रियासत के राजा बने हुए थे, लेकिन बड़ौदा शहर के बाहर का मुल्क उन्होंने देखा ही नहीं था। महाराज दौरा करना चाहते थे, लेकिन इलियट सर ने सब्र से काम लेने को कहा, ''पहले दैनंदिन राज्यकार्य से परिचित होइए, फिर यथाक्रम रियासत के दौरे किए जा सकते हैं।''

सयाजीराव ने राज्यकार्य में ध्यान देना शुरू किया तो माधवरावजी से मतभेद बढ़ने लगे। महाराज का स्वयं निर्णय करना माधवराव के लिए तकलीफदेह होने लगा।

सयाजीराव ने पुराने राजमहल से अपना निवास मकरापुर राजमहल में स्थानांतरित किया। उसका नवीकरण किया गया। बाग बनवाए गए। राजमाता जमनाबाई और चिमणाबाई रानीसाहेब भी यहाँ रहने लगीं। निजी विभाग के खर्च की मंजूरी के लिए मामले सयाजीराव के सामने आने लगे। एक बार हिसाब देखकर उन्होंने अधिकारी से कहा, ''विट्ठलराव, आप पुराने कारोबारी हैं, विश्वासपात्र हैं। देखिए, यहाँ पर राजमहल के पान के लिए प्रतिदिन चार पौंड चूने की खरीद दिखाई है। आपने कभी देखा है कि राजमहल में कौन कितना पान खाता है?''

"महाराज, राजमाता और अन्यों से हम कैसे पूछ सकते हैं?"

"आपको पूछना भी नहीं है और खर्च कम हो, यह भी बात नहीं है। घर के अनाज के कोठार में चूहे बरबादी करते हैं, ऐसा कुछ मामला लगता है। राजधन को स्वयं राजा और राजमहल को बचाना चाहिए। यह सारा धन तो प्रजा का है। हम उसके कारोबारी हैं। हैं न?"

पसीना पोंछते हुए विट्ठलराव ने 'हाँ' कहा। बरसों से चली आ रही इस बरबादी को कैसे रोकें? लेकिन राजाज्ञा को मानना ही होगा।

माधवराव की समझ में आ गया कि अपनी न्यायबुद्धि से कारोबार करनेवाले सयाजीराव के साथ बहुत दिनों तक अपनी नहीं निभेगी। एक म्यान में दो तलवारें नहीं रह सकतीं।

एक घटना से संघर्ष का मुँह खुल गया।

पाथाजी लालाजी ने गहनों के लालच में डंगर भील नाम के बालक की हत्या की थी। न्यायालय ने उसे फाँसी की सजा सुना दी। उच्च न्यायालय ने उसे बदलकर आजीवन कारावास कर दिया। मामला माधवराव के सामने आया। माधवराव ने उच्च न्यायालय के फैसले को बरकरार रखा। अंतिम निर्णय के लिए मुकदमा सयाजीराव के सामने आया। महाराज ने बारीकी से अध्ययन किया और आदेश दिया, "सारे सबूत देखने पर हम यह निर्णय करते हैं कि हत्या का अपराध साबित हुआ है और उसकी सजा कम करने की कोई वाजिब वजह नजर नहीं आती, इसलिए अपराधी को फाँसी की ही सजा देनी चाहिए।"

माधवरावजी ने छह महीने की छुट्टी के लिए अरजी दी। दिनांक थी 22 सितंबर, 1882।

"महाराज, कलकत्ते से बड़े लाटसाहब लॉर्ड रिपन की ओर से मिलने के लिए निमंत्रण आया है।" प्रभारी दीवान काजी शहाबुद्दीन ने रेजीडेंट के मार्फत आया खरीता दिखाया।

"सार्वभौम सत्ता से आया निमंत्रण आदेश ही होता है। चलने की तैयारी कीजिए। इस बहाने हमें भी एक महत्त्वपूर्ण काम के सिलसिले में बड़े लाटसाहब से मिलना है।"

"रियासत की शान के हिसाब से लवाजिमा साथ में लेना होगा।"

"हम जानते हैं। पुराने दस्तावेजों में हमने पढ़ा है कि बाईस वर्ष पूर्व ग्वालियर के शिंदे बड़े लाट से मिलने गए थे, तब साथ में पाँच हजार लोग और दो सौ हाथी ले गए थे।" सयाजीराव ने कहा।

सात-आठ सौ लोगों का लवाजिमा लेकर बड़ौदा की सवारी रेलगाड़ी से कलकत्ते रवाना हुई।

सभी रियासतों के राजा-महाराजा पधारे थे। शाम को सयाजीराव ग्वालियर की छावनी में जाकर महाराज जयाजीराव सिंधिया से मिले।

"आप अधिकार और प्रतिष्ठा में बड़े हैं। हम नौसिखिए हैं। आपके सलाह-मशविरे का लाभ हमें दीजिए।" सयाजीराव ने कहा।

"सयाजीराव, बड़ौदा रियासत से हमें प्रेम है। हिंदुस्तान में तीन मराठा रियासतें महत्त्वपूर्ण हैं—बड़ौदा, इंदौर और ग्वालियर। इनमें आपस में बड़ा मेल-मिलाप रहता था। अंग्रेज सरकार ने हमारे और इंदौर के कहने के बावजूद मल्हारराव गायकवाड़ को पदच्युत किया। हमें बड़ौदा रियासत की बड़ी फिक्र थी, लेकिन भला हुआ कि आपका राज्याभिषेक हुआ। अच्छी शिक्षा मिली आपको। अब यह सुनकर संतोष हुआ कि आपने राज्य का कारोबार देखना शुरू किया है।"

"आपकी सदिच्छा और प्रेम के लिए हम आपके बहुत आभारी हैं। हमारा मार्गदर्शन करते रहिए।"

"ग्वालियर में आपका हमेशा स्वागत होगा। कलकत्ते से लौटते हुए जरूर आ जाइए।"

"निमंत्रण के लिए आभारी हूँ। जरूर आ जाएँगे।" सयाजीराव ने सिंधिया से बिदा ली।

दूसरे दिन लॉर्ड रिपन से मिले। बड़ौदा रियासत की ओर से रत्नजड़ित मंजूषा नजर की। बड़ौदा पधारने का निमंत्रण दिया। फिर कहा, "आपके सुझावों के बरहुकूम राज्य का कारोबार चल रहा है। हमारे दीवान साहब अस्वस्थता के कारण त्याग-पत्र देना चाहते हैं। उनके स्थान पर काजी शहाबुद्दीन की नियुक्ति के लिए आपकी अनुमति चाहिए।"

बड़े लाट ने इसे स्वीकार किया।

छावनी लौटने पर महाराज ने काजी से कहा, "आपके नाम की सिफारिश हमने बड़े लाटसाहब से की और उन्होंने उसे स्वीकार किया। अब आप दीवान बन गए, इसलिए मुबारक।"

काजी शहाबुद्दीन दंग रह गए क्योंकि उन्हें इसका कोई अनुमान नहीं था। सयाजीराव के कुशल प्रशासक होने का यह प्रमाण था।

वापसी में महाराज बनारस, इलाहाबाद, आगरा होते हुए ग्वालियर पधारे। वह उस रियासत के कारोबार को देखना चाहते थे। जयाजीराव से मार्गदर्शन पाना चाहते थे।

स्वागतादि औपचारिकताओं के बाद वे सयाजीराव को निजी दीवानखाने में ले गए।

"सरकार ने हमें कारोबार तो सौंप दिया है, लेकिन दो वर्षों तक किसी भी महत्त्वपूर्ण निर्णय करने से मना किया है।" सयाजीराव ने अपनी व्यथा कह दी। जयाजीराव ने मुसकराते हुए कहा, "साहब का यह हमेशा का रिवाज है। हमें ऐसे ही काम करना होगा

कि उनकी आँखों का काँटा न बनें। बहुत ज्यादा विरोध न करते हुए सावधानी से कारोबार कीजिए। उन्हें भीगी बिल्लियाँ पसंद हैं। स्वाधीनचेता चुभते हैं।'' सिंधिया ने कहा।

बड़ौदावालों के लिए शाही भोज का कार्यक्रम था। स्वयं जयाजीराव परोसने पधारे थे। जयाजीराव के पास किसी काम के लिए आए सयाजीराव के एक अधिकारी से उन्होंने कहा, ''आप बड़े भाग्यशाली हैं, पुणेकर! दो दिनों में हमने देखा कि महाराज चतुर और बुद्धिमान हैं। गंभीर विचारक हैं। उम्र के हिसाब से काफी समझदार हैं। लगता है, इस युवा राजा से बड़ौदा रियासत अच्छे दिन देखेगी।'' सुनकर विट्ठल पुणेकर संतुष्ट हुए।

ग्वालियर से कूच करने पर मार्ग में पुणेकर ने महाराज को जयाजीराव की बातें बताईं। महाराज गंभीर हो गए। अपने प्रति प्रेम और आस्था देखकर उनका मन भर आया। आँसुओं को छिपाने के लिए उन्होंने खिड़की के बाहर देखा। भागते खेतों-पेड़ों को देख आँसू पोंछ डाले। फिर पुणेकर से कहा,

''जयाजीराव महाराज अनुभवी हैं, हमारे ज्येष्ठ हैं। उनका उपदेश हमारे आगे की यात्रा की पूँजी है, पुणेकर।''

बड़ौदा पहुँचने पर माधवराव की विदाई का विशेष समारोह आयोजित किया गया। तब महाराज ने कहा, ''हमारे और रियासत के लिए माधवरावजी ने बड़े-बड़े काम किए हैं। आप उत्तम प्रशासक हैं। उनके दिखाए मार्ग पर हम आगे चलेंगे। रियासत के लिए उनकी सेवा अनमोल है। उनकी सेवा की कद्र करते हुए हम उन्हें एक तुच्छ भेंट दे रहे हैं। भविष्य में भी उनका ध्यान-मार्गदर्शन रियासत के और हमारे लिए मिलता रहेगा।'' महाराज ने तीन लक्ष रुपयों का चेक माधवराव को दिया। फिर भोजन का कार्यक्रम संपन्न हुआ।

बड़ौदा राज्य पाँच सूबों में विभाजित था। इसके अलावा पचास के करीब छोटे भू-भाग थे। कड़ी, बड़ौदा, नवसारी, अमरेली और मोरवा मंडल पाँच जिले थे। जिलाधीश को 'सरसुभा' कहा जाता था। राज्य के दौरे का आरंभ महाराज ने कड़ी जिले से किया। रियासत के इतिहास में पहली बार कोई राजा प्रजा से मिलने इस तरह दौरा कर रहा था। राजा और प्रजा के बीच सीधा संवाद करने की महाराज की इच्छा से 'सरसूभे' को अवगत कराया गया।

अब तक मोटर का आगमन नहीं हुआ था। रास्ते कच्चे थे। बैलगाड़ियों से सामान भेजा गया। बड़ा लवाजिमा साथ में था। दो-ढाई हजार लोग, हजार के करीब जानवर, जैसे कोई सर्कस हो!

महाराज रेलवे से अहमदाबाद गए, जो ब्रिटिश क्षेत्र में था। कड़ी के लिए अहमदाबाद से जाना पड़ता था। महाराज ने अहमदाबाद शहर का मुआयना किया। टिप्पणियाँ लिखीं। स्टेशन के भोजनालय में पहली बार यूरोपीय भोजन किया। एक हफ्ते बाद कड़ी पहुँच

गए। वहाँ शाही दरबार हुआ। महाराज को नजराने पेश किए गए। अपने युवा राजा को देख प्रजा आनंदित हुई थी। उनको संबोधित करते हुए महाराज ने कहा, ''आपसे मिलकर हमें बहुत प्रसन्नता हुई। बड़ौदा रियासत की रैयत से बात कर उसकी तकलीफों को हम जानना चाहते हैं। जनता ही हमारी शक्ति है। उसकी चिंता करना हमारा फर्ज है।''

राजा स्वयं आकर अपने सुख-दुःख के बारे में जानना चाहता है, यह बात पहले कभी नहीं हुई थी।

''महाराज, भगवान् आपको लंबी उम्र दे। आपके आने से हमें बहुत खुशी हुई। गाँव में फसल अच्छी है, लेकिन पीने के पानी की कमी है!''

''गाँव में स्कूल नहीं है। बच्चे कैसे पढ़ेंगे?''

''रास्ते देखिए कितने खराब हैं। छह महीने कहीं आ-जा नहीं सकते।'' महाराज ने शिकायतें सुन लीं, जरूरी आदेश दे दिए। फिर भीतर के कुछ गाँवों की दशा देखी। खेतों में किसानों से मिले। उनकी हालत देखी।

''लगान कितना देते हो?''

''वह तो वसूल करनेवाले की मरजी पर है।''

सुनकर महाराज सोच में पड़ गए। फिर बोले, ''हम देखेंगे कि सरकारी नियमों का पालन हो।''

करीब डेढ़ मास तक महाराज ने कड़ी क्षेत्र का भीतर तक गहराई से निरीक्षण किया। सब तरह के लोगों से मिले। उनकी समस्याएँ जान लीं। ग्राम जीवन का पूरा जायजा लिया। फिर सरसूभे से बोले, ''इस दौरे में हमारा अच्छा गृहपाठ हुआ। प्रजा का सुख देखना राजा का कर्तव्य है। हम इसे पूरी तरह से निभाएँगे।''

दूसरा दौरा नवसारी जिले का हुआ। यह आदिवासी बहुल क्षेत्र था। आदिवासियों का जन-जीवन से संबंध नहीं के बराबर था। इन्हें 'काली प्रजा' कहा जाता था। आदिवासी बस्ती को 'पाड़ा' कहा जाता है। शुरू में वे लोग भाग जाते थे, लेकिन महाराज ने कुशलता से उनसे संवाद स्थापन किया।

आदिवासियों ने सोचा भी नहीं था कि राजा स्वयं उनसे पूछताछ करने के लिए आ रहा है।

एक आदिवासी बस्ती पर महाराज रुक गए। मुखिया से पूछा, ''कैसी है मेरी काली प्रजा?''

हाथ जोड़ते हुए उसने कहा, ''महाराज, आपकी कृपा से जंगल आबाद है।''

''बच्चे स्कूल जाते हैं?''

''स्कूल जा के क्या करेंगे, महाराज?''

''सरकारी कारिंदे आपसे कैसा बरताव करते हैं?''

"साहूकार से तो ठीक हैं।"

"पेट के लिए मजदूरी मिल जाती है?"

"मालिक का कर्जा उतारने में जिनगानी पुरी नहीं पड़ती।"

महाराज ने सरसुभे की तरफ देखा, तो उसने आगे आकर कहा,

"बरसों से प्रजा बंधुआ मज़दूरी के कुचक्र में फँसी हुई है।"

"उसे दूर करने का प्रयास हम करेंगे।" बस्ती के मुखिया से बोले, "तुम्हारे बच्चों के लिए पाठशाला खोलने का हुक्म हम दे रहे हैं, लेकिन बच्चों को स्कूल आना होगा।"

प्रजा की दुरावस्था देख महाराज के मन में करुणा उत्पन्न हुई। मन में निश्चय किया कि गुलामी से भी बदतर जिंदगी जीनेवाली इस प्रजा के लिए प्रयास करना होगा।

दीवान काजी शहाबुद्दीन से कहा, "अन्य प्रजा से इन लोगों की समस्याएँ अलग हैं। इन्हें आम जनता के साथ लाना होगा। इनके मन के डर को दूर करना होगा। इसके लिए शिक्षा का उचित प्रबंध करना आवश्यक है।"

महाराज ने अनुभव किया था कि कलवाणा गाँव के अनपढ़ बालक में जो परिवर्तन आया है, वह शिक्षा के ही कारण आया है। जो हमें मिल गया, उसे प्रजा को देना हमारा फर्ज है। महाराज ने फरमान सुनाना शुरू किया।

□

8

अमरेली प्रांत के दौरे पर महाराज का डेरा किसी मुकाम पर पड़ा हुआ था। अपने पासवाले तंबू में झाँककर महाराज ने देखा तो सब तरह-तरह के जूते पड़े हुए थे। पूछने पर अमलदार ने कहा, ''हुजूर, आपके सारे जूते हम साथ ले आए हैं। पता नहीं, कब कौन सा जूता पहनने की इच्छा हो?'' सुनकर महाराज संजीदा हो गए। उन्होंने देखा कि वहाँ उनके पुराने जूतों के साथ-साथ मराठा, मुसलमानी और अंग्रेजी शैली के जूते भी थे।

शाही तंबू में लौटकर महाराज ने टेबल पर रखे कोरे कागज पर आदेश लिखा, ''हुजूर के दौरे में सिर्फ जरूरत की चीजें ही साथ में ली जाएँ। नौकर-चाकर भी कम। इससे वक्त भी बचेगा और घूमने-फिरने में सहूलियत भी होगी।''

हुक्म की तामील हुई। खर्च कम हुआ। गड़बड़झाला भी कम हुआ।

महाराज अपने कार्यालय में कागजात देख रहे थे। निजी कारोबारी ने खर्च की मान्यता के लिए उनके सामने कागज पेश किया। दो दिन पहले महाराज रेजीडेंट से मिलने गए थे। रोशनी के लिए आठ आने की मोमबत्तियाँ खरीदी गई थीं। इसी तरह के छोटे-मोटे खर्चों के लिए महाराज के सामने कागज पेश किए जाने से महाराज परेशान हो गए। बोले ''राज खर्च पर राजा का नियंत्रण हो, यह अच्छी बात है, लेकिन इतनी मामूली बातों के लिए राजा का समय बरबाद होना अच्छा नहीं। सीमित रकम आप क्यों नहीं खर्च कर सकते?''

''महाराज, वैसा हुक्म नहीं है।'' शंकरराव पुणेकर बोले।

''हाँ, उसे तो हमें ही जारी करना होगा।'' कागज उठाकर महाराज ने हुक्म लिख दिया, ''निजी कारोबारी पचास रुपयों तक और महसूल अधिकारी सौ रुपयों तक अपने अधिकार में खर्च कर सकते हैं। इसके लिए दीवान से मंजूरी ली जाए। कर्मचारियों को अपनी जिम्मेदारी पर काम करने की आदत पड़ जाएगी।'' हुक्मनामा सौंपते हुए बोले, ''तामील आज से ही हो।''

सयाजीराव महाराज दैनंदिन राज्य कारोबार, पारिवारिक जिम्मेदारियों और राजकीय दौरों में पूरी तरह डूब चुके थे। सूर्योदय से देर रात तक काम चलता था। हफ्ते में एक दिन शिकार के लिए चल पड़ते। तब उनकी घुड़सवारी का कौशल देखने जैसा होता था। शिक्षा तो समाप्त हो चुकी थी, लेकिन पढ़ने का चस्का लग गया था। अंग्रेजी पढ़ने के साथ बोलने का भी अभ्यास जारी था।

राज्य के कारोबार में सामने आनेवाली समस्याओं ने ही मार्ग सुझाए। शुरू में सारे काम खुद करते थे। धीरे-धीरे अपने अधिकारियों पर सौंपने लगे। परिणाम अच्छा ही निकला।

उस दिन जमनाबाई साहेब दीवानखाने में बैठी हुई थीं। राजपुरोहित देवघर में पूजा कर रहे थे। सेवकों की सुबह के कामों की दौड़-धूप चल रही थी। महाराज रपट के लिए गए हुए थे। आने पर उनके गंधित स्नान की तैयारी हो रही थी। हड़बड़ी में बालासाहब माने को आते देख राजमाता ने पूछा, ''दादासाहब, सुबह-सुबह कैसी हड़बड़ी चल रही है?'' बालासाहब के साथ निजी कारोबारी पुणेकर की मुद्रा खुशी से फूली हुई थी। खुशी के मारे बोल उठे, ''राणीसाहेब, बड़ी खुशखबरी है! बड़ौदा को राजरत्न का लाभ हुआ है।''

जमनाबाई साहेब मंगल समाचार से हर्षित हो गईं। अपने गले से कीमती कंठमाला उन्हें देते हुए बोलीं, ''हे भगवान, तूने हमारी चाह पूरी कर दी।'' देवघर के सामने मत्था टेककर कहा, ''चार पीढ़ियों के बाद तूने हमारी सुनी।'' कारभारी, इस खुशखबर को सब तरफ पहुँचा दो। हाथी पर बैठकर शक्कर बाँटो।''

जमनाबाई खुशी से फूली न समाईं। समझ में नहीं आता था कि क्या करें क्या न करें! समाचार शहर में फैल गया। शक्कर बाँटी गई। मंगलवाद्य बजने लगे। जल और दूध की गागरें लेकर शहर की संभ्रांत नारियाँ राजमहल के मुख्य दरवाजे पर उड़ेलने लगीं। हर नारी को साड़ी-चोली भेंट की गई।

सयाजीराव महाराज सुबह की रपट से लौट रहे थे, तब उनके कानों पर वार्त्ता पहुँच गई। महाराज ने घोड़े को ऐड़ लगाई। लगता था कि कब राजमहल पहुँचूँगा! घोड़ा दौड़ने लगा। महाराज के विचारचक्र ने भी गति पकड़ी। राज्य कारोबार और पारिवारिक सुख में तीन वर्ष तीन पलों की तरह बीत चुके थे। चिपणाबाई साहब की संगत के मोरपंखी क्षणों ने उन्हें मानसिक आधार दिया था। उनके अकेलेपन को भर दिया था। पहले दो वर्षों में एक के बाद एक कन्यारत्नों की प्राप्ति हुई थी, लेकिन दोनों अल्पायुषी रहीं। अब तीसरी बार पुत्ररत्न का लाभ होने की खबर आई तो महाराज ने अपने कवलाणा के ग्रामदेवता का स्मरण किया। राजमहल के सामने घोड़े के रुकते ही महाराज राजमाता के दालन की ओर भागे।

जमनाबाई के चरणों पर माथा रखा। महाराज के दोनों कंधों को पकड़कर माँ साहब ने उन्हें गले लगाया। पीठ पर ममता से हाथ फेरा।

''महाराज, चलिएगा। रानी साहब और बाल राजे आपसे मिलने के लिए आतुर हैं।'' बालासाहब माने ने कहा।

''राजे! पहले देवघर में जाकर माथा टेकिए।'' जमनाबाई साहब उन्हें वहाँ तक ले गईं। दर्शन के उपरांत महाराज बालराजे और राणीसाहब से मिलने चल पड़े। मन से तो पहले ही पहुँच चुके थे।

राजपुत्र का जन्मोत्सव आरंभ हुआ। राज ज्योतिषी ने राजपुत्र की जन्मकुंडली बनाई। नामकरण हुआ—फत्तेसिंहराव! राजमाता ने दान-धर्म बढ़ाया। भजन-कीर्तन होने लगे। पालने के गीत गाए जाने लगे। दूध-जल कुंभ लेकर राजमहल के द्वार पर उड़ेलनेवाली पाँच हजार नारियों का सम्मान एक महीने तक चलता रहा।

बड़ौदा रियासत में आरंभ से ही जल की कमी थी। खंडेराव महाराज के जमाने में चालीस मील दूर नर्मदा से पानी लाने की योजना तैयार हुई थी, लेकिन वह कागजों पर ही रह गई। सयाजीराव के सामने अब नई समस्या थी। रियासत के इंजीनियर जगन्नाथ सदाशिव को महाराज ने बुलाकर कहा कि इस संदर्भ तत्काल कुछ करना चाहिए।

''महाराज, हमने नर्मदा योजना का विचार किया था, जो अब संभव नहीं। विकल्प में दो योजनाएँ हमारे सामने हैं। आपका मार्गदर्शन चाहिए,'' कहते हुए उन्होंने सारे दस्तावेज महाराज के सामने रखे। कहा, ''बड़ौदा से बारह मील की दूरी पर सूर्या नदी पर एक और वागली नदी पर एक, ऐसे दो तालाब बनाए जाएँ। नल से पानी बड़ौदा आएगा। निमोटी गाँव के पास जलशुद्धीकरण केंद्र बनवाया जा सकता है।''

''अच्छे काम में विलंब नहीं होना चाहिए।''

''कब मुहूर्त करें?''

''जगन्नाथराव, अच्छे काम के लिए मुहूर्त हमेशा होता ही है। उसके लिए रुकने की जरूरत नहीं। दो दिन में तैयारी कीजिए। 8 जनवरी, 1885 को काम शुरू हो।'' फिर कुछ सोचकर पूछा, ''यह प्रकल्प कब तक पूरा होगा?''

''हमारी कोशिश होगी कि पाँच साल के अंदर पूरा हो।''

''मतलब, और पाँच साल प्रजा को पानी के संकट को झेलना होगा? पहले ही बहुत देर हो चुकी है। तुरंत काररवाई करें।''

सेवक संदेश ले आया कि संपतराव और खासेराव मिलने आ रहे हैं। छोटे भाई संपतराव उन्नीस वर्ष के हो चुके थे। उनका विवाह बापूसाहब घाटगे की कन्या से संपन्न हुआ था। महाराज के मन में एक खेद था कि हम तो ठीक तरह से पढ़ाई नहीं

कर सके, लेकिन अपने छोटे भाई को पढ़ाना चाहिए। इसीलिए उन्हें बुलावा भेजा था। खासेराव उनके संबंधी थे।

''संपतराव, हमने खासेराव के साथ आपको अगली पढ़ाई के लिए विलायत भेजने का निर्णय किया है। राज्य कारोबार के लिए शिक्षा अनिवार्य है। उसके लिए विलायत जाना ही एकमात्र मार्ग है।'' महाराज ने अपना निर्णय सुना दिया।

''महाराज, आपकी बात बिल्कुल सही है। शिक्षा से आदमी की तीसरी आँख खुलती है, लेकिन उसके लिए काले पानी को लाँघना धर्म की दृष्टि से अनिष्ट है। इस पापकर्म से राजवैभव को हानि पहुँच सकती है।'' राजपुरोहित ने परामर्श दिया।

''अपना देश छोड़कर अंग्रेज सात समुंदर पार कर हिंदुस्तान आए। शिक्षा प्राप्त थे, इसलिए हम पर राज कर रहे हैं। उन्हें किसी दैवी हानि का सामना नहीं करना पड़ा। हमें अपने धर्म की बेकार बातों को छोड़ देना चाहिए। अच्छे काम में ईश्वर कभी बाधा नहीं बनते।'' निजी सचिव से महाराज ने कहा, ''संपतराव और खासेराव की विलायत यात्रा का प्रबंध कीजिए। अपने लोग बाहर से पढ़कर आएँगे तो उनकी शिक्षा का लाभ हमें ही होगा।''

महाराज के विश्वासपात्र अधिकारी वासुदेव समर्थ ने महाराज का समर्थन करते हुए कहा कि दकियानूसी सनातनी लोग दबी आवाज में आपका विरोध करेंगे, लेकिन आप उसे नजरअंदाज कर दीजिए।

रामचंद्र धामणस्कर से महाराज को पता चला कि ज्योतिराव फुले के किसानों की दुर्दशा बतानेवाले लेखों को छापना 'दीनबंधु' के संपादक ने घबराकर बंदकर दिया है। उन्होंने ज्योतिरावजी को सम्मानपूर्वक बड़ौदा आने का निमंत्रण दिया। धामणस्कर के पास ही उनकी निवास-व्यवस्था की गई। राजमहल में उनका सत्कार किया गया। महाराज ने कहा, ''तीन वर्ष पूर्व हम पुणे में मिले थे। हम आपके कार्य को जानते हैं। हम जो करना चाहते हैं, वह आप पहले से ही पुणे में कर रहे हैं। हम भी हरिजनों और महिलाओं के लिए पाठशाला खोलना चाहते हैं।''

बड़ौदा में ज्योतिरावजी का व्याख्यान संपन्न हुआ। उन्होंने अपनी पुस्तक 'शेतकऱ्यांचा असूड' के कुछ अध्याय महाराज को सुनाए। सुनकर महाराज बोले, ''हमने ध्यान से आपकी बातें सुनीं। किसानों की दुर्दशा सुनकर हमें कवलाणे की याद हो आई। बड़ौदा के किसानों की हालत भी कुछ अलग नहीं है। किसान राज्य की रीढ़ होता है। हमने जाना कि किसान की दशा सुधारना अपनी जिम्मेदारी है। आपकी पुस्तक की छपाई के लिए हम कुछ द्रव्य देकर आपको सम्मानित करना चाहते हैं।''

अगले वर्ष महाराज का मुकाम पुणे में दो महीनों के लिए था। ज्योतिराव और उनकी मंडली ने महाराज का बड़ा सम्मान समारोह किया। महादेव गोविंद रानडे और

डॉ. भांडारकर भी उपस्थित थे। अन्य एक कार्यक्रम में रानडेजी ने ज्योतिराव के विचारों का परामर्श लेते हुए कहा "जातिभेद पहले भी था, लेकिन उससे राष्ट्र की प्रगति में कोई बाधा नहीं थी। तीस वर्ष पूर्व किसानों की जो दशा थी, उससे आज बेहतर है।" सयाजीराव की उपस्थिति में किए गए इस भाषण की कठोर समीक्षा ज्योतिराव ने 'इशारा' नाम की पुस्तिका में की। बाद में यह बड़ौदा में महाराज के पास धामणस्कर के मार्फत पहुँच गई। पढ़कर महाराज ने कहा, "धामणस्कर, वैदिक धर्म-अध्ययन और पूजा-पाठ किसी एक जाति के ही लोग करें, इसके लिए कोई धर्माधार नहीं है। अन्य जाति के लोग भी कर सकते हैं। मराठा जाति के पुजारी तैयार करने के लिए वैदिक पाठशाला शुरू की जाए। इसमें ब्राह्मणेत्तरों को प्रवेश दें।"

"ब्राह्मण बच्चों को प्रवेश न देना बहस का विषय बन सकता है।" धामणस्कर बोले, "तो सबको परीक्षा के बाद प्रवेश मिले, लेकिन ध्यान रहे कि ब्राह्मणेत्तरों की मात्रा बारह आने हो। सबको सभी क्षेत्रों में समान अवसर मिले, तो इस क्षेत्र में क्यों न हो?" धामणस्कर ने पंद्रह दिनों में वैदिक पाठशाला शुरू की। नवसारी क्षेत्र का दौरा चल रहा था। महारानी चिमनाबाई अपनी ढाई वर्ष की कन्या पुतलाबाई और बालराजे फत्तेसिंह को लेकर साथ में ही थीं। राजकन्या पुतलाबाई को पालकी में बिठाकर ले जा रहे थे कि पालकी का डंडा टूट गया। राजकन्या को जरा-सी मीठी मार लगी थी। चिमनाबाई ने इसे असगुन माना। राजकन्या की तबीयत बिगड़कर उसी में उसका दु:खद निधन हो गया। महारानी का स्वास्थ्य भी बिगड़ता चला गया। राजवैद्य ने क्षय का निदान किया। मुंबई के डॉक्टर को दिखाया, लेकिन कुछ फर्क नहीं आया। उन्हें बड़ौदा लाया गया। यात्रा में महाराज दु:खी मन से महारानी के साथ ही थे।

महारानी चिमनाबाई के अंतिम दिनों में महाराज बहुत बेचैन रहने लगे। बाहर मई महीने की धूप, भीतर मौत से झगड़ती हुई महारानी का देहदाह!

"रानीसाहेबा ने बुलाया है।" बालासाहेब संदेश लेकर आए थे। उनका चेहरा सफेद पड़ गया था। महाराज भीतर पहुँच गए। पास में राजमाता बैठी हुई थीं। महारानी सूखकर काँटा हो गई थीं। आँखें भीतर धँसी हुईं किंतु उसमें आर्त्त भाव था। महाराज ने महारानी के दोनों हाथ अपने हाथ में लिये। महाराज भीतर से काँप रहे थे, उन्हें सहारा देते हुए महारानी बोलीं, "राजा को इस तरह से हिम्मत नहीं हारनी चाहिए। मैं खुशी से जा रही हूँ...बालराजे को आपके और माँसाहब के हवाले कर..."

महारानी के हाथ का आधार गिर गया।

बालासाहब महाराज को बाहर दालान में ले आए। असहाय महाराज ने आस-पास लोगों की भीड़ देखी। अपने अकेलेपन के अहसास से वह टूट गए।

बचपन से ही सयाजीराव कम बोलनेवाले थे। बारहवें वर्ष में राजगद्दी पर

विराजमान हो गए तो जैसे बचपन ही समाप्त हो गया। दोस्तों में अंतर आ गया। अकेले पड़ते गए। तब महारानी चिमनाबाई का साथ मिला। पारिवारिक सुख में स्थिरता आने लगी थी, तो अचानक काल का आघात हुआ। उनके लिए यह वज्राघात ही था। दुःख से पागल हो गए, लेकिन राजा अपना दुःख कैसे व्यक्त करें? उन्होंने अपने आप को राजमहल में बंद कर दिया। फत्तेसिंह की याद आने पर उसकी ओर देखा करते। राजमाता की हालत भी मुश्किल ही थी, लेकिन समझदारी से काम लेते हुए बोलीं,

"मुसीबतें और पीड़ाएँ अपना इम्तहान लेने के लिए ही आती हैं। उसे जीने का हिस्सा मानकर कबूल करना चाहिए। फिर, राजा का कोई दुःख व्यक्तिगत नहीं होता।" राजमाता की बात सुनकर सयाजीराव ने भर्राई नजर से फत्तेसिंह की ओर देखा।

"राजा ही इस तरह टूट जाए तो बाकी लोग क्या करेंगे? मुझे पता है, गाड़ी का एक चक्का टूट जाने पर आगे का सफर मुश्किल होता है। हमने भी इसका अनुभव लिया है। अपने आपको धीरे-धीरे सँभालना, यही एक उपाय है।"

सयाजीराव ने राजमाता की तरफ देखकर सहमति जताई। पास में बालासाहब खड़े थे। उन्होंने महाराज के कंधे पर हाथ रखा। सयाजीराव मामा के गले लगकर रोने लगे। अवरुद्ध दुःख का रेला जोर से बहने लगा।

तीन हफ्तों तक महाराज ठीक से सो नहीं सके। निद्रानाश की बीमारी लग गई। राजवैद्य के उपचारों का कुछ भी लाभ नहीं हुआ।

निजी सचिव जयसिंहराव आंग्रे महाराज के पास आकर बोले, "महाराज!"

"हाँ, हम जानते हैं। हमने तो अपने आपको जैसे बंदी बना लिया था। आज बाजारपेठ का शिलान्यास करना है। चलिए, हम तैयार हैं।" राज कर्तव्य के लिए सयाजीराव बाहर निकले। उनका और चिमनाबाई साहब का सपना था कि बड़ौदा की जनता के लिए एक बड़ा मार्केट बनाया जाए।

मार्केट के शिलान्यास समारोह में महाराज ने कहा, "हम इस भवन को अपनी प्रिय पत्नी के प्रति आदर का स्मारक बनाना चाहते हैं। महारानी शांत और परोपकारी थीं। उनकी स्मृति में इस स्थान को 'महारानी चिमणाबाई मार्केट' नाम दिया जाएगा।"

महाराज ने अपनी प्रिय महारानी के प्रति प्रेम, आदर और स्मृति को इस रूप में अंजाम दे दिया।

अपने दुःख से बाहर आने के लिए महाराज ने नए-नए कामों में अपने आपको उलझाना शुरू किया। समाज-सुधार और प्रबोधन का काम बड़ौदा में शुरू करने के इरादे से उन्होंने मुंबई के दामोदर सावलाराम यंदे को निमंत्रित कर बड़ौदा से एक नए विचारों का समाचार-पत्र चलाने का काम सौंप दिया। विजयादशमी के मुहूर्त पर 'बड़ौदा वत्सल' साप्ताहिक पत्रिका का पहला अंक प्रकाशित हुआ।

महाराज के अकेलेपन और मौन की चिंता करनेवाली राजमाता से बालासाहब माने ने कहा, ''ताईसाहबा, मैंने राजवैद्य से बात की। अकेलेपन और निद्रानाश का एक उपाय है, महाराज का दूसरा विवाह करना। लेकिन वह मना कर रहे हैं।''

''हम महाराज से बात करेंगी।'' कहकर राजमाता सयाजीराव के दालान में पधारीं। राजमाता को देख महाराज झट-से खड़े हो गए। झुककर उन्हें प्रणाम किया।

''अभी-अभी राजज्योतिषी आए हुए थे। उनका कहना है कि हिंदू धर्मशास्त्र के अनुसार पत्नी के निधन के बाद एक वर्ष के भीतर दूसरा विवाह करना चाहिए, अन्यथा आगे तीन वर्षों तक नहीं कर सकते। राजवैभव को महारानी की आवश्यकता है, इसलिए हम आपसे अनुरोध कर रहे हैं कि दूसरा विवाह कीजिए।''

महाराज खामोश रहे। कुछ और समझाने-बुझाने पर बोले, ''माँसाहब, हम आपकी आज्ञा के बाहर नहीं हैं। आप मामासाहब से कहिएगा।''

महाराज के लिए कन्या की खोज शुरू हुई। सयाजीराव एकांत में बालासाहब से बोले, ''मामासाहब, इस बार हमारी एक शर्त है। वधू निश्चित करने से पहले हम देखना चाहेंगे।''

''महाराज, राजमाता के साथ बात कर हम कुछ रिश्ते देखेंगे। अंतिम निर्णय आपका ही होगा।'' महाराज ने इस काम में निजी सचिव, आंग्रेजी को भी साथ लेने के लिए कहा। आंग्रे के बारे में महाराज की राय अच्छी थी। कुलाबा के आंग्रे कुल के वंशज थे। मानी, रोबीले और दृढ़ थे। इन्हीं गुणों को देखकर तो महाराज ने उन्हें निजी सचिव नियुक्त किया था।

उस जमाने में लड़की के घर जाकर लड़की देखने का रिवाज था। महाराज कैसे जा सकते थे? जयसिंहराव आंग्रे ने रास्ता निकाला। कुछ रियासतों की सरदारों की कन्याओं को उनके अभिभावकों के साथ बड़ौदा का न्योता दिया।

ऊँचे खानदान की लड़कियों में से तंजावुर और देवास की लड़कियों को अंतिम निर्णय के लिए चुना गया। सयाजीराव ने देखा कि दोनों विशेष पढ़ी-लिखी नहीं थीं। राजमाता और अन्य ज्येष्ठजन प्रतीक्षातुर थे। आखिर सयाजीराव ने देवास की घाटगे सरदार की बेटी गजराबाई को पसंद किया। उसकी उम्र तब चौदह वर्ष की थी।

28 दिसंबर, 1885 का मुहूर्त निश्चित हुआ। अन्य लड़कियों और उनके अभिभावकों को ससम्मान बिदा किया गया। उनके आने-जाने और निवासादि का प्रबंध रियासत की ओर से किया गया था।

विवाह धूमधाम से संपन्न हुआ। अगले ही हफ्ते महाराज के सामने विवाह संबंधित खर्च के कागज-पत्र प्रस्तुत हुए। देखकर महाराज हैरान हो गए। निजी सचिव को बुलावा भेजा।

"आंग्रे, यह बहुत गलत है कि आपने खर्च की मंजूरी लिये बिना खर्च किया। यह हमारी नीति के खिलाफ है।"

"महाराज, लड़की पसंद करने और फिर तुरंत विवाह की तैयारियाँ करने में मंजूरी लेना संभव नहीं हुआ।"

"और यह क्या है? जिनके प्रस्ताव स्वीकार नहीं हुए, उन लड़कियों और अभिभावकों पर पच्चीस हजार का खर्च? रियासत पर इसका बोझ क्यों? वे लोग जैसे आए, वैसे चले जाते। हम इस गैर-कानूनी खर्च को नामंजूर करते हैं।"

"तो फिर उस खर्च को क्या हम अपनी जेब से करते? विवाह गायकवाड़ सरकार का, उसका बोझा मैं क्यों उठाऊँ? अगर आपको मेरा काम पसंद नहीं है तो मुझे नौकरी से हटा दीजिए, लेकिन इस खर्च को तो मंजूरी मिलनी ही चाहिए।"

"रियासत के गैर-जरूरी खर्च को हम मंजूर नहीं करेंगे।"

"हमने बड़ौदा रियासत की शान रखी। आपको इन रस्मो-रिवाजों का पता नहीं है। निजी सचिव की हैसियत से हमने बिल्कुल सही काम किया है, इसे जान लीजिए।"

"इस बेहिसाब खर्च को मंजूर नहीं कर सकते।" महाराज अपनी बात पर अड़े रहे।

मामले ने तूल पकड़ा। आंग्रे भी अनुशासनप्रिय और दृढ़ चरित्र के थे। महाराज को रियासत के एक एक पैसे की फिक्र थी।

आखिर महाराज ने हुक्म दिया, "निजी सचिव के नियम के अनुसार पालन न करने पर भी खर्च को मंजूरी दी जाती है, लेकिन निजी सचिव के पद से उनका स्थानांतरण किया जाता है।"

आंग्रे नए स्थान पर सरसूबेदार बनाए गए।

विवाह समारोह संपन्न होते ही सयाजीराव महाराज ने अपने शिक्षक केशवराव देशपांडेजी से नई महारानी की शिक्षा के बारे में परामर्श किया। केशवराव से कहा, "आपका विचार उचित है। आनेवाले जमाने में स्त्रियों को भी शिक्षा आवश्यक है। उधर, पुणे में ज्योतिबा फुले ने अपनी पत्नी सावित्रीबाई को पढ़ाया और अब वे दोनों लड़कियों के लिए स्कूल चला रहे हैं।"

"हाँ, हमने सुना है। ज्योतिबा फुले बड़े महत्त्व का काम कर रहे हैं।"

नई पत्नी गजराबाई भी अब 'महारानी चिमणाबाई' नाम से संबोधित होने लगीं। उनकी पढ़ाई के लिए मराठी और अंग्रेजी की दो अलग-अलग शिक्षिकाओं की नियुक्ति की गई।

सयाजीराव महाराज ने अन्य सुधारों की ओर ध्यान देना शुरू किया। दीवान काजी शहाबुद्दीन को बुलाकर कहा, "इसके पहले सर टी. माधवराव ने कई नियम और

कानून बनाए हैं, लेकिन उनका वर्गीकरण नहीं हुआ है। नियम-कानून खोजने में बड़ी मेहनत करनी पड़ती है।''

''महाराज, आपके कहने के अनुसार कानून में सुसूत्रता लाने के लिए लॉ कमिटी बनाई जाएगी। नायब दीवान उसके अध्यक्ष होंगे। उच्च न्यायालय के तीन न्यायधीशों को सदस्य बनाएँगे।''

''हाँ, लेकिन पहले ब्रिटिश कानून के नमूने सामने रखिए। फिर कानून की भाषा ऐसी भी हो कि लोग समझ सकें।''

छह महीने बाद महाराज ने काम का जायजा लिया। दीवान साहब ने रपट पेश की।

''आपके मार्गदर्शन के अनुसार बड़ौदा रियासत में उच्च न्यायालय और जिला-तहसील स्तर पर न्यायालय का काम शुरू हुआ है। खुफिया पुलिस विभाग बनाया गया है। अँगूठे की छाप से गुनहगारों की खोज करने का तंत्र स्वीकार किया गया है। अनपढ़ सिपाहियों की पढ़ाई का प्रबंध हुआ है। जेल की नई इमारत बन गई है। ब्रिटिश नमूने के अनुसार पुलिस की वेश-भूषा बदली गई है।

''राज्य की अर्थव्यवस्था के लिए कर वसूली ठीक से की जाने लगी है। जमीन महसूल की पुनर्रचना की गई है। कानून बनाया गया है कि किसान के लाभ के आधे हिस्से से अधिक कर न हो। कुएँ के लिए कम ब्याज दर पर कर्ज देने की योजना है। नए कुएँ और कैनाल बनाए गए हैं। सार्वजनिक स्वास्थ्य के लिए शहर में नालियाँ बनाई गई हैं। सरकारी दवाखाने शुरू किए गए हैं। प्रशासन और न्याय के स्वतंत्र विभाग किए गए हैं। सूत मिल और गणदेवी चीनी मिल शुरू हुई हैं। कृषि के लिए जल का प्रबंध हुआ है। सड़कें, धर्मशालाएँ बन गई हैं। शहरों को रेल लाइन से जोड़ दिया गया है।''

''दीवान साहब, आरंभ तो अच्छा हुआ है, अब काम की गुणवत्ता को और कार्य-क्षमता को स्थाई बनाने के बारे में सोचना होगा। इसके लिए प्रशासन को जागरूक रहना पड़ता है। कार्य ठीक ढंग से चलेंगे तो प्रजा को उसके अच्छे फल मिलेंगे। हमें इसकी अधिक की अपेक्षा रखनी चाहिए। अल्प संतोष से राज्य संकट में धँसने का खतरा पैदा होता है।'' महाराज ने कहा।

□

9

सयाजीराव सुबह की घुड़सवारी से लौट रहे थे कि रास्ते में उन्हें दो बच्चों के खिलखिलाने की आवाज आई। घोड़े को रोककर उन्होंने देखा तो बच्चे लपक डंडा खेलने में मशगूल दिखाई दिए। उनके चापल्य को देखकर महाराज दंग रह गए। उन्हें अपने बचपन का कवलाणे गाँव के मारुति मंदिर के सामनेवाला बड़ का पेड़ याद आया। साथ में नारायणराव घाटगे थे। उनसे महाराज ने बच्चों को राजवाड़े ले आने को कहा।

सिपाही उन्हें तीसरे दिन तीसरे पहर राजवाड़ा ले आए। गजानन यशवंतराव माणिक का बेटा था और रहीम चाबुक सवार का। माणिक ने घुटनों तक धोती पहनी थी तो रहीम लंगोट पर ही था। कपड़े मैले, लेकिन चेहरे सतेज।

राजवाड़े की पश्चिम दिशा में बड़ा पेड़ था। महाराज और राणीसाहब के लिए सोफे रखे गए। महाराज ने कहा, "हमने परसों तुम्हारा लपकडंडे का खेल देखा। आज राणीसाहब को दिखाओ।"

कालू और गजानन ने खेल शुरू किया। डंडे को फेंकना, लपककर पकड़ना, पेड़ पर चढ़ना, फिर भागना। बच्चे खेल में खो गए। महाराज ने दोनों को रोककर कहा—

"बहुत अच्छा खेले। हम आज तुमको बख्शीश देनेवाले हैं। महाराज ने गजानन से कहा, "तू हारा नहीं, इसलिए पैंतीस रुपयों की जरी की टोपी बख्शीश।" राणीसाहब ने कालू की तरफ मुड़कर कहा, "तू भी अच्छा खेला। इसलिए तुझे भी अठारह रुपए की टोपी बख्शीश।"

बच्चे खुशी-खुशी घर गए। सारे मौहल्ले में खबर फैल गई।

अगले वर्ष गजानन के स्कूल में वार्षिक समारोह में सयाजीराव ने देखा कि एक बालक बार-बार पुरस्कार लेने सामने आ रहा है। महाराज ने गजानन माणिक को पहचाना। कहा, "देखें तेरी लिखावट!" गजानन ने कमची से लिखा, "श्रीमंत सयाजीराव महाराज की जय!" महाराज ने विद्याधिकारी से कहा, "बालक गुणी है। उसकी तरफ ध्यान दीजिए। बड़ौदा को ऐसे ही रत्नों की जरूरत है।"

महाराज हस्बमामूल काम कर रहे थे। पुरानी बीमारी ने सर उठाया। स्वास्थ्य ठीक नहीं था। निद्रानाश पीछे लगा हुआ था। वजन कम होने लगा था, लेकिन राज्य का कारोबार चुप नहीं रहने देता था। अमरेली जिले के दौरे से वापस आने पर स्वास्थ्य और ही बिगड़ गया। किसी ने सुझाया कि समुद्री मार्ग से श्रीलंका की यात्रा लाभदायक हो सकती है। सफर के लिए चल पड़े तो एक अच्छी खबर आई। हिंदुस्तान सरकार ने 'स्टार ऑफ इंडिया' खिताब की घोषणा की थी। खुशी-खुशी श्रीलंका का सफर पूरा हुआ। तीन हफ्ते में महाराज के वजन में चार पौंड की बढ़ोतरी हुई।

गुजरात के कड़ी धूप के मौसम से बचने ठंडी हवा के लिए महाबलेश्वरम् में डेरा डाला गया। साथ में इलियट सर भी थे। उन्होंने सयाजीराव से कहा, "कल मेरी मुलाकात मुंबई सरकार के सर्जन जनरल डॉ. विलियम मूर से हुई। हवाखोरी के लिए यहाँ आए हुए हैं। मैंने उनसे आपके स्वास्थ्य के बारे में बात की। वह कल आएँगे।"

डॉ. मूर कुशल सर्जन थे। महाराज को देखा। कुछ जाँच की गई। उन्होंने कहा, "आपको मज्जाक्षीणता का विकार है। हवा-बदली के लिए यूरोप की यात्रा कीजिएगा। इससे अवश्य लाभ होगा।"

डॉ. मूर के परामर्श से सयाजीराव की मानो जीवनशैली ही बदल गई।

महाराज के स्वास्थ्य को लेकर कई उपचार किए गए, लेकिन कुछ फर्क नहीं आया। उम्मीद बँधी कि डॉ. मूर के यूरोप-यात्रा के सुझाव पर अमल करने से कुछ लाभ होगा। नए दीवान लक्ष्मण जगन्नाथ दीक्षित को यूरोप-यात्रा के आयोजन का आदेश दिया गया। इलियट सर का मार्गदर्शन तो अनिवार्य ही था।

सयाजीराव ने उनसे कहा, "विलायत जाने की वार्ता सुनकर बड़ौदा के धर्म मार्तंडों में कानाफूसी शुरू हुई है। समुद्र के काले पानी के पार विदेश जाना निषिद्ध माना गया है। कहा जाता है कि जिन्होंने इस रूढ़ि को तोड़ा, उनकी हानि हुई है। कोल्हापुर के राजपुत्र इंग्लैंड गए तो लौटती यात्रा में ही चल बसे।"

"महाराज, इन बातों की बिल्कुल उपेक्षा कीजिए। नए दीवान को राज्य कारोबार के आदेश दिए जा चुके हैं। कोई जरूरी बात होगी तो आपके सामने पेश होगी।" इलियट ने कहा। यूरोप दौरे का कार्यक्रम इलियट सर ने तैयार किया। जहाज की यात्रा में साथ चलनेवाले लोगों की तादाद बढ़ती गई—डॉक्टर, रसोईया, नौकर, दासियाँ, दरजी, नाई, पुरोहित और मान्यवर संबंधी। महारानी की साथिन के रूप में मिसेज इलियट। कुछ लोगों ने डरकर नाम वापस लिया तो उन्हें मुआवजा कबूल किया गया।

उखाजीराव चाचा, बालासाहब माने, कृष्णराव जाधव, रामचंद्रराव धामणस्कर, समर्थ और डॉ. शमशुद्दीन सुलेमानी आदि पचपन लोग बड़ौदा रेलवे स्टेशन से चल पड़े तो उन्हें विदा करनेवालों के चेहरे चिंता से परेशान थे। धर्ममार्तंड तो यही सोच रहे

थे कि विदेश-यात्रा से महाराज ने संकट को न्योता दिया है।

31 मई, 1887 को दोपहर में मुंबई बंदरगाह से बोखरा नाम का जहाज चल पड़ा। तब इस लवाजिमे के साथ दूध के लिए दो गायों का भी समावेश था। महाराज की विश्व-यात्रा शुरू हुई। काफी देर तक वह डेक पर खड़े होकर दूर ओझल होती इमारतों को देखते रहे। थकान महसूस हो रही थी। आराम के लिए लेट गए तो तुरंत आँख लग गई।

सुबह जाग पड़े तो ज्वर चढ़ा हुआ था। डॉक्टर ने एंफ्लुऐंझा बताया। कुछ आराम होने पर महाराज ने डायरी निकाली और लिखना शुरू किया, ''मेरी इस यात्रा का मामला उठा, तब मुझे पता नहीं था कि मेरे लोग तो मुझसे भी गए-गुजरे हैं। 'हुजूर के लिए हम जान भी दे देंगे' कहनेवाले अधिकारी, प्रतिष्ठित सहसा बीमार हो गए या उनके परिवार के लोग बीमार होने लगे। हमने रिश्तेदारों की ओर देखा, उनकी भी इच्छा नहीं थी, किंतु हमारे प्रेम की खातिर तैयार हो गए।

''हम इस यात्रा से जानना चाहते हैं कि हिंदुस्तान के बाहर की दुनिया कैसी है ? नई दुनिया की अच्छी बातों को अपनी रियासत के लिए प्राप्त करेंगे। इस यात्रा का उद्देश्य ही यह है कि जो विलायत की हुकूमत हम पर राज कर रही है, उससे सीखना है।''

सेवक ने आकर बताया, ''महाराज, सुबह हम एड्न पहुँचेंगे। बुरी खबर यह कि दूध के लिए लाई गई दोनों गाएँ कल रात मर गईं।''

एड्न पास आ गया। इलियट सर ने कहा, ''अब हम एड्न पहुँचेंगे। यह पहला मुकाम है।'' सयाजीराव ने बालक के कुतूहल से खिड़की से बाहर देखा। दूर समुद्र के किनारे पर ऊँचे-ऊँचे पहाड़ दिखाई दिए। अपने पहाड़ों जितने ऊँचे तो नहीं लगे।

''इलियट सर, हमने पढ़ा था कि एड्न में पानी की बहुत तंगी थी। तब यहाँ का इंजिनियरों ने जल व्यवस्थापन कर समस्या सुलझाई। अपने बड़ौदा में भी पीने की पानी की समस्या है।''

दूसरे दिन अधिकारियों के साथ महाराज ने वहाँ का जल प्रबंध देखा। नोटबुक में नोट किया। लौटने पर महारानी से बोले, ''इच्छा-शक्ति के साथ प्रयासों को जोड़ने पर क्या हो सकता है, इसे कावसजी दिनशा पारसी ने दिखा दिया है। हम भी बहुत कुछ कर सकते हैं।''

सयाजीराव ने भूगोल की पुस्तक में लाल समुद्र के बारे में पढ़ा था। अब उनका जहाज उसी समुद्र से होकर स्वेज नहर पहुँच गया। वहाँ सब उतर गए। पास में ब्रेंडा नाम का रेलवे स्टेशन था। मिस्र की पुरानी राजधानी अलेक्झांड्रिया रेलगाड़ी से जाकर देखी। एक तरफ नहर और अफ्रीका तो दूसरी तरफ एशिया।

''विश्व-विजय का सपना देखनेवाला सिकंदर अलेक्झांड्रिया का था। उसी के नाम से यह नाम मिला है। एक जमाने में मिस्र की बड़ी समृद्ध संस्कृति थी। नाइल के

किनारे विकसित हुई। दुनिया को वास्तुकला का अद्‌भुत योगदान दिया उसने।'' इलियट सर ने जानकारी दी। महाराज की उत्सुकता बढ़ गई।

पुराना-नया बंदरगाह देखा। पॉम्पी का जयस्तंभ, खेदिया का राजमहल, एम्फिथिएटर और पुराना ग्रंथालय देखकर महाराज चकित हो गए।

''अपने यहाँ भी प्राचीन धर्मग्रंथ, पोथियाँ, ताम्रपट बिखरे पड़े हैं। यहाँ जिस तरह से इन्हें सँभालकर रखा गया है, वह सीखने जैसा है। धामणस्करजी, अच्छी तरह से नोट कीजिएगा। ग्रंथ तो ज्ञान के भंडार होते हैं।''

स्वेज से जहाज ब्रिंडीझी पहुँच गया। यूरोप का प्रवेश-द्वार, यूरोप का ऐश्वर्य देखना महाराज का सपना था। जहाज से उतरने पर आस-पास भिखारियों की भीड़ उमड़ पड़ी। गंदगी भी फैली हुई थी। यूरोप के ऐसे गंदे प्रवेश-द्वार को देख महाराज का मन उचट गया।

अगला पड़ाव वेनिस था। यूरोप के इस जलमंदिर को देख महाराज प्रसन्न हो गए। एक सौ इक्कीस छोटे-छोटे द्वीपों का समूह। पूरा शहर नहर के रास्तों से भरा हुआ। बड़े रास्ते को 'ग्रांड कनाल' कहते हैं। ऊँचे शिखरों के मंदिर। बड़े गुंबदवाले राजमहल। गंड़ोला-छोटी नौका में जलमार्ग पर चक्कर काटने में आनंद आया। शहर के बीचोबीच सेंट मार्क का विशाल राजमहल। सामने विस्तीर्ण मैदान। लोगों और कबूतरों की भीड़। मंदिर की शांति और सफाई देख महाराज को हिंदुओं के मंदिर याद आए। उखाजी चाचा से बोले, ''अपने मंदिरों की शोर और गंदगी देखकर तो देवता भी भाग जाते होंगे। यहाँ देखिए कितना शांत, स्वच्छ!''

''महाराज, यहाँ के लोगों की तरह देवता भी पढ़े-लिखे लगते हैं।'' उखाजी चाचा की प्रतिक्रिया पर सब खिलखिलाकर हँस पड़े।

रात सोने से पहले महाराज ने डायरी में दर्ज किया।

''वेनिस के मंदिर की कारीगरी अलग है। इसकी बारीकियों को देखते हुए मुझे भारतीय शिल्पकला की याद आई। एलोरा, अजंता, माऊंट आबू के मंदिरों की शिल्पकला इनसे बीस पड़ती है। इस कला का उद्‌गम हो न हो, भारत ही रहा होगा। पाश्चात्य शिल्पकला से यह भिन्न लगता है। मंदिरों में ऐश्वर्य है, विपुल प्रकाश है, पत्थर संगेमरमर के हैं। उनपर सुनहरी नक्काशी बेहतरीन है। चित्रों में लाल, जामुनी और ताँबई रंगों की अधिकता है।''

सयाजीराव ने इलियट सर को डायरी दिखाई। पढ़कर सर बोले, ''यू आर परफेक्टली राइट युवर हायनेस!''

''आप मुझे इस तरह से मत संबोधित कीजिए, सर।''

''लेकिन क्या यह आपका अधिकार नहीं है?''

''आप अपवाद हैं।'' सयाजीराव ने मुसकराते हुए कहा।

“थैंक्स! कल हम इटली के मिलान शहर की ओर जा रहे हैं। अच्छा, गुड नाइट!”

मिलान की प्राचीन संस्कृति और शिल्पकला को महाराज ने बहुत बारीकी से देखा। विशेषतः लिओनार्डो द विंस्की के ‘लास्ट सपर’ चित्र का सूक्ष्मता से मुआयना किया। गाइड ने उस चित्र की कहानी सुनाई। आप में से एक मुझे पकड़वा देनेवाला है, कहने पर ईसा के चेहरे पर कैसे आनेवाले संकट के बावजूद अविचलित तेज था, इसे वह समझा रहा था। महाराज ने देखा कि चित्र खराब हो रहा है। “यह और खराब न हो, इसकी ओर ध्यान देना चाहिए।” जाते-जाते महाराज ने कहा।

मिलान से एल बेंस, वहाँ से जिनीवा। नेपोलियन की रानी जोसेफाइन का निवास, व्हॉल्टेयर, बायरन के मकान देखे। वस्तु संग्रहालय और चित्र संग्रहालय देखे। बाहर निकलते वक्त महारानी से बोले, “देखिए रानीसाहबा, यहाँ की हर एक चीज में यहाँ के लोगों की कलात्मकता झलकती है। मैंने समर्थजी से कहा है कि बड़ौदा में भी ऐसा वस्तु संग्रहालय बनवाएँगे। तज्ज्ञों से जानकारी लीजिए।”

“विश्वविद्यालय के पास नैचुरल हिस्टरी म्युजियम है। उसके बारे में भी महाराज को सोचना चाहिए।” महारानी की इस बात पर महाराज बोले, “महारानी को आदेश देना चाहिए।”

“आप समझ जाइएगा।” चिमणाबाई महारानी ने कहा तो महाराज खिल-खिलाकर हँस पड़े।

आल्प्स पर्वत की तलहटी पर सेंट मॉरिटस होटल में महाराज का मुकाम था। यूरोप का सबसे ऊँचा स्थान। आस-पास सारे हिमाच्छादित शिखर। सामने ढलान पर पन्ने जैसा चमकनेवाला सरोवर। यहाँ के प्राकृतिक सौंदर्य ने महाराज के मन पर मोहिनी डाली। यूरोप की यात्रा फिर होगी तो यहाँ पर जरूर पड़ाव पड़ेगा।

लूसर्न के पाषाणी सिंहों का स्मारक देखा। फ्रांस की राज्य-क्रांति के समय राजमहल की रक्षा करनेवाले स्विस सिपाही मारे गए। उनकी स्मृति में बना हुआ था। इलियट सर ने जानकारी दी। राजधानी बर्न के घड़ीवाले टॉवर के बारे में महाराज ने डायरी में लिखा, “घड़ी की कल्पना मनोहारी है। घंटे के हिसाब से टोल बजते हैं। पहले मुरगे की बाँग सुनाई देती है। फिर घड़ी के नीचे से रीछों का जुलूस जाता हुआ दिखाई देता है। फिर एक सिपाही आकर घंटे बजाता है। बड़ौदा के मांडव चौराहे पर ऐसा टॉवर बनाया जा सकता है।”

सयाजीराव को जो भी बात पसंद आती थी, उसे बड़ौदा में कैसे साकार किया जाए, इसी का ध्यान लगा रहता था। स्वयं भी नोट कर रहे थे और अधिकारियों से भी कह रहे थे।

फ्रांस की राजधानी पेरिस में प्रवेश करते ही एक निराली दुनिया में आने का

अहसास महाराज को हुआ। साहित्य-कला-संस्कृति की समृद्ध विरासत देखनी थी। महाराज होटल में रहे, लेकिन साथवालों के लिए किराए से मकान लेने में कुछ अधिक ही फ्रांक देने पड़े।

"स्वाधीनता, समता और बंधुता के रूप में मैंने फ्रांस की प्रजासत्तात्मक व्यवस्था को भक्तिभाव से देखा। नेपोलियन बोनापार्ट की विजय कमान जयस्तंभ, बारह रास्तोंवाला चौराहा, वृक्षाच्छादित सड़कें, शहर के मंदिर आदि देखे। फ्रांस की आजादी के लिए कई शहीद हुए। उनके वीरों के स्मृतिस्थल पैंथियम के सामने मैं नतमस्तक हुआ। महारानी से कहा, आज का वैभवशाली वर्तमान हथेली पर सिर लेकर लड़नेवाले वीरों के बलिदान की बदौलत खड़ा है। हमारे मराठी वीर पानीपत के धारतीर्थ पर शहीद हुए, उनका नामोनिशान नहीं। अपने इतिहास को हमें ही सुरक्षित रखना चाहिए।" महाराज ने अपनी डायरी में दर्ज किया था।

फ्लोअर ला शेज देखकर महाराज ने इलियट सर से कहा, "यह तो फ्रांस का मंदिर ही है। फ्रांस की शान हैं यहाँ के लेखक, चिंतक, कलाकार। इनका समाधि स्थल है न?"

"हाँ, ला फांटेन, मोलिअर, अबेलाइर्द फ्रांस के रत्न हैं। उनकी अस्थियाँ यहाँ सुरक्षित हैं।"

फ्रांस के युगपुरुषों के अदृश्य अस्तित्व से महाराज रोमांचित हो गए। बोल उठे, "देश का मतलब भौगोलिक सरहदें नहीं। प्रतिभाशाली व्यक्ति, आजादी के लिए कुर्बान होनेवाले शहीद आदि के स्मृतिस्थल देश की शान होते हैं। अपने देश में भी नररत्न हैं, प्रतिभावान हैं। उनकी हिफाजत होनी चाहिए।"

संध्या को भोजन के समय महाराज ने आंग्रेजी से कहा, "पेरिस की सिर्फ झलक देखी है। यहाँ की विशेषताओं को बारीकी से देखने के लिए यहाँ बार-बार आना चाहिए। यहाँ के स्फूर्तिदाताओं के प्रेरणास्थलों को बार-बार समझना होगा। कल हम लोग लंदन जा रहे हैं। अब आँखें साहबों की राजधानी की ओर लगी हैं।"

कैले जहाज फ्रांस का किनारा छोड़ इंग्लिश चैनल पार कर ब्रायटन बंदरगाह पहुँच गया। साहबों के मुल्क में कदम रखने का संतोष हुआ। लंदन पहुँचने से पहले महाराज ने यूरोप के अन्य देशों का भी दौरा किया और पाँच नवंबर को लंदन पहुँच गए।

इलियट सर ने लंदन के कार्यक्रमों की रूपरेखा बता दी। उन्हें अच्छी तरह से पता था कि उनका यह जिज्ञासु अध्ययनशील छात्र इस अवसर का उचित लाभ उठाएगा।

लंदन में सयाजीराव ने कारखानों, संग्रहालयों, कला-भवनों, अस्पतालों, ग्रंथालयों और स्कूलों का भलीभाँति मुआयना किया। जो भी अच्छा दिखा, उसे जानने-समझने की उत्कंठा थी उनमें। उपयुक्त जानकारी को डायरी में दर्ज करते रहे। मन में हमेशा बड़ौदा के प्रजाजनों का खयाल।

"लंदन शहर के बीचोंबीच का हाइड पार्क हमें बहुत अच्छा लगा। पेरिस के बगीचों से भी अच्छा। ब्रिटिश पार्लियामेंट भवन, वेस्टमिंसटर ॲबे, ब्रिटिश म्यूजियम, नेशनल गैलरी, क्रिस्टल पैलेस, मादाम तुसाद का म्यूजियम सब देखा।" अपनी डायरी में महाराज ने आगे लिखा—

"सारी दुनिया पर सार्वभौम सत्ता स्थापित करनेवाले ब्रिटिश साम्राज्य की राजधानी के बारे में मन में बड़ा कुतूहल था। अंग्रेजों की होशियारी, युद्धवीरता, प्रशासन में अनुशासन को मैं देखता आ रहा हूँ, पढ़ता रहा हूँ। उसी की तसवीर लंदन के प्रथम दर्शन में नजर आई। सब तरफ बेहद सफाई इनका महत्त्वपूर्ण गुण हैं, जिसे अपनाना चाहिए।

"हाइड पार्क पसंद आया, इसलिए कि जनता को शहर में तफरीह के लिए ऐसा स्थान होना चाहिए। नेशनल गैलरी के बेहतरीन चित्रों का संग्रह देख प्रशासकों की कला दृष्टि का निरालापन ध्यान में आ गया, लेकिन इन चित्रों को एक खराब भवन में देख मुझे धक्का लगा। ट्रैफल्गार चौराहे में धब्बा जैसी लगती है वह इमारत। इसी चौराहे पर नेल्सन का बुत भी बेढंगा लगता है। ब्रिटिश म्यूजियम में दुनिया की बढ़िया चीजों का संग्रह है, लेकिन यह इमारत भी जँचती नहीं।"

सयाजीराव को ऑक्सफोर्ड का आकर्षण था। दुनिया पर अधिराज्य करनेवाले इंग्लैंड के कई चिंतक, राजनीतिज्ञ यहाँ बड़े हुए। महाराज ने स्वयं अनुभव किया था कि शिक्षा से मनुष्य का कायापलट हो जाता है।

प्रा. नेट्लशिप ने महाराज का ऑक्सफोर्ड में स्वागत किया। यहाँ की इमारतें, कक्षाएँ, ग्रंथालय, सुविधाएँ, छात्रावास, प्राध्यापकों के निवास आदि का शांत और प्रसन्न वातावरण महाराज को बहुत पसंद आया। इलियट सर से बोले—

"सर, मैंने हिंदुस्तान और अन्य देशों के कुछ विश्वविद्यालय देखे, लेकिन सब में ऑक्सफोर्ड विद्यालय ही अच्छा लगा।"

फिर कैंब्रिज विश्वविद्यालय और हैरो, इटन जैसे गुरुकुल भी देखे। पोर्टस्मथ का जहाजरानी का कारखाना देखा। सब देखकर महाराज को ज्ञान हुआ कि मात्र लश्कर से देश का वैभव नहीं होता। व्यापार, शिक्षा, प्रशासन में कुशलता से ही देश की शक्ति बढ़ती हैं।

"कल विंडसर पैलेस में महारानी विक्टोरिया से मुलाकात तय है।" इलियट सर ने कहा।

"जी हाँ, हमारे लिए यह बड़ा महत्त्वपूर्ण क्षण है। महारानी विक्टोरिया के दर्शन इस यात्रा का अहम् काम है।"

महारानी विक्टोरिया के महल जाने के लिए महाराज विंडसर स्टेशन पहुँच गए।

सयाजीराव और चिमणाबाई साहब ने महारानी विक्टोरिया का विनम्रता से

अभिवादन किया। बड़ौदा रियासत की ओर से कीमती नजराना पेश किया। महाराज ने कहा, ''दयावती कृपामयी महारानी साहेबा के हम बहुत आभारी हैं। हम जानते हैं कि आपके ही कृपा प्रसाद से हमें बड़ौदा की सेवा का अवसर प्राप्त हुआ है। हमें मिलने का अवसर देकर आपने हमें उपकृत किया हैं। हम सार्वभौम सरकार और बड़ौदा की जनता की सेवा बेहतरीन ढंग से करने का प्रयास करेंगे।''

दूसरे दिन महाराज के लिए पत्नी के साथ भोजन समारोह का आयोजन किया गया। पश्चात् महारानी विक्टोरिया ने महाराज को 'ग्रांड कमांडर ऑफ द आर्डर, द स्टार ऑफ इंडिया' (जी. सी. एस. आई. सी. एस. आई.) का सम्मान चिह्न अर्पण किया। महाराज और बड़ौदा की जनता को शुभकामनाएँ दीं।

यूरोप के दौरे से लौटने से पूर्व महाराज ने स्कॉटलैंड के एडिनबरा, ग्लासगो शहर देखे। हिंदुस्तान छोड़कर सात महीने बीत चुके थे। महाराज को बड़ौदा की आस लगी थी।

सयाजीराव ने इस यात्रा के दौरान पुस्तकों की कई दुकानों से पुस्तकें खरीदीं और फिर से मँगाने लायक पुस्तकों की सूची भी बनाई।

□

10

सयाजीराव के यूरोप दौरे से बड़ौदा में राजमाता, संबंधी और मित्रगण चिंता में थे। धर्म-नियम तोड़ने का अनिष्ट परिणाम महाराज और रियासत, दोनों को भोगना पड़ेगा। सनातन धर्ममार्तंडों ने प्रचार शुरू किया कि महाराज ने धर्मनिषिद्ध कदम उठाकर विपत्ति को न्योता दिया है। महाराज के आश्रित राजपुरोहित भी इसमें अपना सुर मिला रहे थे।

जमनाबाईसाहब भी चाहती थीं कि महाराज जलयात्रा न करें लेकिन साथ में उनके बंधु बालासाहब माने भी जा रहे हैं, यह देख और भी दुःखी हो गईं। जन्ममाता पुत्र-वियोग से पहले ही दुःखी थीं अब सब जो कह रहे थे, नहीं करने के लिए उसी को सयाजीराव अंजाम दे रहे हैं, यह देख किस्मत को कोसती हुई देवताओं को पानी में डुबोकर प्रार्थना करने लगी।

लोग ऐसा भी सोचने लगे कि अंग्रेज साहब कपट से उन्हें अब बड़ौदा लौटने ही नहीं देंगे। तभी खबर आई कि सयाजीराव मुंबई बंदरगाह पर उतरकर कल ट्रेन से बड़ौदा पहुँच रहे हैं।

महाराज के आगमन की वार्ता से काले बादल हट गए और स्वागत समारोह की जोरदार तैयारियाँ होने लगीं। प्रजा में आनंद था। अपने धमकाने को ठुकराकर महाराज विलायत गए और अब लौट रहे हैं, यह देखकर धर्ममार्तंडों ने राजपुरोहित से कहा, "महाराज को विलायत यात्रा में देवताओं से अभय मिले, इसलिए हमने अनुष्ठान संपन्न किए। भगवान् ने हमारी प्रार्थना सुनी। राजा के माथे पर इसका बोझ पड़ने से अनिष्ट होगा, इसलिए धर्मशास्त्र के अनुसार प्रायश्चित्त करना होगा।"

राजपुरोहित ने राजमाता को धर्ममार्तंडों का आदेश सुनाया और राजवाड़े में दान-धर्म की लूट मची। राजमाता ने प्रायश्चित्त विधि को मान्यता दी। धर्मविधि राजमहल में ही करने के लिए कहा।

सयाजीराव का बड़ौदा स्टेशन पर भव्य स्वागत हुआ। "श्रीमंत सयाजीराव महाराज की

जय'' के घोष से प्लेटफॉर्म निनादित हुआ। बड़ौदा रियासत की तुरही और बैंड बज उठे।

राजमाता जमनाबाई के चरणों पर महाराज ने माथा रखा। उनके दोनों कंधों को पकड़कर उठाते हुए राजमाता ने कहा, ''आयुष्मान भव'' आँखों से गंगा-जमुना बह रही थी। महाराज को गले लगाकर फिर बहू की ओर मुड़ गईं।

अपनी अनुपस्थिति में कारोबार सँभालनेवाले अधिकारियों से महाराज मिले। स्टेशन के बाहर तोपों की सलामी दी गई। रास्ते में कमान सजे थे। रंगावलियाँ बनी थीं। दोनों तरफ लोगों की भीड़ थी। बड़ौदा के भाग्यविधाता ने एक कसौटी पार कर ली, इस बात की खुशी प्रजाजनों के चेहरे पर दिखाई दे रही थी।

दोपहर में राजपुरोहित ने मुजरा बजाते हुए हल्की आवाज में महाराज से कहा, ''श्रीमंत के सुखरूप आगमन के निमित्त राजमाताजी के आदेशानुसार शांतिपूजन रखा गया है। सारी तैयारी हो चुकी हैं। आप इस संकल्प के लिए समय दीजिएगा।''

महाराज और रानीसाहब ने नए वस्त्र परिधान किए। यथासांग मंत्रघोष में पूजा संपन्न हुई। पुरोहितों ने धर्मशास्त्र का कागज महाराज को सौंपते हुए कहा, ''श्रीमंत महाराज ने धर्मशास्त्र के अनुसार प्रायश्चित्त किया है, इसलिए वह विदेश-यात्रा के पातक से मुक्त हुए हैं, इसलिए ब्रह्मवृंद की धर्मशास्त्र की सनद आपको पेश कर रहे हैं।'' सब पंडित पुरोहितों का राजवस्त्र और दक्षिणा से सम्मानित किया गया।

सयाजीराव ने बालासाहब माने से पुराने राजवाड़े जाने की बात की। महारानी और राजपुत्र फत्तेसिंह के साथ मातोश्री उमाबाई से मिलने रास्ता पार कर पुराने राजवाड़े पहुँच गए। दौड़ते हुए जाकर उमाबाई के पाँव पकड़ लिये। आँधी में झिंझोड़े गए ठूँठ पेड़ की तरह वह खुशी और गम के मारे काँपने लगीं। बालासाहब माने ने सयाजीराव के कंधे पर हाथ रखे, तब वह उठ खड़े हो गए।

''आई, हम आ गए हैं।'' महाराज ने किसी तरह कह दिया। काँपनेवाले हाथों की खुरदरी उँगलियाँ सयाजीराव के चेहरे पर फिरने लगीं। आँसुओं का गीलापन महसूसकर बोलीं, ''महाराज ही ऐसा करने लगें तो हम क्या करें?''

''हम सारी दुनिया घूम आए हैं। सारा राजवैभव हमारे चरणों के पास है, लेकिन दिल खोलकर 'आई' पुकारने में राजकीय शिष्टाचार आड़े आ रहा है।'' राजवैभव के सुनहरे पिंजड़े में वह भी विमूढ़ बन गई थीं। यहाँ कवलाणे की खुली हवा तो नहीं है।

रिश्तेदारों से दो-चार बातें नहीं हुई थीं, तो सचिव ने महाराज से कुछ कहा और सबकी ओर देखकर महाराज चल पड़े। जाती हुई उनकी मूरत को उमाबाई देखती रहीं।

राज-काज में महाराज जुट गए थे। सारा हिसाब-किताब बारीकी से देख रहे थे—''फ्रांस में मंजूर खर्च से ज्यादा खर्च हुआ है।''

''जी, हुजूर।''

''होटल मालिकों और मकान मालिकों ने मौका देखकर तीस हजार फ्रांक ज्यादा ऐंठ लिये हैं। रियासत का खर्च बेवजह बढ़ गया। आइंदा ऐसा न हो, इसकी ओर ध्यान दीजिए।''

प्रायश्चित्त पूजा पर सत्ताईस हजार का खर्च हुआ। बहुत सारा शास्त्री-पंडितों के वस्त्रदान और दक्षिणा पर ही हुआ था। महाराज ने अपने आप से ही कहा कि यह भी रियासत पर बेवजह जुर्माना!

सयाजीराव लंबे समय तक रियासत के बाहर थे। उनकी गैर-हाजिरी में राज्य का कारोबार ठीक ढंग से चला था। हर हफ्ते महत्त्वपूर्ण दस्तावेज उनके मुकाम के ठिकाने पर पहुँचते थे। महाराज के निर्णय के बाद डाक वापस जाती थी। विलायत में भी महाराज देर रात तक जागकर काम निपटाते थे।

इस अंतराल में बड़ौदा के रेजीडेंट ऑलिवर सेंट जॉन कुछ बेचैन-से थे अलिखित नियम था कि महाराज राज्य के बाहर चले गए हों तो दैनंदिन प्रशासकीय काम में रेजीडेंट से परामर्श किया जाए, लेकिन युवा बड़ौदा नरेश ने जॉन को कुछ दूरी पर ही रखा था।

रेजीडेंट जॉन ने अपने वरिष्ठ अधिकारियों को रपट भेजी, 'कारोबार में महाराज हिंदुस्तान सरकार के प्रतिनिधि की राय नहीं पूछते। इसमें उनके सलाहकार हैं, महाराज के शिक्षक इलियट। उनका महाराज पर बहुत प्रभाव है। ब्रिटिश सेवा के इस अधिकारी को दरअसल हिंदुस्तान सरकार का हित देखना चाहिए, लेकिन यह अपने छात्र की मदद करते हैं और रेजीडेंट कार्यालय से सहकार्य नहीं करते हैं।'

रेजीडेंट की निवृत्ति का समय निकट था, इसलिए महाराज और इलियट के बारे में गोपनीय पत्र में उन्होंने लिखा कि इलियट की साजिश की वजह से महाराज हिंदुस्तान सरकार से दूरी रखते हैं। वह धूर्त, दगाबाज और पूरी तरह से आत्मकेंद्री व्यक्ति हैं। सरकारी नीति के खिलाफ काम करने की सलाह महाराज को देते हैं। भूल गए हैं कि वह हिंदुस्तान सरकार के नौकर हैं और अपने छात्र के हित की रक्षा को अहमियत देते हैं। ब्रिटिश सेवा के अधिकारियों की नियुक्ति रियासत में न की जाए। रपट वाइसरॉय को आनेवाले रेजीडेंट कर्नल रेनॉल्ड को सौंपकर जॉन निवृत्त हो गए।

धूपकाल की गरमी बढ़ जाने से महाराज के निद्रानाश के विकार ने फिर सिर उठाया। डॉक्टरों ने उन्हें ठंडी हवा के स्थान पर जाने का मशविरा दिया। महाराज ने दीवान को बुलाकर कहा, ''बड़ौदा से दूर जाने को मन नहीं करता, लेकिन स्वास्थ्य की बात के सामने निरुपाय हैं। मणिभाई जसाभाई को नियुक्त कर उन्हें आगे की सारी सूचनाएँ दी गई हैं।''

महाराज के साथ जानेवालों की सूची पाँच सौ से ज्यादा हो गई। कुछ सामान और सेवकों को पहले ऊटी भेज दिया गया। महाराज और चिमणाबाई साहब ने 28 फरवरी

को बड़ौदा छोड़ा। ट्रेन से मुंबई और वहाँ से जहाज मार्ग से कालीकट होते हुए ऊटी पहुँच गए। कुछ स्थिरता प्राप्त होते ही वाइसरॉय लॉर्ड डफरीन को पत्र लिखा, ''मेरी प्रिय जनता से दूर रहना मुझे अच्छा नहीं लगता, लेकिन डॉक्टरों के सलाह-मशविरे पर स्वास्थ्य सुधार हेतु हम ऊटी आ गए हैं, लेकिन हमें सूचित करने में बुरा लग रहा है कि यहाँ कुछ लाभ होगा, ऐसा नहीं लगता। शायद और ठंडे स्थान पर जाना होगा।''

महारानी चिमणाबाई के पाँव भारी हो गए थे। उनकी स्वस्थ जचगी तक आगे की रूपरेखा नहीं बन सकती थी। ऊटी में देश के कई वरिष्ठ अंग्रेज अधिकारी और राजा-महाराजा बड़ी संख्या में आते रहते थे। महाराज प्रतिदिन सुबह घुड़सवारी करते। राजा-महाराजाओं से मिलते। किताबें पढ़ते।

बारह मई को महारानी ने पुत्ररत्न को जन्म दिया। 'नामकरण समारोह धूमधाम से मनाया गया।

सयाजीराव ने मणिभाई जसवाला को बुलाया—''यूरोप का चार महीनों का दौरा बनाया गया है। यह है उसकी रूपरेखा। इसकी एक प्रति रेजीडेंट साहब के पास भिजवा देना। परसों हम बड़ौदा के लिए रवाना होंगे। तैयारी करें।''

सहसा बड़ौदा लौटने के महाराज के निर्णय से मणिभाई को अचरज हुआ, लेकिन अमल करने के लिए निकल पड़े। महाराज ने सेक्रेटरी को बुलावा भेजा। आने पर उससे कहा, ''बैठिए। दीवानसाहब के लिए एक हुक्म है। अभी उसे तार से भेज दीजिए। एक प्रति रेजीडेंट साहब के लिए।'' सेक्रेटरी कागज लेकर तैयार हुआ, महाराज ने दीवानखाने में फेरे लगाते हुए कहा, ''लिखिए—

बड़ौदा रियासत का कारोबार ठीक ढंग से चले, इसके लिए दो सभाओं का प्रबंध किया जा रहा है। इसका उद्‌देश्य है जनता के दैनंदिन लोककल्याण के काम सहज और न्याय रीति से संपन्न हों, सरकारी निर्णय में होनेवाला व्यय कम हो और अधिकारों का विकेंद्रीकरण हो।''

1. आम सभा (ऑर्डेनरी कौंसिल) : जनता के दैनंदिन मसलों का निर्णय करना।

2. जनरल (जनरल कौंसिल) : यह वरिष्ठ सभा होगी। दीवान लक्ष्मण जगन्नाथ दीक्षित उसके अध्यक्ष होंगे। राज्य के महत्त्वपूर्ण निर्णय यह सभा करेगी।

दोनों सभाओं के मार्गदर्शक तत्त्वों का ब्योरा निश्चित करने के लिए प्रतिष्ठितों की एक समिति बनाई जाएगी। समिति दीवान साहब के मार्फत मसौदा हमारे सामने रखेगी। दोनों सभाओं का काम तुरंत शुरू किया जाएगा।

महाराज के बड़ौदा पहुँचने तक दीवान साहब ने काररवाई शुरू कर दी थी।

रेजीडेंट कर्नल रेनॉल्ड को पता था कि अन्य सामंतवादी रियासतों के राजा यूरोप में ऐश करने के लिए जाते हैं, ऐसा इस महाराज के बारे में नहीं है। सचमुच ही यह

स्वास्थ्य के कारण है। फिर अपनी गैर-हाजिरी में उन्होंने कारोबार का प्रबंध भी किया हैं, लेकिन इलियट को पॉलिटिकल अफसर के रूप में ले जाने को उसने मना किया। महाराज को संताप हुआ। उन्होंने रेजीडेंट को लिखा, ''इलियट अवकाश लेकर हमारे साथ आ रहे हैं। इस पर सरकार को क्यों ऐतराज हो ?''

महाराज के मित्र के रूप में इलियट को ले जाने की प्रार्थना को सरकार मना नहीं कर पाई। सेक्रेटरी से महाराज ने कहा, ''26 जून को मुंबई से हम चल पड़ेंगे। शुरू में पचपन लोगों की सूची बनाई थी, लेकिन अब लगता है कि इतने लोगों की आवश्यकता नहीं। हम सिर्फ चौदह लोग जाएँगे। हाँ, उसमें इलियट सर अवश्य होंगे।''

विलायत के दूसरे दौरे से पहले महाराज ने शिक्षा के बारे में कुछ महत्त्वपूर्ण निर्णय लिये। शिक्षा को आम आदमी के पास पहुँचाना चाहिए। बड़ौदा कॉलेज तो शुरू हुआ था, लेकिन महाराज की चिंता प्राथमिक शिक्षा को लेकर थी। महाराज का आदेश सेक्रेटरी ने विद्याधिकारी को पढ़कर सुनाया—

'देशी भाषाओं में बच्चों के लिए पाठ्य पुस्तकें बनाने के काम के लिए प्रा. त्रिभुवनदास गज्जर की अध्यक्षता में एक समिति गठित की जाए। इसके लिए पचास हजार रुपयों की रकम की मंजूरी दी गई है। पुस्तकें गुजराती और मराठी भाषा में होंगी। स्कूलों में यह पुस्तकें मुफ्त में दी जाएँ।

'देशी भाषा में ग्रंथ सामग्री की वृद्धि हो, इसलिए अनुवादों का काम भी इसी समिति को करना है। साथ ही, देश के खेलों के बारे में क्रीड़ामाला, पाकशास्त्रकला, प्राचीन इतिहास पर आधारित राष्ट्रकथामाला, विज्ञानमाला, धर्म संस्कृति के अध्ययनार्थ धर्मशास्त्र ग्रंथमाला भी बनानी हैं।

'विभिन्न विद्वानों की नियुक्ति कर उन्हें यथोचित पारिश्रमिक और प्रोत्साहनार्थ पारितोषिक भी दिए जाएँ। अस्पृश्यों के लिए अलग से स्कूल शुरू करना है। इनकी फीस मुआफ की जाएगी। उन्हें लेखन सामग्री मुफ्त में दी जाएगी। भील बालकों के लिए भी अलग स्कूल और छात्रावास शुरू कर रहे हैं।

'शिक्षा व्यवसायाभिमुख हो, इस दृष्टि से विषय शुरू किए जाएँ। इनमें महिलाओं के लिए विशेष कक्षाएँ शुरू की जाएँ।'

विद्याधिकारी से महाराज ने कहा, ''राजा जनता का हितेच्छू है। जनता की चिंता करना और कल्याण देखना उसका फर्ज है। प्रजा का कल्याण सिर्फ अच्छी शिक्षा से ही हो सकता है, इसलिए आपके विभाग का काम बहुत महत्त्वपूर्ण है। आप इस काम के लिए हमारे पास कभी भी आ सकते हैं। हमारे दरवाजे चौबीसों घंटे खुले रहेंगे। हम राजा और प्रजा के बीच की दूरी को मिटाना चाहते हैं।''

तत्कालीन समाज रूढ़िग्रस्त था। समुद्र पार जाना निषिद्ध माना जाता था। उसी

प्रकार अस्पृश्यों के लिए स्कूल की बात दकियानूसी लोगों को पसंद नहीं आई। अस्पृश्य और भीलों के बच्चों को पढ़ाने के लिए जब ब्राह्मण शिक्षक नहीं मिले, तब सयाजीराव ने अधिक वेतन देकर मुसलिम शिक्षकों की नियुक्ति की। राज्य कारोबार में सुधार के साथ सयाजीराव का संघर्ष रूढ़िवादी समाज के साथ भी चल रहा था। निद्रानाश का विकार काबू में नहीं आया था। सयाजीराव की लड़ाई एक साथ प्रशासकीय, सामाजिक और शारीरिक स्तर पर चल रही थी।

महाराज के निजी सचिव वासुदेव समर्थ ने महाराज के सामने उस ढाँचे के कागज पेश किए, जिसमें महाराज की ही सूचना के अनुसार दीवान साहब ने मंत्रिमंडल और आम सभा की रचना की थी, जिससे दैनंदिन व्यवहार के लिए महाराज के पास जाने की आवश्यकता न पड़े। महाराज ने मसौदा पढ़ा—

हुजूर मध्यवर्ती कचहरी

बड़ौदा रियासत में श्रीमंत सयाजीराव महाराज प्रशासन में सुलभता लाने और महाराज की अनुपस्थिति में राज्य कारोबार चलाने के लिए इस प्रकार प्रबंध किया गया है। दीवान और तीन ज्येष्ठ अधिकारियों का मंडल बनेगा, जो कारोबार देखेगा। आवश्यकतानुसार रेजीडेंट से मशविरा किया जाएगा लेकिन अंतिम निर्णय महाराज का होगा।

इस मंडल को परामर्श देने के लिए एक आम सभा की स्थापना होगी। उसमें हर विभाग का एक प्रतिनिधि होगा। शहर के संभ्रात नागरिकों के भी प्रतिनिधि होंगे। दोनों मंडलों की नियुक्तियों को अंतिम मंजूरी महाराज देंगे।

मंडल की रचना और प्रशासकीय विभाग

इसमें चार सदस्य होंगे। उनकी कार्यकक्षा इस प्रकार होगी—

1. **ना. दीवान साहब**–सभी विभागों के प्रमुख तथा राजकीय, रेलवे, हिसाब, ओखा बंदरगाह।
2. **नायब दीवान–मुल्की विभाग :** लगान वसूली और प्रशासन, फौज, देव स्थान, सार्वजनिक बाँध काम, अकाल, पुलिस, हीरक महोत्सव।
3. **नायब दीवान–न्याय विभाग :** न्याय, न्यायमंत्री, कारागृह, प्रेस, स्टेशनरी, जनगणना, स्वास्थ्य, पंचायत आदि।
4. **नायब दीवान–प्रगति विभाग :** शिक्षा, कृषि, उत्पाद, उद्योग आदि। साथ ही स्कूल, महाविद्यालय, मजदूर, सहकार, जंगल, मत्स्य व्यवसाय दीवान साहब के अख्तियार के कारोबार होगा। इसको तुरंत अमल में लाया जाएगा।

मसौदा पढ़कर महाराज को संतोष हुआ। महाराज ने कहा, "हमारी कल्पना को इसमें साकार किया गया, देखकर अब हम मुक्ति की साँस ले सकते हैं। प्रजाजन से दूर जाने को जी नहीं करता, लेकिन स्वास्थ्य भी महत्त्वपूर्ण है। इसीलिए यह प्रबंध करना पड़ा।"

सयाजीराव ने मसौदे को मंजूरी दी।

"कल हमारे बड़ौदा छोड़ने के बाद इसकी एक प्रति रेजीडेंट को भेज दीजिए।"

इस बार विलायत-यात्रा में महारानी और राजपुत्र साथ में नहीं थे। सबसे बिदा लेकर महाराज बंधु संपतराव के साथ चल पड़े, तब बड़ौदा स्टेशन पर बिदा करने के लिए रियासत का मंत्रिमंडल, ज्येष्ठ अधिकारीगण, सम्माननीय दरबारी हाजिर थे।

26 जून, 1888 को एस.एस. क्लाईड जहाज ने मुंबई बंदरगाह छोड़ा। पहला पड़ाव नेपल्स नगर में था। रोम में महाराज ने सेंट पीटर्स चर्च, बोर्जिया चित्र संग्रहालय, क्लोरोसियम, पोप का राजगृह, ऑस्ट्रिया की राजधानी वियना की यात्रा की। साढ़े तीन महीनों की इस यात्रा में सयाजीराव के स्वास्थ्य ने पर्याप्त सुधार आया।

रोम के चित्र संग्रहालय देखकर महाराज ने इलियट सर से कहा, "हमारे मन में बड़ौदा में भी ऐसी तसवीरें बनाने की बात आई है। इटालियन लैंडस्केप पेंटर गिरोणी को बड़ौदा लाने की कोशिश कीजिए। उनसे कहें कि वह बड़ौदा की तसवीरें बनाएँगे।"

बड़ौदा लौटने से पूर्व महाराज ने दौरे के प्रबंधक अब्बास तय्यबजी से कहा, "हम कल चल पड़ेंगे। आपको एक काम सौंप रहे हैं। इंग्लैंड जाकर किसी ब्रिटिश डॉक्टर को हमारे लिए निजी स्वास्थ्य अधिकारी की खोज कीजिए। समुद्री-यात्रा हमारे स्वास्थ्य के लिए लाभकारी है, इसलिए रियासत की ओर से एक छोटा जहाज खरीदिए। उसी जहाज से आप और डॉक्टर बड़ौदा आ जाइए।"

तय्यबजी को इन मामलों में कोई पूर्वानुभव नहीं था। लंदन पहुँचकर उन्होंने डॉ. जे. अर्नेस्ट की नियुक्ति की। एक जहाज भी खरीद लिया, जिसका नाम था 'झिंगारो'। डॉक्टर को साथ लेकर 'झिंगारो' से अप्रैल 1889 को मुंबई पहुँचे। तब सयाजीराव का मुकाम महाबलेश्वरम् में था। जहाज देखने को महाराज बेताब थे। उन्होंने महाबलेश्वरम् के पास बाणकोट बंदरगाह पर जहाज को लाने के लिए कहा।

छोटे बालक को खिलौने का आकर्षण होता है, उसी उत्सुकता से महाराज बाणकोट पहुँचे। छोटा सा 'झिंगारों' जहाज उन्हें पसंद आया।

"उमराह तक जहाज का पहला ट्रायल लेंगे।" महाराज ने कहा। चुनिंदा चार हजार पुस्तकों की संगत में महाराज का जहाज चल पड़ा। उमराह पहुँचकर महाराज ने इलियट सर को पत्र लिखा, 'मुझे जैसी चाहिए थी, वैसी झिंगारो नौका मिल गई। उसमें सारी सुविधाएँ हैं। उसका लंबोतरा आकार आकर्षक है। सुंदर डेक, पसंदीदा ग्रंथ संग्रह। मुझे

लगता है कि आगामी काल में मैं इसका पूरी तरह से आनंद उठा पाऊँगा।'

लेकिन सयाजीराव का यह अरमान पूरा नहीं हुआ। यह पहली और अंतिम यात्रा साबित हुई। उनके बड़ौदा लौटने पर अक्तूबर में 'झिंगारो' मुंबई से अलीबाग लाई गई। चालक को इस मार्ग का ठीक से अनुमान नहीं था। बंदरगाह के पानी के भीतर की चट्टान से टकराकर नौका टूट गई। लोग कूद पड़े, इसलिए बच गए। लेकिन 'झिंगारो' को जलसमाधि मिल गई।

सयाजीराव का मुकाम उटकमंड में था, तब भूतपूर्व दीवान माधवराव उनसे मिलने आए। महाराज ने आगे बढ़कर उनका स्वागत करते हुए कहा, "गुडमॉर्निंग दीवान साहब, आपका स्वास्थ्य कैसा है?"

"महाराज, अब हम दीवान नहीं हैं। पद से मुक्त हुए, उसी समय उसके वस्त्र भी ससम्मान उतार दिए। आपने याद किया, इसलिए मिलने चले आए।"

"माधवराव साहब, आपका स्थान हमारे दिल में निरंतर है। हमारे महाराज बनने में राजमाता जमनाबाई साहब, इलियट सर और आपका ही योगदान है। आपने बड़ौदा रियासत में जो परंपराएँ डाली हैं, उन्हीं के नक्शेकदम पर हम आगे बढ़ रहे हैं।"

"धन्यवाद, महाराज। आपके संदेश के अनुसार हमने राजा रविवर्मा को यहाँ बुलाया है।"

"याद है, आपने उन्हें राज्यारोहण समारोह में ससम्मान बड़ौदा का निमंत्रण दिया था। तब उनके दिए हुए चित्र 'शकुंतला' और 'सीताशपथ' हमें खूब भाए थे। विलायत की यात्रा में हमने कई चित्र संग्रहालय देखे, तब हमें राजा रविवर्मा के चित्रों की याद आई। 'लक्ष्मीविलास' बन रहा है, उसमें हम एक चित्र दालान बनवाना चाहते हैं। इसलिए हम राजा रविवर्मा के गाँव जाना चाहते हैं।"

"यह थोड़ा मुश्किल काम है। दूसरी रियासत में जाने के लिए गवर्नर की अनुमति चाहिए होगी। बेहतर यही होगा कि वह स्वयं यहाँ पधारें।"

"दीवान साहब, राजा रविवर्मा राजवंशी हैं, लेकिन मुझे तो वह कलाकारों के राजा लगते हैं। इसलिए हम उनकी कलानगरी में जाना चाहते थे। लेकिन खैर, हम उनसे मिलने के लिए बेताब हैं।"

दूसरे दिन माधवराव के साथ राजा रविवर्मा महाराज के बँगले पर पधारे। हाथ में हाथ लेकर महाराज ने कहा, "आपको यहाँ आने के लिए कष्ट दिया। हम ही उधर आनेवाले थे, लेकिन..."

"महाराज, आपके प्रति हमारे मन में आदर है। आपके कला-प्रेम को हम जानते हैं। इसीलिए आए हैं।"

"दीवान साहब ने बताया होगा। हम भी विदेश के चित्र संग्रहालयों की तरह

अपने रामायण, महाभारत और पुराणों पर आधारित चित्र आपसे बनवाना चाहते हैं। नए राजमहल के लिए चौदह चित्र चाहिए।''

''हम यह काम जरूर करेंगे, लेकिन समय लगेगा। मुझे अध्ययन करना होगा। कई स्थलों को देखना होगा।''

''चाहे जितना समय लीजिए। यात्रा का खर्च दरबार की तरफ से होगा।''

''क्षमा करें महाराज। अपना खर्च हम ही करेंगे।''

राजा रविवर्मा की ओर प्रसन्नता से देख महाराज ने कहा, ''क्षमा हमें करें। हम भूल ही गए थे कि आप राजा हैं।'' महाराज की इस बात पर सब खिल-खिलाकर हँस पड़े।

राजा रविवर्मा ने हिंदुस्तान का दौरा कर महत्त्वपूर्ण सांस्कृतिक स्थलों का लोगों का, राजा-महाराजाओं की पोशाकों आदि का मुआयना किया। भारतीय चित्रकला अब तक द्विमिती में बद्ध थी। उन्होंने पश्चिमात्त्य चित्रित प्रणाली का प्रयोग करने का विचार किया। रंगशाला में अपने आप को बंदी बनाकर छह महीनों में चौदह चित्र पूर्ण किए। नल-दमयंती, हरिश्चंद्र-तारामती, व्यास-वाल्मीकि, द्रौपदी वस्त्राहरण, सीता स्वयंवर, देवकी-कृष्ण ऐसे विषयों पर चित्र बनाए।

महाराज की अनुमति से त्रिवेंद्रम और मुंबई में प्रदर्शनियाँ हुईं। हजारों लोगों ने देखा। देवताओं की इन तसवीरों के सामने लोग भक्तिभाव से हाथ जोड़ते थे।

चित्र बड़ौदा पहुँच गए। 'लक्ष्मीविलास' राजमहल में महाराज ने उन्हें देखा। भरत और सिंह का छौना, शांतनु और गंगा, कीचक और सैरंध्री जैसे चित्रों को देखकर महाराज अभिभूत हो गए। महाराज की मुद्रा देखकर रविवर्मा ने धीरे-से पूछा, ''महाराज, चित्र कैसे लगे?''

''राजा, पसंद आ गए, इतना ही कहना तो इनकी तौहीन होगी। हमने विलायत में ग्रीक पुराण और बाइबिल पर आधारित चित्र देखे तभी अपनी परंपरा के आधार पर चित्र बना सकनेवाले कलाकार की खोज शुरू की थी। माधवराव ने आपका नाम सुझाया और आपने इस काम को शत-प्रतिशत सफल किया, लेकिन दुःख की बात है कि इसे देखने के लिए माधवराव हमारे बीच नहीं हैं।''

''जी हाँ, महाराज! वह बड़े कला मर्मज्ञ थे।''

महाराज के सुझाव पर बड़ौदा की प्रजा के लिए चित्रों की प्रदर्शनी लगाई गई। यहाँ भी लोगों का भक्तिभाव देखते बनता था। रविवर्मा प्रसन्न थे। उनकी विदाई के लिए विशेष दरबार का आयोजन किया गया। महाराज ने कहा, ''राजा रविवर्माजी, आपने हमारी इच्छा को मानकर दरबार महल के लिए जो चित्र बनवाए, उन्हें देख हम हर्षित हुए हैं। बड़ौदा की प्रजा ने इनकी मुक्तकंठ से प्रशंसा की है। आपकी कला की कद्र करते हुए हम आपको सम्मान, वस्त्र और पचास सहस्त्र रुपए भेंट में दे रहे हैं।''

राजा रविवर्मा की आँखों से आनंदाश्रु बह रहे थे।

दूसरे दिन महाराज ने उन्हें विदा देते हुए बताया कि उनके लिए लंदन से न्यूटन कंपनी के रंगों के ट्यूब मँगाए हैं जो आनेवाले चित्रों के काम आएँगे। आपकी यात्रा सुखमय हो। उन्हें विदा करने महाराज और दीवान स्वयं स्टेशन गए थे। उनके डिब्बे तक लाल कालीन पसरा हुआ था। पूरा डिब्बा फूलों की सजावट से महक रहा था। गाड़ी छूटते वक्त दीवान ने एक शाही लिफाफा रविवर्माजी के हाथ में थमा दिया। भीतर पत्र था, "डियर राजाजी, यू आर ए प्रिंस अमंग पेंटर्स एंड पेंटर अमंग प्रिंस।" (आप चित्रकारों में राजा हैं और राजाओं में चित्रकार।)

□

11

दिसंबर का दूसरा सप्ताह। महाराज का मुकाम महाबलेश्वरम् में अपने लवाजिमे के साथ था। सुबह के काम निपटकर महाराज प्रशासकीय कामों के लिए कमरे में पधारे तो इलियट सर और सदाशिव बापट पहले से ही आकर विराजमान हो गए थे।

इलियट सर को महाराज ने 'गुड मॉर्निंग' से अभिवादन किया। काम शुरू करते हुए इलियट सर बोले, ''कोई भी सुधार करना हो तो राजा के पास द्रव्यबल चाहिए। अपने यहाँ लगान प्रमुख साधन है, लेकिन जमीन के बँटवारे में कई गलत बातें हुई हैं। इससे वसूली कम होकर घाटा बढ़ता गया है। महाराज के पूर्व राजाओं को बेहिसाब इनाम और जागीरें दी हुई हैं। देवस्थान और गिरिस्थान के पास भी हजारों एकड़ जमीन पड़ी हुई है। इनकी कानूनी दशा हमने जाँच ली है। विवादास्पद जमीन के मसलों को सुलझाया जा रहा है। भूमि मापन और श्रेणी की निर्धारण का आवश्यक काम तीन वर्षों तक चला।''

''हम चाहते हैं कि पड़ोस के मुंबई इलाके के अनुसार काम चले। आपका क्या निष्कर्ष है ?'' महाराज ने पूछा।

''हमने उसी तरह से काम किया है। किसान के पिछले वर्षों के उत्पादन को देखा। उसमें से मजूरी आदि खर्च काटकर बचे हुए उत्पन्न का आधा लगान तय किया है। साधारण रूप से उत्पन्न का एक षष्ठांश भाग होता है। इसमें पंद्रह वर्षों तक परिवर्तन न हो, यह भी सुझाया है।

''हर एक मसले को कानून के आधार से ही सुलझाया है। इससे नाराज लोगों ने अन्याय की शिकायत की है। कुछ लोग तो सीधे रेजीडेंट के पास भी गए। हमने इस बारे में प्रस्ताव दीवान साहब के सामने रखा है।''

''हमारे पास वह फाइल आ चुकी है। आपने ठीक काम किया है। हम उसी के अनुसार काररवाई करेंगे।'' महाराज ने कहा। इलियट सर और बापट ने विदा ली।

दोपहर के भोजन के पश्चात बँगले के सामनेवाले बरामदे में महाराज चहल-कदमी कर रहे थे। प्रबंधक पुणेकर ने आकर बताया कि श्रीमंत संपतराव ने रीडर के काम के

लिए एक आदमी को आपके पास भेज दिया है। वह सुबह ही आया था, लेकिन आप काम में व्यस्त थे। अभी अगर आज्ञा हो—

"भेज दीजिए उन्हें।" महाराज ने कहा।

उस आदमी ने भीतर आकर कहा, "गुड मॉर्निंग हिज हायनेस! मैं गोविंद सखाराम सरदेसाई।" गौर वर्ण, भूरी आँखें, पाँच फीट से कुछ अधिक लंबाई, छरहरे बदन के सरदेसाई की ओर महाराज ने ध्यान से देखा। सूट-बूट पहने, सिर पर पुणेवाली पगड़ी। कंधे पर फीका पीला उपरना, लंबोतरे चेहरे पर ताजगी। नाक तीखी, नोकदार। रोबीली मूँछें।

"हाँ, बापूसाहब आठल्ये ने आपके नाम की सिफारिश की थी।" सयाजीराव सादे कमीज और पतलून में थे। उनके चचेरे भाई अवचितराव पूरे दरबारी वेष में। अवचितराव ने कुछ सवाल किए तो सरदेसाई को लगा कि यही महाराज होंगे।

"बी.ए. इतिहास और अंग्रेजी में।"

"चलिए, आपकी लिखावट देखते हैं।" इसे सुनकर सरदेसाई अब समझ गए कि यही महाराज हैं। उनके साथ बाजू के कमरे में गए। कोने में टेबल-कुरसी और लेखन सामग्री रखी थी।

"उस कुरसी पर बैठ जाइए और हम जो कहेंगे, उसे लिखते जाइए।" सरदेसाई बैठ गए। महाराज कमरे में इधर-उधर घूमते हुए मौखिक रूप से कहने लगे। एक के बाद एक कागज भरे जा रहे थे। एक दो-बार रुक गए। पलंग पर बैठकर बोले, "जितना लिखा है, उसे एक बार पढ़कर सुनाइए। सुनकर पता चलेगा कि कोई मुद्दा रह तो नहीं गया?"

सरदेसाईजी ने पढ़ा। 'बारखली', 'घराणिया', 'बेचाणिया' जैसे काफी शब्द परिचित न होने से रुकावट के साथ पढ़ते गए।

"अजनबी शब्द हैं आपके लिए। आदत हो जाएगी। अच्छा, अब आगे का मजकूर लिखिए।" बारह बजे काम शुरू हुआ था। अब साढ़े चार बज चुके थे।

प्रबंधक पुणेकर अपने भोजन के पश्चात आराम फरमाकर महाराज के बँगले पर पधारे तो अवचितराव ने बताया, "बारह बजे से महाराज मजकूर लिखवाते जा रहे हैं और वह आदमी लिखता जा रहा है।"

पुणेकर दरवाजे पर आकर खड़े हो गए। जानते थे कि बीच में रोकना महाराज पसंद नहीं करेंगे। दरवाजे में किसी की भनक पाकर महाराज ने उस तरफ देखा।

"इन महाशय ने अभी तक भोजन नहीं किया है।" हकलाकर पुणेकर ने कहा।

सुनकर महाराज चकित हो गए। सरदेसाई की तरफ दंग होकर देखते रहे। "क्यों भाई, आपने हमें यह क्यों नहीं बताया कि आपका भोजन नहीं हुआ है? चलिए, अब काम को रोक देते हैं। भोजन और विश्राम के बाद फिर शुरू करेंगे।"

लिखे जा चुके पच्चीस पन्नों को ठीक से रखकर सरदेसाई उठे। दिसंबर के जाड़े में भी माथा पसीने से तर हो गया था। हाथ से पोंछकर महाराज से विदा ली। सोचा कि पाँच घंटे का अनशन काम आ गया, कठिन परीक्षा में पास हो गए।

शाम को पुणेकर से कहकर सरदेसाई को फिर से बुलाया। ''आपके लिखे कागज मैंने फिर पढ़ लिये हैं। इस आदेश को आज ही पूरा करना है। यदि आप थके नहीं हों तो…''

सरदेसाई सोत्साह लिखने बैठ गए। एक घंटे के बाद काम पूरा हुआ। वतनदार, ईनामदार, देवस्थान से संबंधित मामलों के लिए महाराज ने 'बारखली' नाम का विभाग शुरू किया था। उसी से संबंधित आदेश लिखवाया गया। उसे निजी सचिव को सौंपकर महाराज टहलने के लिए चल पड़े। निजी सचिव ने बताया कि कल न्यायमूर्ति महादेव गोविंद रानाडे मिलने आ रहे हैं। महाराज ने कहा, ''उनकी सुविधा के अनुसार समय निश्चिय कीजिए। उनसे मिलने में हमें बड़ी खुशी होगी।''

रात भोजन के बाद सरदेसाईजी को याद किया गया। महाराज ने कहा, ''आज पहले दिन क्या पढ़ेंगे? अंग्रेजी नॉवल या तुकाराम के अभंग?''

''जैसा आपका हुक्म होगा।''

हमउम्र सरदेसाई की ओर कुतूहल से देखते हुए महाराज बोले, ''दरअसल, हम जो पूछने जा रहे हैं उसकी आवश्यकता तो है नहीं, लेकिन हमउम्र लगते हैं, इसलिए आपके जन्मवर्ष को जानना चाहते हैं।'' सरदेसाई के बताने पर बोले, ''मतलब हम आपसे दो वर्ष बड़े हैं। अच्छी बात है। आज तुकाराम महाराज के अभंग ही पढ़िए।'' तेल के दीये की रोशनी में सरदेसाईजी ने अभंग पढ़े। महाराज ने ध्यानपूर्वक सुने। तीन घंटे पश्चात महाराज ने कहा, ''सरदेसाई, आपने बहुत अच्छा पढ़ा। आज इतना पर्याप्त है। कल न्यायमूर्ति रानाडे पधार रहे हैं। आप भी साथ में रहिए।'' आरंभ अच्छा होने की खुशी में सरदेसाई संतोष के साथ निवास पहुँचे।

दोपहर न्यायमूर्ति रानाडेजी से मुलाकात हुई। महाराज के सचिव और दीवान भी स्वागत के लिए मौजूद थे। महाराज ने भी स्वागत किया।

''महाराज, आपने बड़ौदा रियासत में जो सामाजिक और राजनीतिक सुधार किए हैं, उस पर हमें गर्व है। हमने सोशल रिफॉर्म एसोसिएशन शुरू की है। आप इस संस्था के अध्यक्ष और आश्रयदाता बनें तो अच्छा होगा।''

''न्यायमूर्ति साहब, आप से, आपके काम से हम बड़ौदा में प्रेरणा ले रहे हैं। वही हमारी चेतना है। हम अवश्य आश्रयदाता बनेंगे, लेकिन अध्यक्ष पद आपको ही शोभा देता है। हम में वह योग्यता नहीं है।'' सयाजीराव ने कहा।

''धन्यवाद महाराज! हिंदुओं में समाज-सुधार होना बहुत जरूरी है।''

''राजनीतिक अधिकारों से भी समाज-सुधार को हम अहमियत देते हैं। हिंदू समाज की अंधी रूढ़ियाँ और रीति-रिवाज कम हो गए तो सुधार जल्दी होगा। विलायत के देशों ने जो तरक्की की है, उसमें दो बातें हमने देखीं। शिक्षा के महत्त्व को पहचाना और जो अमंगल तथा अनिष्ट था, उसे उन्होंने ठुकरा दिया।''

सयाजीराव की उम्र अभी छब्बीस की थी लेकिन उनकी समझ और सोच को देख न्यायमूर्ति रानाडे प्रसन्न हुए। उन्होंने कहा, ''महाराज, यह काम तो मुश्किल है। आपको सावधानी से काम लेना होगा। जल्दबाजी मत कीजिएगा। हम जब एक गलत रूढ़ि को समाप्त करते हैं, तब सुधार के नाम पर दूसरी अनजाने में चोरी-चोरी प्रवेश कर जाती है।''

''हम सावधानी बरतेंगे। आपका मार्गदर्शन मिलता रहे।'' महाराज ने कहा और उन्हें विदा करने दरवाजे तक चले गए।

बड़ौदा में 'लक्ष्मीविलास' राजमहल का काम पूरा हुआ था। गृह-प्रवेश की तिथि निकालने के लिए राजपुरोहित और राजमाता का अनुरोध था। महाराज ने लौट आने पर 10 फरवरी, 1890 की तिथि निश्चित की। राजमहल का काम दस वर्षों से चल रहा था।

विख्यात आर्किटेक्ट मेजर मैंट ने राजमहल का नक्शा बनाया था। इसकी मूल संकल्पना टी. माधवराव की थी। पूर्वी स्थापत्य और कला का पुनरुज्जीवन इस रचना में किया गया था। राजमहल दक्षिणोत्तर 512 फीट और पूर्व-पश्चिम 200 फीट था। बीच में 204 फीट की मीनार थी। उत्तर की तरफ 94 × 54 का दरबार हॉल था। पश्चिम में हाथीमहल। दरबार हॉल की पहली मंजिल पर दर्शकों के लिए झरोखे रखे गए थे। पूर्व में सिंहासन। दीवार पर यशोदा-कृष्ण, रामपंचायत आदि तसवीरें विलायत से मँगाई हुईं। दक्षिण की तरफ फव्वारेवाला चौक। महाराज के दुमंजिले भवन में काम का दालान, निजी सचिव का कमरा, ऊपर की मंजिल पर दीवानखाना, ग्रंथालय, भोजनकक्ष, शयनागृह और अतिथियों के लिए दालान।

दक्षिण में महारानीसाहब का निवास। अलग द्वारमंडल। बाकी सारे दालान महाराज के भवन की तरह। पूर्वभाग में दवाखाना, जामदारखाना, बिलियर्ड्स कक्ष, ऐनेमहल, भोजनकक्ष आदि।

महल की सजावट बेहतरीन, रंग-बिरंगी और आकर्षक थी।

गृह-प्रवेश की तैयारियाँ चल रही थीं। महाराज ने निजी सचिव से कहा, ''आंग्रे, कल के कार्यक्रम के लिए बिरादरी के सारे लोग पधारे हैं, लेकिन भतीजे गणपतराव शिक्षा के लिए विलायत गए हुए हैं। उनको तार से जानकारी भेज दीजिए।'' महाराज ने मजकूर बताया, ''कल राजमहल में गृह-प्रवेश है। आपकी याद आती है। महल बढ़िया बन गया है। शयनकक्ष और ग्रंथालय में कुछ ज्यादा ही दूरी है जो मेरे लिए ठीक नहीं। लेकिन निर्माण अच्छा हुआ है। 'लक्ष्मीविलास' में भारतीय संस्कृति की विविधता में

एकता के दर्शन होते हैं। हमें इस बात का संतोष हैं। हिंदू, सिख, मुसलिम और ईसाई वास्तु प्रतीकों के अनुसार शिखर रचना की गई है।''

'लक्ष्मीविलास' गृह-प्रवेश का कार्यक्रम धूमधाम से संपन्न हुआ। कला भवन का भी शिलान्यास हुआ। बड़ौदा नगर वासियों ने इस भव्य वास्तु के लिए महाराज की प्रशंसा की।

हिंदुस्तान की रियासतों के राजाओं को सार्वभौम सत्ता के छोटे-बड़े समारोहों में उपस्थित होना अनिवार्य जैसा था। चौबीस मई को इंग्लैंड की महारानी के जन्मदिन समारोह को महाराज मुंबई नहीं जा सके। इससे पहले ही वह महारानी के पुत्र 'ड्यूक ऑफ कनॉट' से महाबलेश्वर में मिल चुके थे। वहीं पर महाराज ने इंग्लैंड की महारानी के लिए अग्रिम शुभकामनाएँ दी थीं, लेकिन रेजीडेंट ने इसे जान-बूझकर अनादर का प्रदर्शन माना। महाराज ने इसके जवाब में 'प्रिंस ऑफ वेल्स' जो आगे चलकर पाँचवें किंग जॉर्ज बने, को बड़ौदा आने का निमंत्रण दिया। बेहतरीन स्वागत समारोह हुआ और रेजीडेंट को शिकायत करने का अवसर नहीं मिला।

सरदेसाईजी से महाराज ने बताया, ''इस वर्ष धूपकाल में हमारा मुकाम उमराथ में होगा। आप और डॉ. नेविन राजपुत्र फत्तेसिंह और जयसिंह को लेकर देवलाई की छावनी में जाएँगे। वहाँ से हमारा जन्मस्थान कवलाणे निकट ही है। डॉ. नेविन राजपुत्रों के गार्जियन होंगे और आप उनके मराठी के शिक्षक। राजकुमारों की शिक्षा की जिम्मेदारी भी आप पर होगी।''

महारानी पेट से थीं, इसलिए बड़ौदा में ही रहनेवाली थीं। बड़ौदा नगर को पानी देनेवाले तालाब का काम पूरा हो गया था और नल से नगर को पानी देने का महाराज का सपना पूरा होनेवाला था। इस काम का तथा अन्य कामों का मुआयना कर महाराज उमराथ चले गए।

जून के पहले हफ्ते में जोरदार वर्षा हुई और महाराज बड़ौदा लौट आए। दूसरे ही दिन अज्वा के प्रकल्प पर इंजीनियरों के साथ पहुँच गए। दौड़ते हुए बाँध की दीवार पर चढ़ गए। भरा हुआ बाँध देखकर बोले, ''आज हम बेहद संतुष्ट हैं। हमने कई वर्षों तक बड़ौदावासियों की पानी की तकलीफें देखी हैं। अब यथाशीघ्र इस पानी को बड़ौदा नगरी में पहुँचाने का प्रबंध कीजिए।''

अपने इंजीनियरों के काम पर महाराज को गर्व था। दूर तक फैले पानी की ओर देखते रहे। मन में भविष्य की योजनाओं का चिंतन चलता रहा।

सयाजीराव मुंबई से आई मामा परमानंदजी की चिट्ठी पढ़ रहे थे। सामने रामचंद्र धामणस्कर बैठे हुए थे। ''मामा जैसे ऋषितुल्य व्यक्ति को उनकी बीमारी में सहायता देने के लिए हमने सुझाया था, लेकिन उन्होंने जवाब दिया ''मेरी माली हालत इतनी

बुरी नहीं है। लेकिन मुझसे भी बड़ा काम जो कर रहे हैं, उन ज्योतिबा फुलेजी की आप सहायता करें। बहुजन समाज के इस महान् नेता को आर्थिक सहायता की आवश्यकता है।" चिट्ठी नीचे रखकर महाराज बोले, "हम फुलेजी की मदद करना चाहते हैं। कुछ अवसर बाद मुझे याद दिलाइए।"

इसके पूर्व मामाजी की दो चिट्ठियाँ आई थीं। धामणस्करजी के याद दिलाने पर महाराज ने कहा, "हाँ, हमें याद हैं। एक पत्र में उन्होंने लिखा था कि बड़ौदा रियासत ब्राह्मणों की योग्यता देखे बिना उनपर बेहद पैसा लुटा रहा है। वह पैसा श्रमिकों, किसानों से आता है। तो फिर उस वर्ग के एक सत्पात्र ब्राह्मणेत्तर के लिए क्यों न खर्च हो? हम जानते हैं कि मामाजी खिचड़ी के अनावश्यक खर्च की ओर इशारा कर रहे थे। हमारे मन में भी यही विचार चल रहा था। माँसाहब से भी हमने बात की थी। अब इस पर कुछ-न-कुछ ठोस निर्णय लेना पड़ेगा।"

महाराज ने फुलेजी की सहायता करने का निर्णय तो लिया लेकिन काररवाई के पूर्व ही फुलेजी का निधन हुआ। उनकी पत्नी सावित्रीबाई और पुत्र यशवंत की सहायता के लिए भी मामाजी ने चिट्ठियाँ लिखीं लेकिन महाराज के निद्रानाश के विकार के चलते धामणस्कर उनके सामने चिट्ठियाँ नहीं रख सके। फिर भी, उचित समय पाकर उन्होंने इस बारे में बात की। महाराज ने सचिव से बुलाकर कहा, "हम ज्योतिबा फुलेजी की सहायता करना चाहते थे, लेकिन वह बात रह गई। अब उनके परिवार के लिए एक हजार रुपए का चेक अभी लिखकर धामणस्करजी के पास दीजिए।" धामणस्करजी से बोले, "इस चेक की जिम्मेदारी आप पर है। इसे सँभालकर रखिए। प्रबंध इस तरह से कीजिए कि ज्योतिबा की विधवा पत्नी को हर तीन महीने पचास रुपए मिलते रहें।"

धामणस्कर ने कृतज्ञता व्यक्त की, तब महाराज ने कहा, "ज्योतिबा का स्मारक होना चाहिए। कोई कर रहा है तो हम खुशी-खुशी सहायता करेंगे। आप मामाजी और 'दीनबंधु' पत्रिका के संपादक नारायण मेघाजी लोखंडे को इस बात से अवगत कराइए।"

इस वर्ष सयाजीराव का पूरा ध्यान वर्षा की ओर लगा हुआ था। अजवा बाँध के भर जाने की उत्सुकता थी। महारानी की प्रसूति का समय भी निकट था, इसलिए महाराज बड़ौदा में ही थे।

राजपुत्र शिवाजीराव का जन्म हुआ और छूत की बीमारियों ने बड़ौदावासियों को घेर लिया। सौभाग्य से राजपरिवार इनसे बचा रहा, लेकिन बरसात की नमी हवा ने महाराज की निद्रानाश की बीमारी ने फिर से सिर उठाया। ज्वर भी था और फेफड़े पर सूजन का अनुमान किया गया। निमोनिया से उन्होंने बिस्तर पकड़ लिया। महाराज ने सरदेसाई को बुलाया।

"लंदन से लॉर्ड हौटन ने पुस्तकें भेजी हैं। उन्हें धन्यवाद का तार भेज दीजिए।"

डॉ. नेविन ने मुंबई से तज्ज्ञ डॉक्टरों को बुलाया। गरदन पर फुंसियाँ उठने लगी थीं। दर्द बढ़ने लगा। डॉक्टरों ने महाबलेश्वर जाने का अनुरोध किया। वहाँ बरसात का पूरा मौसम बिस्तर पर निकालना पड़ा। अजवा बाँध पूरा भर गया था। शहर में पानी लाने का प्रबंध भी हो गया और ऐन मौके पर कई बीमारियों ने महाराज को परेशान किया। तीन हफ्तों बाद स्वास्थ्य में कुछ सुधार आने पर बड़ौदा तार भेज दिया कि अजवा के उद्घाटन की तिथि निश्चित की जाए।

महाराज बड़ौदा लौट आए। मांडवी चौराहे पर उद्घाटन समारोह संपन्न होनेवाला था। महाराज ने राजमाता जमनाबाई के हाथों उद्घाटन कराया। फूलों से सजी नल की डंडी घुमाते ही साफ पानी की धारा फूट पड़ी। पटाखे फोड़े गए। बड़ौदावासियों की खुशी का इजहार हुआ। अंजुरीभर पानी हाथ में लेकर प्राशन कर महाराज ने कहा, "आदरणीय आईसाहेब और मेरे प्रिय प्रजाजन, हमारा सपना था कि हमारी जनता को साफ और विपुल पानी मिले। वह आज आईसाहेब की साक्षी में पूरा हुआ। इतनी खुशी हमें इससे पहले कभी नहीं हुई थी। हमारे कार्यकाल में सर्व जनहितकारी और बहुत बड़े खर्च का यह पहला बड़ा काम है। हमारे इंजीनियर जगन्नाथ सदाशिव बहुत प्रशंसा के पात्र हैं। हमारी रियासत के 3,500 गावों को पानी पहुँचाने के कार्य का यह शुभारंभ है।

"बड़ौदा राजधानी का शहर है। याद आता है, हमने जब कारोबार सँभाला, तब इसकी हालत बेहद खराब थी। हम इसे एक औद्योगिक नगर बनाना चाहते हैं। अल्प कालावधि में हमने जो काम किए हैं, उनका जायजा लिया जा सकता है।

"रियासत में 118 मील लंबी रेल लाइन डाली गई है। बड़ौदा कॉलिज का भव्य गुंबदवाला भवन बन गया है। प्रजा के स्वास्थ्य के विचार से डफरीन अस्पताल शुरू हुआ है। ज्ञान के प्याऊ स्वरूप माध्यमिक विद्यालय खोले गए हैं। प्रजा को घूमने-टहलने के लिए बाग-बगीचे बनवाए गए हैं। हमारी रियासत हस्तकलाओं का भंडार है। उसके लिए केंद्र बनवाए हैं। खेती हमारा मूलाधार है। किसान बच्चों के लिए कृषि स्कूल चलाए जा रहे हैं। प्रजा को सुरक्षा व न्याय मिले, इसलिए हर तहसील में न्यायालय का काम हो रहा है। संगीत संवर्धन के लिए संगीतालय चलाए जा रहे हैं। स्त्री परिवार की रीढ़ है। उसकी शिक्षा का प्रबंध हो रहा है। समाज के उपेक्षित अस्पृश्य वर्गों तथा आदिवासियों को भी शिक्षा की धारा में लाया जा रहा है।

"सार्वजनिक भवन बनाए जा रहे हैं। जल्द ही एक बड़ा मार्केट बनाया जाएगा। नया म्यूजियम बनेगा। ड्रेनेज का प्रबंध किया जाएगा। हमारा सपना है कि बड़ौदा नगर के भवन, उद्यान आदि हिंदुस्तान के लिए आदर्श बनें। इसमें गुणवत्ता के साथ समझौता नहीं किया जाएगा।

"इसी संदर्भ में एक अहम् बात का खुलासा करना चाहते हैं। प्रशासन में बदलाव

आ रहा है, उसी तरह समाज में भी सुधार होना चाहिए। राज्य अर्थ पर चलता है। राजकोष कभी खाली नहीं होना चाहिए। अभावग्रस्त रियासतें जनता का क्या भला कर सकती हैं? जंगल और खनिज इस राज्य की साधन संपत्ति हैं। उसकी रक्षा की योजना बन रही हैं।

''मेरा और एक सपना है।'' महाराज रुक गए। उनकी आवाज में कँपन आया। गला भर्राया, अपने को सँभालते हुए उन्होंने कहा, ''मेरा अंतिम उद्देश्य राजसत्ता को प्रजा में बाँटने का हैं। राज्य पर आम आदमी का अधिकार हो। हमारे रियासत में हम सत्ता और अधिकारों का विकेंद्रीकरण करना चाहते हैं। जितनी जल्दी हो सके, देहातों में ग्राम पंचायत का कारोबार चले। चुने गए प्रतिनिधि कारोबार करेंगे। बड़े गाँवों में म्युनिसिपालिटी का कारोबार हो। छोटे-बड़े मुकदमों का फैसला तहसील के न्यायालयों में ही हो।

''आज नल की धारा बहने लगी है। उसकी साक्षी में सपनों का पूरा होने का संकल्प हम करते हैं। आप सबका साथ इस काम में मिले, इस अपेक्षा के साथ हम इस योजना को अपने प्रजाजनों को समर्पित करते हैं।''

सयाजीराव ने संतोष की साँस ली। प्रजा ने महाराज का जयघोष किया।

सयाजीराव का मुकाम लोणावला में था, तब 'बड़ौदा वत्सल' पत्रिका के दा. सा. यंदे मिलने आए। मतभेद के कारण उस पत्रिका को छोड़ा। वह नया अखबार 'श्री सयाजी विजय' नाम से शुरू करना चाहते थे। महाराज से अनुमति माँगने आए, तब महाराज ने कहा, ''यदि आपका उद्देश्य कुछ विशेष सुधार लाने का हो तो हम नए समाचार-पत्र को अनुमति देंगे। युवा, होनहार, उद्यमशील जन को हम हमेशा बढ़ावा देते हैं। जाइए, काम शुरू कीजिए।''

उद्घाटन कार्यक्रम के लिए महाराज सही समय पर बड़ौदा पहुँच गए। 'श्री सयाजी विजय' का विमोचन किया। महाराज ने उनसे कहा कि 'बड़ौदा वत्सल' की तरह ही लोगों की शिकायतें हमारे पास पहुँचती रहें। हम उनको दूर करने का प्रयास करेंगे। महाराज जानते थे कि समाचार-पत्र से जनता की आवाज राजा तक पहुँचती है और उस पर एक तरह से अंकुश भी रहता है।

अपने अधिकारों को कार्यकुशल अधिकारियों को सौंपकर सयाजीराव ने तीसरी विलायत-यात्रा निश्चित की। दीवान लक्ष्मण जगन्नाथ के निवृत्त हो जाने पर उनके स्थान पर मणिभाई जसाभाई की नियुक्ति की। यात्रा को लेकर रेजीडेंट ने दो बातों पर स्पष्टीकरण की माँग की। साथ में जानेवाले लोगों की सूची और उनकी अनुपस्थिति में प्रशासन का प्रबंध। साथ में, यह भी लिखा कि उन्हें हिंदुस्तान सरकार के प्रतिनिधि और पॉलिटिकल ऑफिसर के रूप में शामिल किया जाए।

नए दीवान ने रेजीडेंट को सूची दे दी। उसमें इलियट का नाम नहीं था। महाराज की

अनुपस्थिति में काम करनेवाले मंत्रिमंडल में उनका नाम था। दीवान ने बताया, ''महाराज आल्प्स के होटल में रहनेवाले हैं, अत: पॉलिटिकल अफसर की जरूरत नहीं है।''

रेजीडेंट ने पलटकर लिखा, ''हिंदुस्तान सरकार के नौकर इलियट आपके मंत्रिमंडल के सदस्य नहीं रह सकते।'' रेजीडेंट की चाल को भाँपकर महाराज ने कुछ दिनों के लिए दौरा ही रद्द कर दिया। रेनॉल्ड ने सरकार को इन सब बातों से अवगत कराया तो महाराज को हिंदुस्तान सरकार ने लिखा कि इलियट को मंत्रिमंडल में रहने की अनुमति नहीं दी जा सकती और इस यात्रा में रेनॉल्ड की नियुक्ति पॉलिटिकल अफसर के रूप में की जा रही है।

सयाजीराव गुस्सा हुए लेकिन उनके यह कहने के बावजूद कि उनकी यात्रा राजनीतिक नहीं है, स्वास्थ्य लाभ के लिए है, आदेश बरकरार रहा।

इस यात्रा में महाराज और उनके लोगों को जहाज पर काफी परेशानियों का सामना करना पड़ा। इसका एक कारण रेजीडेंट रेनॉल्ड और उनकी पत्नी का साथ होना भी था। एडन पहुँचने पर महाराज ने संपतराव से कहा, ''सरदेसाईजी को सीधे सेंट मॉरित्स पहुँचने के लिए तार भेजिए। दौरा अफसर उनका प्रबंध करेंगे।''

पेरिस में उन्हें डॉ. चारकॉट ने देखकर बताया कि कुछ दिन यहाँ के खनिज जल में नहाना फायदेमंद हो सकता है, लेकिन महाराज को लंदन जाना था। उनकी मंशा थी कि जो शिक्षा और अवसर हमें विलंब से मिला, उसे राजपुत्रों को बचपन में ही मिले। उनकी दृष्टि का विकास होगा।

लंदन पहुँचने पर रेजीडेंट रेनॉल्ट और उनकी पत्नी अपने गाँव चले गए तो उनकी यात्रा का उद्देश्य स्पष्ट हो गया। लंदन से महाराज सेंट मॉरित्स पहुँच गए। वहाँ से उन्होंने राजमाता को अब तक की यात्रा का विवरण लिखकर भेज दिया। हिंदुस्तान की स्थिति से तुलना अनिवार्य थी। महाराज ने लिखा, ''हमारे यहाँ भी बहुत कुछ है, लेकिन बेहद आलस्य और इच्छाशक्ति का अभाव, इन दो बातों का त्याग करेंगे तो भविष्य में अँधेरा नहीं रहेगा।''

सेंट मॉरित्स में अंग्रेजी के शिक्षक मि. फ्रेंच पहले ही पहुँच चुके थे। उनका स्वागत करते हुए महाराज ने कहा, ''हमें शिक्षकों के प्रति बहुत आदर है। इलियट सर की बदौलत हमें नई दृष्टि प्राप्त हुई। अंग्रेजी भाषा ने पश्चिमी ज्ञान की खिड़की खोल दी। इन यात्राओं से साम्राज्य सत्ता के दर्शन हुए। हमें अब पक्का विश्वास हो गया है कि यह सब शिक्षा के कारण हुआ है। हमने आपको इसलिए बुलाया है कि आप हमारे राजपुत्रों को अंग्रेजी पढ़ाएँ। उन्हें उपयुक्त उद्यमशील शिक्षा भी मिले। आनेवाले समय में उद्योग ही देश की प्रगति का आधार होनेवाले हैं। हमारे राजपुत्रों के कोमल मन पर हम अच्छे संस्कार चाहते हैं।''

"थैंक यू योअर हायनेस, आपने मुझ पर भरोसा कर इस जिम्मेदारी को सौंपा। मैं अपनी तरफ से पूरी कोशिश करूँगा।" मि. फ्रेंच ने कहा।

दूसरे दिन सरदेसाई भी पहुँच गए। उनकी यात्रा के बारे में पूछताछ कर महाराज ने आस-पास कोई नहीं, यह देखकर उनसे चिंता से कहा, "आपको इस बात का ध्यान रखना है कि पश्चिमी दुनिया के अत्यधिक परिचय से राजकुमार भारतीय संस्कृति से विमुख न हों। हम चाहते हैं कि आप उन्हें मराठी भाषा, व्याकरण, साहित्य और संस्कृति की पहचान कराते रहें।"

सेंट मॉरित्स को मानो बेस कैंप बनाकर महाराज ने आस-पास के प्रदेशों के दौरे किए। साथ में संपतराव होते थे। इस दरम्यान नॉर्वे भी हो आए। इस सुंदर देश के लोगों की बुद्धि और सौजन्यपूर्ण व्यवहार से महाराज प्रसन्न हुए। सितंबर के आरंभ में तापमान शून्य से नीचे जाने लगा, तब महाराज पेरिस होते हुए बड़ौदा लौटने के लिए लंदन पहुँच गए।

दो दिन बाद लंदन से हिंदुस्तान जाना था। संध्या को संपतराव के साथ हाइड पार्क में टहल रहे थे, तब संपतराव ने बताया कि कॉटन बंधु एक युवक को आपसे मिलवाना चाहते हैं। कलकत्ता के कुशल सर्जन डॉ. कृष्णनाथ घोष के सुपुत्र। यह युवक आई. सी.एस. की लिखित परीक्षा में उत्तीर्ण हुआ, लेकिन घुड़सवारी की परीक्षा के लिए जान-बूझकर अनुपस्थित रहने से फेल किया गया।

"आज रात उसे बुलाइए।"

"आप जानते ही हैं कि कॉटन बंधुओं को भारतीयों के प्रति प्रेम है। यह युवक इंडियन मजलिस का सचिव है। 'लोटस एंड डैगर' संगठन का भी सदस्य है।" संपतराव ने कहा। महाराज हँस पड़े, फिर गंभीर होकर बोले, "तो फिर उससे मिलना ही होगा। हिंदुस्तान के भले का काम यह लोग कर रहे हैं।"

"इन लोगों ने कैंब्रिज विश्वविद्यालय के भारतीय छात्रों का संगठन किया है। ब्रिटिशों की जुल्मी सत्ता के अन्याय के विरोध में वहाँ भाषण होते हैं। वे स्पष्ट रूप से कहते हैं कि मातृभूमि को मुक्त करने के लिए क्रांतिकारी काररवाइयाँ ही होनी चाहिए। इन्हीं विचारों के चलते इंडियन सिविल सर्विस ने उन्हें दूर रखा होगा।"

सयाजीराव मन-ही-मन पहचान गए कि जान-बूझकर घुड़सवारी परीक्षा न देनेवाला यह युवक असाधारण होगा। उसी के बारे में सोचते रहे। महाराज ने संपतराव को आगाह किया कि इस मुलाकात के बारे में किसी को खबर नहीं होनी चाहिए।

कॉटन बंधुओं के आगमन की सूचना नौकर ने दी। "नमस्कार महाराज, स्वास्थ्य के लिए शुभकामनाएँ। यह हैं अरविंद घोष।" कॉटन बंधुओं ने युवक का परिचय कराया।

बीस के आस-पास के अरविंद घोष की ओर कुतूहल से देखते हुए महाराज ने कहा, "मि. कॉटन से आपके बारे में पता चला। समझ में नहीं आया कि आपने घुड़सवारी

की परीक्षा क्यों नहीं दी ? आप जैसे युवा आई.सी.एस. बनकर हिंदुस्तान की जनता की सेवा करें तो अच्छा होगा।''

''मैं उस फौलादी चौखट की कड़ी बनना नहीं चाहता था, महाराज।''

''आप जैसे अभिमानी और देश-प्रेमी युवकों की हिंदुस्तान को आवश्यकता हैं। आप बड़ौदा रियासत में हमारे साथ काम करने आ जाइए।'' महाराज ने तुरंत कहा।

''आपने जो अवसर दिया है, उसके लिए मैं आपका आभारी हूँ।'' अरविंद घोष ने महाराज का प्रस्ताव स्वीकार किया। उनके जाने के पश्चात महाराज ने संपतराव से कहा, ''युवक जलता हुआ अंगारा है। आज की तारीख से उसकी सेवा का प्रारंभ हुआ। दो सौ रुपए वेतन से शुरुआत कीजिए।''

□

12

अभी हाल ही में सयाजीराव विलायत से लौट आए थे। राज्य में अनिवार्य और मुफ्त शिक्षा की योजना बहुत दिनों से मन में घर कर चुकी थी। उनको दृढ़ विश्वास हो गया था कि शिक्षा ही बड़ी शक्ति है। इसी के कारण दुनिया के बड़े देशों का वर्चस्व है। प्रजा की शिक्षा के प्रति अरुचि को दूर करने के लिए कानून ही कारगर उपाय हो सकता है।

निजी सचिव को आदेश लिखने के लिए कहा, ''शिक्षा ही सुधार और प्रगति की जड़ है। वर्तमान में सभी परिस्थितियों में परिवर्तन लाने के लिए शिक्षा ही सहायक बन सकती है। इसलिए हम अमरेली से अनिवार्य प्राथमिक शिक्षा का आरंभ कर रहे हैं। इसका खर्च सरकार के बस में होगा कि नहीं, अभी कुछ नहीं कहा जा सकता, लेकिन अभी पाठ्यपुस्तक आदि साधनों के लिए 31,790.80 रुपए मंजूर किए जाते हैं। जो लोग अपने बच्चों को पाठशाला नहीं भेजेंगे, उन्हें दंड देने के बारे में विचार किया जाएगा।

''इस योजना में सभी जाति वर्गों के बालक-बालिकाओं की शिक्षा को पूरी रियासत में लागू किया जाएगा। अपनी सारी प्रजा को साक्षर करने से बड़ा काम दूसरा कोई नहीं।''

महाराज ने 16 मार्च, 1893 को आदेश जारी किया। हिंदुस्तान में मुफ्त और अनिवार्य शिक्षा का यह पहला प्रयास था। सभी जाति-वर्गों के बच्चों को शामिल करने की दिशा में ही यह पहला कदम था।

जुम्मा दादा का अखाड़ा था, जहाँ नौजवान कसरत करते थे। उनके व्यायाम प्रचार के काम का महत्त्व समझकर महाराज ने उन्हें तोपखाने के रखवालदार पद पर नाममात्र की नियुक्ति की थी। दादा मुफ्त में कुछ नहीं लेते।

महाराज ने दादा को बुलावा भेजा तो दादा अपने दो जवान पहलवानों के साथ हमेशा की तरह सफेद पोशाक में हाजिर हुए। महाराज ने कोच से उठकर स्वागत किया। जुम्मा दादा का मुजरा स्वीकार कर उसे दूसरे कोच पर बिठाया। साथ में आए माणिक और माधव को कुरसी दी। महाराज ने उनकी बलोपासना की प्रशंसा की। जुम्मादादा बोले,

''ऊपरवाले की मेहरबानी से यह काम करते-करते सौ साल बीत गए। अब अखाड़े का काम माणिक-माधव सँभालेंगे।''

''हम आपसे मशविरा चाहते हैं। देहातों में हमने पाठशालाएँ तो शुरू की हैं, लेकिन बच्चों की तंदुरुस्ती के लिए शारीरिक शिक्षा आवश्यक है। हम चाहते हैं कि आपके अखाड़े से निकले मल्लों को थोड़ा प्रशिक्षण देकर उनकी सहायता से शारीरिक शिक्षा दी जा सकती है। बलवान नागरिक बनाने के इस काम में आपकी मदद चाहिए।''

''मैं तो तैयार हूँ ही, इस काम में माणिक आपकी पूरी सहायता करेगा। माधव तो आपकी सेना में है ही। वह भी कुशल है।''

केसरी दूध के प्याले परोसे गए। महाराज के ताली बजाने पर एक नौकर हाथ में चाँदी का थाल ले आया। उसमें एक मूल्यवान वस्त्र और रेशमी बटुवा था। महाराज ने उसे जुम्मा दादा को देते हुए कहा, ''हम अपने उस्ताद को एक छोटी-सी भेंट दे रहे हैं।'' दादा ने नम्रतापूर्वक स्वीकार किया। लौटते वक्त बटुवा खोलकर सीढ़ियों पर जो भी मिले, एक-एक सिक्का बाँटते आगे बढ़े। ताँगे में चढ़ते हुए बचे हुए सिक्के घुड़सवार को दिए। कीमती वस्त्र वहीं पर झटक दिए।

माणिक-माधव आश्चर्य से देखते रह गए। संजीदा होते हुए जुम्मादादा ने कहा, ''जिसकी जरूरत नहीं है, उस बोझ को क्यों ढोते रहना? महाराज की मेहरबानी है, वही काफी है।''

सैकड़ों वर्षों से हिंदुस्तान में स्वयंपूर्ण गाँवों में पंचायत व्यवस्था थी, जो अंग्रेजों के आने के बाद चरमराने लगी थी। सयाजीराव ने अपनी रियासत में इसका पुनरुज्जीवन करना चाहा। 'विलेज सर्वे सेटलमेंट' का प्रतिवेदन पढ़ने के बाद उन्होंने नायाब दीवान को इस संबंध में आदेश लिख लेने के लिए कहा, ''रियासत में गाँव एक महत्त्वपूर्ण इकाई है। इसका कारोबार पंचायत करती हैं। ग्राम पंचायत गाँव का कारोबार देखेगी। गाँव का पटेल पंचायत का अध्यक्ष होगा। दो सदस्य गाँव से चुने जाएँगे और दो की नियुक्ति शासन से होगी। जानवरों को पीने के लिए पानी के हौज, बावड़ियाँ, मंदिर, धर्मशाला जैसे सार्वजनिक इमारतों की देखभाल पंचायत करेगी। गाँव के पटेल, पटवारी, स्कूल मास्टर, भंगी, हज्जाम, कुम्हार, बढ़ई, लुहार गाँव कामगार होंगे। इन्हें वेतन दिया जाएगा। इसके लिए साढ़े बारह लाख रुपयों का प्रबंध किया जाएगा। ग्राम पंचायत के कानूनों में समयानुसार परिवर्तन किया जाएगा। इस आदेश से हम गाँव स्तर के अधिकारों को ग्राम पंचायत को सौंप रहे हैं।'' महाराज ने संतोष के साथ कहा।

नया रेजीडेंट कर्नल जॉन बिडुल्फ सयाजीराव के प्रशासन में रुकावटें पैदा करने का इरादा लेकर ही पधारा था। वह बड़ा ही चालाक, महत्त्वाकांक्षी, साजिश रचनेवाला, राजनीतिकुशल, मृदभाषी और सभ्य भी था। कला का प्रेमी और लेखक होने के बावजूद

देशी राजाओं की अवमानना कर ब्रिटिश सत्ता के हितों का रक्षक था। वह सयाजीराव की रियासत की प्रगति और सुधार से नाराज था। उसे महाराज का स्वास्थ्य के लिए बार-बार विदेश जाना भी पसंद नहीं था।

इलियट सर ने सयाजीराव के व्यक्तित्व पर नीतिकुशलता, वैज्ञानिक दृष्टिकोण, कर्तव्यदक्षता आदि संस्कार किए और शिक्षा पूर्ण होने के बाद रियासत के महसूल आदि विभागों में बेहतरीन काम किया। उसे भी रेजीडेंट पसंद नहीं करता था।

महाराज जब नीलगिरी की ठंडी हवा में आराम फरमा रहे थे, तब बिडुल्फ ने उनके खिलाफ काफी जानकारी इकट्ठा की, जो वक्त आने पर काम आ सकती थी। बिडुल्फ ने बीस पन्नों का एक गोपनीय प्रतिवेदन तैयार किया। सी.आर.आर./239/आर/1/22/66 क्रमांक के इस प्रतिवेदन का सारांश इस प्रकार था—

''विचित्र दैवगति से ही सयाजीराव को गद्दी मिल गई। उनको ब्रिटिशों के हाथ की कठपुतली बनाने हेतु ब्रिटिश शिक्षक इलियट की नियुक्ति हुई, लेकिन उन्होंने पूरा कारोबार ही अपने ढंग से चलाया और महाराज को रेजीडेंट के खिलाफ जाने के लिए हिम्मत देते रहे। 'बड़ौदा का दु:ख' नाम की पत्रिका प्रकाशित हुई है, जिसमें बड़ौदा और ब्रिटिश सत्ता के बीच मैत्री करार की बात की गई है, जो खटकनेवाली है। पुणे के विद्रोही गुट ने इसे तैयार किया है, जिसके प्रति महाराज को हमदर्दी है।

''राज्य का कारोबार हाथ में आते ही सयाजीराव ने कई अच्छे काम जरूर किए, लेकिन उनका मकसद बड़ौदा रियासत को ब्रिटिश शासन से बढ़-चढ़कर दिखाना था और जो काम हुए, उनमें दिमाग इलियट का ही था। और भी लोगों की भागीदारी थी।

''सयाजीराव को नए कामों में बेहद ज्यादा जोश होने की वजह से उनके स्वास्थ्य पर विपरीत प्रभाव पड़ा है। वैसे, उनकी क्षमता सीमित ही है। व्यापक दृष्टि का अभाव है। कमजोर तबीयत और मामूली कूव्वत की वजह से मुझे उनके कारोबार में कार्यकुशलता का अभाव ही नजर आया है। सत्ता के बेहद आत्मविश्वास से निद्रानाश का विकार बताया जाता है। अपने मन के खिलाफ वह छोटी सी बात को भी सह नहीं सकते।''

प्रतिवेदन में बिडुल्फ की नाराजी साफ झलकती है। उसने इसे वरिष्ठों के पास भेज दिया और अवसर की प्रतीक्षा करने लगा।

राजमहल के सामने शामियाने में भोजन-प्रबंध किया गया था। महाराज मुआयना करने के लिए आ गए। हस्बमामूल एक कतार शाकाहारी, एक कतार हिंदू मांसाहारी, एक कतार मुसलमानों की और एक कतार पिछड़े वर्ग के लोगों की थी। महाराज ने निजी सचिव से कहा, ''यह पारंपरिक रिवाज तो ठीक ही है, लेकिन इस वर्ष थोड़ा परिवर्तन करेंगे। सभी संतों ने कहा है कि अन्न पूर्ण ब्रह्म है। वहाँ भेदा-भेद नहीं। इस बार हम टेबुल-कुरसियों का प्रबंध करेंगे।''

"लेकिन महाराज छुआछूत, शुद्ध शाकाहारी, मांसाहारी—सब एक साथ कैसे खाएँगे?"

"हम एक साथ खाने के लिए नहीं कह रहे हैं। शाकाहारी हिंदुओं का एक ही मेज रहेगी। दूसरा उस तरफ मांसाहारियों का हो, और एक बात, जिन्हें नया प्रबंध पसंद नहीं होगा, उनके लिए पारंपरिक प्रबंध भी जारी रहेगा। सुधार धीरे-धीरे ही होगा लेकिन आरंभ तो करना ही चाहिए।"

आनंदराव पवार ने शाम को महाराज के प्रति निवेदन किया कि कुछ लोगों ने थोड़ी नाराजगी दिखाई, लेकिन खुलकर विरोध किसी ने नहीं किया। भोजन के समय महाराज ने स्वयं पधारकर नए प्रबंध के बारे में सबको समझाया। महाराज ने शाकाहारी मेज चुनी। अपने पास पिछड़े वर्ग के मजदूर को बिठाया। जातिभेद को माननेवाले इने-गिने लोग मंडप से चले गए।

लौटते वक्त महाराज ने निजी सचिव से कहा, "अलग-अलग जातियों के बीच की दूरी को अगले भोजन में हम धीरे-धीरे कम करते जाएँगे। हमारी योजना है कि अंततोगत्वा दो ही विभाग रहें। जाति की दूरियों को दूर करने के लिए समय लगेगा।"

महाराज ने जातिभेद और पंक्ति-भेद को भोजन कक्ष में तो मिटा दिया।

□

होली के बाद वसंतागमन पर सयाजीराव ने दीवान मणिभाई से कहा, "रेजीडेंट को बताइए कि हम अप्रैल में यूरोप जा रहे हैं। साथ में आनेवालों की फेहरिस्त भी बताइए।"

दूसरे दिन बिडुल्फ ने चिट्ठी लिखी कि साथ में पॉलिटिकल अफसर जरूरी हैं।

महारानी चिमणाबाई पेट से थीं, इसलिए आनेवाली नहीं थीं। बच्चों के साथ पुणे में ही रहनेवाली थीं। इलियट के युवा मित्र एड्वर्ड विडन महाराज के साथ अंग्रेजी रीडर की हैसियत से आनेवाले थे। सरदेसाई तो थे ही।

अपने लाइलाज निद्रानाश के विकार का मुकाबला करने के लिए सयाजीराव ने नई-नई पुस्तकें पढ़ने का नुस्खा अपनाया। बिडुल्फ की साजिशों से भी कुछ तंग आ चुके थे। इससे कुछ समय के लिए ही सही, मुक्ति के इरादे से महाराज ने यूरोप की चौथी यात्रा के लिए 6 मई, 1893 को मुंबई छोड़ी।

डायरी में नए स्थानों के बारे में सयाजीराव ने लिखा—

"ऑस्ट्रिया की मध्ययुगीन गुफाएँ, हंगेरी की राजधानी बुडापेस्ट के पासवाले गरम पानी के झरने, नॉर्वे में मध्यरात्रि का सूर्य प्रकाश, पहाड़ी समुद्र, सीगल पंछी, प्राचीन नगर बर्जेन, जर्मनी की राजधानी बर्लिन देखी। यूरोप के देशों ने शिल्प, चित्र प्राचीन विरासत की बेहतरीन हिफाजत की है—कलात्मकता के साथ। हिंदुस्तान के बड़े शहरों में हमने कला के लिए कोई गुंजाइश ही नहीं छोड़ी है। इस यात्रा से हम समझ गए कि

हमें बड़ौदा में कम-से-कम इसे अंजाम देना चाहिए।''

31 अगस्त, महारानी ने राजपुत्र को जन्म दिया। समाचार मिलते ही महाराज बड़ौदा लौट पड़े। नामकरण हुआ 'धैर्यशील'।

सर्दी के मौसम में परिवार के साथ रहकर राज्य का कारोबार देखने का इरादा महाराज कर रहे थे, लेकिन रेजीडेंट ने उन्हें एक नई मुसीबत में डाल दिया। इलियट और उनके सहायक वासुदेव बापट के राजस्व विभाग के कुछ निर्णयों से जमींदारों, सरदारों में असंतोष बढ़ गया था। उन्होंने रेजीडेंट से शिकायत की। गवर्नर जनरल ने इलियट के बारे में प्रतिवेदन माँगा। उन्हें इलियट का काम ब्रिटिश शासन से भी बेहतर प्रतीत हुआ। बिडुल्फ झल्लाया, मगर चुप नहीं बैठा।

इलियट अवकाश लेकर मादरे वतन चले गए। विभाग का कारोबार बापट को सौंप दिया। बापट की कार्यकुशलता, अध्यवसाय, निर्णय-क्षमता को उन्होंने आजमाया था। महाराज को भी उनपर पूरा भरोसा था। बिडुल्फ और मणिभाई इसीलिए उन पर खार खा रहे थे। मणिभाई ने बिडुल्फ के कान भरे कि इलियट और बापट महाराज की शह पर मुझे मानते नहीं। बापट महाराष्ट्रीय हैं, इसलिए गुजराती सरदार-इनामदारों से जलते हैं।

रेजीडेंट बिडुल्फ समझ गया। मणिभाई से बोला, ''गायकवाड़ दो सौ वर्षों से बड़ौदा में राज कर रहे हैं, लेकिन हैं वह बाहर के ही। महाराष्ट्रीयों के प्रति झुकाव ज यादा है। आपको बापट पर विशेष ध्यान देना होगा। उनके खिलाफ शिकायतें और सबूत इकट्ठा करते रहो। 'दुश्मन-का-दुश्मन अपना दोस्त' इस नीति के अनुसार दोनों एक हो गए। बड़ौदा के 'अहमदाबाद टाइम्स' नामक ईरानी अखबार में राजस्व विभाग के भ्रष्टाचार पर लेख छप गया।

बापट के खिलाफ शिकायतें बढ़ने लगीं। भ्रष्टाचार के आरोप लगने लगे। रेजीडेंट ने दीवान को चिट्ठी लिखकर तफ्तीश करने को कहा। मणिभाई को मौका मिल गया।

इस साजिश के समाचार सयाजीराव को मिलते रहे। उन्होंने बापट के पक्ष में कुछ कहने का सोचा भी, लेकिन कमीशन की रपट अंतिम निर्णय के लिए उनके पास आनेवाली ही थी। इसलिए चुप रह गए। बिडुल्फ को आकर चार वर्ष बीत चुके थे। एक वर्ष बाद तबादला होनेवाला ही था। महाराज ने सोचा कि कुछ समय अलिप्त ही रहना समझदारी का काम होगा। बड़ौदा में डेढ़ महीना बिताकर महाराज फिर यूरोप के लिए चल पड़े। बिडुल्फ से मुक्ति और यात्रा का आनंद महाराज देर तक नहीं उठा सके, क्योंकि जून के दूसरे हफ्ते में बड़ौदा से तार आया कि मातोश्री उमाबाई का दुःखद निधन हुआ है।

जन्मदात्री माँ की मृत्यु के समाचार से महाराज जैसे टूट गए। उसके अंतिम समय में पास न होने का दुःख। मन को मजबूत कर उन्हांने बड़े भाई आनंदराव को तार भेजा—

''माँ के अंतिम दर्शन नहीं कर सके। ज्येष्ठ पुत्र की हैसियत से आप यथाविधि

सबकुछ करेंगे ही। ममता की छत्रच्छाया नहीं रही। हम सब अनाथ हो गए हैं।''

यात्रा के सारे आनंद पर ही पानी फेर गया। मन डाँवाडोल था। एक मन कह रहा था, बड़ौदा लोट चलें। दूसरा पूछ रहा था कि अब वहाँ जाकर क्या करोगे? जो है, उसे स्वीकार करना होगा। दुःख को चुपचाप निगल लिया। अकेलेपन की चुभन बढ़ती गई।

□

सयाजीराव के विलायत जाने के बाद बिडुल्फ दीवान पर दबाव बढ़ाकर बापट का मामला मंत्रिमंडल के सामने लाने में कामयाब हुआ। कई आरोप लगाकर उन्हें निलंबित किया गया। बापट के स्थान पर मेकोनिकी की नियुक्ति हो गई। वह आई.ए.एस. था। बापट का सहायक था।

दीवान मणिभाई ने बिडुल्फ को बताया कि बापट की जाँच के लिए कमीशन नियुक्त किया गया है और उसे मेकोनिकी को ही सौंप दिया हैं। मेकोनिकी बदमिजाज और बदले की भावना रखनेवाला था। सयाजीराव विलायत में, इलियट अवकाश पर। बापट अकेले पड़ गए। काररवाई को धूर्तता से और शीघ्रता से अंजाम दिया गया लेकिन बापट भी कच्ची गोटियाँ नहीं खेले थे।

पुणे के मित्र वासुदेव जोशी को विपत्ति के बारे में बताया। जोशी तुरंत बड़ौदा पधारे। बापट ने बताया, ''मेरे पीछे जासूस लगे हैं। रेजीडेंट और दीवान खिलाफ हो जाने से बड़ौदा के मित्र भी मुँह चुराने लगे हैं।'' दो-तीन दिन बाद जोशी पुणे लौटने के लिए स्टेशन पर आ गए। बापट भी विदा करने के बहाने आ गए। गाड़ी के छूटते ही उसमें चढ़ गए कि पुलिस मुँह ताकती रह गई। रेल की सीमा में उनकी कुछ नहीं चली।

खान बहादुर जमशेदजी अर्देशीर दलाल की अध्यक्षता में एक कमीशन बनाया गया। आरोपी के विरुद्ध प्रमाण प्रस्तुत करने का काम मेकोनिकी करनेवाले थे।

बापट पुणे पहुँच गए। बाल गंगाधर तिलक स्नेही थे। उनसे मिले। महाराष्ट्र के कई लोगों को बड़ौदा रियासत के प्रति अपनापन था। सयाजीराव महाराज के प्रति आदर था। मराठी-गुजराती विवाद में बापट को फँसाया गया है, यह देख अनेक नामचीन वकील उनकी सहायता के लिए आगे आए।

श्री महादेव चिमणाजी आप्टे मशहूर वकील थे। उन्होंने बापट का वकालतनामा लिया। सरकारी वकील के तौर पर फिरोजशाह मेहता काम देख रहे थे। दस्तावेज देखकर उनके ध्यान में आ गया कि आरोप झूठे हैं। फिरोजशाह ने काम देखने से इनकार किया। इधर बापट के वकील महादेव चिमणाजी आपटे सहसा बीमार पड़ गए और उनकी मृत्यु हो गई। बाल गंगाधर तिलकजी ने वकालतनामा लिया। इससे गुजरात और महाराष्ट्र में बावेला मच गया। उनके 'केसरी' और 'मराठा' पत्रों के लेखों से ब्रिटिश सरकार के विरुद्ध उनकी भूमिका स्पष्ट थी।

तिलकजी का दोहरा प्रयोजन था। बापट मित्र थे। दूसरे, श्रीमंत सयाजीराव गायकवाड़ के प्रशासन पर दाग लगाने के बिडुल्फ के प्रयासों को उन्हें नाकाम करना था।

तिलकजी का मुकाम स्टेशन के पास रोडे धर्मशाला में था। चार महीनों तक कमीशन का काम चला। तिलकजी रात-दिन काम में जुटे रहे। अंतिम सुनवाई के वक्त तिलकजी ने कहा—"सदाशिव बापट के मामले में मैंने चार मुद्दों को सप्रमाण सिद्ध किया है। बापट के विरोध में प्रमाण प्रस्तुत करनेवाले को दीवान ने पुरस्कार की घोषणा की थी। सहकार्य न करनेवालों को धमकाया गया। एक गवाह ने बताया कि बापट ने रिश्वत माँगी, कहने के लिए उस पर दीवान मेकोनिकी और इंस्पेक्टर ने दबाव डाला। दूसरे गवाह ने बताया कि बापट ने रिश्वत नहीं ली। पुलिस ने झूठ लिखवा लिया।"

महाराष्ट्र के कुछ समाचार-पत्रों ने आरोप किया कि गुजराती दीवान बापट पर जान-बूझकर अन्याय कर रहे हैं। बापट के खिलाफ पक्का सबूत नहीं मिला, लेकिन कमीशन के सदस्यों में दीवान और बिडुल्फ के खिलाफ जाने की हिम्मत नहीं थी। बापट को छह महिने की कैद और दस हजार रुपयों के जुर्माने की सजा दी गई। अंतिम निर्णय महाराज करेंगे, ऐसा कहकर कमीशन के सदस्य मुक्त हो गए।

सरसुभे खासेराव जाधव ने सारा इतिवृत्त महाराज को चिट्ठी लिखकर बताया। "आपकी गैर-हाजिरी में दीवान और रेजीडेंट ने साजिश रचकर सदाशिव बापट को दोषी करार दिया। इसके पीछे और भी कारण होंगे। उनका इशारा आपके और इलियट के प्रति है। मराठा, गुजराती जनता में अकारण संशय की हवा बन गई है। ऐसी स्थिति में आपका बड़ौदा में होना जरूरी है, अन्यथा बात बढ़ जाने की संभावना है। आप जल्द-से-जल्द बड़ौदा लौट आइए।" खासेराव ने चिट्ठी इसलिए लिखी कि तार से भेजने में खतरा था।

चिट्ठी देखकर यात्रा से लौटने का निर्णय महाराज ने किया। स्वास्थ्य अभी ठीक नहीं था, लेकिन बड़ौदा की फिक्र चुप बैठने नहीं देती थी। राज्य की इज्जत और प्रजा का सुख अपना प्रथम दायित्व है, यही सोचकर महाराज बड़ौदा लौट आए।

□

सारे दस्तावेज और कमीशन का प्रतिवेदन पढ़कर महाराज ने 9 अक्तूबर, 1895 को निर्णय लिया—"श्री वासुदेव सदाशिव बापट को सभी आरोपों से बरी किया जाता है, तथापि मामले की नजाकत को देखते हुए उन्हें अब काम पर रखना उचित नहीं लगता, इसलिए उन्हें नौकरी से मुक्त किया जाता है।"

महाराज ने न्याय तो किया, लेकिन मन में विचलित भी हुए कि एक कर्तव्यदक्ष अधिकारी साजिश का शिकार हुआ। दीवान से बोले, "बापट मामले को लेकर आपने मुझे सही जानकारी नहीं दी, इससे बड़ौदा शासन की इज्जत खतरे में पड़ गई। बापट ने रियासत की जो सेवा की है, उसके लिए आप क्या करनेवाले हैं ?"

"महाराज, आप जो हुक्म करेंगे।"

"प्रस्ताव आपकी तरफ से आना चाहिए।"

महाराज ने बापट को डेढ़ सौ रुपए माहवार पेंशन की मंजूरी दे दी।

इन दोनों निर्णयों से बिडुल्फ और भी बिगड़ गया। वह बापट से शुरू होकर इलियट और महाराज तक पहुँचना चाहता था। पुणे के राजद्रोही ब्राह्मण ब्रिटिश शासन का विरोध कर बड़ौदा की सहायता कर रहे हैं। इसके पीछे की जड़ है—इलियट। बड़ौदा के राजा और ब्रिटिश सरकार के बीच समान स्तर का करारनामा हुआ है, ऐसा बताकर ब्रिटिशों के रियासत में हस्तक्षेप को मना कर रहे हैं। इस तरह का इतिवृत्त बिडुल्फ ने वाइसरॉय को भेजा।

कार्यकाल पूरा होने पर बिडुल्फ का तबादला हो गया। मेकोनिकी को मूल पद पर भेजा गया। नए रेजीडेंट कर्नल मार्टेली हाजिर हो गए। इलियट का तबादला सेवानिवृत्ति के कुछ पूर्व ही विजापुर के कलेक्टर के पद पर किया गया। कनिष्ठ पद पर नियुक्ति कर बदला लिया गया। सयाजीराव ने इसे रद्द करने की नाकामयाब कोशिश की। सेवानिवृत्ति के बाद इलियट को रियासत की सेवा करने की अनुमति माँगी, पर कोई जबाब नहीं आया। ब्रिटेन के अपने मित्र रेना को महाराज ने चिट्ठी में लिखा, "इलियट जैसे ईमानदार, कार्यकुशल अधिकारी के साथ बड़ी सत्ता का व्यवहार नीति-धैर्य को मिटानेवाला है। इलियट आयरिश हैं और ब्रिटिश आयरिशों में सौमनस्य नहीं, शायद इसलिए ऐसा हुआ होगा। इलियट सर ने हमें स्वतंत्रता के संस्कार दिए। ब्रिटिशों को शायद यह पसंद नहीं आया। सरकार ने इसे अपने कारनामे से ही जाहिर किया है।"

□

बहुत दिनों बाद महाराज ने डायरी निकाली और उसमें अपनी व्यथा को दर्ज करने लगे—"देशी रियासतों और नामधारी राजाओं की दशा किसी ढोल से भी बदतर हो गई है। किसी भी कारण से और किसी भी तरह से उन्हें दोष दिया जाता है और बिलावजह पीटा जाता है। इन राजाओं ने अपने राज्यों में सुधार के प्रयास किए तो उसे 'अंधानुकरण' कहा जाता है। ऐसे ही पिछड़ते रहे तो समय के साथ न चलने का दोष दिया जाता है। यह बड़ी विचित्र दशा है। इसमें सुधार धीरे-धीरे और धीरज के साथ ही करना पड़ेगा।

"हमारी गैर-हाजिरी में हमारे अधिकारों को दीवान को सौंपने में बड़ी भारी भूल हो गई। बापट के मामले में बड़े अधिकारियों के स्वार्थ से रियासत की ही हानि हुई है। रेजीडेंट का हस्तक्षेप भी बढ़ने लगा है। इससे सरकार कमजोर पड़कर जनता में डर फैल रहा है। हमारा अपने पर ही भरोसा नहीं रहा। कारोबार से हम तंग आ चुके हैं।" अनमन्यस्क दशा में महाराज ने डायरी बंद कर दी।

□

13

आपत्तियाँ आती हैं तो झुंड में आती हैं और मनुष्य का इम्तिहान लेती हैं। बड़ौदा के उत्तर की ओर विजापुर तहसील के पिलवाई गाँव में बगावत का झंडा उठा। जिन गाँवों का लगान सरकारी अधिकारी के स्थान पर कुछ दलाल इकट्ठा करते थे, उनमें से यह एक गाँव था। इन मध्यस्थों को 'ठाकोर' कहा जाता था, जो अपने लिए हिस्सा लेकर बाकी लगान सरकार को देते थे। लगान जमीन के हिसाब से होता था। बहुत दिनों में भू-मापन नहीं हुआ था। इसका अनुचित लाभ 'ठाकोर' उठाते थे।

जब भू-मापन का कार्य शुरू हुआ तो ठाकोरों ने विरोध किया। कहा कि इन जमीनों पर हमारा अधिकार है, हम भू-मापन नहीं करने देंगे। आस-पास के गाँवों में भी बात फैल गई और चिनगारी भड़क उठी। तीर-कमान और तलवारें खींची गईं।

तहसील के अधिकारियों ने कलेक्टर को बताया। कलेक्टर ने भू-मापन के लिए कर्मचारियों को भेजा। उनका विरोध करनेवालों को बंदी बनाया। इसकी भनक पड़ते ही राजपूतों ने सरकारी कार्यालयों और कर्मचारियों पर हमला किया। कलेक्टर ने दीवान से दंगाइयों के खिलाफ काररवाई करने के लिए सैनिक दस्ता मँगवाया। दीवान ने महाराज से परामर्श किया। महाराज बोले, "जहाँ तक हो सकता है, अपनी ही रियासत के खिलाफ सेना का इस्तेमाल न करो। पहले पुलिस से काम चला लो। समझौता कर लो।"

दीवान ने बताया कि मामला खतरनाक है। अभी काररवाई नहीं की गई तो बात बिगड़कर फैल सकती है। महाराज ने अनुमति दी। दो हजार दंगाई मुस्तैद थे। कर्नल वुइल कॉक्स के पीछे कर्नल निसन भी सेना लेकर पहुँच गए। बगावत करनेवालों ने लड़ाई की तैयारी कर रखी थी। 'शेरबच्चा' नाम की तोप भी लाए थे। ठाकोरों का नेता था—नारजी। जीत के बाद उसे राजा बनानेवाले थे।

महाराज ने फिर एक बार समझौते से काम लेने के लिए तार भेजा। शरण आने पर काररवाई न करने का आश्वासन देने को कहा लेकिन ठाकोर नहीं माने। उन्होंने सरकारी सेना पर गोली दागी। सेना को काररवाई करनी पड़ी। ठाकोरों ने मुकाबले की

कोशिश की, किंतु अंत में हार गए। गाँव में लगी आग को फौज ने बुझाया। ग्यारह दंगाई मारे गए। सेना की कोई हानि नहीं हुई। पिलवाई का झगड़ा समाप्त हुआ। महाराज ने जाना कि अपने पास इतनी सैनिक शक्ति और साधन होने चाहिए कि जिससे बगावत करनेवालों में डर पैदा हो। विलायत जाकर सबको बैरिस्टर ही नहीं बनना चाहिए, यह सोचकर महाराज ने खासेराव जाधव को कृषि के अध्ययन के लिए विलायत भेजा। लंदन के ऑक्सफोर्ड विश्वविद्यालय में अध्ययन के दौरान उनका संबंध लंदन में पढ़ रहे कई भारतीय युवकों के साथ हुआ। यूरोप की प्रगति, राजनीति, फ्रांस की राज्य क्रांति, इटली के देशभक्तों की कहानियाँ आदि के परिणामस्वरूप खासेराव के मन में भी स्वतंत्रता की ज्योति जल उठी।

कैंब्रिज विश्वविद्यालय में बैरिस्टरी पढ़ रहे केशव देशपांडे से उनकी दोस्ती हुई। केशव को भारत सरकार से वजीफा मिला था, लेकिन आई.सी.एस. बनकर वह विदेशियों की सेवा नहीं करना चाहता था। केशव के राष्ट्रवादी देशभक्ति के विचारों से खासेराव प्रभावित हुए और भारतीय छात्रों के संगठन 'इंडियन मजलिस' में शामिल हुए। अरविंद घोष उसके सेक्रेटरी थे। उनसे परिचय हुआ। वहीं पर श्यामजी कृष्ण वर्मा भी मिले।

खासेराव का कृषिशास्त्र का अध्ययन राष्ट्रभक्ति के साथ चल रहा था। बड़ौदा लौट आने पर उन्होंने मन-ही-मन निश्चय किया कि अरविंद घोष और केशव देशपांडे को बड़ौदा ले आएँगे। खासेराव को महाराज से पता चला कि अरविंद घोष उनसे मिल चुके हैं और उन्हें बड़ौदा रियासत में निमंत्रित करने का क्रांतिकारी निर्णय हो चुका है।

खासेराव ने बड़ौदा आने पर समविचारी मित्रों की बैठक बुलाई, जिनमें जुम्मा दादा अखाड़े के माणिकराव, बंधु माधवराव, दाजी बणेश आपटे, आबासाहब मुजुमदार, डॉ. आठवले आदि उपस्थित थे। खासेराव ने अपनी लंदन-यात्रा के अनुभव बताए। वहाँ पढ़ रहे हिंदुस्तानी छात्रों के संगठन 'इंडियन मजलिस' और 'लोटस और डैगर' नाम के राष्ट्रप्रेमी युवकों के गुट के बारे में बताया। हमें भी भारतीय युवकों के मन में राष्ट्रप्रेम की ज्योत को जगाना होगा। इसलिए हम आज बड़ौदा में 'युवा संघ' की स्थापना कर रहे हैं।

सबने इसका स्वागत किया। खासेराव ने आगे कहा कि हमें विभिन्न धाराओं को एक साथ लाना है। बल-साधना अनिवार्य है। मातृभूमि और उसकी परंपराओं की पहचान युवकों को कराना जरूरी है। महाराज ने हमें जो अधिकार दिए हैं, उनकी सीमा में रहकर यह काम करना राष्ट्र कर्तव्य है। हमें महाराज से समर्थन मिलता रहेगा। हाँ, लेकिन वह भीतर से होगा। माणिकराव ने भी कहा कि महाराज ने अखाड़े के युवकों को कल की आशा बताया है।

''राष्ट्रप्रेम और राष्ट्रनिष्ठा ही हमारे कार्य की आधारशिला है। इस कार्य को गतिशील बनाने के लिए अगले हफ्ते नए साथी बड़ौदा आ रहे हैं।''

"आप किसके बारे में बात कर रहे हैं?" डॉ. आठवले ने पूछा।

"विख्यात बांग्ला क्रांतिकारी अरविंद घोष बड़ौदा रियासत आ रहे हैं।" खासेराव ने बताया, "आई.सी.एस. पास होकर भी वह ब्रिटिशों की चाकरी में नहीं गए। हिंदुस्तान के युवकों को क्रांति की राह दिखानेवाला सितारा है वह। हमें उनके स्वागत के लिए तैयार रहना चाहिए।"

माणिकरावजी ने 'युवा संघ' के सदस्यों को शपथ दी—"हम सब भू-माता की सेवा के लिए शपथ ले रहे हैं। राजकर्तव्य के साथ देश-प्रेम के इस कार्य को पूरी शक्ति के साथ करने का हम वचन देते हैं।"

□

केशवराव देशपांडे बैरिस्टर होकर मुंबई में वकील बन गए। तब न्यायमूर्ति महादेव गोविंद रानाडेजी के सुझाव पर 'इंदु प्रकाश' साप्ताहिक के अंग्रेजी विभाग का संपादन करने लगे। भारतीय राजनीति में तब रानाडे, गोखले आदि की एक उदारवादी विचारधारा थी, तो दूसरी लोकमान्य तिलक, आगरकर, अरबिंद घोष आदि की उग्र विचारधारा थी। देशपांडे ने 'इंदु प्रकाश' में अरविंद घोष की 'न्यू लैंप्स फॉर ओल्ड' लेखमाला शुरू की। तिलकजी उनमें व्यक्त विचारों से प्रभावित हुए और उन्हें अपने निकट माना। अरविंद ने राष्ट्रीय कांग्रेस की ढुलमुल राजनीति की तीखी आलोचना की थी। सरकार और कांग्रेस के हलकों में इससे खलबली मची थी। लोकमान्य तिलक पर राजद्रोह का जो मुकदमा हुआ, उसमें उनकी तरफ से लड़नेवाले वकीलों में केशवराव देशपांडे भी थे। उन्होंने 'तिलक ट्रायल' नाम की पुस्तक भी लिखी।

□

निजी सचिव ने महाराज को धामणस्कर के आने की सूचना दी। आते ही महाराज ने उनसे कृषि और किसानों की दशा के बारे में पूछा। तब उन्होंने किसानों की दुरावस्था के बारे में ज्योतिबा फुले की रचनाएँ चढ़कर सुना दीं। एक रचना महाराज को संबोधित थी। भाव यह था कि किसानों की दुर्दशा देख आपके मन में दया आने दीजिए। लगान के पैसे से कामचोरों को खिचड़ी खिलाना ठीक नहीं। किसान बेचारा नमक-रोटी तोड़ रहा है। शूद्र अक्षरशून्य है, कुछ समझता नहीं। ऐसे बेचारों के आप ही माई-बाप क्यों नहीं होते? ज्योतिराव सयाजीराव से करता है प्रार्थना।

सुनकर महाराज ने कहा, "ज्योतिराव के इस गीत ने तो हमारी आँखें खोल दीं। बारिश नहीं, नदी-नाले सूख गए और हम क्या हाथ-पर-हाथ धरे बैठे रहे? शिक्षा की बहती गंगा में हाथ धोकर अब किसानों की समस्या को प्रधानता देनी चाहिए, यही फुलेजी ने सुनाया है।" फिर महाराज ने कहा, "इसीलिए हमने खासेराव को भी बुलाया हैं। खासेराव, कृषि के जो काम हुए, उनके बारे में बताइए।"

"महाराज, आपके आदेशानुसार काम हो रहा है। जो काम हो चुके हैं, उनकी टिप्पणी इस प्रकार है—

"जमीन की क्षमता के अनुसार लगान निश्चित किया है। जहाँ संभव था, वहाँ बाँध बनाए गए है। नालाबडिंग के कारण किसानों को रोजगार मिल गया। जंगलतोड़ को मना किया है। नए पेड़ लगाना अनिवार्य कर दिया है। बड़ौदा नवसारी में कृषि प्रयोगशालाएँ शुरू की गई हैं। खेती के नए औजारों की प्रदर्शनियाँ लगाई हैं। अकालग्रस्त क्षेत्र में लगान माफ कर दिया है। किसानों के बच्चों के लिए कृषिशालाएँ स्थापित की गई हैं।"

"खासेराव, अपने राज्य की प्रमुख इकाई है—गाँव। गाँव की प्रजा संतुष्ट रहे, यह हमारा कर्तव्य है। आप उसे सही ढंग से निभा रहे हैं। खेती के साथ गाँव में पाठशाला, व्यायामशाला, दवाखाना और वाचनालय भी अनिवार्य हैं। ये चारों ग्रामजीवन की आत्मा हैं। आप इन्हें भी साथ लेते रहिए।"

"आपने यह काम ग्राम पंचायत को सौंपा है, महाराज।"

"भारत कृषिप्रधान देश हैं। यहाँ का किसान अनपढ़ और नए आविष्कारों से अनजान रहा। इसलिए दीन-दलित बन गया। खेती में किसान के साथ मवेशियों का भी ध्यान रखना होगा। पशुओं के स्वास्थ्य के लिए पशुवैद्यकीय विभाग होना चाहिए। सरल भाषा में बनी पाठ्य-पुस्तकों को किसान बालकों तक पहुँचाना चाहिए।"

खासेराव ने बताया कि बरसात के पानी पर निर्भर खेती के कारण अकाल आता रहता हैं, इसलिए कुएँ खोदने, तालाब बनाने के काम भी हो रहे हैं।

महाराज ने कहा, "हमारा किसान पारंपरिक रीति को छोड़ता नहीं। आलस्य और अज्ञान भी है। इसलिए आपको दो महत्त्व के काम करने होंगे। आधुनिक शिक्षा देना और कृषि के पूरक व्यवसायों पर जोर देना। इसके बिना किसान की दशा में सुधार नहीं आएगा।"

"कृषि से संबंधित सारी बातें अब प्रगति विभाग के अंतर्गत आती हैं। उनके अधिकारियों को खेती की समस्याएँ समझाने में बड़ी दिक्कत आती है।" खासेराव ने शिकायत की।

"इसलिए हम अलग कृषि विभाग शुरू करेंगे। मैं अभी आदेश निकालने को कह देता हूँ। नायब दीवान उसके प्रमुख होंगे। कृषि के सारे मसले इस विभाग के अधीन होंगे। किसानों को कम ब्याज पर कर्ज दिया जाएगा। किसान बालकों के लिए कृषि विद्यालय चलाए जाएँगे। पशुवैद्यकीय अधिकारी नियुक्त किए जाएँगे। किसान और मजदूरों के सुख-स्वास्थ्य पर अपने राज्य का उत्कर्ष निर्भर है। पढ़े-लिखे और शहरी लोगों का कर्तव्य है कि वह इन सुधार की ओर ध्यान दें। खासेराव, आप पूरी स्वतंत्रता से इस काम को अंजाम दीजिए। आपको हमारा समर्थन रहेगा।" महाराज ने कहा।

सयाजीराव ने वाचनकक्ष से देखा कि दरबारी मंडली जोर-जोर से गप्पें हाँक रही हैं। आनंदराव को बुलाकर महाराज ने उनसे कहा कि इस तरह समय बरबाद नहीं करना चाहिए। कुछ पढ़ना चाहिए। ''अपनी पसंद की कोई भी पुस्तक पढ़िए। हम पढ़ने को कहते हैं, क्योंकि हम भी पढ़ते हैं। दुनिया की गतिविधियों का पता चलता है। जो कुछ भी नहीं पढ़ता, उसे हम अपराधी मानते हैं।''

पाटीदार समाज का एक युवक पढ़ने के लिए इंग्लैंड जा रहा था। महाराज से आशीर्वाद लेने आया। महाराज ने पूछा, ''अच्छा! मुझे बताइए कि वहाँ से क्या पढ़कर आएँगे?'' युवक ने अपने विषय की बात की, तब महाराज बोले, ''वहाँ के अच्छे रिवाज-व्यवहार सीखकर अपने समाज के लिए ले आना। सिर्फ उपाधि पाकर अपने लोगों को लूटना नहीं। वहाँ की होशियारी-समझदारी ले आओ। यह भी देश सेवा है। हम तुम्हें वजीफा देने के लिए विद्याधिकारी से कह देंगे।''

□

राजपुत्र विद्यालय में सरदेसाई इतिहास का पाठ पढ़ा रहे थे। महाराज ने बाहर से देखा। सरदेसाई पढ़ाई में खो गए थे। महाराज ने कक्षा में जाकर कहा, ''आपका पढ़ाने का तरीका अच्छा है। हम तो स्वयं अनुभव ले चुके हैं। हमें प्रसन्नता है।''

एक हफ्ते बाद निजी सचिव ने सरदेसाईजी को बुला लिया। महाराज नाराज दिखाई दे रहे थे। सामने हिसाब-किताब के कागज रखे थे। महाराज ने कहा, ''सरदेसाई, हम आपको हमेशा बताते रहे हैं कि हमारे आस-पास के लोग लुच्चे हैं, सावधान रहो। कहा नहीं जा सकता कि कब आदमी को रुपयों का मोह हो जाए? पाठशाला की सामग्री की खरीद में गड़बड़ है। लगता है, आपको धोखा देकर काम हुआ है।''

''महाराज, छोटे मुँह बड़ी बात होगी, अगर खरीदनेवालों के बारे में···'' महाराज ने तुरंत कहा, ''हमारे अपने ही लोग हैं, जानते हैं हम। गुड़ हो तो चिऊँटे आएँगे ही। आगे आप सँभलकर रहिए। ये लोग कब आपको फँसा देंगे, पता नहीं चलेगा। मैंने आपको पहचाना है, इसलिए कह रहा हूँ।''

फिर विषय बदलकर महाराज ने कहा, ''सरदेसाई, राजपुत्रों के लिए जो पाठ्य-पुस्तकें आपने बनाई हैं, वही अब राज्य की अन्य पाठशालाओं में दे देंगे। ऐसा आदेश हम विद्याधिकारी को दे रहे हैं। हमारे लिए पढ़ने का काम हो जाने पर इन दो पुस्तकों को पढ़िए। एक है 'मॅकियावेली प्रिंस' और दूसरी है 'सीलेज् एक्सपॉन्शन ऑफ इंग्लैंड'। इन्हें मराठी में लाना होगा। आप अनुवाद करें।''

''महाराज यह तो मुश्किल काम है। अनुवाद का मुझे कोई अनुभव नहीं है। हम इसे किसी पंडित से करवा लेंगे।''

''नई बात सीखते वक्त आदमी नया ही होता है। लगन, मेहनत और जिज्ञासा हो

तो सबकुछ हो सकता है। हमने जब पढ़ाई शुरू की, तब हमें ऐसा ही महसूस हुआ था, लेकिन हमने हार नहीं मानी। अब भी कोई बात समझ में नहीं आई तो आपको परेशान करता हूँ न!"

"आपकी आज्ञा मानकर प्रयास करूँगा, महाराज।"

"आज्ञा नहीं, शिक्षा का आपका अपना दायित्व मानकर कीजिए। इस दुनिया में कुछ भी असंभव नहीं है। जाइए।"

दो दिन बाद महाराज ने फिर पूछा, "आरंभ किया या नहीं?"

"महाराज, मन पर बोझ जैसा लगता है। ऊबने लगता हूँ।"

"किसी भी काम को मन से खुशी से करने पर ऊब नहीं होती।"

सरदेसाईजी ने दृढ़तापूर्वक काम पूरा किया। महाराज ने कहा, "आप में काम करने का माद्दा है, हमने जाना था, इसीलिए तो आपके पीछे पड़ा। इसी सिलसिले में एक खयाल आया है। राजपुत्रों को इतिहास पढ़ाने के लिए आपने मराठी में कहानियाँ लिखी थीं। उनका अंग्रेजी में अनुवाद किया था 'स्टोरी ऑफ दि नेशन'। उस पर से हमने सोचा कि क्यों न हम अनुवाद की शाखा का आरंभ करें? पाठशाला की पुस्तकों के अलावा दुनियाभर के श्रेष्ठ इतिहास, उपन्यास, जीवनियाँ, विज्ञान आदि ग्रंथों का मराठी में अनुवाद किया जाएगा। कुशल अनुवादक को यथोचित मानदेय दिया जाएगा। ग्रंथ सरकारी खर्च से छापेंगे और अल्प मूल्य में उपलब्ध किए जाएँगे। प्रा. त्रिभुवनदास गज्जर इस शाखा के प्रमुख होंगे। उनकी सहायता के लिए अन्य विद्वान् होंगे। अनुवाद के लिए ग्रंथों का चयन, अनुवादकों की, परीक्षकों की नियुक्तियाँ की जाएँगी। मैंने जो कहा है, इसे आदेश के रूप में लिखिएगा।"

"महाराज, अनुवाद शाखा की आपकी कल्पना लाजबाब है। हिंदुस्तान में अब तक ऐसा काम किसी ने नहीं किया। अनुवाद के काम से मुझे छुटकारा मिला, इसलिए मैं आपका आभारी हूँ। इतिहास लेखन मेरा सपना है। मेरे पहले खंड 'मुसलमानी रियासत' की तैयारी लगभग पूरी हो चुकी है।"

"सरदेसाई, आपके इतिहास-लेखन अध्ययन के लिए हमारी शुभकामनाएँ। आप हिंदुस्तान के रियासतकार बनिए। आप पर हमें गर्व होगा।"

ग्रंथ संपादन मंडली का वार्षिकोत्सव संपन्न होने पर महाराज ने यंदेजी को अपने वाचनालय कक्ष में बुलाकर इंग्लैंड से लाई हुई नई पुस्तकें दिखाईं। चाय-पान के बाद कहा, "आपका ग्रंथ प्रकाशन का काम महत्त्वपूर्ण है। प्रजा को ज्ञानदान करने का वह महत्त्व का उपाय है, लेकिन इधर मुझे दान से होनेवाले पुण्य को लेकर मैं कुछ संभ्रमित हूँ। दान से कर्तृत्व मारा जाता है, ऐसा कोई नहीं कहता। जरूरतमंदों की मदद करनी चाहिए, यह मैं भी जानता हूँ। यही तो मानवता है, लेकिन धर्म के नाम पर गलत बातों

को बढ़ावा मिलता है। मेरी तो यही राय है कि ग्रंथ प्रकाशन और प्रसार से इस पर नियंत्रण लाया जा सकता है।''

''आपकी सहायता के बदौलत ही हमने कुछ काम इस क्षेत्र में किया है, महाराज।''

''ज्ञान की पुस्तकें सरल भाषा में होनी चाहिए, जिससे बहुजनों को इतिहास, शास्त्र और विज्ञान का सहजता से ज्ञान होगा।''

''आप सही फरमा रहे हैं। आपकी सहायता से हमने 'राष्ट्र कथामाला' जैसी ग्रंथमालाओं में कई पुस्तकें प्रकाशित की हैं, लेकिन उन्हें पाठकों तक कैसे पहुँचाया जाए, यही समस्या है।''

''ग्रंथ प्रसार सरकारी तरीके से नहीं, व्यापारी तरीके से करना होगा। विज्ञापन देने होंगे। और एक बात। अनुवाद ही पर्याप्त नहीं, मौलिक ग्रंथ भी होने चाहिए।''

''हम प्रयास करेंगे, महाराज।''

''और हाँ मि. यंदे, शिक्षा और ग्रंथ प्रसार पर हम जोर दे रहे हैं, क्योंकि पाश्चात्य देश की तुलना में हम लोकशिक्षा में पिछड़े हुए हैं। सबकी सहायता चाहिए। राज्य में काफी पढ़े-लिखे लोग हैं। उन्हें इसमें शामिल करिए। आपको आवश्यक सुविधाएँ और सहूलियतें दी जाएँगी। ग्रंथ प्रसार के काम को हम पुण्य का काम मानते हैं। आपके काम के लिए शुभकामनाएँ।''

आभार के बाद यंदेजी चले गए, तब महाराज ने निजी सचिव से कहा, ''यंदेजी के ग्रंथ प्रसार के काम के लिए आज ही बारह सौ रुपए की देन भेज दीजिए और उन्हें सूचित कीजिए कि यह आरंभ है। आगे भी समय-समय पर फिर मदद की जाएगी।''

□

पिछले दो दिनों से राजमहल में आनंदोत्सव चल रहा था। ज्येष्ठ राजपुत्र फत्तेसिंहराव मैट्रिक का इम्तिहान पास हो गए थे और राजकन्या इंदिरा की सालगिरह थी। शाम पाँच बजे का समय। महाराज ने सरदेसाईजी से कहा, ''चलिए सरदेसाई, राजकुमारों के साथ घूम आते हैं। बहुत दिनों बाद फुरसत मिल गई है।''

पिछले कुछ वर्षों से सरदेसाईजी ने देखा था कि महाराज किस तरह अपनी चित्तवृत्तियों पर काबू रखते हैं और किसी को पता नहीं चलने देते कि उनके मन में क्या चल रहा है। उनकी निरंतर कार्यमग्नता, रेजीडेंट के साथ चल रहा संघर्ष, स्वास्थ्य की परवाह किए बिना सुधारों की कोशिश बहुत निकट से देख रहे थे। आरंभ का उत्साह क्षीण नहीं हुआ था, लेकिन पहले जैसी आनंद वृत्ति नहीं थी। सरदेसाई पुस्तकें पढ़नेवाले मात्र 'रीडर' नहीं थे, महाराज का मन भी पढ़ लेते थे। उन्होंने तुरंत अनुमान लगाया कि आज महाराज का मन बेचैन है। अकेलेपन और उदासी घेर लेती है, तब महाराज राजमहल के बाहर निकलने के लिए कोई बहाना ढूँढ़ लेते हैं। राजकुमारों की शिक्षा

के लिए महाराज बड़े सतर्क थे। पारिवारिक चिंता और निराशा को दूर हटाने के लिए महाराज राजकुमारों की संगति में आनंद पाने की कोशिश करते।

चार घोड़ों के राजरथ में बैठकर राजकुमारों के साथ विश्वामित्र पुल की तरफ चल पड़े। महाराज ने कहा, ''सरदेसाई, फत्तेसिंहराव मैट्रिक हो गए। आगे की पढ़ाई के लिए ऑक्सफोर्ड भेजना है। उनके साथ जयसिंहराव और शिवाजीराव को भी पढ़ने के लिए इंग्लैंड भेजने का इरादा है। आप क्या सोचते हैं?''

''तीनों राजकुमार बुद्धिमान हैं। सभी बड़ौदावासी तारीफ करते हैं।''

''अकारण तारीफ अच्छी नहीं, सरदेसाई। इससे बच्चों के बिगड़ने का खतरा होता है। इसीलिए शिक्षक को इस उम्र में ज्यादा ध्यान रखना पड़ता है।'' महाराज ने चिंता से कहा।

रथ विश्वामित्र पुल के पास पहुँचा तो राह चलते किसी आदमी ने कहा, ''श्रीमंत की सवारी तो राजा दशरथ और उसके पुत्रों की तरह लगती है।''

सुनकर महाराज ने सरदेसाई से कहा, ''सरदेसाई, राजा दशरथ की कहानी की याद दिलानेवाले का कहना ठीक ही है। आज हम बड़े खुश हैं।''

पुल के पास कमेटी बाग में रथ रुका। राजकुमार खेलने गए। महाराज ने टहलते हुए कहा, ''सरदेसाई, रामायण का विषय निकला। राजा दशरथ और उनके चार पुत्रों के सुख को ग्रहण लगा, यह बात मन से नहीं जाती। ऐसा दुबारा न हो, इसलिए फिक्र करनी होगी।''

महाराज की बात सुनकर सरदेसाई का दिल काँप उठा। अपने आप से कहा, ''हे भगवान्, दशरथ को पुत्र-शोक झेलना पड़ा। ऐसी कोई विपरीत बात इस भाग्यवान् के साथ तो नहीं होगी?'' महाराज के मन से इस विषय को हटाने के लिए सरदेसाईजी ने कहा ''अब हम लौटेंगे महाराज! राजकुमारों का खेलना भी हो चुका होगा।''

□

अपने क्रांतिकारी विचारों से देश-प्रेम और ब्रिटिश विरोधी हलचलों, छात्रावस्था में ही 'इंडिया ऑफिस' के अधिकारियों की बेचैन कर देनेवाले अरविंद घोष बड़ौदा पधारे। उनकी आवभगत के लिए खासेराव और माधवराव जाधव बधू स्टेशन पर गए थे।

''बड़ौदा में आपका स्वागत है, अरविंदबाबू। आपने यहाँ आना कबूल किया, इसमें महाराज को और हमें भी बड़ी खुशी हुई।''

''सयाजीराव महाराज के साथ काम करने का अवसर मिल रहा है, इसलिए हमने तुरंत 'हाँ' कर दिया।'' अरविंद घोष ने कहा।

''बैरिस्टर बापूसाहब मुजुमदार के पास आपके रहने का प्रबंध कुछ दिनों के लिए किया गया है। आपके योग्य पद खाली होने तक आपकी नियुक्ति सैटलमेंट डिपार्टमेंट

में की गई हैं। महाराज चाहते है कि आप उनके पर्सनल सेक्रेटरी बनें। सही समय महाराज आदेश देंगे।''

''इसके लिए धन्यवाद।''

''धन्यवाद की बात नहीं। यह सब हम महाराज की ओर से ही कर रहे हैं। आज आप महाराज के गेस्ट हाऊस पर रहेंगे।'' देर रात तक खासेराव उनके साथ लंदन के बारे में बातें करते रहे। उन्हें बड़ौदा के 'युवा संघ' की भी जानकारी दी।

''हमारे लंदन मुकाम में श्यामजी कृष्ण वर्मा और आपसे मिलने पर हमारी आँखें खुल गईं। पारतंत्र्य के पाश को तोड़ना ही राष्ट्रकार्य है और इस जोखिम के काम को हम सबको करना है।'' खासेराव की बात सुनकर अरविंद बाबू को संतोष हुआ।

प्रातः खासेराव के साथ अरविंद घोष 'लक्ष्मीविलास पैलेस' पधारे। सयाजीराव सरदेसाई को पत्रक का मजमून बता रहे थे। महाराज के बुलाने पर अरविंद बाबू ने प्रवेश कर प्रणाम किया। महाराज ने प्रसन्नता से कहा, ''आइए, अरविंद घोष। यात्रा कैसी रही? धूपकाल है, तकलीफ तो नहीं हुई?''

''महाराज, आपकी सेवा में आते समय अन्य सब बातें तुच्छ हैं।'' महाराज ने मुड़कर सरदेसाईजी से कहा, ''सरदेसाई, आप हैं अरविंद घोष। आज से हमारे साथ होंगे। इनके जैसे होनहार युवक की बड़ौदा को आवश्यकता है। सरकार की भौंहें वक्र हो सकती हैं, लेकिन हमारे लिए अरविंद बाबू की देशभक्ति और देश-प्रेम की प्रेरणा महत्त्व की है।''

भारत सचिव किबर ने वाइसरॉय को तुरंत खबर कर दी कि अरविंद घोष के बारे में हमें पता था कि ब्रिटिश प्रशासन में काम नहीं आएँगे। बड़ौदा रियासत की सेवा को स्वीकार कर उन्होंने हमारे अनुमान को सही ठहराया है।

महाराज ने अरविंद घोष को बताया ''आपके दूसरे मित्र केशव देशपांडे अभी मुंबई में हैं। 'इंदु प्रकाश' में आपकी लेखमाला 'न्यू लैंप्स फॉर ओल्ड' हम पढ़ते रहे हैं। उन्हें भी बड़ौदा बुलाइए। कहिए, मेरा अनुरोध है। उनके आने पर आप तीनों मित्र फिर साथ-साथ होंगे।''

महाराज के निमंत्रण को केशवराव ने स्वीकार किया और बड़ौदा में नायब सूबे बन गए।

देश-प्रेम से प्रेरित तीन मित्र सयाजीराव की छात्रच्छाया में एकत्र आने पर बड़ौदा की गतिविधियों में गति आ गई।

□

14

मुंबई शहर प्लेग के भयानक चपेट में आ चुका था। बीमार परिवारों को बाहर हटाए जाने से लोगों के मन में संदेह और डर पैदा हो गया था। बड़ौदा में शुरू में तो कोई असर नहीं था, लेकिन मुंबई में रहनेवाले पारसी, गुजराती अपने गाँव नवसारी, बिलिमोरा, गणदेवी लौटे तो उनके साथ प्लेग की बीमारी भी आ गई।

नवसारी के सरसुभे खासेराव जाधव ने तुरंत उपाय योजना शुरू किए। प्लेग के बीमारों को ढूँढ़कर उनका प्रबंध धर्मशाला में किया गया। बड़ौदा के डिस्ट्रिक्ट मैजिस्ट्रेट समर्थ ने सारी सरकारी मशीनरी को इस काम में लगा दिया।

प्रजा की दुरावस्था से महाराज व्यथित थे। अधिकारियों ने बताया कि जनता से सौ फीसदी सहकार्य नहीं मिल रहा है। महाराज ने समझाते हुए कहा, "स्वास्थ्य और इलाज को लेकर जनता में अज्ञान है। इसलिए हमें जनता की भाषा में समझाना होगा। कुछ तत्त्व धार्मिक भावनाओं को भड़काने के लिए अफवाहें फैला रहे हैं। प्लेग चूहों की वजह से होता है। चूहों को पकड़कर जला देना होगा। पुणे में ब्रिटिश अधिकारी जूतों के साथ लोगों के घरों में गए, इससे जनता में रोष पैदा हुआ। प्लेग दैवी आपत्ति नहीं है, इसे लोगों को मंदिरों-चौपालों पर समझाना चाहिए। इससे धीरे-धीरे विरोध कम होगा। बिना धीरज खोए उपाय करते रहना ही एकमात्र मार्ग है।"

महाराज की प्रेरणा से काम हुआ और मई में प्लेग की बीमारी पर काबू पाया गया।

□

मराठी-गुजराती में मन-मुटाव लाने की मणिभाई की चाल को पहचानकर महाराज ने श्रीनिवास अय्यंगार नाम के दक्षिणी विद्वान् की दीवान पद पर नियुक्ति की। इसी समय वाइसरॉय लॉर्ड एल्विन का बड़ौदा भेंट देने का संदेश आया। हमेशा की तरह शाही स्वागत समारोह किया गया। वाइसरॉय और लेडी का हाथी की अंबारी में जुलूस निकाला गया। सार्वजनिक उद्यान में बड़े कार्यक्रम के वक्त आतिशबाजी हुई। कार्यक्रम संपन्न होते-होते बारिश होने लगी। एक हाथी के बेकाबू होने की अफवाह फैल गई।

डरकर लोग इतस्ततः भागने लगे। एक सँकरे पुल की रेलिंग टूट जाने से लोग नीचे नाले में गिर पड़े। तीस लोगों की जानें गईं।

इस दुर्घटना से महाराज दुःखी हुए। वाइसरॉय ने मृतकों के परिवार के लिए मदद देने का प्रस्ताव रखा, जिसे महाराज ने विनम्रता से नकार दिया। दूसरे दिन वाइसरॉय के हाथों 'श्री चिमणाबाई न्याय मंदिर' का उद्घाटन हुआ।

बड़ौदा रियासत में देवघर विभाग का बड़ा महत्त्व था। धार्मिक विधि-विधान, दान-धर्म इसी विभाग से होता था। बड़ौदा के दान-धर्म की कीर्ति सुनकर कोने-कोने-से पंडित, पुराणिक, शास्त्री आदि आते थे।

इस समय कोल्हापुर रियासत में वेदोक्त प्रकरण की धूम मची थी। ब्राह्मणों ने शाहू महाराज को शूद्र बताकर उन्हें धार्मिक कृत्यों के लिए मना किया, तब शाहू महाराज ने उनके सारे अधिकार छीन लिये। बड़ौदा रियासत में भी हलचल होने लगी थी। सनातनी और सुधारक, दो गुट बन गए। महाराज ने रामचंद्र धामणस्कर को बुलाकर कहा, ''पिछले कुछ दिनों में हमने वेदोक्त और पुराणोक्त पद्धतियों की जानकारी प्राप्त की। कुछ खास फर्क नहीं है, लेकिन दुःख की बात यह कि लोग विधियों में मग्न होकर सच्चे धर्मतत्त्व को भूल जाते हैं। मूल में अज्ञान और आलस्य है। पिछली बार ज्योतिराव फुलेजी ने हमें कुछ बातें सुझाई थीं। हम उन्हें अमल में लाना चाहते हैं।''

''जी महाराज, आपका निर्णय सही है। इससे ऊँच-नीच की भावना समाप्त होगी।''

''सारे धर्मकृत्य वेदोक्त रीति से ही किए जाएँ। विरोधकों के अहंकार को बिना दुखाए हमें यह काम करना होगा।'' महाराज के आदेशानुसार काम होने लगा और सनातनियों का तूफान चाय के प्याले का तूफान सिद्ध हुआ।

□

इस समय महाराणी चिमणाबाई की तबीयत नासाज थी, तभी सावंतवाड़ी की बहन ताराबा की बीमारी की खबर पहुँच गई। महाराज ने अपने हाथों उन्हें पत्र लिखकर उनकी उम्मीद बढ़ाई, लेकिन नौ दिन बाद ही उनके निधन का समाचार आया। राजमाता जमनाबाई का मुकाम कर्नाली में था। अपनी इकलौती बेटी के निधन से उनका दिल बैठ गया। उन्हें ज्वर ने घेरा। दुबलापन आ गया। सयाजीराव उन्हें बड़ौदा ले आए। मुंबई से खास डॉक्टरों को बुलाया गया। वह दवा लेने से मना कर रही थी।

महाराज ने कहा, ''आईसाहेब, दवा नहीं लेंगे तो तबीयत को आराम कहाँ से मिलेगा?''

''राजे, हमारी नजर के सामने सब अच्छा हो गया। अब कोई चाहत बाकी नहीं रही। दो बातों में जान अटकी थी। आप समर्थ राजा बने और बाप की छत्रच्छाया से वंचित ताराबा का भविष्य बने। उनका भी ठीक ही चल रहा था, लेकिन दैवगति को कौन टाल

सकता है ? अब हमारी जान किसी बात में अटकी नहीं है। राजकुमार-राजकुमारी की तरफ आप अच्छा ध्यान दे रहे हैं। राज्य की भी चिंता नहीं।'' क्षीण आवाज में राजमाता जमनाबाई ने कहा।

सुनकर महाराज विचलित हो गए। बोले, ''माँसाहेब, आपका मार्गदर्शन, साथ और छत्रच्छाया आगे भी हमें चाहिए।'' आगे महाराज बोल नहीं पाए। दीवान आदि अधिकारियों के आने से महाराज ने अपने आप पर काबू पा लिया और संजीदा बनकर कोच पर बैठ गए।

बालासाहब माने ने आकर बताया कि दीदी बुला रही हैं। महाराज तुरंत राजमाता के पलंग के पास खड़े हो गए। जमनाबाई साहब ने उनकी तरफ देखा। महाराज ने पलंग पर बैठकर उनका सिर अपनी गोद में ले लिया। उनकी नजर पार पहुँची देखकर राजपुरोहित गंगाजल ले आए। एक चम्मच मुँह में डालते ही वह बाहर उँड़ेल पड़ी।

जिसके कृपाप्रसाद से इस राजवैभव को पाया, उस राजमाता के अकाल निधन से महाराज निराधार हो गए। राजमहल पर शोक की छाया फैल गई। दीवाली की खुशियाँ काली पड़ गईं।

एक हफ्ते बाद महाराज ने निजी सचिव से बात की। ''प्लेग की बीमारी ने बड़ी मनुष्य-हानि हुई। उस आपत्ति से बचे नहीं तो अकाल छा गया। खर्च में बढ़ोत्तरी हुई। देवघर शाखा और धर्मार्थ सेवा के पिछले कुछ वर्षों के आँकड़े दिखाइए और वासुदेव समर्थ से कहिए कि याद किया है।''

निजी सचिव ने दान-धर्म के कागज पेश किए। देखकर महाराज कुछ बोलनेवाले ही थे कि समर्थजी हाजिर हुए।

''आइए, बैठिए समर्थजी। धर्म के नाम पर अनावश्यक खर्च को हम कब तक चलाएँगे, समर्थजी ? यह अंधा दातृत्व है। ऐसे खोखले आशीर्वचनों से हम तंग आ चुके हैं। लोगों के भोलेपन का लाभ उठानेवाले भिक्षुकों और फकीरों से भी। राजमहल की महिलाओं के हाथों होनेवाले खर्च पर अंकुश लगाने का समय आ गया है।'' महाराज ने कहा।

समर्थ ने कहा ''हम क्या कह सकते हैं ? आपके आदेश को अमल में लाएँगे। आपने खिचड़ी बंद कर दी तो दीवानजी और आपके पास सैकड़ों निवेदन आए। रेजीडेंट के पास भी लोग गए। राजा धर्म को डुबा रहा है, राजघराने पर संकट आएगा, ऐसे अभिशाप भी सुनाई दे रहे हैं।''

''समर्थजी, ऐसे बेकार खर्च से राजा को कौन-सा पुण्य लाभ होनेवाला है ? मुफ्त का माल खानेवालों का आक्रोश हम समझ सकते हैं, लेकिन हिंदू-मुसलमान, दोनों ने अपने धर्मग्रंथों का ढंग से पढ़ा ही नहीं है। दान से कर्म श्रेष्ठ है। इस अनावश्यक

खर्च के लिए घोषणा-पत्र निकालेंगे। अब इसके बाद जो अपाहिज, निराश्रित, यतीम, आपद्ग्रस्त, विधवाएँ और प्राकृतिक संकटापन्न हैं, उन्हीं की दान-धर्म के नाम पर सहायता की जाएगी।''

महाराज ने निजी सचिव की ओर मुड़कर कहा, ''धर्मार्थ दान का सारा निधि अकाल पीड़ितों के काम में लगाइए। कुछ लोग आवाज उठाएँगे, लेकिन बिना किसी प्रतिक्रिया के काम करते रहिए।''

□

हिंदुस्तान के नए वाइसरॉय लॉर्ड कर्जन के साथ-साथ देश को जलानेवाला सूखा भी आ गया था। महाराज ने वर्षा की कमी को देखकर पहले ही अनुमान किया था। दीवान और नायब दीवानों को बुलाकर कहा,

''फेमिन कोड में सूखे के निवारण के लिए जो नियम हैं, उनमें आवश्यकता के अनुसार नए बनाएँगे। अधिकारियों को तत्परता से मदद देने की दृष्टि से सुधारित आदेश लिखिए—सूखे का मुकाबला हम सबको करना है। मुल्की अधिकारी को चाहिए कि वह अपने अधीन गाँवों में घूमकर लोगों को आवश्यक सहायता करें। सर्वत्र सूखे के कामों को अंजाम दें। नदी-नालों पर बाँध बनाएँ। तालाब के काम करवा लें। बेसहारों को जीविका के लिए तीस रुपयों की सहायता करें। किसानों के खेती के कामों के लिए उदारतापूर्वक तकावी मंजूर करें। हम स्वयं सूखाग्रस्त इलाके का दौरा करके इन कामों का मुआयना करेंगे।''

आदेश के अनुसार काम शुरू हो गए। महाराज अनुशासनप्रिय थे। सब पर भरोसा था, फिर भी सब काम कड़ी नजर से देखते थे। महाराज के विश्वासपात्र स्नेही भी साथ थे।

सूखाग्रस्त इलाके के दौरे का आयोजन खासेराव को सौंपा था। बड़ौदा से महाराज रेल से दभोई पहुँचे। ग्यारहवीं शती में बसा यह कला संस्कृति का केंद्र था प्राचीन शहर। आधुनिक समय में भी उद्योजकों ने वैभव बढ़ाया था। प्रजा शूर थी। यवनों का मुकाबला किया था। महाराज ने खिड़की से बाहर देखा। खँडहर दिखाई दिए। कड़ी धूप थी। सूखापन नजर आ रहा था। महाराज ने आदेश दिया था कि दौरे में स्वागत-समारोह भेंट-नजराने न हों।

सयाजीराव सचिव मणिभाई और खासेराव के साथ घोड़ागाड़ी में बैठकर निकले। महाराज ने देखा, पेड़ का पत्ता नहीं हिल रहा था। सड़कें सुनसान। सड़क के किनारे हड्डियों का पिंजड़ा बने लोग खामोश बैठे हुए। धर्मशाला के पास रुक गए। वहाँ अनाथालय में दो सौ महिला-बच्चों के लिए प्रबंध किया गया था। महिलाओं के फटे कपड़े, बच्चे नंग-धड़ंग, बिना नहाए। प्रजा की दुर्दशा देख महाराज दुःखी हुए। खासेराव

से बोले, ''इस नजारे को मैं जिंदगीभर नहीं भूलूँगा। ईश्वर करे, ऐसा नजारा मुझे जिंदगी में फिर कभी देखने को न मिले।'' नायब सूबे की ओर मुड़कर कहा, ''इन सूखाग्रस्तों को पेटभर खाना देने का प्रबंध तुरंत करो। कपड़े भी दे दो।'' महाराज सोच रहे थे कि अपनी प्रजा को जीने के लिए कैसा संघर्ष करना पड़ रहा है!

दूसरा दौरा नवसारी का था। महाराज के साथ सिर्फ खासेराव थे। आदिवासियों का वनप्रदेश। घोड़ागाड़ी नहीं जा सकती थी। घोड़े पर चल पड़े। रास्ते में मुकाम के लिए रावटियों का बंदोबस्त किया था। रात में खासेराव ने बताया, ''कल हम सोनगढ़ पहुँचेंगे। आदिवासियों की बस्ती। हमारी काली प्रजा जंगल पर ही गुजारा करती है। साहूकारों से कर्ज लेकर जिंदगीभर उनकी बंधुआ मजदूर बन जाती हैं। इनके बच्चों को पढ़ाने के लिए हमने पाठशालाएँ चलाई हैं।''

''हाँ, खासेराव मुझे याद है। आठ-नौ वर्ष पहले हमने इस मुल्क का दौरा किया था। तभी पाठशाला के लिए आदेश दिया था। सूखे ने इस प्रजा को भी दु:ख दिया है। जंगल को जैसे आग लग गई है।''

पेड़ों से पत्ते सूखकर गिर रहे थे। जमीन दरक गई थी। आसमान में गिद्धों का चक्कर काटना, नीचे मवेशियों और लोगों की लाशों की निशानी थी। एक बस्ती के सामने दो-तीन लाशें पड़ी हुई थीं। निस्तेज आँखों से बचे हुए लोग उनकी तरफ देख रहे थे। खासेराव ने उनकी भाषा में उनसे कुछ कहा। हड्डियों का ढाँचा एक बूढ़ा कहने लगा, ''महाराज, तू हमारा देवता है। मेरे दो बेटे जिंदा होते तो…'' कहते हुए वह रोने लगा। महाराज ने कहा, ''अरे वह तो हमारे भी बच्चे थे।'' आगे क्या बोलें, महाराज की समझ में नहीं आया। बूढ़े ने आकाश की ओर देखकर हाथ जोड़ दिए। महाराज के लिए लंबी उमर की कामना की।

ऐसे ही भीषण नजारे देखकर रावटी में लौट आए। खासेराव की आँखों से आँसुओं की धारा बह रही थी।

महाराज ने खासेराव को भोजन के लिए बुलाने सेवक को भेजा तो खासेराव ने कहा, ''महाराज से कहो कि आज मेरे सिर में दर्द है। भोजन नहीं करूँगा। आप कर लीजिए।'' सेवक ने संदेशा पहुँचाया तो महाराज अकेले ही भोजन करने लगे। आँखों के सामने दिनभर के दृश्य थे। महाराज को हिचकी लगी तो सेवक ने पीने के लिए पानी सामने रखा। गरम पानी का घूँट लेते ही महाराज ने पूछा, ''पानी गरम क्यों है ?''

''रोज की तरह आज बर्फ नहीं आई, महाराज।'' सेवक ने कहा, ''हुजूर, कई दिनों से बर्फ मुंबई से सोनगढ़ तक आ रही है। वहाँ से ऊँट पर लादकर आपके मुकाम की जगह आने का इंतजार किया गया है। लगता है, आज कुछ गड़बड हो गई है।''

महाराज अनुशासनप्रिय थे। इस काम में गलती हुई देखकर भोजन के टेबल पर

रखे कोरे कागज पर महाराज ने आदेश लिखा, ''इस काम में जिसकी गलती हुई है, उसे सौ रुपए दंड दिया जाए।'' चिट्ठी खासेराव को देने के लिए कहा।

खासेराव जब से आए, बिना पोशाक बदले निढाल पड़े थे। सूखाग्रस्त पीड़ितों की लाशें उनकी नजर के सामने नाच रही थीं। आँख से बह रहे आँसुओं को दस्ती से पोंछते जा रहे थे।

सेवक की लाई चिट्ठी पढ़कर झट से उठ खड़े हो गए। सिर पर पगड़ी पहन महाराज की रावटी में आ गए। सबको बाहर जाने के लिए कहा। सामनेवाला परदा खींच लिया और रोती सूरत से खासेराव ने महाराज से कहा, ''शर्म नहीं आती आपको ऐसी सजा सुनाते हुए? एक दिन बर्फ नहीं मिली तो क्या बिगड़ा? मैं इस आदेश की चिट्ठी को फाड़ देता हूँ।''

''खासेराव'' महाराज ने नरमाई से कहा, ''ऐसे गुस्सा मत होइए। मरे हुए उन लोगों के साथ हमें नहीं मरना है। हम बचेंगे तो उन्हें बचा सकेंगे। कितना भी रोने-धोने से वे मरे हुए लोग जीवित नहीं होनेवाले। इस कागज को मत फाड़िए। अमल होने दीजिए। राज को और आप जैसे लोगों को दुःखों का मुकाबला कर कर्तव्य के लिए तत्पर होना चाहिए। चलिए, अभी हमारा काफी दौरा बाकी है।''

खासेराव और नायब सूभे वैद्य को भोजन परोसने के लिए कहकर महाराज ने तुकाराम गाथा को मँगवाया। सेवक गाथा ले आया। महाराज ने कहा, ''आप आराम से भोजन कीजिए। मैं आपको तुकारामजी के अकाल से संबोधित अंभग सुनाता हूँ। गाथा में लगी मोर पंख की निशानी पर गाथा खोली और महाराज पढ़ने लगे—

सूखे-से-सूख गया धन, गया सम्मान।
नारी मर गई बेचारी कहते-कहते अन्न॥
अच्छा हुआ भगवान् निकल गया दीवाला।
सूखे ने दे दी पीड़ा अच्छा हुआ॥
अनुताप में रह गया था तेरा चिंतन।
अब यह संसार मेरे लिए हो गया वमन॥
अच्छा किया जो घरवाली दी कर्कशा।
लोगों में अच्छी ही है यह मेरी दुर्दशा॥
अच्छा हुआ दुनिया में अपमानित हुआ।
ढोर-डंगर चले गए और भी अच्छा हुआ॥
लोगों की शर्म नहीं की अच्छा हुआ।
तेरी मैं ऐसे शरण तो आ गया॥
तेरा देवल बनाया अच्छा किया।

बीवी बच्चों को बेसहारा छोड़ दिया॥
तुका कहता है एकादशी का पत हुआ।
खाली पेट रातभर जागरण हुआ॥

खासेराव, तभी तुकाराम हालात को स्वीकार कर पांड़रंग की शरण में जाते हैं।''

''महाराज, यही तो नहीं होता हमसे। मुश्किल तो यही है कि हम उनकी दशा को पा नहीं सकते।''

''सूखा और संकट दैव का नहीं, मानव का ही बनाया हुआ है, प्राकृतिक तो बिल्कुल ही नहीं। नियोजन के अभाव के कारण मनुष्य की बेफिक्री, फिजूलखर्ची के कारण बार-बार सूखे का सामना करना पड़ता है। मनुष्यों के साथ हमें मवेशियों का भी स्थलांतरण करना पड़ेगा।'' उठते हुए महाराज ने कहा, ''लौटने पर क्या-क्या करना है, इस पर एक टिप्पणी तैयार कीजिए।''

सूखाग्रस्त इलाके का दौरा पूरा कर महाराज लौट आए। दूसरे दिन आदेश निकाला। सूखे के निवारण के लिए निम्न लिखी योजनाओं पर तुरंत अमल किया जाए—

1) **तात्कालिक सहायता :** जरूरतमंदों को अनाज, कपड़े और आसरे का प्रबंध किया जाए। अनाथालय चलाए जाएँ।

2) **संपर्क के लिए सुविधाएँ :** एक विभाग से दूसरे विभाग में शीघ्रता से जाने के लिए रास्ते, रेलवे, यातायात की सुविधाएँ दी जाएँ।

3) **स्थाई सुविधाएँ :** कुएँ खोदना, नहर, तालाब, पीने का पानी, खेती के लिए पानी का प्रबंध किया जाए। अवर्षण या प्रकृति का कोप कभी भी हो सकता हैं। हमें तैयार रहना चाहिए। सरकारी सहायता तात्कालिक है। जनता को अपने पैरों पर खड़े होने के लिए शिक्षा महत्त्वपूर्ण है।

महाराज ने सूखे की तीन महीनों की कालावधि में 47 लाख रुपए मंजूर किए। निजी निधि से भी साढ़े तीन लाख रुपए दिए।

□

''विट्ठल रामजी शिंदे नामक मुंबई में पढ़ रहे युवक का चयन इंग्लैंड में धर्म-शिक्षा के लिए हुआ है। वह आप से मिलने आया है।'' निजी सचिव के कहते ही महाराज ने पूछा, ''इसी छात्र को हमारी तरफ से वजीफा मिल रहा है। उसकी फाइल मँगाइए।''

महाराज की स्मरणशक्ति की मन-ही-मन तारीफ करते हुए सचिव ने कहा कि ''आप से मिलने से पहले मैंने सारी जानकारी प्राप्त की है। पिछले तीन वर्षों से वजीफा दिया जा रहा है।''

''आप सयाजीराव के सचिव के रूप में जँचते हैं'' महाराज ने खुश होकर कहा।

छात्र ने सामने आकर प्रणाम किया।

"क्यों भाई शिंदे, हमने अब तक डेढ़ हजार रुपए दिए। उसको कहाँ खर्च किया? यह रुपया रियासत का है।"

"महाराज, स्नातक तक की पढ़ाई के लिए आपने वजीफा दिया, मैं आपसे बंधित हूँ, लेकिन अब मुझे धर्म-शिक्षा के लिए विलायत जाना है। वजीफा मंजूर हुआ है। मेरा काम ईश्वर का काम है और आपको पसंद आएगा। धर्म-सुधार, समाज-सुधार आदि बातों में आपका उपदेश पहले ही मिल चुका है। अब आपकी कृपा से यह अवसर भी सफल होने की आशा है। मेरी यात्रा के डेढ़ हजार रुपए आप मंजूर करेंगे, तो मै समझूँगा कि मैं पिछले डेढ़ हजार रुपयों के कर्ज से भी मुक्त हो गया।"

छात्र के इस अजीबोगरीब तर्क से महाराज प्रसन्नता होकर बोले, "अच्छा शिंदे, अपने कार्य में सफल हो जाओ। आपकी यात्रा का आने-जाने का खर्च मंजूर किया जाता है। आपकी शिक्षा का लाभ भारत के सभी लोगों को हो।"

"महाराज, मैं आपका बहुत···" उन्हें रोकते हुए महाराज ने कहा, "हमने राजधर्म निभाया है, तुम्हें धर्म-कर्तव्य निभाना है और एक आदेश हम आज जारी करते हैं। रियासत में नौकरी करने की शर्त को हटा देते हैं लेकिन जब लौटेंगे तो बड़ौदा जरूर आ जाना।" महाराज को प्रणाम कर विट्ठलरावजी शिंदे निकल पड़े।

महाराज ने सरदेसाईजी को बुलाकर उनके साथ राजपुत्रों की आगे की पढ़ाई के बारे में चर्चा की। सेवक ने खासेरावजी के आने की खबर दी। खासेराव 'केसरी' और 'मराठा' पत्रिकाओं के अंक ले आए थे। उन्हें महाराज के सामने रखते हुए बोले, "188 1-82 के अंक मिल गए। इनमें तिलकजी ने तत्कालीन दीवान माधवराव ने अंग्रेजों के साथ मिलकर बड़ौदा रियासत के बारे में जो अनुबंध किए थे, उनपर टीका-टिप्पणी की थी। रेजीडेंट को पता लगाना है कि तिलकजी को यह जानकारी किसने दी?"

महाराज ने मंदस्मित किया। बोले, "साहब उनको खोजते रहें। यह अपना काम नहीं, लेकिन रेजीडेंट ने अकारण ही बापट और इलियट को टार्गेट किया है। हम 188 5 में पुणे में तिलकजी से मिले थे। तभी उन्होंने कहा था कि बड़ौदा रियासत के बारे में हमें जितना आदर है और उतनी ही चिंता भी। अपनी चिंता को उन्होंने बड़ौदा के बारे में लिखकर प्रकट भी किया। बापट केस के वक्त कृति भी की।"

"अरविंद घोषजी से संदेशा आया है कि आज तिलकजी पधार रहे हैं। पुणे के गायकवाड़ वाड़ा के बारे में आपने क्या सोचा है?" खासेराव के पूछने पर महाराज ने कहा, " 'केसरी-मराठा' राष्ट्रीय काम कर रहे हैं। उनके काम में सबको सहायता करनी चाहिए। हम गायकवाड़ भवन तिलकजी की इन संस्थाओं को देना चाहते हैं।"

"आपका उद्देश्य सही है, लेकिन अंग्रेजी सरकार के सारे अधिकारी तिलकजी और आप पर नजर रखे हुए हैं। तिलकजी पर राष्ट्रद्रोह का मुकदमा भी चला है। ऐसे में

आपने गायकवाड़ भवन मुफ्त में दे दिया तो रेजीडेंट उसका हव्वा खड़ा कर सकता है।''

''रात में बात करेंगे। खासेराव, इन राजवस्त्रों से और दुश्मन के लगातार नजर रखने से हमारी गतिविधियाँ सीमित हो गई हैं। हमें इसका खेद है।'' महाराज ने कहा।

''आपकी सीमाएँ ही हमारी सुरक्षा की ढाल हैं।'' खासेराव ने कहा।

''इस देश की आजादी के लिए जो लोग खतरा मोल लेते हैं, उन्हें सँभालना भी महत्त्व का काम है।'' महाराज ने कहा। खासेराव जाधव के भीतरी कक्ष में अरविंद घोष, केशवराव देशपांडे और बाल गंगाधर तिलक सयाजीराव महाराज की प्रतीक्षा कर रहे थे। मेजर माधवराव बाहर के कमरे में थे। जासूस संदेश ले आया कि महाराज अब पधारनेवाले ही हैं।

''महाराज अनुशासनप्रिय हैं। वक्त की पाबंदी उनकी खासियत है, लेकिन आज कुछ ज्यादा ही देर हो गई तो इसका मतलब ऐसा ही कुछ कारण होगा।'' खासेराव ने कहा।

''महाराज निश्चित रूप से आएँगे। तब तक इधर की गतिविधियों से तिलकजी को अवगत कराता हूँ।'' अरविंद घोष ने कहा, ''मैं अभी सेंट्रल इंडिया का दौरा करके आया हूँ। उदयपुर राजघराने का नाम बॉम्बे कौंसिल मूवमेंट है। इस संगठन के सदस्य के रूप में क्रांति कार्य करने की शपथ मैंने ली है। इसे पूरे भारत में फैलाने के संदर्भ में तिलकजी आपका मार्गदर्शन मिलता रहे।''

''ठाकुर रामसिंह की ब्रिटिशों के विरोध में चल रही काररवाइयों को सरकार कुचल देगी। इसलिए सबको सजग रहकर गुप्त रीति से मिलना आंदोलन के लिए हितकर होगा। नहीं तो वह आत्मघात होकर कार्यकर्ताओं की उम्मीद पर पानी फिर जाएगा।'' तिलकजी ने कहा।

''अपने विचारों के लोगों को बड़ौदा में एकत्र कर उनके लिए छत्र देने का जोखिम का काम महाराज कर रहे हैं। कुछ दिन पहले उन्होंने रमेशचंद्र दत्तजी को बड़ौदा आने का न्योता दिया है।'' खासेराव के बताते ही तिलकजी ने कहा, ''हाँ, बंगाल में बर्दवान के डिविजनल कमिश्नर थे। राष्ट्रीय विचारधारा के कारण ब्रिटिशों की अर्थनीति के कट्टर आलोचक हैं।''

''उनको न्योता देना बिडुल्फ को सहन नहीं हुआ। उसने गवर्नर जनरल के पास महाराज की शिकायत की है। कहा कि सयाजीराव विचार और कार्य, दोनों दृष्टियों से ब्रिटिश शासन के प्रति बिल्कुल ईमानदार नहीं हैं।'' अरविंद बता रहे थे, तभी माधवराव ने महाराज के आने की सूचना दी।

दालान में गेरुए वस्त्र पहने सफेद दाढ़ी के एक साधु ने प्रवेश किया। महाराज का वेषाकार देखकर सभी दंग रह गए। महाराज ने कहा, ''क्या करें, सुना था कि मेरे राज्य

में दीवारों के भी कान होते हैं, लेकिन इधर आँखें भी देखने लगी हैं इसलिए सावधानी बरतनी पड़ी। विलंब के लिए क्षमा करें खासकर तब, जब माननीय तिलकजी पधारे हों।''

तिलकजी का हाथ सादर हाथ में लेते हुए बोले, ''आप तो आजादी का अनुभव करते हैं, लेकिन हम राजा होने के बावजूद बंदी बने हुए हैं। लगता है कि सत्ता के इस लबादे को ठुकराकर मैदान में उतरें।''

''हजारों के पोसनेवाले को ऐसा आत्मघात करना ठीक नहीं होगा। आपकी राजनीतिक सूझ-बूझ और देशभक्ति से प्रेरित होकर आप क्रांतिकारकों को परदे के पीछे से जो सहायता दे रहे हैं, वह महत्त्वपूर्ण है। यह भी तो राष्ट्रकार्य है। हमें आपकी वेषांतर की भूमिका ही पसंद है।'' तिलकजी ने कहा।

''समकालीन रियासतों में किसमें इतनी हिम्मत है ?'' अरविंद घोष ने हँसते हुए कहा, ''फिलहाल तो सयाजीराव महाराज में ही विशाल साम्राज्य पर शासन करने की क्षमता है। भारतवर्ष में एक भी नेता ऐसा नहीं, जिसकी महाराज के साथ तुलना हो।''

अपनी स्तुति को रोकते हुए महाराज ने विलंब का कारण बताते हुए कहा कि निकल रहे थे, तभी रेजीडेंट का मिलने आने का संदेश मिला। देर तक बैठे और पुणे के गायकवाड़ वाड़ा के व्यवहार के बारे में सजग रहने के लिए कहते रहे। रेजीडेंट को किसने बताया होगा ? महाराज ने कहा, ''इधर अनुभव ऐसे आ रहे हैं कि समझ नहीं आता, अपना किसे कहें ?'' फिर तिलकजी की ओर मुड़कर बोले, ''हम अपनी निजी जायदाद किसे दें, इस पर सरकार अंकुश लगा रही है।'' अन्याय के प्रति गुस्सा चेहरे पर झलक गया। फिर संयम से बोले, ''हम यह वाड़ा 'केसरी' को ही बेचेंगे। कम दामों पर। फिर वह रकम लौटा दी जाएगी। अगले हफ्ते ही इस व्यवहार को पूरा करेंगे।'' और कुछ बातों के बाद बैठक समाप्त हो गई।

□

महारानी चिमणाबाई पिछले कुछ दिनों से बीमार चल रही थीं। मुंबई से आए डॉक्टर ने विलायत जाकर ऑपरेशन करने की सलाह दी। राज्य में सूखा पड़ा हुआ था। यहाँ भी रहना जरूरी था। महाराज के निद्रानाश के विकास ने भी जोर पकड़ा था। राजपुत्र फत्तेसिंहराव मैट्रिक पास हो चुके थे। आगे की पढ़ाई के लिए उन्हें ऑक्सफोर्ड भेजना था। जयसिंहराव और शिवाजीराव के भी वहाँ पब्लिक स्कूल में भरती कराना था। सूखे को लेकर जरूरी आदेश दिए जा चुके थे। दीवान और अन्य अधिकारी काम पर जुट गए थे। महाराज ने महाराणी के ऑपरेशन के लिए लंदन जाना तय किया और 1900 के मई माह में यूरोप के लिए रवाना हुए।

□

15

महाराज सयाजीराव के बार-बार विदेश-गमन से राज्य के कारोबार में रेजीडेंट का हस्तक्षेप बढ़ता गया। एक वर्ष पूर्व नए लाट साहब कर्जन से मिलने महाराज गए हुए थे, तब वह कार्यकुशल तो लगे थे, लेकिन महारानी विक्टोरिया से भी बढ़कर साम्राज्य का अभिमान गाहे-बगाहे प्रकट हो रहा था।

कर्नल ने कारोबार हाथ में लेते ही भारतीय रियासतों के राजाओं की स्वायत्तता को कम करना शुरू किया। हिंदुस्तान के किसी भी हिस्से में जाने से पहले रेजीडेंट के मार्फत वाइसरॉय की अनुमति अनिवार्य कर दी।

सयाजीराव महारानी के ऑपरेशन के लिए लंदन गए हुए थे। उसी समय रेजीडेंट ने दीवान से बुलाकर कहा कि वाइसरॉय साहब अकाल के काम का मुआयना करने के लिए आ रहे हैं। उनका बड़ा सत्कार किया जाए। महाराज को सूचना मिलते ही उन्होंने तार से संदेश भेजा। "अभी 11 जुलाई को महारानी का बड़ा ऑपरेशन हुआ है। कर्जन साहब का बड़ौदा में सत्कार करने में हमें बड़ी खुशी होती, लेकिन पारिवारिक मुसीबत के कारण संभव नहीं। लॉर्ड साहब के अगले दौरे में हम उनका स्वागत अवश्य करेंगे।"

"महाराज को यदि फुरसत नहीं है, तो हमें भी स्वागत की आवश्यकता नहीं" कहते हुए वाइसरॉय ने दीवान के स्वागत को मना कर दिया। कर्जन स्वाभिमानी था। सयाजीराव की गैर-हाजिरी को उसने अपना अपमान माना। वह स्वयं अपने आपको ब्रिटिश साम्राज्य का आधारस्तंभ मानता था। ग्वालियर रियासत के स्वागत समारोह के अवसर पर कर्नल ने कहा, "देशी राजा ताकतवर साम्राज्य यंत्र के पुरजे हैं। उनकी फिक्र करना मेरा फर्ज है। राजा प्रजा के मालिक नहीं, सेवक है। राजा का खजाना प्रजा के कल्याण के लिए है, न कि राजा के शौक पूरे करने के लिए। राजाओं को यूरोप के होटलों में, पोलो के मैदान पर, घोड़ों के रेस में विलास नहीं करना चाहिए। मैं इस तरफ ध्यान देनेवाला हूँ। जो इससे सबक नहीं सीखेंगे, उन्हें भुगतना पड़ेगा।"

20 जुलाई, 1900 को हिंदुस्तान सरकार के सचिव मि. कनिंगहैम ने सर्कुलर जारी

किया, जिसे 'कर्नल सर्कुलर' के नाम से जाना जाता है। इसमें राजाओं के बार-बार व्यक्तिगत काम से विदेश जाने पर रोक लगा दी गई। वहाँ जाने पर होनेवाले व्यवहारों पर नजर रखी जाएगी। वाइसरॉय के गोपनीय पत्र का सारांश 'लंदन टाइम्स' में प्रकाशित हुआ। उसके साथ ही शिमला से प्राप्त संवाद में कहा गया था, ''दीवान पर कारोबार सौंपकर बार-बार यूरोप का दौरा करनेवाले बड़ौदा के गायकवाड़ और कपूरथला के महाराज जैसे रियासत के राजाओं पर इसका असर पड़ेगा।'' दो दिन बाद 'लंदन टाइम्स' का संपादकीय पढ़कर महाराज की बेचैनी बढ़ गई।

सरदेसाईजी से महाराज ने कहा, ''वाइसरॉय ने तो जैसे मुहिम ही खोल दी है। बड़ौदा रियासत के स्वागत से इनकार किया, अब ऐसे सर्कुलर से तो हमारे खुलेपन पर ही पाबंदी लगा दी है।''

''महाराज, सही नजर से देखा जाए तो सर्कुलर ठीक ही है। आप जैसे दो एक अपवाद हैं, लेकिन बाकी की रियासतें ऐसी ही हैं।'' सरदेसाईजी के कहने पर महाराज उबल पड़े। ''ब्रिटिश सत्ता और रियासतों के बीच करारनामा हुआ है न? रियासतों को उनकी इच्छा के अनुसार पर्याप्त धन देने को स्वीकृति दी गई है। प्रशासन की ओर ध्यान न देना, विदेशों में रंगरलियाँ मनाना हम भी गलत मानते हैं, लेकिन वाइसरॉय को सब घोड़े बारह टके तो नहीं समझना चाहिए था।''

''बड़ौदा रियासत में हो रहे सुधार भी उनके लिए सिरदर्द हैं।''

''हम रियासत के राजा कहे जाते हैं, लेकिन पगारदार नौकर से भी हल्का बरताव हमारे साथ किया जाता है।'' महाराज ने नाराज होकर कहा। ''इसी भाव की एक चिट्ठी दादाभाई नौरोजी को भेजकर उनके मार्गदर्शन की माँग कीजिए। ऐसे ही एक चिट्ठी बेहरामजी मलबारी को भी लिखिए। 'टाइम्स' ने जान-बूझकर हमारा जिक्र किया है। महारानी विक्टोरिया ने जो अभिवचन दिया था, उसका क्या हुआ?''

सयाजीराव के मन में आया कि सारे बंधनों को तोड़ दें लेकिन उन्होंने संयम से काम लिया। वह आगे की रणनीति पर आत्मचिंतन में लीन हो गए।

□

दादाभाई नौरोजी के प्रति महाराज के मन में आदर था। सयाजीराव के राज्य पर आने से पहले दादाभाई बड़ौदा के दीवान भी थे। राष्ट्रीय कांग्रेस के सभापति थे। 1892 में चुनाव लड़कर ब्रिटिश पार्लियामेंट में लिबरल पार्टी के सांसद थे। चुनाव खर्च के लिए महाराज ने सहायता दी थी। हारे हुए उम्मीदवार ने मुकदमा दायर किया था, उसका खर्च भी महाराज ने ही उठाया था। दादाभाई की तरफ से लिबरल पार्टी को फंड भी दिया गया था। यह दादाभाई के प्रति आदर का ही परिणाम था। दादाभाई ने अपनी चिट्ठी में सब्र से काम लेने के लिए कहा। संघर्ष की अपेक्षा सरकारी हस्तक्षेप को टालने के उपाय

ढूँढ़ने के लिए उन्होंने कहा। बेहरामजी मलबारी ने दो टूक शब्दों में महाराज को लिखा कि रियासत में अकाल की आपत्ति है, ऐसे में आपका यूरोप जाना, वाइसरॉय को न्योता देकर राज्य के बाहर जाना क्या उचित कहा जाएगा? इस घटना से तो आप ही अपने बैरी बन गए हैं। आगे, समझदारी से काम लीजिएगा। इस परामर्श के बावजूद महाराज ने दीवान से सर्कुलर के विरोध का पत्र सरकार को भेजने के लिए कहा। दीवान ने उसे भेजा भी, लेकिन सरकार के कुछ भी दखल न लेने के कारण महाराज की बेचैनी और भी बढ़ गई।

दरमियान महारानी विक्टोरिया ने सयाजीराव महाराज को विंडसर पैलेस में सम्मान के साथ निवास का निमंत्रण दिया। इससे कर्नल को मिरची लग गई। इस अंतर्विरोध की राजनीति को न कर्नल समझ सका, न महाराज ही। इस अवसर का लाभ उठाने के लिए महाराज ने अपनी जनकेंद्रित राजनीति ब्रिटिश राजनीति की तरह ही है, इस बात को अधोरेखित कर महारानी के सामने रखने का विचार किया। इससे रानी की तरफ से वाइसरॉय के पास सही निर्देश जाएगा, ऐसी उम्मीद उन्हें थी।

सयाजीराव का यूरोप दौरा दो कामों के लिए था। चिमणाबाई का ऑपरेशन हो चुका था। राजपुत्रों की शिक्षा का प्रबंध करना था। ऑक्सफोर्ड की परीक्षा में असफलता के बावजूद महाराज ने फत्तेसिंह युवराज को दुबारा विलायत भेजने का निर्णय किया। राजकुमारों के शिक्षक मि. फ्रेंच को युवराजों में गंभीरता निर्माण करने की कोशिश फिर से करने को कहा लेकिन बदकिस्मती से महाराज की यह कोशिश बेकार ही गई। मि. फ्रेंच के अनुरोध पर तीसरी बार कोशिश की गई, तब जाकर फत्तेसिंह प्रवेश परीक्षा में उत्तीर्ण हुए। खुशखबरी सुनकर महाराज ने अपने मित्र लॉर्ड को लिखा, ''फत्तेसिंह की पढ़ाई खत्म होते ही मैं उन्हें राज्य के कारोबार में लगानेवाला हूँ। कल बड़ौदा का कारोबार तो उन्हें ही देखना है।''

□

जब सयाजीराव लंदन से लौट आए, तब बड़ौदा में नए रेजीडेंट ए.जे. मीड काम देखने लगे थे। यह उन्हीं कर्नल मीड के सुपुत्र थे, जो महाराज के दत्तक विधान के समय बड़ौदा के रेजीडेंट थे। उनसे मिलकर सयाजीराव ने उन्हें वाइसरॉय को बड़ौदा का निमंत्रण देने के लिए कहा। कर्नल ने इस निमंत्रण को ठुकराया। वह अपना अपमान भूला नहीं था। 'कर्नल सर्कुलर' के बारे में महाराज की नाराजगी से भी वह वाकिफ था। मन की बात को महाराज ने अपनी डायरी में नोट किया—

''भारतीय राजाओं की अवमानना करनेवाली यह बात है। राजाओं को ब्रिटिश अधिकारियों के हाथों कठपुतली बना देने की यह साजिश है। उन्हें नामधारी राजा बनाने की चाल है। ब्रिटिशों ने स्वतंत्रता, समता और समान व्यवहार का जो आश्वासन दिया

था, उस पर पानी फेरा गया है। दुर्भाग्य कि अपने ऐशोआराम में मशगूल हमारे कुछ मित्रों को इसका अहसास तक नहीं है।''

दूसरे दिन महारानी विक्टोरिया के निधन का समाचार आया। अंग्रेजी साम्राज्य पर शोक छा गया। सातवें एड्वर्ड राजगद्दी पर बैठ गए। दूसरा दिन डूबने से पहले कर्जन ने राजाओं के निजी सचिवों का तार दिया—''नए राजा के सम्मानार्थ दिल्ली में विशेष दरबार का आयोजन किया गया है। उसमें किंग एड्वर्ड के हिंदुस्तान के सम्राट् होने की घोषणा की जाएगी।''

उस जमाने में दरबार का मतलब था—राजसत्ता का प्रदर्शन। दरबार में देशी रियासतों के राजा अपनी साम्राज्य निष्ठा प्रकट करते थे और वाइसरॉय शेखी बघारते रहते थे। सम्राट् की गैर-हाजिरी में उनके प्रतिनिधि के रूप में बड़े लाटसाहब का ही सम्मान होता था। रियासतों के महाराजाओं को अपने राजवैभव के साथ जुलूस में शामिल होना पड़ता था।

लॉर्ड कर्नल ने राजाओं को चिट्ठी लिखकर सुझावों की माँग की थी। सयाजीराव ने मीड के मार्फत बताया, ''लिखने में दुःख होता है कि हाथी जुलूस में हम शामिल नहीं हो सकेंगे। अभी हाल में राजमाता जमनाबाई का निधन हुआ है। मातम के दिनों में हाथी जुलूस में राजवैभव का प्रदर्शन करना हमें अनुचित लगता है।''

इसे पढ़कर कर्जन आगबबूला हो गया, लेकिन सयाजीराव और किंग एड्वर्ड के अच्छे संबंधों को देखते हुए उसने फिर एक बार जुलूस में शामिल होने के लिए अनुरोध किया।

रूस के हिंदुस्तान पर आक्रमण का हौवा खड़ा कर फौज खड़ी करने के लिए लॉर्ड कर्नल ने एक योजना बनाई, तब सयाजीराव ने लौटती डाक से जबाब दिया, ''आप पहले से ही ब्रिटिश फौज के खर्च के लिए वसूली कर रहे हैं। अब नई माँग कर रहे हैं। जब हमारे सारे अधिकारों को सीमित किया जा रहा है, तब हम से सहायता की अपेक्षा करना उचित नहीं।''

सयाजीराव की चिट्ठी से कर्नल की 'इंपीरियल डिफेंस ट्रुप' की योजना धरी रह गई।

दिल्ली दरबार के लिए छावनी में बड़ा बँगला बनाया गया था। लकड़ी के इस बँगले को बड़ौदा से ट्रेन में लाया गया था। उसका गुंबद पचास फीट ऊँचा था। उसकी आराइश देखने के लिए लोग उमड़ पड़ते थे। दरबार के लिए राजघराने के सदस्यों के साथ सभी बड़े अधिकारी, डेढ़ सौ रिश्तेदार, चार सौ सेवक दरबार के एक दिन पहले पहुँच चुके थे। दरबार का मुख्य मंडप अर्धचंद्राकार था, जिसमें सोलह हजार लोग बैठ सकते थे।

दरबार के एक दिन पहले दोपहर में वाइसरॉय का हाथी जुलूस निकला, दूसरे दिन सुबह रेजीडेंट मीड ने सयाजीराव से कहा, ''आपका जुलूस में शामिल न होने का

निर्णय अच्छा नहीं था। मैंने आपकी बात को बड़े साहब को समझाने की कोशिश की, लेकिन वह नहीं माने।''

सयाजीराव ने कहा, ''मैंने उन्हें बता दिया है। बुरा लगा कि हमारे पारिवारिक दुःख को बड़ी सत्ता समझ नहीं पा रही है। माताजी के निधन के पश्चात हाथी पर बैठकर वैभव प्रदर्शन करना हमें मुनासिब नहीं लगा। हमने कर्नल साहब से साफ-साफ बता दिया कि स्वेच्छा से किसी काम को अंजाम देना एक बात है और उसे जबरदस्ती करवाना दूसरी बात है।''

''आपको ऐसा नहीं कहना चाहिए था।'' रेजीडेंट मीड ने चिंता से कहा, ''वह आपके बारे में बहाने ढूँढ़ते रहते हैं।''

''हाँ, हम जानते हैं लेकिन सभी राजाओं को तुच्छ मानने की उनकी नीति हमें पसंद नहीं। हम चुप नहीं बैठ सकते। चाहे तो इसे हमारा दोष समझिए।''

''आज के 'पायोनियर' में समाचार आया है कि जुलूस में नहीं, लेकिन दरबार में आप हाजिर होनेवाले हैं। इससे आपका पक्ष लोगों की समझ में आ जाएगा।''

□

दरबार हॉल में हिंदुस्तान के सारे राजा हाजिर थे। बीच के भव्य सिंहासन पर बड़े लाट साहब और दोनों तरफ राजा-महाराजा। तोपों की सलामी से दरबार आरंभ हुआ। बादशाह सातवें एड्वर्ड के राज्यारोहण का घोषणा-पत्र लॉर्ड कर्नल ने पढ़ा। ब्रिटिश सत्ता का गौरव करनेवाला भाषण दिया। उसमें सत्ता का अहंकार दिखाई दे रहा था। भाषण के पश्चात राजा-महाराजाओं ने नजराने पेश किए। सयाजीराव ने लॉर्ड कर्नल का अभिनंदन करते हुए कहा कि हमारी शुभकामनाएँ और अभिनंदन बादशाह तक पहुँचाइए। महाराज के भाषण में बादशाह के प्रति निष्ठा और कर्जन के प्रति उपेक्षा भाव से कर्नल तिलमिला उठा। महाराज के खिलाफ क्या काररवाई करे, यही सोचता रहा। सयाजीराव ने मन-ही-मन सोचा कि कर्जन का सही जबाब देने के लिए अपने देशबंधुओं को संगठित करना होगा। अस्मिता को जगाना होगा। दिल्ली से लौटते वक्त बाकी लोगों को बड़ौदा भेज, महाराज अलीगढ़ गए। मुसलिम कॉलेज के न्यास ने उनका भव्य स्वागत किया, मानपत्र दिया। उसके उत्तर में महाराज ने कहा,

''यहाँ के शिक्षा कार्य के बारे में मुझे आदर है। शिक्षा ही सारे सुधारों की बुनियाद है। आज के हालात में हिंदुस्तान की आजादी की यही एक राह है।

''आपके पूर्वजों ने बड़े काम किए। साम्राज्य स्थापन किया। आज का वर्तमान अलग है। आज के हमारे दुश्मन भी अलग हैं। इसलिए लड़ने के हथियार भी अलग हैं। हमारा सबसे बड़ा जंगी दुश्मन है—अज्ञान। अज्ञान से जंग बड़ा मुश्किल काम है। आज की हुकूमत चाहती है कि रियासत अनपढ़ ही रहे। हमें इन दोनों के खिलाफ लड़ना है।

आज का हथियार है—हमारी एकता। सभी हिंदुस्तानियों को एक होना चाहिए।

"हमें अपने बारे में भी कुछ कहना है। हम जाति, धर्म एवं भेद नहीं मानते। ध्यान में रखने की एक ही बात है कि हम सब हिंदुस्तानी हैं। सभी जातियों के लोगों को तालीम देनी चाहिए। आप अपने इस कार्य को इसी तरह आगे बढ़ाते रहिए। हमें आपके संस्थान की फिक्र रहेगी।"

महाराज के शिक्षा-प्रेम और देश-प्रेम के भाषण से सभी अभिभूत हो गए।

□

बड़े राजपुत्र फत्तेसिंह की शिक्षा को लेकर महाराज चिंतित थे। शिक्षक मि. फ्रेंच को उन्होंने लिखा, "अभिभावक का डर न होने से छात्र के बिगड़ने की संभावना रहती है। हमें उनकी पढ़ाई और स्वास्थ्य के साथ खर्च करने के आदत की भी चिंता लगी रहती हैं। हमने सालाना चार सौ पौंड का पॉकेटमनी मंजूर किया है। इधर राजपुत्र ने कीमती ग्रामोफोन की माँग की है। मि. इलियट उसे पूरी तो करेंगे, लेकिन इसके बाद हम ऐसे महँगे खिलौने के लिए मंजूरी नहीं देंगे।"

सयाजीराव सुधार आदि सामाजिक कामों के लिए चाहे जितना खर्च करने को तैयार थे, लेकिन अनावश्यक छोटे-छोटे खर्चों को मंजूरी देना उन्हें स्वीकार नहीं था।

सलाहकारों के मना करने के बावजूद महाराज ने रेजीडेंट मीड मार्फत वाइसरॉय की हिंदुस्तानी राजाओं के अधिकारों पर आक्रमण की नीति के निषेध में चिट्ठी लिखी। उसका जबाब तो नहीं आया, लेकिन 'कर्जन सर्कुलर' की धार कुंद हो गई। बादशाह सातवें एड्वर्ड का आदेश था या और कुछ वजह थी, पता नहीं चला। महाराज के निकट के अधिकारी रीडर और राजपुत्रों के शिक्षक सरदेसाई और दीवान रामचंद्र धामणस्कर महाराज के स्वास्थ्य के बारे में चिंतित थे। महाराज अपने भीतर की उथल-पुथल को व्यक्त नहीं करते थे। कर्नल का परिपत्रक, फत्तेसिंहराव की चिंता, महारानी के निधन से मातृहीन हुए राजपुत्र आदि बातों से महाराज की नींद हराम हो गई थी। सरदेसाईजी ने दीवान से कहा कि राजपुत्र के बढ़ते खर्च की चिंता उतनी नहीं, जितनी उनके दुराचरण की वार्त्ता से उत्पन्न परेशानी ज्यादा है। लगता है, महाराज की हँसी ही गायब हो गई है। उन्होंने कहा, "अपने पुत्रों को अपनी उम्मीद पर खरे उतरते न देख महाराज बेचैन हुए होंगे। इसे उन्होंने अपनी हार मानी है। विदेश की कुसंगति में फँसे युवराज को इससे बाहर निकालने के लिए महाराज ने उनका विवाह करने की योजना बनाई है।"

खासेराव जाधव के निवास पर अरविंद घोष, केशवराव देशपांडे, मेजर माधवराव जाधव हमेशा की तरह शाम को एकत्र हुए थे। अपने बड़ौदा पधारने का उद्देश्य स्पष्ट करते हुए केशवराव ने कहा, "महाराज के साथ काम करने का अवसर तो है ही, लेकिन आप लोगों के साथ रहकर राष्ट्रीय कार्य में अपना दायित्व निभाना भी है। देश के लिए

क्रांति की विचारधारा को अधिक-से-अधिक युवकों तक पहुँचाना है। इसके लिए क्या करना होगा?''

अरविंद बाबू ने समझाया, ''बंकिमचंद्र के उपन्यास 'आनंदमठ' का परिचय मैंने 'इंदुप्रकाश' में कराया है। उसमें बंधनमुक्त भारत का सपना देखा गया है। इस भूमि को मुक्त करना हो तो राष्ट्रीय शिक्षा का ध्येय सामने रखकर अनगिनत देशभक्तों की सेना विविध स्थानों पर खड़ी करनी होगी। 'आनंदमठ' से प्रेरणा लेकर मैंने 'भवानी मंदिर' नाम की एक पुस्तिका तैयार की है। उसे पढ़कर आपको सुझाव देना हैं।''

'' 'भवानी मंदिर' का उद्देश्य है—शारीरिक और आध्यात्मिकता से सक्षम युवकों का संगठन करना। युवकों के साथ संन्यासी भी होंगे। दोनों भारतमाता को परतंत्रता की बेड़ियों से मुक्त कर नए भारत का पुनर्निर्माण करेंगे। आज युवकों में राष्ट्रप्रेम नहीं है, न आत्मविश्वास। राष्ट्रीय शिक्षा और बल-साधना से यह काम होगा। स्वतंत्रता संग्राम एक यज्ञ है। अपना सर्वस्व न्योछावर कर प्राणों की आहुति देनेवाले युवक यहाँ हैं। उनमें चेतना की फूँक देनी होगी। योग और अध्यात्म के साथ जनता को साक्षर करना, स्वास्थ्य और कृषि की जानकारी देना, शस्त्रों का अभ्यास कराना आदि काम 'भवानी मंदिर' में किए जाएँगे।'' माधवराव अध्यात्म प्रेमी थे। इस राष्ट्र कार्य में संन्यासियों का साथ लेने की अरविंदबाबू की बात उन्हें बहुत पसंद आई। अरविंदबाबू ने कहा, ''इस काम के लिए कुछ स्थान निश्चित किए गए हैं। पिछले हफ्ते मेरे छोटे बंधु वीरेंद्रनाथ नर्मदा की उद्गम स्थली अमरकंटक हो आए हैं। अब हमें बड़ौदा के पास किसी स्थान की आवश्यकता है।''

खासेराव ने नवसारी सूबे का नर्मदा के उत्तर किनारे का गंगनाथ स्थान बताया। वह बड़ौदा रियासत के बाहर मांडवा राणा की सीमा में है। ''हम वहाँ जाएँगे जरूर, लेकिन आपको इस योजना के बारे में महाराज से बात करनी होगी।'' अरविंद बाबू के कहने से मानो एक राष्ट्रीय कार्य का श्रीगणेश हो गया।

एक विद्वान संन्यासी हंसस्वरूप स्वामीजी ने अपने प्रभावपूर्ण प्रवचनों के कारण बड़ौदा में धूम मचा दी थी। व्यक्तित्व और वक्तृत्व ने जन-सामान्य पर मोहिनी डाली थी, लेकिन सनातन धर्म और परंपरा के दकियानूसी विचारों के कारण सयाजीराव महाराज के सुधारवादी विचारों और कार्यों पर पानी फेरा जाने लगा। महाराज ने सरदेसाईजी से परामर्श करते हुए राजमहल में उनके प्रवचनों का आयोजन किया। महाराज ऐसा विपरीत काम क्यों कर रहे हैं, सरदेसाईजी समझ नहीं सके।

आइनेमहल में महाराज ने उनका स्वागत किया। पाँच व्याख्यानों का आयोजन किया गया। दो व्याख्यानों से ही महाराज समझ गए कि स्वामी वक्ता उत्तम और चतुर हैं, लेकिन विचारधारा कमजोर है। पाँचवाँ व्याख्यान समाप्त हुआ, श्रोता प्रभावित थे। सयाजीराव

महाराज ने समापन करते हुए कुछ मुँहतोड़ सवाल पूछे, ''यदि सनातन संस्कृति इतनी श्रेष्ठ थी तो आज देश की अधोगति क्यों हुई है ? हजार वर्षों से हम परतंत्र क्यों हैं ? इस दुर्दशा को संस्कृति रक्षकों ने दूर क्यों नहीं किया ? भारतीय संस्कृति अवश्य महान् है, लेकिन सनातनियों और प्रतिगतियों के आचार धर्म के कारण संस्कृति में दोष उत्पन्न हुए। आज सर्वत्र अज्ञान का अँधेरा हैं। हमें विवेकवादी पाश्चात्य ज्ञान के मार्ग को स्वीकार करना होगा। जातिभेद, धर्मभेद को हटाना होगा। मात्र श्रद्धा और भक्ति से कुछ नहीं होनेवाला¨ हंसस्वरूप स्वामीजी के प्रवचनों का हम पर बड़ा उपकार है। उनके जैसे साधु पुरुषों को देश-प्रेम , राष्ट्र-प्रेम और देश की एकता का संदेश देना चाहिए, जिससे हमारा भविष्य उज्ज्वल होगा। हमने कुछ गलत कहा हो तो क्षमा कीजिए।'' हंसस्वरूप स्वामीजी ने विनम्रता से स्वीकार किया, हिंदुस्तान का नेतृत्व महाराज ही कर सकते हैं। मैं उनके सामने कुछ भी नहीं।'' महाराज का भाषण उत्स्फूर्त था। नागरिक उनके विचारों की चर्चा करते हुए घरों को लौट गए।

श्रीकृष्ण की पुण्यभूमि द्वारका बड़ौदा रियासत की सीमा में थी। यह प्रदेश 'ओखामंडल' नाम से पहचाना जाता है। उषा श्रीकृष्णजी की बहू थी। उसी के नाम से ओखामंडल बन गया। प्राय: रेगिस्तान की निष्पर्ण भूमि। आदिम निवासी वाघेर अफीम-गाँजा के लतखोर और लूटपाट करनेवाले। पानीपत की हार के बाद वाघेरों ने द्वारका और पास के किले पर कब्जा कर लिया। इस बगावत का उच्छघन करने के बारे में अंग्रेजों और गायकवाड़ में विवाद बना हुआ था। अंतत: लेफ्टिनेंट बार्टन ने वाघेरों को हराकर ओखामंडल पर अंग्रेजों का कब्जा कराया।

टी. माधवराव के दीवान बन जाने पर उन्होंने पूर्व समझौते के अनुसार द्वारका द्वीप और ओखामंडल पर बड़ौदा का अधिकार बताया, लेकिन पर्याप्त पत्राचार के बावजूद कुछ नहीं हो सका। सयाजीराव महाराज ने 1817 का बड़ौदा रियासत और ईस्ट इंडिया कंपनी का इकरारनाम पढ़कर निर्णय किया कि यह तो बड़ौदा रियासत का ही हिस्सा है। उन्होंने स्वयं ओखामंडल जाने का निर्णय किया। सरसुभे वासुदेव समर्थ से कहा,

''आज तक गायकवाड़ घराने का कोई व्यक्ति ओखामंडल नहीं गया। बरसों से हम ब्रिटिश सरकार से माँग कर रहे हैं, लेकिन उन्होंने विरोध नहीं किया। इसका मतलब यह भू-भाग बड़ौदा रियासत का ही है। हम द्वारकाधीश के दर्शन करना चाहते हैं और वहाँ की प्रजा से भी मिलना चाहते हैं। द्वारका के अमीर लोगों ने, भाटों ने ऐसी इच्छा व्यक्त की है। आप पहले जाकर सारा प्रबंध करेंगे। हम मुंबई से जहाज मार्ग से आएँगे।''

समर्थ वाघेरों से परिचित थे। उनके कल्याण का काम कर चुके थे। महाराज जहाज से द्वारका पहुँचे तो समुद्र में दूरी पर ही उतरना पड़ा। वहाँ से लॉज में बैठकर और फिर कुरसी पर बैठकर किनारे पहुँच सके। स्वागत के लिए प्रजाजन मौजूद थे। सबने 'जय

श्री द्वारकेश्वर नाथ की जय' कहा। गरीब प्रजा असिस्टेंट रेजीडेंट को ही राजा समझ रही थी। आज उनको पता चला कि सही राजा कौन है। जुलूस निकला।

दूसरे दिन द्वारकाधीश की पूजा करनी थी। महाराज ने समर्थ से कहा, ''हमने सुना है कि द्वारकाधीश के मंदिर में ब्राह्मणतरों का प्रवेश निषिद्ध है। क्षत्रिय राजाओं को भी पदस्पर्श नहीं करने देते। हम इसके बारे में फिर कुछ करेंगे। पहली ही मुलाकात में विवाद ठीक नहीं होगा।''

समर्थ ने कहा, ''महाराज, चिंता न कीजिए। मैंने सारा प्रबंध कर दिया है। राजा राज्य का सर्वश्रेष्ठ है। धर्मशास्त्रानुसार उसे पूजा का पूरा अधिकार है।'' समर्थ ने जानकारी दी कि द्वारका के ब्राह्मणों को 'गुगली' कहा जाता है। तीन-चार कुल हैं, जो दक्षिणा आपस में बाँट लेते हैं। महाराज का मुकाम सरकारी बँगले में था। दूसरे दिन पूजा संपन्न हुई। महाराज के चरणस्पर्श करते ही ब्राह्मणों के चेहरे के भाव बदलने लगे, लेकिन समर्थ ने उनकी तरफ आँखें तरेरकर देखा तो चुप हो गए और बाद में पर्याप्त दक्षिणा प्राप्त होने पर सारा विरोध काफूर हो गया। द्वारका के राजा के चरणस्पर्श का मार्ग सारी प्रजा के लिए खुल गया। जो गोप-गोपियों के साथ खेलता था, न्याय के पक्ष में पांडवों के साथ खड़ा था, उसे बरसों भक्तों से दूर रखा गया था। सयाजीराव और समर्थ के कारण वह मुक्त हो गया।

दोपहर के भोजन के पश्चात समर्थ ने महाराज के सामने नक्शा रखा। बताया कि बड़ौदा की सीमा और द्वारका के बीच जामनगर का क्षेत्र आता है। जामनगर से रेल द्वारका तक लाई जा सकती है। फिर सीधे बड़ौदा से बंदरगाह तक जाया जा सकता है। महाराज ने बंदरगाह और रेलमार्ग के काम को तत्काल मंजूरी दे दी। साथ-साथ वाघेरा प्रजा की सुख-सुविधाओं का ध्यान रखने की हिदायत भी दी। बरसों से यह प्रजा पिछड़ी रह गई थी।

महाराज ने अकेले ही घोड़े पर द्वारका जाने की बात की। साथ में ए.डी.सी. और एक पुलिस का सिपाही। रास्ता भटक गए। फिर पहले स्थान पर आ गए। सही रास्ता मिलने तक रात हो गई थी, लेकिन रास्ते के हर गाँव पर मशाल का प्रबंध किया गया था। सरसुभे समर्थ की समझदारी पर महाराज ने उन्हें शाबाशी दी। ए.डी.सी. शिंदे से कहा, ''समर्थ इज ए मैन ऑफ रिसोर्सेस'' (समर्थ संसाधनवाला आदमी है।)

□

1 अक्तूबर, 1901 का 'केसरी' पत्र का अंक महाराज के सामने रखते हुए निजी सचिव ने कहा कि तिलकजी ने आप पर अग्रलेख लिखा है। महाराज तिलकजी के राष्ट्र-कार्य के काम करते थे और इसीलिए पुणे का निवास उन्हें देनेवाले थे। लेख का शीर्षक था 'श्री गायकवाड़ सरकार का वेदांत!' हंसस्वरूप स्वामी का खंडन करना, ब्राह्मणेत्तरों

के लिए वैदिक पाठशाला खोलना, ब्राह्मणों की खिचड़ी बंद करना, ज्योतिबा फुले का पुरस्कार करना आदि बातों से तिलक नाराज थे। वेद पर बोलने का महाराज को अधिकार नहीं, ऐसा भी कहा था। इसके बावजूद महाराज ने धामणस्करजी से कहा कि हम और भी सोचेंगे। तिलकजी ने आलोचना के बावजूद हमें सुशिक्षित और विद्याव्यासंगी कहा है, यह भी बहुत कुछ है। उनके राष्ट्रकार्य और जनप्रबोधन का बड़ा महत्त्व है। हम उन्हें उलटकर जबाब नहीं देंगे, बल्कि धन्यवाद की चिट्ठी लिखेंगे—अग्रलेख पसंद आया इसलिए।

□

16

सयाजीराव महाराज प्रशासन से संबंधित निर्णय बारीकी से सोच-समझकर लेते थे, लेकिन शुरू के दिनों में कुछ निर्णय मौखिक रूप में भी देते थे। इसका अनुचित लाभ उठाया जाता है, इसे देखकर महाराज ने सारे निर्णय, टिप्पणियाँ आदि लिखित रूप में ही देने का निर्णय किया। महाराज के सामने आनेवाले आवेदनों-निवेदनों पर संबंधित अधिकारियों की टिप्पणी अनिवार्य कर दी। इससे प्रशासन में अनुशासन बढ़ा। 'बड़ौदा वत्सल' पत्रिका में सरकारी आदेश प्रकाशित किए जाने लगे। पत्रिका का प्रकाशन बंद हो जाने पर महाराज ने धामणस्करजी से शासकीय पत्रिका 'आज्ञा पत्रिका' शुरू करने के लिए कहा। इस साप्ताहिक पत्रिका की प्रेरणा महाराज को छत्रपति शिवाजी के अमात्य रामचंद्र पंत की 'आज्ञापत्र' पुस्तक से प्राप्त हुई। 'आज्ञापत्र' शिवाजीकालीन राजीनति का मानो दर्पण है। महाराज ने अपनी 'आज्ञा पत्रिका' को अंग्रेजों के 'गजट' का प्रतिरूप बना दिया। इसका कार्यभार न्याय विभाग को सौंपा गया।

□

महाराज ने नायब दीवान प्रशासन से पूछा, "अब तक कितने विभागों में ग्राम-पंचायत शुरू हुई है?"

"आपके नियोजन के अनुसार हर गाँव में पंचायत का काम शुरू किया गया हैं। अब तहसील पंचायत का काम करना है। उसका आरंभ बड़ौदा तहसील से ही हम करनेवाले हैं।"

कुछ सोचकर महाराज बोले, "प्रजा राजा की अहम् इकाई है। राज्य कारोबार के विकेंद्रीकरण के लिए हमने हर गाँव में पंचायत की स्थापना की है। गाँव की समस्याओं का समाधान गाँव के स्तर पर ही हो, यही हमारा मकसद है। तहसील की सभी पंचायतों को मिलाकर तहसील की पंचायत बनेगी। वहाँ गाँव के कामों का फैसला होगा। इसके लिए एक समिति गठित की जाएगी। वह इसके नियम बनाएगी।

"तहसील पंचायत प्रजातंत्र की व्यवस्था का अगला पड़ाव है। जनता का जनता

के लिए चलाया राज्य ही प्रजातंत्र है। हम इसका आरंभ बड़ौदा से करने जा रहे हैं।''

महाराज ने बरसों से प्रशासन और सत्ता के विकेंद्रीकरण का सपना देखा था। आज के आदेश से उसका आरंभ हुआ।

□

मल्हारराव गायकवाड़ को पदच्युत कर अंग्रेजों ने सयाजीराव को राजगद्दी पर बिठाया था। उनके पश्चात उनके परिवार की देखभाल करना महाराज ने अपना कर्तव्य ही माना था। संपतराव ने मल्हारराव की दूसरी पत्नी पार्वतीबाई का पत्र महाराज के सामने रखा। महाराज ने पढ़कर उत्तर लिखने को कहा—

''तीर्थरूप गंगाभागीरथी श्रीमती पार्वतीबाई साहेब मु. मुंबई की सेवा में बालक सयाजीराव महाराज का शिर साष्टांग दंडवत्।...आपके खर्च के लिए जो व्यवस्था की गई है, उसका उद्देश्य आपको दुःख पहुँचाना नहीं है। आप समझदार हैं। मा. मल्हारराव महाराज के पश्चात ही मातोश्री म्हालसाबाई के भी खर्च की व्यवस्था करना हमारा कर्तव्य था।... सुना है कि आपका कर्ज भी काफी बढ़ गया है। यह सच हो तो शोचनीय है। इसीलिए उपर्युक्त व्यवस्था की गई है।''

संपतराव ने दूसरा पत्र रेजीडेंट का सामने रखा, जिसमें राजपुत्रों के साथी शंकर पी. वाघ के बारे में आक्षेप लिया गया था। साहब ने पत्र में कहा था कि यह वाघ विनायक सावरकरजी का विश्वासपात्र सहकारी है और बड़ौदा में 'अभिनव भारत' क्रांतिकारी संगठन का सदस्य है। महाराज ने कहा, ''उनसे कहना कि आपके आदेश के अनुसार शंकर वाघ को राजपुत्रों की सेवा से हटाया गया है।'' फिर सोचकर बोले, ''शंकर की नियुक्ति हमारे पास करें। आनेवाले यूरोप दौरे में उसे साथ ले जाएँगे।'' संपतराव ने जानकारी दी कि विवेकानंद की शिष्या भगिनी निवेदिता राजस्थान के ठाकुरों से मिलने के बाद बड़ौदा पधारनेवाली हैं। उनकी हलचल पर सरकार की बारीक नजर है। महाराज ने 'जानता हूँ' के अर्थ में हुंकार भरी।

बड़ौदा में भगिनी निवेदिता का मुकाम महाराज के गेस्ट हाऊस पर था। 'युवा भारत संघ' के सदस्यों को संबोधित करते हुए उन्होंने कहा, ''देश में अब अच्छा माहौल हैं। हर एक को अपनी शक्ति के अनुसार क्रांति के इस कार्य में हाथ बँटाना चाहिए। यह बड़ी बात हैं कि अरविंद घोष आपके बीच हैं।''

अरविंदजी के साथ देर रात महाराज ने मिलकर बातें कीं। कहा, ''आपके रियासत के लोग अच्छा काम कर रहे हैं। राजपूताना के ठाकुर और बाँग्ला के गुप्त क्रांतिदलों की आप यथासंभव सहायता करते रहिए।'' दूसरे दिन शहर में निवेदिताजी की सार्वजनिक सभा हुई। उसमें उन्होंने अध्यात्म के आधार से देशभक्ति के साथ शांति का संदेश दिया। ब्रिटिश खुफिया पुलिस चकमा खा गई। उधर वह मुंबई चली गई तो इधर अरविंदजी के

छोटे भाई वारिंद्रकुमार का बड़ौदा में आगमन हुआ। वे बंगाल के क्रांतिकारी आंदोलन के प्रमुख थे। खासेराव के पूछने पर उन्होंने बताया, ''अरविंद ही मेरे गुरु हैं। उन्होंने मुझे एक हाथ में नंगी शमशीर और दूसरे हाथ में गीता देकर शपथ दिलवाई है। शपथ के शब्द हैं—जब तक इस देह में प्राण हैं, तब तक मैं इस क्रांतिकार्य में सक्रिय रहूँगा। जब तक भारत माता गुलामी से मुक्त नहीं होती, तब तक मैं यह कार्य करता रहूँगा। मेरे क्रांतिकारी गुट को हानि पहुँचनेवाले एक शब्द का भी उच्चार मैं नहीं करूँगा। यदि मैंने देशद्रोह किया तो मेरे प्राणों से उसकी कीमत वसूल की जा सकती है।''

खासेराव ने बताया कि नर्मदा किनारे एक स्थान पक्का किया है 'भवानी माता मंदिर' के लिए। ढाँचा बन रहा है। आप माणिकरावजी के साथ चर्चा करें। बंगाली युवकों को किसी भी रियासत की सेना में भरती न किया जाए, इस सरकारी आदेश को न मानकर महाराज की अनुमति से जतीन बैनर्जी को बड़ौदा के अश्वदल में प्रवेश दिया गया, जिसे वारिंद्रकुमार ने ही भेजा था।

''बड़ौदा और कोल्हापुर रियासतों में यही बड़ा भेद है।'' अरविंदजी ने कहा, ''अपनी रियासत के देशभक्तों की गतिविधियों की जानकारी सरकार को देने का काम शाहू छत्रपति ने बराबर किया, लेकिन सयाजीराव ने ऐसा कभी नहीं किया।

''सयाजीराव महाराज ने क्रांतिकारी आंदोलन को सूखी हमदर्दी नहीं दिखाई बल्कि ठोस अदृश्य सुरक्षा कवच भी दिया।

''वारिंद्र,अब तुम जतीन के साथ भवानी मंदिर की योजना को अंमल में लाओ। महाराज के बाहर जाने से पूर्व मंजूरी लेंगे।'' अरविंद घोष ने कहा।

□

पच्चीस वर्षीय युवराज फत्तेसिंह के इंग्लैंड के कारनामों से महाराज चिंतित थे। विवाह करने से शायद ठिकाने आ जाएँगे, यह सोचकर फलटण रियासत के निंबालकर राजा की कन्या को पसंद किया गया। अपने छोटे बंधु संपतराव से अपने मन की व्यथा खोलते हुए महाराज बोले, ''संपतराव, आई-बाबा और राजमाता के जाने के बाद अकेलापन हमें खाए जा रहा है। हमारे पास सबकुछ है, लेकिन किसी बात में जी नहीं लगता। हमने एक उम्मीद के साथ रियासत में नई योजनाएँ लागू कीं, सुधार किए, प्रशासन सुचारु बनाया, लेकिन बड़ी सत्ता हमेशा रोड़े अटकाती रही। हम और रियासतों के राजा-महाराजाओं जैसे नहीं हैं, इसलिए हमारी आलोचना हुई, लेकिन हमने ध्यान नहीं दिया। चौबीसों घंटे रियासत का काम करते हुए पारिवारिक जिम्मेदारियाँ भी निभाईं। बड़ौदा की प्रगति से साहब को परेशानी है। ज्येष्ठ राजपुत्र की शिक्षा और आचरण पर हमें संतोष नहीं है। विवाह के बाद तो भी राह पर आ जाए!'' संपतराव बोल नहीं पाए।

फिर महाराज ने कहा, ''हमारे सामने सवाल है कि राजपुत्र की स्नातक तक की

शिक्षा पूरी नहीं हुई है। विवाह के बाद अधूरी शिक्षा पूरी करें या उन्हें राज्य के कारोबार में लगा दिया जाए?''

''महाराज, विवाह तो हो जाने दीजिए। बाद में देखा जाएगा क्या निर्णय करना है?''

''संपतराव, हमने अब तक कई बार कठोर निर्णय लिये हैं, लेकिन अब भावुक पिता और मातृछत्र से अनाथ बेटा के द्वंद्व में हम उलझ गए हैं। महारानी अच्छी हैं। सभी राजकुमारों को समान प्यार देती हैं, लेकिन आजकल सुन रहा हूँ कि राजगद्दी बड़े को ही मिलनेवाली होने से उनके प्रेम में कुछ अंतर आ रहा हैं। सुनकर दुःख हुआ। राजकुमार के कानों पर ये अफवाहें आईं तो क्या परिणाम होगा? इन्हें समझाया भी तो नहीं जा सकता। अपनी पीड़ा को हम न किसी से कह सकते हैं, न दिखा सकते हैं।'' संपतराव के सामने महाराज ने अपना दिल खोलकर रख दिया तो हल्का महसूस करने लगे। संपतराव के चले जाने के बाद महाराज फिर से अकेले सोच में डूब गए।

□

राजकुमार फत्तेसिंहराव का विवाह समारोह धूमधाम से मनाया गया। पूरी बड़ौदा नगरी इसमें सम्मिलित हुई थी। सयाजीराव महाराज के राज्यारोहण समारोह के बाद यही बड़ा शाही समारोह था। सभी आनंदित थे।

समारोह के बाद महाराज ने दीवान से कहा, ''हम यूरोप के दौरे पर जा रहे हैं। रेजीडेंट कर्नल मीड से सूचित कीजिए। हमारी तबीयत फिर से नासाज है इसलिए जाना पड़ेगा।'' दीवान के पत्र का मीड ने जबाब दिया, ''महाराज यदि हिंदुस्तान के बाहर जाना चाहते हैं तो 1900 के कर्जन सर्कुलर के अनुसार उन्हें हिंदुस्तान सरकार से अनुमति लेनी पड़ेगी।''

नाराज सयाजीराव रेजीडेंट से मिलने गए। मीड ने कहा, ''यदि आप एक अक्तूबर से पहले आने का लिखित वचन देंगे तो अनुमति के बारे में सोचा जाएगा, क्योंकि तब बादशाह के भारत आने की संभावना है।'' महाराज ने अपनी बात का आग्रह जारी रखा, ''हम हिंदुस्तान से दूर जा रहे हैं, इसका मतलब यह नहीं कि उनका स्वागत करना टाल रहे हैं। असली वजह यही है कि हमारी तबीयत खराब हैं। हमें नहीं लगता कि हम सरकार की इच्छा पूरी कर सकेंगे।''

कर्नल मीड ने महाराज को समझाने की बहुत कोशिश की, लेकिन महाराज पर कोई परिणाम नहीं हुआ। मीड ने घबराते हुए कहा, ''सरकारी अनुमति के बिना आप देश छोड़ नहीं सकते। फिर भी आप चले गए तो सरकार आपको बंदी तो नहीं बनाएगी, लेकिन गंभीर काररवाई का सामना करना पड़ेगा।''

''हम अपनी पोजीशन से वाकिफ हैं। आप क्या हमें आपका नौकर समझते हैं? हम मालिक हैं। क्या करना चाहिए और क्या नहीं करना चाहिए, हम अच्छी तरह से

जानते हैं। यदि कोई हमारी स्वाधीनता को नियंत्रित करना चाहे तो उसके बारे में निर्णय करना हमारा अधिकार है। हम आपके प्रश्नों के उत्तर पहले ही दे चुके हैं। सरकार को जो निर्णय करना है, करे।''

कर्नल मीड ने महाराज को मित्रता के नाते समझाने का प्रयास किया, लेकिन महाराज नहीं माने। संपतराव के साथ राजमहल लौट आए। अपने स्वास्थ्य को लेकर उनकी चिंता गलत नहीं थी। संपतराव की समझ में नहीं आ रहा था कि महाराज को कैसे शांत करे? महाराज ने कहा, ''पिछले चार वर्षों से हम विदेश नहीं गए। रियासत में प्लेग का फैलाव, अकाल का संकट, कर्जन की तानाशाही, सबका मुकाबला हमने हिम्मत से किया। अब उनकी दहशत में न आकर हम सफर पर जा रहे हैं।'' और महाराज विदेश दौरे पर निकल पड़े। पेरिस होते हुए लंदन पहुँचे। वहाँ ईस्ट इंडिया एसोसिएशन के एक कार्यक्रम में उन्हें अध्यक्ष बनाया गया। समापन के भाषण में उन्होंने कहा, ''हिंदी रियासतों की प्रगति का लेखा-जोखा करते समय बौद्धिक और नैतिक कमियों के साथ शिक्षा की कमी को भी नजरअंदाज नहीं करना चाहिए। उनकी राजनीतिक पाबंदियों पर भी विचार करना चाहिए। राजा यदि ठीक प्रशासन नहीं कर रहे हैं तो प्रजा को आगे बढ़कर उनको अपने कर्तव्य और जिम्मेदारियों को पूरा करने के लिए जोर देना चाहिए।'' सयाजीराव के भाषण से अंग्रेज अधिकारियों में हलचल मच गई।

□

लंदन का 'इंडिया हाउस' हिंदुस्तानी छात्रों की गतिविधियों का केंद्र बन चुका था। श्यामकृष्ण वर्मा इसके प्रमुख थे। मुंबई विश्वविद्यालय की छात्रवृत्ति लेकर पांडुरंग महादेव बापट 5 अगस्त, 1904 को लंदन पहुँचे। उनके आने पर गतिविधियाँ तेज हो गईं। एक सभा में बापट ने 'ब्रिटिश रूल इन इंडिया' विषय पर निबंध पढ़ा। उनका आरोप था कि ब्रिटिश राज्यकर्ता अपने स्वार्थ के लिए मेरे देश का शोषण कर रहे हैं। इसलिए युवकों को नरमदल का साथ छोड़कर क्रांति का मार्ग स्वीकार करना चाहिए। इसका परिणाम यह हुआ कि विश्वविद्यालय ने उनकी छात्रवृत्ति बंद कर दी। वर्माजी ने मदनलाल ढींगरा, सावरकर, मिर्जा अब्बास, प्रधान आदि की सहायता से बापट की सहायता की। आर.जी. प्रधान, जो नासिक की 'अभिनव भारत' संघटना में काम करते थे, ने बड़ौदा नरेश से मिलने की बात की। बापट ने कहा, ''हम महाराज से कुछ नहीं माँगेगे। मार्गदर्शन जरूर लेंगे।'' प्रधानजी बापट को लेकर महाराज से मिले। बापट ने कहा, ''महाराज, आपके प्रति मुझे आदर है। लेकिन दरअसल मुझे राजे-महाराजे पसंद नहीं। उन्हें भारत की प्रजा की कोई चिंता नहीं। ऐशो-आराम फरमानेवालों के प्रति मुझे बिल्कुल हमदर्दी नहीं।'' बापट की दो टूक बात महाराज को अच्छी लगी। बोले, ''आपके साफ विचार सुनकर संतोष हुआ। मैं भी राजेशाही नापसंद करता हूँ। मैं जनतंत्र पसंद

करता हूँ। आपका निबंध हमने पढ़ा और उसके वितरण का प्रबंध भी कर दिया। हमने उसका मराठी अनुवाद भी करवाया और सर्वत्र पहुँचा दिया। हिंदुस्तान लौटने पर हमसे अवश्य मिलिए। अरविंद घोष और केशवरावजी से कहकर आपकी मुलाकात वहाँ के युवकों से करवाएँगे।'' महाराज ने कहा।

महाराज को धन्यवाद देकर प्रधान और बापट 'इंडिया हाउस' लौट आए।

खासेराव जाधव के निवास पर हुई बैठक में भवानी मंदिर और गंगनाथ भारतीय विद्यालय की जानकारी दी गई। नर्मदा किनारे चाँदोड़ के पास ब्रह्मानंद स्वामी के आशीर्वाद से और उनके शिष्य केशवानंदजी के आश्रम में यह शुरू किया गया। सतारा छत्रपति के वकील रंगो बापूजी ही ब्रह्मानंद स्वामी बन गए थे। इस विद्यालय की समिति में केशवानंद, खासेराव जाधव, अरविंद घोष, रामचंद्र जोग, गणेश साने, माणिकराव, केशवराव देशपांडे आदि सदस्य थे।

विद्यालय का उद्देश्य देशभक्त युवकों को क्रांति के लिए शस्त्र-शिक्षा देना था, लेकिन साथ-साथ आश्रम की खेती, गौशाला आदि के माध्यम से आस-पास की जनता को भी शिक्षित करेंगे। बलोपासना पर जोर होगा। भारतीय गुरुकुल प्रणाली और आधुनिक शिक्षा का सुंदर समन्वय किया जाएगा। 17 मई, 1905 को श्रीगणेश निश्चित किया गया।

□

लंदन से महाराज स्विट्जरलैंड गए। कुछ दिनों के विश्राम के बाद यूरोप के कुछ नगरों की यात्रा कर पेरिस पहुँचे। महाराज बहुत दिनों से अमेरिका देखना चाहते थे। एक मित्र की सिफारिश अमेरिकी राजदूत वाइटलॉ रीड ने अमेरिकी सेक्रेटरी ऑफ स्टेट्स को लिखा, ''महाराज और महारानी गायकवाड़ अमेरिका आ रहे हैं। महाराज बुद्धिमान राजा हैं। यूरोप की राजनीति और संस्थानों से भलीभाँति परिचित हैं। अमेरिका की शिक्षा संस्थाओं का अवलोकन कर उसके अनुसार अपनी रियासत के छात्रों को लाभ देना चाहते हैं।'' यथाक्रम अमेरिका यात्रा का आरंभ हुआ। बहुत दिनों बाद महाराज ने डायरी लिखी, ''मुक्त अमेरिका के प्रथम दर्शन से मुझे अपने घर होने का अहसास हुआ। पाश्चात्यों के बंधनों की अपेक्षा यहाँ की आजादी की फिजा अपनी लगने लगी। अमेरिका की हर क्षेत्र की प्रगति, प्रौद्योगिकी की गति और व्यवस्थापन कुशलता को देख चकित रह गया। श्रम ही सच्ची दौलत है। निरंतर कार्यशीलता यहाँ का मूलमंत्र है। जाति-धर्मों और वर्गों की दीवारें यहाँ नष्ट हो चुकी हैं। सबको एक स्तर पर लानेवाले समाज जीवन का चित्र देखकर हैरान हूँ। मामूली मजदूर भी यहाँ सीना तानकर चलता है।''

हमने अमेरिका के महत्त्वपूर्ण विश्वविद्यालयों का काम देखा। अपने किसी राजपुत्र को पढ़ने के लिए भेजने के बारे में निजी सचिव को बताया। दो बुद्धिमान छात्रों को

समाज शास्त्र का अध्ययन करने और दो को व्यवस्थापन शास्त्र का अध्ययन करने के लिए छात्रवृत्ति देकर भेजने के लिए भी कह दिया।

न्यूयॉर्क शहर के राष्ट्रीय इतिहास और वस्तु संग्रहालय के अधिकारी मि. बम्पस महाराज के मित्र बन चुके थे। उनसे सलाह कर डॉ. चार्ल्स कुथबर्ट को बड़ौदा का शिक्षा सलाहकार बनाया गया। अद्‍भुत अमेरिका ने महाराज पर मानो मोहनी डाले रखी थी। रेजीडेंट को टेलीग्राम भेजा, ''मुक्त अमेरिका की यात्रा से हम बहुत खुश हैं।'' बड़ौदा में नए रेजीडेंट मेजर प्रिटयर्ड नियुक्त हो चुके थे। उन्होंने महाराज को जल्दी लौटने के लिए चिट्‍ठी लिखी थी। जवाब में महाराज ने लिखा कि हिंदुस्तान सरकार से जो अपमानजनक व्यवहार हुआ उसकी प्रतिक्रिया के स्वरूप अपने निर्णय के अनुसार ही जब चाहें, तब लौटेंगे।

भारतमंत्री लॉर्ड जॉन मोर्ले को महाराज ने 21 सितंबर, 1906 को एक चिट्‍ठी लिखी, ''अभी-अभी हम अमेरिका यात्रा से लौट आए हैं। स्वास्थ्य अच्छा हो गया हैं। भारतीय रियासतों के राजाओं के साथ जो बरताव किया जा रहा है, उसमें सुधार आवश्यक हैं। अपने राज्यों की प्रगति के लिए देशी राजाओं को अधिक स्वायत्तता और स्वतंत्रता देनी चाहिए। जनता अच्छे प्रशासन की माँग कर रही है। हमने अपनी रियासत में पंचायत द्वारा जनता को अधिकार दिए हैं। देशी राजाओं पर अनावश्यक बधनों को हटाना चाहिए। आपसे विस्तारपूर्वक बात करना चाहता हूँ।'' भारतमंत्री ने समय पर प्रतिसाद नहीं दिया। 1906 के नवंबर में महाराज हिंदुस्तान लौटे। तब तक बादशाह 'प्रिंस ऑफ वेल्स' का दौरा हो चुका था। ब्रिटिश अधिकारियों को यकीन था कि सयाजीराव ने बादशाह को टालने के लिए ही विदेश दौरा किया था।

□

मुंबई में दिसंबर में हुई 'राष्ट्रीय सामाजिक परिषद्' की अध्यक्षता में सयाजीराव ने जो भाषण किया, उसे लॉर्ड कर्जन पढ़ रहे थे। महाराज ने भाषण में कहा था, ''सामाजिक सुधार के लिए हमने बड़ौदा में बाल-विवाह विरोधी कानून बनाया है। विधवा पुनर्विवाह भी आज की आवश्यकता है। अस्पृश्योद्धार, सहभोजन, विदेश-गमन, शराबबंदी, बहुपत्नी निषेध आदि कई नए सुधार हो रहे हैं। इसमें दो अवरोध हैं। एक है जातिभेद, दूसरे, महिलाओं की परिस्थिति। सामाजिक दोषों को जड़मूल से उखाड़ने के लिए शिक्षा की आवश्यकता है। देश-प्रेम और एक संघ राष्ट्र की आवश्यकता है। देश-बंधुत्व हमें जातिभेद का इलाज लगता है।

''हमारा इतिहास और संस्कृति समृद्ध है। देश की साधन-संपत्ति विपुल है। बुद्धिमानों की भी कोई कमी नहीं, फिर क्या कमी है, कहाँ गलती हो रही है ? यह हालत भाग्य के कारण नहीं, कर्तव्य न करने के कारण है।

''एकता और बंधुता वर्तमान की आवश्यकता है। हमें अखिल भारतीय भविष्य का ध्येय सामने रखना चाहिए। हम सब हिंदी हैं, इस भावना से ही सफलता मिलेगी।''

भाषण पढ़कर कर्जन की समझ में आ गया कि सयाजीराव ब्रिटिश सत्ता को ग्रसनेवाला ग्रहण है। उसका प्रतिरोध करना होगा। कर्जन ने 'प्रिंस ऑफ वेल्स' के दौरे के समय सयाजीराव की अनुपस्थिति को लेकर बड़ा हंगामा मचाया, लेकिन बादशाह एड्वर्ड की तरफ से बड़े लाटसाहब को पत्र आया, ''प्रिंस ऑफ वेल्स के दौरे के समय प्रकृति स्वास्थ्य ठीक न होने से उपस्थित न रह सकने के लिए खेद प्रदर्शित करनेवाला पत्र सयाजीराव ने भेजा है। अत: वाइसरॉय को उनकी स्वाधीनता को सीमित करने की आवश्यकता नहीं।''

स्वयं बादशाह के ऐसे कहने पर कर्जन क्या करता? फिर नए अवसर की प्रतीक्षा!

□

17

गंगनाथ भारतीय विद्यालय का काम सुचारु ढंग से चलने लगा तो अरविंद घोष ने बड़ौदा छोड़ने का विचार किया। खासेराव से उन्होंने कहा, "बंगाल में मेरी आवश्यकता अनुभव की जा रही है। 'युगांतर' पत्रिका और आंदोलन का काम यहाँ रहते हुए मुश्किल से होगा, इसलिए मैंने यह निर्णय किया है।"

"महाराज ने आपको बड़ौदा कॉलेज का उपप्राचार्य बना दिया, तब से कालेज के कार्यक्रमों में नई चेतना आ गई है। छात्र राष्ट्रीय विचारों से प्रेरित हुए हैं। ऐसे में··· ?"

"हाँ, मुझे भी दु:ख हो रहा है, लेकिन कर्तव्य बड़ा है। और आप, केशवराव और माणिकराव काबिल लोग हैं।"

"कलकत्ते में क्या करने का इरादा है?"

"बंगाल नेशनल कॉलेज ज्वायन करूँगा। वेतन 150 रु. है। साथ में 'युगांतर' और अन्य काम होते रहेंगे।"

"आप बड़ौदा आए, तब महाराज ने 200 रु. मासिक वेतन निश्चित किया था। आज 750 रु. मिल रहे हैं।"

"इसीलिए तो मैं माधवराव को स्विस अकादमी के लिए रुपए भेज सका" अरविंद ने कहा।

अरविंदजी के बड़ौदा छोड़ने का समाचार खासेराव ने महाराज तक पहुँचाया। यात्रा से महाराज का तुरंत पत्र आया, "अरविंद घोष को मनाने का भरसक प्रयास करना। मैं चाहता हूँ कि मेरे आने तक वह कॉलेज न छोड़ें।"

बंगाल के कार्यों के लिए अरविंदजी ने लंबी छुट्टी ली और कलकत्ता चले गए।

□

वाइसरॉय ने रेजीडेंट कार्यालय को रमेशचंद्र दत्त के बारे में सतर्क रहने की सूचना देते हुए लिखा,

"बड़ौदा महाराज रमेशचंद्र दत्त को इंग्लैंड से ही जानते हैं और उन्हें रियासत

में आने के लिए आग्रह कर रहे हैं। रमेशचंद्र दत्त आई.सी.एस., कुशल प्रशासक सैंतालिस की उम्र में स्वेच्छा से निवृत्त हुए है और अकाल के लिए शासन को जिम्मेदार मानते हैं। उन्नीसवीं शताब्दी के एकमात्र भारतीय हैं, जिन्हें विभागीय कमिश्नर बनाया गया था। रामायण, महाभारत के अंग्रेजी अनुवादक दत्त ने लंदन विश्वविद्यालय में अध्ययन भी किया है। 1903 में बड़ौदा रियासत में रेवेन्यू कमिश्नर बने। राष्ट्रीय कांग्रेस के अधिवेशन में बड़ौदा नरेश ने दत्त की एक पुस्तक का विमोचन करते हुए कहा था कि इस देश की गरीबी के लिए सरकार ही जिम्मेदार है। लोगों को चाहिए कि तंत्र-शिक्षा प्राप्त करें और सोने-चाँदी की अपेक्षा उद्योगधंधों में निवेश कर देश की प्रगति में हाथ बँटाएँ।

''दत्त का बड़ौदा के नायब दीवान होते हुए राष्ट्रीय कांग्रेस का अध्यक्ष बन जाना और महाराज का उनको पुरस्कृत करना गंभीर घटना है। महाराज का उन्हें दीवान बनाने का इरादा है। ऐसे में सरकार को सावधानी की आवश्यकता है।''

रेजीडेंट समझ गया कि सयाजीराव को नियंत्रण में रखना दिन-ब-दिन कठिन होनेवाला है।

□

'डायरेक्टर ऑफ लाइब्रेरीज' डॉ. बार्डेन के काम से महाराज प्रसन्न थे। शिक्षा के अनिवार्य होने के बाद सार्वजनिक पुस्तकालयों की आवश्यकता को महाराज ने पहचाना था और इस काम में डॉ. बार्डेन ने जी-जान से प्रयास किया। वाचनालय के लिए स्वतंत्र विभाग बनाया गया। डॉ. बार्डेन ने कहा, ''हर गाँव में वाचनालय की योजना है, जिसमें लोगों की सहभागिता पर जोर दिया गया है। प्रजा जितनी रकम जमा करेगी, उससे दुगुनी सरकार से मिलेगी। छोटे गाँवों के लिए 'सयाजी वैभव' 'घुमंतू-संदूक' की योजना है। हर संदूक में पचास पुस्तकें। चौथे दिन अगले गाँव जाएँगी। आयरलैंड के बाद दुनिया में ऐसी योजना सिर्फ अपने बड़ौदा में है।''

''दान सत् पात्र को मिले। मैंने अपने ग्रंथ सेंट्रल लाइब्रेरी को दिए हैं। राज्य के अन्य विद्वानों को अपनी पुस्तकें देनी चाहिए। और हाँ, ग्रंथपालों के प्रशिक्षण का भी प्रबंध होना चाहिए। उसकी भी रूपरेखा बनाइए।''

डॉ. बार्डेन को धन्यवाद देते हुए महाराज ने कहा, ''आप बड़ा मूल्यवान काम कर रहे हैं। ग्रंथ ही मनुष्य के मन की मशक्कत करते हैं। इसमें अपनी क्षमताओं का विकास होता है। आनेवाली पीढ़ी आपको धन्यवाद देगी।''

□

महाराज टहलने निकले थे, तब पहले भी दो-एक बार मिल चुके एक अपने आपको विद्वान् समझनेवाले व्यक्ति ने उन्हें रोककर कहा, ''महाराज, आप मराठा हैं।

आप को चाहिए कि मराठों के लिए कुछ ज्यादा काम करें। आप न भूलें कि आपका जन्म मराठा खानदान में हुआ है।''

उस आदमी की तरफ नाराजगी से देखते हुए महाराज ने कहा, ''मेरे लिए सब समान हैं। मराठों के साथ मैंने अन्य भी कई जातियों को सहूलियतें दी हैं। मेरी नीति यही है कि पढ़कर वे भी अन्य पढ़ी-लिखी जातियों की बराबरी करें। इससे ज्यादा मैं कुछ नहीं कर सकता।''

''आप इस बारे में कोई हुजूर हुक्म क्यों नहीं प्रकाशित करते ?''

''मेरी नीति यही है कि आप जैसी सोचवाले लोग हमारे पास जितना कम आएँ, उतना अच्छा। वरना मुझे निजी विभाग को सूचित करना पड़ेगा।''

अपने आपको विद्वान् समझनेवाले की सूरत देखते ही बनती थी। उसके जाने के बाद महाराज ने आनंदराव से कहा, ''यह अपने ही लोग जाति के नाम पर अधिक सहूलियतें पाना चाहते हैं ? अपनी इस कूपमंडूकवाली प्रवृत्ति को यह जब तक नहीं छोड़ेंगे, तब तक शिक्षा, प्रगति, परिवर्तन से दूर ही रहेंगे। हमें प्रयास करना होगा कि यह इस बात को समझें।''

सुबह से ही सयाजीराव अपने दालान में परेशान से बैठे हुए थे। बाहर बैठे सचिंत सरदेसाईजी से संपतराव ने कहा, ''आइए सरदेसाईजी, महाराज को अकेले छोड़ने से बेहतर होगा कि हम उनका दिल इधर-उधर की बातों से बहलाने की कोशिश करेंगे।'' दोनों के भीतर जाने जाने के बाद महाराज उद्वेग से ऐसा बोलने लगे, जैसे पानी का बाँध टूट गया हो। उन्होंने कहा, ''संपतराव, राज्य के कारोबार के कितने ही मुश्किल मसलों को हमने सफलतापूर्वक हल किया। शक्तिशाली ब्रिटिशों के साथ प्रतिदिन संघर्ष जारी है लेकिन पारिवारिक जिम्मेदारी में हम पूरी तरह से हार गए हैं।''

''कुछ-न-कुछ मार्ग निकलेगा। आप ही हार गए तो हम क्या कर सकते हैं ?''

''हमने हिम्मत नहीं हारी है, लेकिन हमारा पूरी तरह से भ्रम भंग हो चुका है। कल रातभर सो नहीं सके। अकेलेपन का अहसास इधर बार-बार होने लगा है। सरदेसाईजी, हम आपको कितनी तकलीफ दे रहे हैं ! नींद न आने पर आपको बुलाकर आपसे किताबें पढ़वा लेते हैं लेकिन कल रात की बात कुछ अलग ही थी।'' लंबी साँस लेकर मन को मजबूत कर फिर महाराज बोले, ''मैंने राज्य में कई साहसपूर्ण प्रयोग किए, लेकिन राजपुत्रों को पाश्चात्य शिक्षा देने का प्रयोग पूरी तरह से असफल रहा। तीनों राजपुत्रों की बड़ौदा में शिक्षा की प्रगति ठीक थी। उन्हें उच्च शिक्षा के लिए विलायत भेजा, तज्ज्ञ गार्जियन की नियुक्ति की, सारी सुविधाएँ मुहैया करा दीं, इसके बावजूद फत्तेसिंहराव फिजूल खर्च और भोगासक्त युवकों की संगत में बह गए। गार्जियन ने आगाह किया था, लेकिन हमारी समझ में नहीं आय। कि करें तो क्या करें ? फत्तेसिंहराव को कॉलिज से घर

भेज दिए जाने पर हमने उनका विवाह करा दिया और सोचा कि अब तो सुधर जाएँगे।

"दरम्यान हमारी और एक परेशानी बढ़ गई। जयसिंहराव और शिवाजीराव दोनों राजपुत्र इंग्लैंड में पढ़ रहे थे, उनके खर्चे सीमा से बाहर जाने लगे। हमारे यह कहने पर कि नियत रकम में ही खर्च करना होगा, तो हमारी नीति को कंजूस कहा गया। कहा गया कि क्या राजपुत्र भिखारियों की तरह रहें? गलती हमारी ही थी। बचपन से इन्हें लाड़-प्यार से पाला-पोसा। ज्यादा रुपया गलत रास्ते ले जाता है। आपके बड़े भाई के साथ जो हुआ, वह आपके साथ न हो। आप स्वयं अपने दायित्व को समझकर अपने अभिभावक बन जाइए। पुरानी गलतियों को दोहराने से आपको ही आगे चलकर भुगतना पड़ेगा—इन शब्दों में जयसिंहराव को समझाया, लेकिन कोई लाभ नहीं। फत्तेसिंहराव के नक्शे-कदम पर ही चल रहे हैं, यह सुनकर हम क्या करें?" असहाय सयाजीराव ने संपतराव की तरफ देखते हुए कहा, "अब यह भी पता चला है कि उन्हें कॉलेज से निकाला गया है।"

उदास महाराज सोचते रहे कि राजपुत्रों को अच्छी-से-अच्छी शिक्षा मिले, इसकी चिंता की, लेकिन जो सामने आई, वह बड़ी असफलता थी। कर्तव्य कुशल राजा की अपेक्षा अभागे पिता की पीड़ा दूसरों के सामने कैसे प्रकट करें?

"महाराज, आज पिछड़े वर्गों के छात्रों के छात्रावास के उद्घाटन का कार्यक्रम था। उसे मुल्तवी कर देंगे।" संपतराव ने कहा।

"नहीं संपतराव" महाराज ने निश्चयपूर्वक कहा, "नियत कार्यक्रम तो होगा ही। अपनी निजी पीड़ा और असफलता को चार दीवारों में ही रहने दीजिए। पिछड़े वर्गों के छात्रों के लिए जो काम करना है, वह हमें उतना ही महत्त्वपूर्ण लगता है।" मुड़कर महाराज ने सरदेसाईजी से कहा, "निरंतर कार्यमग्नता से हम निजी दुःखों-तनावों पर मात कर सकते हैं। राजधर्म हमारी प्राथमिकता है।"

□

दालान में बैठे महाराज ने विद्याधिकारी से कहा, "संध्या को और एक कार्यक्रम है। हमारे अतिथि विट्ठल रामजी शिंदे पधारे हैं। इंग्लैंड में धर्म-शिक्षा पाई है। दरबार हॉल में इनका सत्कार समारोह करना है। हमने इन्हें दलित बस्ती में शुरू किए स्कूलों का निरीक्षण करने भेजा था।"

"हमें बता देते तो इनके साथ एक जानकार को भेज देते।" विद्याधिकारी ने कहा।

"यही तो हम नहीं चाहते। बिना सूचना दिए ही निरीक्षण करने से यथार्थ का पता चलता है। हमने बड़ौदा में जो छात्रावास शुरू किए हैं, ऐसे इस वर्ष दस बड़े गाँवों में करने का ढाँचा बनाइए। नायब दीवान को खर्च का प्रबंध करने के लिए कह दिया है।" महाराज ने कहा।

छात्रावास के उद्घाटन समारोह में महाराज ने भाषण दिया, ''मेरे बालमित्रो और शिक्षा के लिए आस्था रखनेवाले प्रजाजनो, आज मैं बहुत प्रसन्न हूँ। छात्रावास का मेरा सपना आज पूरा हुआ। आपकी ओर देखता हूँ तो मुझे मेरा बचपन याद आया। मैं स्कूल नहीं जाता था। पढ़ाई का महत्त्व ही हमारे अभिभावक नहीं जानते थे। बारहवें-तेरहवें वर्ष जब बड़ौदा आए तब हमारी पढ़ाई शुरू हुई। अक्षरों की संगत में हमने दुनिया देखी। तब हमने निश्चय किया कि हमारी सारी प्रजा को पढ़ाना है।

''गरीब पढ़ नहीं सकता, उसके लिए हमने यह सुविधा निर्माण की है। अछूतों को गाँव के बाहर रखा गया। हमें यह भेदभाव मंजूर नहीं। हमने उनके लिए स्कूल खोले। उन्हें पढ़ाने के लिए शिक्षक तैयार नहीं थे, तब हमने मुसलिम शिक्षकों को ज्यादा वेतन देकर नियुक्त किया। बड़ौदा शहर में यह बच्चे यहाँ पढ़ेंगे, रहेंगे। सारी सुविधाएँ पाएँगे। देशी खेलों की शिक्षा माणिकराव देंगे।

''अछूत बालक हमारी ही प्रजा हैं। पढ़ने से उनके जीवन में बदलाव आएगा। उनकी उन्नति के लिए समाज के सभी घटकों को अपना योगदान देना चाहिए।

''बालमित्रो, आपको 'डिप्रेस्ड' याने दलित कहा जाता है। मुझे यह बात पसंद नहीं। आपको दलित नहीं रहना है। मेरी राय है कि सभी जातियों के बच्चों को पढ़ना चाहिए। जाति-भेद, पूर्वाग्रह, लोकभ्रम आदि बुराइयों को शिक्षा ही नष्ट कर सकती हैं। इसलिए हम आज ही आदेश जारी करते हैं कि आनेवाले वर्ष में राज्य में कम-से-कम दस छात्रावास अस्पृश्य छात्रों के लिए शुरू किए जाएँ।

''छुआ-छूत, मंगल-अमंगल जैसी कल्पनाओं को धर्म और रूढ़ियों में दृढ़ बनाया है। मानवता की दृष्टि से यह बेअंत हैं। इसीलिए हम हिंदू विश्व के अन्य लोगों से पिछड़े हुए हैं। अस्पृश्यता की समस्या राष्ट्रीय महत्त्व की है। सबको मिलकर इसे मिटाना होगा।

''मेरे बालमित्रो, तुम लोगों में बड़ी ऊर्जा है। शिक्षा से तुम्हें उसका पता चल जाएगा। यह अवसर आपको उपलब्ध कराना मैं अपना फर्ज मानता हूँ। आपको इस अवसर को सफल बनाना है। आज के कार्यक्रम में श्री विट्ठल रामजी शिंदे उपस्थित हैं। हमारे आज के खास मेहमान। हमें गर्व है कि विदेश जाकर धर्म का अध्ययन कर आए हैं।'' महाराज का भाषण समाप्त हुआ।

□

संध्या को दरबार हाल में विट्ठल रामजी शिंदेजी का सम्मान किया गया। प्रास्तविक में खासेरावजी ने कुछ मराठा नेताओं का जिक्र किया, जिन्हें शिंदेजी का 'प्रार्थना समाज' में सम्मिलित होना पसंद नहीं था। वे चाहते थे कि शिंदे मराठों के लिए ही काम करें। शिंदेजी कुछ बेचैन महसूस कर रहे थे। महाराज के पास जाकर बोले, ''बड़ौदा के कुछ लोग नाराज हों तो मुझे सम्मान के योगय न समझा जाए। 'प्रार्थना समाज' सबके लिए

है। मैंने जो शिक्षा पाई, वह मराठों के साथ सबके लिए है। महाराज आज मात्र मराठों के नहीं, सबके हैं। मैं भी आपका अनुयायी हूँ।''

महाराज ने शिंदेजी का सम्मान करते हुए कहा, ''आपका कहना उचित है। इसीलिए तो आपको हम सबकी तरफ से यह सम्मान है। अछूत समाज के लिए हमने पाठशालाएँ खोली हैं। आपने उनका निरीक्षण किया है। उसके बारे में अपनी राय बताएँ।''

सम्मान के उत्तर में विट्ठल रामजी शिंदे ने कहा, ''श्रीमंत सयाजीराव और उनके कार्य के प्रति मुझे बहुत आदर है। महाराज कृपा से ही मैं विदेश जा सका। धर्मशास्त्र का अध्ययन कर सका। मेरा काम बड़ौदा तक सीमित रहनेवाला नहीं है इसलिए बड़ौदा में नौकरी करने की शर्त भी आपने हटाकर मुझे उपकृत किया।

''महाराज के आदेशानुसार मैंने अछूतों की पाठशालाओं का निरीक्षण किया। बहुत महत्त्वपूर्ण काम हो रहा है। अछूतों को सद्हेतु से ही पढ़ाया जा रहा है। पाँचवीं कक्षा के बाद यह बच्चे फिर आवारा भटकने लगते हैं। उन्हें आगे की पढ़ाई के लिए वजीफा और नौकरियाँ देनी चाहिए। आज सुबह छात्रावास के उद्घाटन समारोह में मैंने महाराज का भाषण सुना। उनके विचारों से मैं अभिभूत हुआ हूँ। महाराज, मैंने जीवनभर 'प्रार्थना समाज' का काम करने का प्रण लिया है, उसमें अस्पृश्य समाज का काम भी सम्मिलित है। उसके लिए आपकी कृपा बनी रहे।''

''विट्ठल रामज शिंदेजी ने जो इच्छा व्यक्त की है,उसे हम महत्त्व का काम मानते हैं। उनके कार्य की सफलता की कामना करते हैं और हमारे सहयोग के बारे में भी आश्वस्त करते हैं।'' महाराज ने कहा।

दरबार समाप्त हो गया। महाराज राजमहल लौटने लगे, तब फिर पारिवारिक जिम्मेदारी की चिंता ने मन में चंचु-प्रवेश किया।

□

18

अखिल भारतीय राष्ट्रीय कांग्रेस का अधिवेशन 1906 में कलकत्ता में होनेवाला था। उसके अंतर्गत सामाजिक परिश्रम की अध्यक्षता सयाजीराव गायकवाड़ करनेवाले थे। इसलिए 'राज्यारोहण रौप्य महोत्सव' को बाद में मनाने का निश्चय हुआ। सयाजीराव का मुकाम कूच बिहार महाराज के महल में था।

खेलों की समिति के सेक्रेटरी अतुलचंद्र ने बड़ौदा के क्रीड़ातज्ज्ञ माणिकराव का प्रबंध अपने ही घर पर किया था। अतुलचंद्र ने उनसे कहा, ''आपको दादाभाई नौरोजी की सुरक्षा व्यवस्था का सेनापति बनाया गया है। आपके सहायक होंगे—सुभाषचंद्र बोस।'' सुभाष तब किशोर थे।

अधिवेशन के अध्यक्षीय भाषण में दादाभाई ने सरकार पर कड़े शब्दों में टिप्पणी की—''हम सरकार से कृपा की याचना नहीं करते। हमें न्याय चाहिए। हिंदुस्तान की जनता को स्वदेशी उत्पादों का प्रयोग करना चाहिए। विदेशी का बहिष्कार करना चाहिए। हिंदुस्तान में जो शिक्षा दी जा रही है, वह क्लर्क और नौकर पैदा करने के लिए है। इसका देशोन्नति के लिए कोई उपयोग नहीं। हमें राष्ट्रीय शिक्षा संस्थाओं को स्थापना करना चाहिए।''

खेलों की प्रतियोगिता के लिए चौसठ अखाड़ों के खिलाड़ी आए थे। जापान, अमेरिका, फ्रांस, इंग्लैंड से भी पधारे थे। अतुलचंद्र ने माणिकराव से कहा, ''क्रीड़ा समिति ने पारितोषिकों का निर्णय पहले से ही कर रखा है। पहले, दूसरे और तीसरे पारितोषिक क्रमशः अमेरिका, जापान और हिंदुस्तान को दिए जाएँगे।'' सयाजीराव और क्रांतिकारकों के बीच कड़ी का काम करनेवाले माणिकराव सुनकर हैरान हो गए। उन्होंने अतुलचंद्र से कहा, ''बिना सामना किए इस तरह पुरस्कार देना गलत है और फिर हिंदुस्तान को तीसरे क्रमांक का पुरस्कार देकर अपमान क्यों कर रहे हैं?''

''अजी, हिंदुस्तान के चौंसठ अखाड़े। उनमें आपस में कोई मेल नहीं। बाहर से आए खिलाड़ियों के साथ कौन खेलेंगे, कैसे खेलेंगे? और वैसे भी बाहर से आए खिलाड़ी हमसे बेहतर हैं।''

"आप खेल के बारे में कुछ नहीं जानते। सभी अखाड़ों से बात कर मैं अपने बेहतरीन खिलाड़ियों का चयन करूँगा। सामना होने दीजिए, जो जीतेगा वह पुरस्कार पाएगा।"

अरविंद घोष से मिलकर माणिकराव ने यह बात सुनाई। दूसरे दिन 'वंदे मातरम्' समाचार-पत्र में इस पर टिप्पणी प्रकाशित हुई।

सयाजीराव के कानों पर माणिकराव की गतिविधियाँ गईं। उन्होंने उनसे मिलने के लिए कहा। माणिकराव व्यस्त होने से नहीं जा सके। माणिकराव अखाड़ों से मिले। उन्हें हिंदुस्तान के प्रतिनिधि के रूप में चुना गया।

राष्ट्रीय कांग्रेस अधिवेशन में सयाजीराव महाराज ने औद्योगिक प्रदर्शनी का उद्घाटन किया। अपने उत्स्फूर्त भाषण में महाराज ने कहा, "इस प्रदर्शनी के बहाने मैं स्वदेशी पर बोलनेवाला हूँ। स्वदेशी का आंदोलन देश की उन्नति का मार्ग है। कम-से-कम खर्च में अधिक-से-अधिक उत्पाद स्वदेशी का प्रधान ध्येय होना चाहिए। देशी माल कुछ महँगा और कम गुणवत्ता का हो, तो भी खरीदना चाहिए। यहाँ की रेलगाड़ियाँ भी विदेशी पूँजी से बनाई जाती हैं।

"मैंने कई देश देखे हैं। अमेरिका में औद्योगिक शिक्षा का बेहतर प्रबंध किया गया है। सरकारी खर्चे से पढ़ाया जाता है। हमारे यहाँ भी ऐसे संस्थान बनने चाहिए। पाश्चात्य संस्कृति के दोषों को भी मैं भलीभाँति जानता हूँ। हमें अपने नैतिक मूल्यों का त्याग किए बिना उनके श्रम के गुण का अनुकरण करना चाहिए। यूरोप में मजदूरों की विशेष देखभाल होती है। यहाँ के उद्योजकों को भी मजदूरों का हित देखना चाहिए। हमने अपनी रियासत में इसके लिए कानून बनाए हैं।

"राष्ट्रीय व सामाजिक एकता तथा परिश्रम और मेहनत से जापानी लोगों ने जो आदर्श निर्माण किया है, हम यदि उसका अनुकरण कर सकें तो मातृभूमि की सुरक्षा कर पाएँगे। हिंदुस्तान कृषि-प्रधान देश है। उद्योग और खेती में समन्वय होना चाहिए। हमारे यहाँ टाटा जैसे उद्योजक और देशभक्त अच्छा काम कर रहे हैं। मुझे विश्वास है कि यूरोप से भी बढ़-चढ़कर वह काम कर सकेंगे। हम उनकी पूरी सहायता करेंगे।" तालियों की गड़गड़ाहट में महाराज का भाषण संपन्न हुआ। दर्शकों में युवा उद्योजक वालचंद हीराचंद उपस्थित थे। महाराज के स्वदेशी के मंत्र से प्रेरित होकर उन्होंने मालेगाँव में कृषि और डेयरी उद्योग आरंभ करने का निश्चय किया।

कांग्रेस अधिवेशन में महाराज का बहुत अभिनंदन हुआ। दूसरे दिन सार्वजनिक सभागृह में अरविंद घोष ने जनता की ओर से सयाजीराव महाराज का सम्मान मानपत्र देकर किया। तब महाराज ने कहा, "आपके प्रति आभार व्यक्त करने के लिए मैं कृतज्ञता के दो शब्द तहेदिल से बोलना चाहता हूँ। हिंदुस्तान में बड़ी गति के साथ सामाजिक

परिस्थितियों में बदलाव आ रहे हैं लेकिन इतना पर्याप्त नहीं। हम अधिक स्वतंत्रता चाहते हैं, विशेष अधिकार चाहते हैं। यदि हम आर्थिक उन्नति चाहते हैं तो हमें खेती और मजदूरी के अलावा अन्य कारोबारों की ओर ध्यान देना होगा। कृषि और उद्योग की शिक्षा को जोड़ना होगा। हमें देशहित के लिए बड़ा नेता चाहिए। आपसी भेदभाव और द्वेष-मत्सर को मिटाना चाहिए। राष्ट्रहित को प्रधानता दीजिए। वर्तमान राजा जनहित के बारे में सोचने लगे हैं। हमने बड़ौदा में जो किया, वह देश व प्रजा के प्रति कर्तव्य मानकर किया। हमें राजा होने में गर्व नहीं है। प्रजा की दशा में सुधार लाने के लिए अपने धन और अधिकार का उपयोग करने में ही हम अपना कर्तव्य मानते हैं।''

भाषण के बाद महाराज के निजी सचिव ने कहा कि एक बंगाली स्वामी आपसे एकांत में मिलना चाहते हैं। सभागृह के बाजू के कमरे में मुलाकात हुई। वेशांतरित स्वामी ने कहा, ''मैं भट्टाचार्य, बंगाल सरकार का ज्येष्ठ पुलिस अधिकारी। सरकारी नौकर, लेकिन आपको चाहनेवाला।''

''आपने यह साहस क्यों किया?''

''आपके दोनों भाषणों का प्रतिवेदन सरकारी कार्यालय में जाएगा। हमारे कार्यालय को संदेह है कि आपके भाषण बाल गंगाधर तिलक या अरविंद घोष ने तैयार किए हैं।''

''इससे क्या फर्क पड़ता है? कृषि में सुधार करने के लिए कहना अपराध है?''

''आपका अनुकरण सारी रियासतें करने लगीं तो स्वदेशी आंदोलन को बल मिलेगा और अंग्रेज कारखानेदारों का दिवाला निकल जाएगा। ऐसा आपने कहा।''

''तो इसमें गलत क्या है? यथार्थ ही कहा हमने…''

''उन्हें डर है कि ब्रिटिश इंडिया में भी लोगों में असंतोष बढ़ेगा और वे विद्रोह करेंगे।'' भट्टाचार्य ने कहा, ''आर्थिक और धार्मिक गुलामी की बेड़ियाँ तोड़ने के लिए आपने कहा। यह बात युवकों को भड़कानेवाली है, ऐसा वे सोचते हैं।''

''अच्छा! और कुछ?'' भट्टाचार्य ने और कुछ नहीं कहा। जाते हुए इतना ही बोले, ''हमें आप और अरविंद घोष, दोनों की आवश्यकता है लेकिन इसलिए सावधान रहिए। बस, इतना ही कहने के लिए मैं आया था।'' भट्टाचार्य जल्दी से चलते बने।

□

तीसरे दिन क्रीड़ा प्रतियोगिताओं में तलवारबाजी, कुश्ती और जिमनास्टिक में माणिकराव ने तीन स्वर्णपदक जीते। उनका विजय-जुलूस निकालने की तैयारी होने लगी तो माणिकराव सबको चकमा देकर महाराज के सामने आए। मुजरा किया।

''माणिकराव, हमें आप पर गर्व है। अभिनंदन! लेकिन हमने आपको मिलने के लिए बुलाया था। संदेशा क्या मिला नहीं?'' महाराज के पूछने पर विनम्रता से माणिकराव ने कहा, ''खाली हाथ महाराज से कैसे मिलते? इसलिए कल नहीं आ पाया। आज तीनों

स्वर्णपदक पाने पर जो खुशी हो रही है, आपसे मिलने में…''

महाराज के कहने पर माणिकराव तिलकजी से मिलने गए। वंदन किया। ''हमें पता था कि आप जीतनेवाले हैं। हम आपका खेल देख नहीं पाए। आज महाराज, दादाभाई और अन्य लोग देखेंगे।''

रात में खेल हुआ, सबने प्रशंसा की। तिलकजी ने कहा, ''एक भारतीय के पराक्रम से हमें गर्व अनुभव हो रहा है। उसके महाराष्ट्रीय होने से विशेष!'' माणिकराव ने सारा श्रेय सयाजीराव महाराज को दिया। दादाभाई ने अपना मूल्यवान कमरबंद उतारकर महाराज सयाजीराव के हाथों माणिकराव को भेंट दिया। सयाजीराव माणिकराव के गौरवान्वित होने पर प्रसन्न थे। बल-संवर्धन का जो काम वह बड़ौदा में कर रहे थे, उस पर महाराज को गर्व था।

कलकत्ते से लौटने पर महाराज को बड़ौदा की प्रजा के अनुरोध पर राज्याभिषेक के रजत महोत्सव में सम्मिलित होना पड़ा। मानपत्र के उत्तर में महाराज ने कहा, ''घर के लोगों ने सम्मान किया, इसके लिए धन्यवाद। प्रजा का कल्याण ही हमारा कर्तव्य और वही हमारी मुक्ति भी है। कई कर्तव्य बाकी हैं, उनके लिए हम अहर्निश प्रयास करेंगे। उसमें प्रजाजनों और अधिकारियों के सहयोग की अपेक्षा है।

''मेरे जीवन के यह पच्चीस वर्ष निःसंशय अभूतपूर्व हैं। राजकर्तव्य में कुछ गलतियाँ हो गई होंगी, तो वे अज्ञानवश हुई होंगी वरना मैं भी आपके जैसा ही आम आदमी हूँ। उन गलतियों के लिए मुझे क्षमा करें।

''रौप्य महोत्सव के अवसर पर हमें प्रजा के लिए कुछ सुविधाओं की घोषणा करने में प्रसन्नता हो रही हैं। पाँच लाख तक की सरकारी वसूली का बकाया मुआफ किया जाएगा। देशी भाषा की संपूर्ण शिक्षा मुफ्त दी जाएगी। पाटण और अमरी में पिछड़े वर्गों के लिए मुफ्त छात्रावास खोले जाएँगे। प्रतिवर्ष पाँच छात्रों को वजीफा देकर शिक्षा के लिए विदेश भेजा जाएगा। बड़ौदा शहर के लिए नया मार्केट बनेगा, उसी तरह निराश्रितों के लिए अनाथाश्रम खोला जाएगा। अस्पृश्यों सहित सभी वर्गों के लिए कुएँ बनवाने के लिए पाँच लाख रुपयों का प्रबंध किया गया है। बड़ौदा तथा अन्य शहरों में उद्यान बनाए जाएँगे। इसके साथ ही हम कुछ सामाजिक कानून भी बनवा रहे हैं।

''हिंदुस्तान में बाल-विवाह की रूढ़ि है। उसके दुष्परिणाम सभी जानते हैं। विवाह के लिए हमने वधू की आयु सीमा बारह वर्ष निश्चित की है। इसका पालन न करनेवाले दंडित किए जाएँगे। विधवा विवाह के लिए हम प्रोत्साहन देंगे।

''हिंदू धर्मशास्त्र के नियमों को कानून की हद में लाना होगा। इसके लिए हम हिंदू विवाह कानून बना रहे हैं। इसमें स्त्री-पुरुष के अधिकार, संपत्ति पर अधिकार, दायित्व आदि बातें निश्चित की गई हैं।

"अस्पृश्यों की सहायता के लिए सरकार कटिबद्ध है। समाज के दानशूरों को चाहिए कि सिर्फ उच्च जाति की ही सहायता न करें बल्कि इन जरूरतमंदों की भी सहायता करें। परोपकारी संस्थाओं को दिया जानेवाला दान सत्पात्र होता है या नहीं, इसका दायित्व सरकारी अधिकारियों पर सौंपा गया है।

"प्रजा की सामाजिक स्थिति को सँभालना राजधर्म है। उसका पालन करने का वचन देकर हम आप सबके प्रति आभार व्यक्त करते हैं।"

□

राजपुत्र फत्तेहसिंहराव की पत्नी पद्मावती तीसरी बार प्रसूत होनेवाली थी। सयाजीराव महाराज फत्तेसिंहराव की बिगड़ी हालत के कारण चिंतित थे। ऐसे में बहू ने पुत्ररत्न जन्म दिया और बड़ौदा को तीसरी पीढ़ी का वारिस मिल गया। राज्य में जन्मोत्सव बनाया गया। बड़े धूमधाम से धार्मिक विधियाँ और दान-धर्म किए गए। संगीत, महफिलें, शिकार, भोजन आयोजन किए गए। अनाथ बालकों के लिए अनाथाश्रम शुरू किए गए।

राजपुत्र का नामकरण हुआ 'प्रतापसिंह'। 'लक्ष्मीविलास' प्रासाद में बड़ा उत्सव मनाया गया, लेकिन सयाजीराव का ध्यान इंग्लैंड में इलाज करवा रहे फत्तेहसिंहराव की तरफ लगा हुआ था। आनंद और चिंता की विचित्र अनुभूति को सरदेसाई और छोटे भाई संपतराव ही जानते थे।

संपतराव ने पूछा, "इंग्लैंड से निकले फत्तेसिंहराव कल मुंबई पहुँचेंगे। उन्हें बड़ौदा ही ले आइए। साथ में डॉक्टर भी रहे।" कुछ पल कोई कुछ नहीं बोला। यह लंबा अंतराल जानलेवा लग रहा था सयाजीराव को।

"सरदेसाई, राजपुत्रों को शिक्षा देने का आपका प्रयास बेहद असफल रहा। इसका दायित्व आप पर ही आता है।" सुनकर सरदेसाई हैरान हो गए। उन्होंने राजपुत्रों को शिक्षा देने का दायित्व बखूबी निभाया था। राजपुत्रों की प्रगति देखकर महाराज ने प्रशंसा भी की थी। विदेशी शिक्षा की हकीकत सुनाने की सरदेसाई सोच नहीं रहे थे कि महाराज ने दुःखी स्वर में कहा, "आपकी इस असफलता में पिता के नाते मैं भी बहुत जिम्मेदार हूँ, सरदेसाई।"

"महाराज, राजपुत्रों की परिपूर्ण शिक्षा के लिए आपसे भी बढ़कर हमने जिम्मेदारी से पढ़ाया। राजपुत्र मूलतः बुद्धिमान और सुदृढ़ थे लेकिन इंग्लैंड जाने के बाद गलत रास्ते पर चले गए। नियति ने सब निष्फल बना दिया।"

"सरदेसाई, नियति ने तो हमारा गर्वहरण ही किया। हम सोच रहे थे कि बचपन में हमें जो नहीं मिला, उसे उत्तमोत्तम रूप में राजपुत्रों को मुहैया करा देंगे। हमारी उदारता गलत तो नहीं थी? हम आज ऐसा ही सोचते हैं।"

"महाराज, पोते का जन्मोत्सव आनंद का अवसर है। ऐसे में आपको मन को दुःखी

बनानेवाली यादों को रोकना चाहिए।'' संपतराव ने धैर्य से कहा, ''आप से कुछ कहें, यह हमारा अधिकार नहीं, फिर भी दुस्साहस कर रहे हैं।''

''नहीं संपतराव, हम राजा हैं। सारी भाव-भावनाओं को राजा की अदृश्य जिम्मेदारी ने शबल बना दिया हैं। राजा यथार्थ का बयान भी नहीं कर सकता, न उसे स्वीकार सकता है। पिछले हफ्ते हमें फत्तेसिंहराव के स्वास्थ्य और आचरण की रपट मिल गई थी। गार्जियन ने बहुत संयम से 'इंटेंपरेट हैबिट्स' शब्दों का प्रयोग किया है। सरदेसाईजी ने कोश में देखकर अनेक अर्थ बताए—असभ्य आचरण, स्वैराचार, अनियंत्रित बरताव, अतिरिक्त मद्यपान, आसक्ति और उन्मुक्त व्यवहार। एकांत में ये सारे अर्थ हमारे चारों ओर घेरकर हमें कुंठित कर देते हैं।''

''महाराज, आपने ही इस तरह धीरज खोया तो…''

''नहीं संपतराव, राजा को धीरज खोने और अपने दुःख को दिखाने का अधिकार नहीं है। आप और सरदेसाईजी हमारे प्राणसखा! और कहीं जाकर दिल खोलकर रखने की जगह नहीं है हमारे पास।''

दीवान साहब के आने पर महाराज ने उन्हें अगले हफ्ते होनेवाले गणेश सदाशिव भाटे के विवाह-समारोह की तैयारी करने के लिए कहा। इंग्लैंड से शिक्षा प्राप्त कर लौटे भाटे को महाराज ने नौकरी दी थी। दुर्भाग्य से उनकी युवा पत्नी का देहांत हो गया था। भाटे प्रगतिशील और सुधारवादी थे। दूसरे विवाह के लिए उन्होंने बीस वर्षीय एक विधवा को पसंद किया था। महाराज ने कहा, ''भाटे का यह निर्णय लोकहित का और क्रांतिकारी है। हमें उन्हें राजाधार देना चाहिए।''

''भाटे के माता-पिता जीवित हैं और पुत्र का यह अविवेक उन्हें पसंद नहीं है। विधवा से विवाह करेगा तो आजीवन तुम्हारा मुँह नहीं देखेंगे, इन शब्दों में उन्हें धमकाया है। बड़ौदा की सनातनी मंडली की इसमें बाधा डालने की संभावना है।'' सरदेसाईजी ने कहा।

''समाज-सुधार का अवसर अनायास आया है। हमें इसका लाभ उठाना चाहिए। अपने राज्य में विधवा पुनर्विवाह होने चाहिए। मात्र कानून से यह नहीं होता। इसलिए भाटे के विवाह में हमें सहायता करनी होगी। यह प्रसंग समाज परिवर्तन की नांदी सिद्ध होगा। इस तरह से प्रबंध कीजिए कि मानो राजघराने का ही विवाह समारोह हो।''

□

फत्तेसिंहराव जहाज से मुंबई आए। वहाँ से रेल से बड़ौदा। स्टेशन पर साथ आए, डॉक्टर ने संपतराव से कहा, ''फत्तेसिंहराव की इस बीमारी से बचने की संभावना बहुत कम है लेकिन किसी से कहिए नहीं। हम पूरी कोशिश कर रहे हैं।'' संपतराव ने डिब्बे में चढ़कर देखा। फत्तेसिंहराव बर्थ पर सोए हुए थे। अस्थिपंजर, मुद्रा निस्तेज! यह हालत

देखकर संपतराव का दिल बैठ गया। फिर भी बोले, ''बड़ौदा में आपका स्वागत है, राजकुमार। आप अब एक राजकुमार के पिता हो गए हैं। इसलिए आपका अभिनंदन।''

फत्तेसिंहराव ने ठंड़ी नजर से चाचा संपतराव की तरफ देखा। फत्तेसिंहराव की गाड़ी 'लक्ष्मीविलास पैलेस' के सामने आते ही सेवक ने महाराज को संदेश दिया। पहली मंजिल पर अपने दालान में महाराज चहल-कदमी कर रहे थे लेकिन ध्यान मैदान और जीने के पायदान की तरफ लगा हुआ था। सामने संपतराव आए। महाराज ने उनकी तरफ चिंता से देखा। संपतराव ने सूखे शब्दों में कहा, ''डॉक्टर ने कहा है कि वे कोशिश कर रहे हैं।'' महाराज समझ गए। अपने दालान में कुरसी पर बैठते हुए संपतराव से बोले, ''संपतराव, अब जाकर हम क्या देखेंगे? होनी की कुछ बातें हमें पहले ही दिखाई देती हैं और उस यथार्थ को फिर से देखने की हिम्मत नहीं रही अब हममें। हमें चिंता है राजकुमार प्रतापसिंह और उनकी दु:खी माँ पद्मावती की! उन्हें हम किस मुँह से धीरज रखने के लिए कहें? उनके मायके के निंबालकर फत्तेसिंहराव और हमारे बारे में एक गैर-जिम्मेदार पिता की तरह सोचते होंगे।''

राजपुत्र फत्तेसिंह मिलना चाहते हैं, इस संदेश को पाकर महाराज के चेहरे के भाव बदल गए। अब बची सिर्फ अभागे पिता की विकलता। संपतराव की तरफ मुड़कर बोले, ''पहले हम सोच रहे थे कि ऐसी दशा में मिलकर क्या करेंगे? माँ का कृपाछत्र खोए, अभागे राजकुमार के पिता के दिल का जख्म भी तो हरा है। किस पर क्या दोष लगाएँ? उन्होंने बड़ौदा के राज्य के कुलदीपक को हमें सौंपा है। अब उनकी चिंता तो करनी होगी।''

महाराज ने उस दालान में प्रवेश किया, जहाँ फत्तेसिंहराव को रखा था। राजपुत्र की दशा देखकर उनका सिर झुक गया। पलंग के पास जाकर राजपुत्र के कृश हाथों हो हाथ में लेकर महाराज उनके चेहरे की ओर देखने लगे।

''महाराज, हमारे कारण आपको बहुत तकलीफ हुई।'' फत्तेसिंहराव ने बहुत मुश्किल से डूबती आवाज में कहा। महाराज ने कहना चाहा कि इसे कबूल करने में आपको बेहद विलंब हुआ है लेकिन उन्होंने अपने आपको रोक लिया। सुनाने का समय नहीं था और शायद राजपुत्र समझ भी नहीं सकते थे।

□

महाराज ने अपने आपको कामों में व्यस्त रखा। शायद यही उनको स्वस्थ रखेनेवाली दवा थी। सरदेसाईजी के साथ गणेश भाटे के विवाह-समारोह की चर्चा की। विवाह-समारोह का सारा खर्च सरकार करनेवाली थी। बड़ौदा के तीन-चार सौ लोग निमंत्रित थे। मुंबई से बैरिस्टर मुकुंदराव जयकर पधारनेवाले थे। महाराज ने सरदेसाईजी से भाटे के माता-पिता को मनाने के लिए कहा। राजमहल के भोजन को न छूने की शर्त पर वह मान गए।

गणेश भाटे और लीलाबाई का विवाह संपन्न हुआ। बैरिस्टर जयकर ने नवदंपती

को आशीर्वाद दिया। इस अवसर पर महाराज ने आशीर्वाद देते हुए कहा, ''आज हमें बड़ी प्रसन्नता हो रही है। बड़ौदा में हमने कई सुधार कानून बना दिए हैं, लेकिन आज आप सबकी गवाही में गणेश और लीला ने इतिहास रचा है। युवावस्था में पति के निधन पर वैधव्य का शाप लेकर जीने की विवशता दरअसल मानवता की दृष्टि से अन्याय है। हमने बड़ौदा में पुनर्विवाह का कानून मंजूर किया है लेकिन कानून से सारी बातें नहीं होतीं। गणेश-लीला ने साहस के साथ निश्चय किया और सबके सामने उदाहरण प्रस्तुत किया। वे दोनों अभिनंदन के पात्र हैं।''

महाराज ने गणेश के माता-पिता को सम्मान के साथ अपने पास बिठाया। संपतराव मिठाई की थाली ले आए। पहला सम्मान गणेश के पिता का किया। महाराज के अनुरोध को वह टाले नहीं सके। विरोध को भूलकर भोजन की पंक्ति में सोत्साह परोसने लगे। प्रयोग सुखांत हुआ, यह देखकर महाराज को संतोष हुआ।

□

फत्तेसिंहराव के गिरते स्वास्थ्य को देखकर सयाजीराव ने उपचार करनेवाले डॉक्टर से कहा, ''आज वैद्यकशास्त्र की काफी प्रगति हुई है। नई-नई बीमारियों के इलाज़ हो रहे हैं। अठारह वर्ष पूर्व हमने मुंबई के ग्रांट मेडिकल कॉलिज को भेंट देकर अनुसंधान के लिए दान दिया था। बहुत अनुसंधान हो रहा है, लेकिन मस्तिष्क की बीमारी के बारे में अभी बहुत कुछ होना बाकी है।''

डॉक्टर समझ गए कि महाराज फत्तेसिंहराव की बीमारी के बारे में बोल रहे हैं। उन्होंने स्वीकार किया कि मस्तिष्क की क्रिया बहुत पेचीदा है और बहुत सी बातों का पता नहीं चला है लेकिन मन और शरीर का परस्पर संबंध महत्त्वपूर्ण है। एक के बिगड़ जाने से दूसरा बिगड़ जाता है। महाराज ने कहा, ''सच है डॉक्टर, नीतिशास्त्र कहता है कि नियम-पालन करना चाहिए। नियम तोड़ने पर कानून दंड देता है। कमजोर दिमाग के लोग दैववाद और किस्मत की बातें करते हैं लेकिन तब काफी विलंब हो चुका होता है।''

डॉक्टर ने कहा, ''महाराज, आप कालातीत, लेकिन सही विचार कर रहे हैं।''

महाराज कार्यालय लौट आए और उन्होंने अपने आपको कामों में डुबो दिया। राजपुत्र प्रतापसिंह दो मास के हो गए थे। फत्तेसिंहराव की हालत काफी बिगड़ जाने का समाचार आया। महाराज मन को मजबूत बनाकर पुत्र के कमरे में पधारे। एक घंटाभर खड़े रहे। अंततः डॉक्टर से बोले, ''अंतिम क्षण आने पर मुझे सूचित कीजिए।'' फिर कार्यालय लौट आए।

दीवान ने बैंक उद्घाटन के कार्यक्रम को कुछ दिनों बाद करने की पेशकश की, लेकिन महाराज ने राज-कर्तव्य को प्रधानता देते हुए कहा कि कामों की वजह से वह राजनीतिक और पारिवारिक आपत्तियों का सामना कर सके हैं। यही हमारी औषधि है।

समय पर कार्यक्रम स्थल पर पहुँचकर महाराज ने 'बैंक ऑफ बड़ौदा' का उद्घाटन करते हुए कहा, ''आज हम 'बैंक ऑफ बड़ौदा' का आरंभ कर रहे हैं। इससे व्यापार, उद्योग और कृषि को पूँजी मिल जाएगी। यद्यपि अहमदाबाद, भड़ोच और सूरत व्यापार में आगे हैं, उनकी पूँजी की जरूरत यह बैंक पूरा करेगी। इस बैंक से पूँजी का विनिमय होगा। लोगों के रुपए सुरक्षित रहेंगे। एक स्थान से दूसरे स्थान आसानी से पहुँचाए जाएँगे। राज्य के व्यापार-उद्योग और कला-कौशल को सहायता मिलेगी। बाकी सरकारी रकम को भी बैंक में रखने के आदेश दिए गए हैं।''

□

पिछले पंद्रह दिनों से महाराज हाथ धोकर कामों के पीछे पड़े हुए हैं। सरदेसाईजी से बोले, ''देखिए, एक भी काम बचा नहीं है। काम न हो तो एक-एक पल भी हमें बड़ा लगने लगता है।''

कुछ दिन पूर्व महाराज ने ब्राह्मणेत्तर बालकों के लिए वैदिक पाठशाला शुरू की थी। उन्हें सोलह संस्कारों की जानकारी हो, इस हेतु चित्राव शास्त्री से पुस्तिकाएँ तैयार करवाईं। सरदेसाईजी ने उन्हें पढ़कर सुनाया। महाराज ने कहा, ''हमने दुनिया के सभी धर्मों के मृत्यु संबंधित संस्कारों के बारे में पढ़ा। एक बात समान है। सब धर्मों, पंथों और आदिवासी जातियों में मृत्यु को सम्मान दिया जाता है। हिंदू धर्म में तो मृत्यु के दुःख की तीव्रता को कम करने के लिए विविध संस्कारों की मालिका ही बनाई गई है।'' डेढ़ घंटे तक महाराज ने सरदेसाईजी को सुना। संपतराव आकर खड़े हो गए थे। पढ़ना पूरा होने पर भारी आवाज में बोले, ''महाराज…'' महाराज ने धीरे-से उनकी तरफ देखा। ''डॉक्टर ने कहा हैं, अंतिम क्षण निकट आया है।'' महाराज तुरंत उठकर फत्तेसिंहराव के कमरे में आए। फत्तेसिंहराव की देह को गले तक चादर से उढ़ाया गया, तब आँखें बंद थीं। महाराज ने एक बार उन्हें आँख भर देखा। पलंग को पकड़कर खड़े हो गए। राजवैद्य ने फत्तेसिंहराव के मुख में गंगाजल दिया। वह नीचे बह गया।

आस-पास सारे जन चित्रवत् जम गए थे। बाजू के कमरे में अंतिम-यात्रा की तैयारी चल रही थी। आधे घंटे तक महाराज स्तब्ध खड़े रहे। कौन ले आएगा उन्हें बाहर? सर्वत्र गंभीरता थी।

निजी सेवक केशवराव पंडित मन को मजबूत कर महाराज को बाहर ले आए। अंत्य-यात्रा में महाराज मौन चल रहे थे। पुत्र पिता को अग्नि देता है, लेकिन महाराज के भाग्य में रीत विपरीत हो गई थी।

पच्चीस की उम्र के राजकुमार के वियोग की पीड़ा सयाजीराव के लिए असहनीय थी। निराशा और एकांत पर मात करने का एकमात्र उपाय था—कामों में मन को रिझाना। अकेले होते तो सोचते रहते कि कहीं क्या गलत हो गया, राजकुमार के बारे में सब

बिगड़ता गया! राजपुत्र ने अपनी नैतिक शक्ति को ही पिन चुभो दी, अब किस मुँह से प्रजा से आदर्श की बातें करूँगा?

मुंबई के गवर्नर जॉन क्लार्क ने सयाजीराव का कारोबार देखने के बहाने बड़ौदा का निमंत्रण पाया। यह वही क्लार्क था, जिसने बाल गंगाधर तिलक पर मुकदमा चलाकर उन्हें मंडाले जेल भेजा था। सयाजीराव का राष्ट्रीय कांग्रेस से संबंध रखना उन्हें खटक रहा था। महाराज का निमंत्रण पाकर क्लार्क बड़ौदा आए, उससे पहले ही महाराज ने संबंधितों को आगाह किया था। क्लार्क ने बारीकी से राजमहल देखा, विशेष रूप से तलघर। तलघर में सुरंग नहीं है, यह देखकर क्लार्क ने कहा कि इंग्लैंड में बड़े मकानों में होती ही है। सुरक्षा के लिहाज से आवश्यक है।

राजमहल दिखानेवाले सरदेसाईजी ने कहा, ''हमारे महाराज को उसकी जरूरत नहीं पड़ती शायद।''

क्लार्क के जाने के बाद महाराज ने जब सुना तो बोले, ''गवर्नर साहब शायद तलघर में गोला-बारूद ढूँढ़ रहे थे। अंग्रेजों से लड़ाई हुई तो हमारे काम आता। अंग्रेजी सी.आई.डी. के रपट से गवर्नर साहब ने यह बहादुरी दिखाई। हमने तो अपनी पुलिस को पहले ही सावधान किया था लेकिन आगे भी हमें फिक्रमंद रहना पड़ेगा। साहब हमें जाल में पकड़ने के लिए कुछ-न-कुछ खुराफात करता ही रहेगा।''

☐

महाराज के कहने पर निजी सेवक काशीनाथ पंत लंदन से मुंबई आनेवाले किसी युवा विनायक रामचंद्र गोखले को चुपचाप बड़ौदा लिवा लाने के लिए बंदरगाह पर पहुँचे। ताज होटल के सामने एक होनहार युवक को सहमी हुई नजरों से इधर-उधर देखते हुए देखा तो गुप्तेजी ने पूछा, ''आप लंदन से आए विनायक रामचंद्र गोखले तो नहीं?''

चकित होकर उसने कहा ''हाँ।''

''मैं बड़ौदा सरकार का निजी सेवक। सयाजीराव महाराज आपसे मिलना चाहते हैं।''

''सयाजीराव महाराज मुझसे मिलना चाहते हैं?'' वह कुछ समझा नहीं, लेकिन फिर सोचा कि महाराज क्रांतिकारी आंदोलन के छात्रों की सहायता करते हैं, शायद इसलिए बुलाया होगा। उसे खुशी हुई।

गुप्तेजी के साथ बड़ौदा चल पड़े। रास्तें में बातों-बातों में पता चला कि कोंकण के मुरुड़ गाँव के शिक्षक का बेटा अपनी बुद्धिमानी के बल पर वजीफे पाकर आय. सी.एस. तक पढ़ा। परीक्षा के लिए लंदन गया लेकिन उसने आगे की कहानी नहीं सुनाई।

दूसरे दिन 'लक्ष्मीविलास पैलेस' में दरबार हॉल के बाजू के गणेश हॉल में महाराज के सामने पेश किया गया।

''गोखलेजी, आप बैठिए। यात्रा कैसी रही?'' महाराज ने पूछा।

''काशीनाथपंत गुप्तेजी ने सारा प्रबंध किया है, महाराज।''

''इंग्लैंड में पढ़ाई कैसी रही? और आप अचानक ही क्यों लौट पड़े?''

''लगता है, बात आप तक पहुँच गई है। आई.सी.एस. के लिए लंदन आया था, लेकिन खाली हाथ लौटना पड़ा।''

''क्या हुआ?''

''मैं पास नहीं हो सका।''

''बुद्धिमान छात्र ने चाहा तो ही वह फेल हो सकता है।'' महाराज ने कहा। ''विनायक, तुम्हारी सारी जानकारी हमारे पास है। लंदन हाउस के सारे समाचार हमें मिलते हैं। हम दोनों के बीच की बात किसी तीसरे तक नहीं पहुँचेगी।''

''मैं परीक्षा तो पास हो गया था। घुड़सवारी की परीक्षा चल रही थी। मेरे दस्तावेज देखनेवाले कर्नल का चेहरा गुस्से से लाल हो गया। मेरी तरफ देखते हुए उसने कहा, ''तुझे आई.सी.एस. की सनद चाहिए न, तो फिर मदनलाल ढींगरा जैसे कुत्ते के साथ क्यों नजर आते हो?'' सुनते ही मेरा दिमाग खौल गया। मैंने उससे कहा, ''ही इज ए पैट्रिअेट, डोंट कॉल हिम ए डॉग।'' तो पलटकर उसने फिर कहा ''अरे, तुम सारे इंडियन सबके सब काले, तो फिर तू कैसे गोरा? कौन था वह इंग्लिश मैन?'' सुनते ही मैंने उस कर्नल का मुँह तोड़ दिया। बहुत बवाल मचने से पहले ही मुझे जबरदस्ती हिंदुस्तान भेजा गया और मेरी आई.सी.एस. की सनद धरी-की-धरी रह गई।''

''आपका अभिवंदन, गोखलेजी,'' महाराज ने उनकी पीठ थपथपाते हुए कहा। ''आपकी खुद्दारी हमें आई.सी.एस. से भी महत्त्वपूर्ण लगती है। दिल्ली से हुक्म है कि आपको इधर कहीं नौकरी पर न लिया जाए लेकिन आप चिंता न करें। आप जैसे तेजस्वी युवकों का बड़ौदा में हमेशा ही स्वागत होता है। हम आपको सहायक दीवान के पद पर नियुक्त करते हैं।'' महाराज ने कहा।

''महाराज, समझ में नहीं आ रहा है कि किन शब्दों में आपके प्रति आभार व्यक्त करूँ?'' विनायक के कहने पर महाराज बोले, ''आप जैसे युवकों की देश को आवश्यकता है। प्रजा के काम को राष्ट्र-कार्य मानकर काम कीजिए।''

□

19

हिंदुस्तान के नए वाइसरॉय लॉर्ड मिंटो से मिलने सयाजीराव महाराज कलकत्ता पधारे। राज्यों में आर्थिक-सामाजिक सुधारों के लिए रियासतों को अधिक स्वायत्तता की माँग करनेवाला प्रस्ताव महाराज ने पहले भेज दिया था, लेकिन उसके बारे में बात न करते हुए लॉर्ड मिंटो ने इधर बंगाल और अन्य प्रदेशों में उभर रहे आतंकवाद का बंदोबस्त करने के लिए महाराज से सहकार्य की अपेक्षा की।

"हम सरकार के साथ हैं।" महाराज के कहते ही लॉर्ड मिंटो ने झट-से कहा। "आप से ऐसी ही कृति की अपेक्षा थी। अगले महीने हम बड़ौदा दौरे पर आ रहे हैं। तब विस्तार से बात करेंगे।"

"सरकार के पास हमारा और एक प्रस्ताव प्रलंबित है।"

"किस बारे में?"

"हम रमेशचंद्र दत्त को दीवान पद पर नियुक्त करना चाहते हैं। आपके इंडियन सिविल सर्वेस में उन्होंने बेहतर काम किया है।" महाराज के कहने की देरी थी कि लॉर्ड मिंटो बोले, "हमें पूरा पता है। चालीस की उम्र में उन्होंने त्यागपत्र देकर लंदन विश्वविद्यालय में पढ़ाया। अच्छे लेखक भी है और 1907 में भारतीय राष्ट्रीय कांग्रेस के अध्यक्ष भी थे! और अब आप उन्हें बड़ौदा में दीवान बनाना चाहते हैं।"

"उन्नीसवीं शती में विभागीय कमीशनर के पद पर नियुक्त वह एकमात्र हिंदुस्तानी अधिकारी हैं।" महाराज के कहने पर वाइसरॉय बोले, "आपकी उचित माँग को मंजूर किया जाता है।"

अपने पुराने मित्र अरविंद घोष से मिलने के बाद सयाजीराव महाराज को पुणे जाना पड़ा, क्योंकि मुंबई के गवर्नर जॉर्ज क्लार्क ने वहाँ एक कार्यक्रम का आयोजन किया था। गवर्नर के दूसरे मेहमान प्रिंस आगाखान थे। दोनों के निवास का प्रबंध एक ही स्थान पर था। रात में भोजन के बाद हरियाली पर टहलते हुए देश-परिस्थिति के बारे में बातों के सिलसिले में महाराज ने कहा, "हमें नहीं लगता कि स्वतंत्रता आंदोलन और छोटे-बड़े

विद्रोहों से हिंदुस्तान से ब्रिटिश सत्ता हट जाएगी। हमारा अनुमान है कि दुनिया में ऐसी गतिविधियाँ हो जाएँगी कि ब्रिटिशों को इस देश से जाना पड़ेगा।''

''ब्रिटिशों के जाने के बाद क्या होगा?''

''यहाँ के रियासतों का विसर्जन किए बिना अखंड भारत या एकरूप राष्ट्र खड़ा नहीं रह पाएगा। रियासतों का विलीनीकरण करना होगा।''

''इतिहास में भारत कब अखंड था?''

''सच है, राष्ट्ररूप में भारत कभी अखंड नहीं था। राज्य की अवधारणा थी, लेकिन अमूर्त रूप में। यह डलहौजी था, जिसने आधे से ज्यादा भारत को ब्रिटिश सत्ता के अधीन बनाया। प्रयोजन कुछ भी हो, ब्रिटिशों ने आधा रास्ता साफ किया है। स्वतंत्रता-प्राप्ति के बाद अखंड राष्ट्र-निर्माण करना ही होगा।''

सयाजीराव का मार्मिक और सूक्ष्म विश्लेषण सुनकर आगाखान दंग रह गए।

''जहाँ सब अपने-अपने स्वार्थ की बात कर रहे हैं, वहाँ आप अपना या परिवार का, इतना ही नहीं, धर्म और वंश का भी विचार किए बिना अपनी संपूर्ण निष्ठा अखंड हिंदुस्तान के चरणों पर अर्पण कर रहे हैं। इसे सुनकर मेरा आपके प्रति आदरभाव दुगुना हो गया।''' आपका यह सपना पूरा होगा। धीरज से काम लीजिए। आस-पास का माहौल वैसे अनुकूल नहीं है।''

दोनों ने एक-दूसरे को शुभकामनाएँ देते हुए बिदा ली।

राष्ट्रीय कांग्रेस जब इतनी ही माँग कर रही थी कि 'हमें अपने हिस्से पर राज्य करने दीजिए' तब सयाजीराव अखंड भारत का सपना देख रहे थे और उसके निर्माण के लिए अपनी सत्ता और राज्य को भी त्याग देने को स्वतंत्रता-पूर्व चालीस वर्ष प्रस्तुत थे।

□

डाक में एक सिपाही की शिकायत देखकर महाराज ने सरदेसाईजी से कहा, ''इसकी जाँच करें और न्याय करें। बड़ौदा राज्य ब्रिटिश मुल्क जैसा नहीं। यहाँ आम आदमी को भी बड़े-से-बड़े अधिकारी से मिलने की अनुमति होनी चाहिए। हमारी प्रजा को विश्वास है कि अधिकारी उनका कहना सुनेंगे। उन्हें न्याय मिलेगा। इसके लिए हर अधिकारी को जिम्मेदारी से काम लेना चाहिए।''

कलकत्ता में रमेशचंद्र दत्त से मिलने पर सयाजीराव महाराज जान गए कि भारत में अनेक भाषाएँ बोली जाती हैं और उनमें संवाद-संप्रेषण अभी मात्र अंग्रेजी में हो रहा है। इस विदेशी और अभिजनों तक सीमित भाषा के साथ आम आदमी के बीच बोली जानेवाली हिंदी ही एकमात्र भाषा है। हिंदुस्तान जब एकरूप राष्ट्र बन जाएगा, तब राष्ट्रभाषा के रूप में हिंदी ही एकमात्र विकल्प है। महाराज ने सरदेसाईजी से कहा, ''हिंदी का महत्त्व समझकर बड़ौदा रियासत के स्कूलों में अंग्रेजी के साथ हिंदी शिक्षा का

भी प्रबंध किया जाए, ऐसा आदेश तैयार कीजिए। हम चाहते हैं कि आनेवाले शैक्षणिक वर्ष से ही इसे प्रारंभ किया जाए।''

दस दिन बाद ही द्वारिका के सिपाही की चिट्ठी आई कि उसे महाराज की कृपा से न्याय मिल गया। पढ़कर महाराज को संतोष हुआ।

□

वाइसरॉय लॉर्ड मिंटो के बड़ौदा दौरे के पूर्व अहमदाबाद में उनके स्वागत में शाही रथयात्रा निकाली गई थी। उसमें किसी ने वाइसरॉय की दिशा में बम फेंका। बम रथ तक नहीं पहुँचा, लेकिन इस घटना से भारतीय असंतोष सामने आया। बंगाल में इसकी जड़ें थीं और अब यह देश के अन्य भागों में भी फैलने लगा। 'टाइम्स ऑफ इंडिया' के इस समाचार पर बात करते हुए महाराज ने नए दीवान रमेशचंद्र दत्त से मिंटो के बड़ौदा में होनेवाले भाषण का अग्रिम उत्तर देने के बारे में विमर्श किया। महाराज का कहना था कि बड़ौदा की बराबरी अन्य रियासतों के साथ नहीं हो सकती, क्योंकि उसने ईस्ट इंडिया कंपनी के साथ मित्रत्व का इकरारनामा किया है। भाषण के बारे में रेजीडेंट ने महाराज से मिलकर बात की तो महाराज ने उसे भी सुनाया कि हमने राजद्रोह के खिलाफ जरूरी काररवाई की है और यदि आपके पास सबूत हैं तो और भी काररवाई की जाएगी। अहमदाबाद में फेंका गया बम बड़ौदा में बनाया गया था, इस अनुमान के लिए भी महाराज ने सबूत पेश करने के लिए कहा। रेजीडेंट के जाने के बाद महाराज ने दीवानजी के साथ मिंटो के बड़ौदा दौरे के बारे में चर्चा की।

वाइसरॉय का भव्य स्वागत हुआ। कार्यक्रम में छात्रों का क्रिकेट प्रदर्शन भी था, लेकिन छात्र बिगड़ गए और उन्होंने गोरों के सामने नहीं खेलने का निर्णय किया। चार बजे के कार्यक्रम के लिए मिंटो नहीं आ सके, क्योंकि महारानी ने शाही महल में सूझ-बूझ के साथ नृत्य-संगीत का कार्यक्रम काफी देर तक चलाया। तब मैदान पर शाही मेहमान पहुँच ही नहीं पाए। लॉर्ड मिंटो को भी महाराज के साथ बातें करने के लिए समय नहीं मिला। महाराज ने पारिवारिक जरूरी काम का बहाना बनाकर मिंटो से कहा, ''मुझे बड़ा खेद है, लॉर्ड साहब। कृपा कर आपको जो कुछ पूछना है, उसे टिप्पणी के रूप में हमारे सेक्रेटरी के पास दीजिएगा। हम उस पर विस्तार से जवाब देंगे।''

दो घंटे बाद उन्हें बिदा करने के लिए महाराज ठीक समय पर रेलवे स्टेशन पहुँच गए। अरजी करनेवाले मामूली आदमी जैसा व्यवहार महाराज ने लाटसाहब के साथ किया, इस साहस को देखकर लोग दंग रह गए।

□

फत्तेसिंहराव की विधवा पत्नी का स्वास्थ्य ठीक नहीं था। उसे मुंबई के अस्पताल में भरती किया गया। देखभाल का काम सरदेसाईजी को सौंपा गया। महाराज भी मालाबार

हिल के बँगले पर थे। रोज शाम सरदेसाईजी महाराज को रपट देकर गिरगाँव में अपने भाई के घर मुकाम के लिए जाते थे। पंद्रह दिन हो गए। थके-हारे महाराज को सरदेसाई समाचार सुनाने गए तो महाराज अचानक बिगड़ गए। सरदेसाई ने सोचा, महाराज की मनोदशा ठीक नहीं है, लेकिन उन्हें दूसरे के बारे में भी सोचना चाहिए। आज जरूर कुछ हुआ होगा, इसलिए गुस्सा हो गए होंगे। महाराज की सेवा करनी हो तो अपमान तो सहना पड़ेगा।

रात में नौ बजे महाराज की गाड़ी गिरगाँव सरदेसाई के भाई के घर आ गई। महाराज ने फौरन बुलाया था। देखा तो महाराज स्वच्छ चाँदनी में टहल रहे थे। सरदेसाईजी से बोले, ''सरदेसाई, शाम को मैंने जो कुछ कहा, उसे भूल जाइए। आप तो हमारा हाल जानते ही हैं। हर मनुष्य स्खलनशील होता है। हम भी अपवाद नहीं। मन में चुभन हो रही थी, इसीलिए आपको बुलाया वरना रातभर हमें नींद नहीं आती और आप भी शायद रातभर परेशान रहते। अब आप आइए।''

महाराज ने फिर टहलना शुरू किया। सोचा, मन को काबू में रखना चाहिए।

□

विट्ठल रामजी शिंदेजी के 'डिप्रेस्ड क्लास मिशन' के पुरस्कार समारोह में उपस्थित रहकर महाराज ने यथोचित धन देकर वजीफे का प्रबंध किया। उनके कहने पर भटकर नाम के होनहार छात्र को प्रतिमाह पच्चीस रुपए वजीफा देने की घोषणा करते हुए महाराज ने कहा, ''अछूत बच्चों को अब पढ़ना ही चाहिए, सभी जातियों को पढ़ना चाहिए। ऊँची जातियों का भेदभाव करना पाप समान है। हम सभी जातियों को समान मानते हैं। हमारी प्राचीन संस्कृति है, लेकिन जातिभेद के कारण दुनिया में पिछड़ गए हैं। अछूत समाज को शिक्षित कर अपने बराबर लाने को हम राष्ट्र-कार्य मानते हैं।''

शिंदेजी ने अनुरोध किया कि पुणे के विविध अछूत संगठनों ने चंदा इकट्ठा कर महाराज के सत्कार का आयोजन किया है, उसमें अवश्य पधारें। महाराज ने कहा, ''अछूतोद्धार हमारा कर्तव्य है। उसके लिए सम्मान क्यों हो?'' लेकिन लोगों के प्रेमादार की गवाही को अंततः महाराज ने कबूल किया। इस समारोह में शिवराम कांबले और श्रीपतराव थोरात की क्रियाशीलता को देख महाराज ने उनको बड़ौदा बुलाकर सम्मान किया इसलिए कि बड़ौदावासी भी उनके कार्य से परिचित हों। महाराज ने उन्हें अपने पास बिठाकर सहभोजन भी किया। चर्नी रोड के बगीचे के बेंच पर बैठकर एक लड़का हस्बमामूल किताब पढ़ने में मशगूल था। विल्सन हाईस्कूल के प्रधानाध्यापक कृष्णाजी केलुसकर भी हमेशा की तरह टहलने के लिए आए थे। दो-चार दिनों से उन्होंने लड़के को देखा था। उन्होंने जिज्ञासवश उसे पूछा, ''बेटा, क्या नाम है तेरा? और तू क्या पढ़ रहा है?''

"मेरा नाम है—भीमा रामजी आंबेडकर। मेरी मैट्रिक परीक्षा अभी समाप्त हुई है। पुस्तकें पढ़ने में मुझे आनंद आता है।"

"अच्छी बात है कि पढ़ने में तुझे दिलचस्पी है। क्या पढ़ना चाहिए, इसे मैं तुझे बताऊँगा।" केलुसकरजी ने उसे पुस्तकों के नाम बताए। इतना ही नहीं, दूसरे दिन अपनी कुछ पुस्तकें उसे दे दीं। लड़का असाधारण है, उन्होंने पहचाना। उसके पिता से भी मिले।

मैट्रिक पास होने पर 'डबक' चाल (इमारत) के लोगों ने एक अछूत जाति के लड़के का मैट्रिक पास होने पर सत्कार समारोह मनाया। सीताराम केशव बोले अध्यक्ष थे। केलुसकरजी भी उपस्थित थे। सबने इच्छा व्यक्त कि भीमा को कालेज जाना चाहिए। पिता से अनुरोध करने पर रामजी ने केलुसकरजी से कहा, "मुझे सिर्फ पचास रुपए पेंशन मिलती है। उसमें सब निबाहना पड़ता है। उसकी शिक्षा का खर्च…"

"मैंने अभी भीमा को मेरी पुस्तक 'गौतम बुद्ध की जीवनी' भेंट दी है। जिसे मेरे मित्र दामोदर सावलाराम यंदे ने सयाजीराव ओरिएंटल सिरिज में प्रकाशित किया है। यंदेजी बड़ौदा नरेश सयाजीराव गायकवाड़ से भलीभाँति परिचित हैं। मैं देखूँगा कि उनकी मार्फत श्रीमंत सयाजीराव से भीमा की शिक्षा के लिए कुछ सहायता मिले। महाराज सहायता करेंगे तो भीमा को कॉलेज भेजेंगे न!"

सूबेदार रामजी ने हाथ जोड़कर स्वीकृति दी।

दूसरे दिन केलुसकर भीमा को लेकर यंदेजी के पास गए।

"यह है भीमा। अछूत जाति का होनहार लड़का। अभी मैट्रिक पास हुआ है। हालत ऐसी है कि आगे पढ़ नहीं पाएगा। आप यदि श्रीमंत सयाजीराव महाराज से इसे कुछ सहायता मुहैया कराएँगे तो लड़का आगे पढ़कर नाम कमाएगा।"

यंदेजी मालाबार हिल के बँगले पर भीमा को ले गए। उससे कहा,

"बेटा, तू भी चल हमारे साथ।"

"मैं महार हूँ। अंदर कैसे आऊँ?"

"अच्छा, मैं देखता हूँ। महाराज की अनुमति से तुझे बुलाऊँगा।"

महाराज समय के पाबंद थे। बराबर पाँच बजे बाहर आए। यंदेजी को देखकर पूछा, "मि. यंदे, आज क्या खबर है?"

"महाराज, अछूत वर्ग के एक लड़के को ले आया हूँ। लड़का होनहार है। मैट्रिक तक पढ़ा है, लेकिन गरीबी की वजह से आगे पढ़ नहीं सकता। आप से सहायता की उम्मीद है।"

"कहाँ है वह लड़का?"

"वह बाहर रुका हुआ है। उसके गुरुजी केलुसकर भी मेरे साथ हैं।"

"वही तो नहीं जिन्होंने गौतम बुद्ध की जीवनी लिखी है? हम पहचानते हैं उन्हें।

लेकिन वह लड़का बाहर क्यों ठहरा है?'' महाराज ने पूछा, ''आप उसे अंदर क्यों नहीं ले आए?''

''मैंने चलने को कहा तो था लेकिन उसने कहा कि मैं महार हूँ, अंदर कैसे आ सकता हूँ?''

''देखा मि. यंदे, परंपरा की रूढ़ि से इन लोगों को भी लगता है कि वे अस्पृश्य हैं। अच्छा, उसे अंदर बुलाइए।'' सेवक भीमा आंबेडकर को ले आया।

भीतर आते ही भीमा ने दूर से ही महाराज को मुजरा किया और कुछ दूरी पर खड़ा रहा। महाराज ने भीमा से कहा, ''इधर आओ बेटे, कहाँ तक पढ़े हो? आगे क्या पढ़ना चाहते हो? शिक्षा पूरी करने के बाद क्या करने का इरादा है?''

''मैंने मैट्रिक पास किया है, महाराज। कॉलेज जाकर आगे पढ़ना चाहता हूँ। महाराज की आज्ञा के अनुसार मैं काम करूँगा।''

''शिक्षा संपादन के बाद तुम्हें अपनी जाति और शिक्षा में पिछड़े लोगों के बीच शिक्षा-प्रसार का काम करना होना। हमने बड़ौदा में अस्पृश्यों को शिक्षा देने का कार्य शुरू किया है। आपको भी इस कार्य के लिए अपनी शिक्षा और ज्ञान को काम में लाना होगा।'' महाराज ने कहा।

''मुझे आपका आदेश स्वीकार है, महाराज।''

''स्पेशल केस बनाकर आपको हर माह पचास रुपए की छात्रवृत्ति देने का आदेश आज ही हम विद्याधिकारी को दे रहे हैं। अच्छी पढ़ाई करो। उसमें प्रगति देखकर और भी सहायता दी जाएगी। जाइए, यश पाइए।'' केलुसकर की ओर मुड़कर महाराज ने कहा, ''आप एक होनहार लड़के को ले आए, यह आपने अच्छा काम किया। अब नया क्या लिख रहे हैं? लेखन जारी रहे। हम पाठकों को उसकी प्रतीक्षा रहती है।''

महाराज को धन्यवाद देकर केलुसकर लौट गए।

दो घंटे बाद बड़ौदा से संपतराव गायकवाड़ का तार आया—''आपके सुझावों के अनुसार 24 अक्तूबर, 1909 को साहित्य सम्मेलन का आयोजन किया हुआ है। आप समय से पूर्व पधारिए।'' महाराज ने सरदेसाईजी से कहा कि सम्मेलन के बारे में अपनी जो बात हुई, उसे संपतराव तक पहुँचाना जरूरी है। तुरंत तार दीजिए। कहिए कि अब तक सम्मेलन को मराठी ग्रंथकार सम्मेलन कहा जाता था। उसके स्थान पर 'महाराष्ट्र साहित्य सम्मेलन' कीजिए और इसे पहला सम्मेलन बताकर उसके अनुसार निमंत्रण-पत्रिका में परिवर्तन कीजिए।

सम्मेलन से चार दिन पूर्व उन्होंने सारी तैयारी का मुआयना किया। सारे भारतवर्ष से मेहमान आनेवाले थे। उनके निवास, यात्रा आदि का सुचारु प्रबंध किया गया था। बड़ौदा और अन्य रियासतों के साहित्य प्रेमियों को भी निमंत्रण देने का अनुरोध महाराज ने किया।

सम्मेलन के दिन बड़ौदा नगरी की शोभा देखते ही बनती थी। रास्ते पर फूल-पत्तियों की कमानें, रंगावलियाँ सब सजी हुई थीं। सम्मेलनाध्यक्ष कर्नल कीर्तिकर का रथ में जुलूस निकाला गया। सभा मंडप खचाखच भरा हुआ था।

स्वागताध्यक्ष श्री संपतराव गायकवाड़ ने उपस्थितों का स्वागत किया। दीवान रमेशचंद्र दत्त ने अपने भाषण में समाज और साहित्य के संबंधों पर रौशनी डालते हुए बड़ौदा रियासत में हो रहे कामों का लेखा-जोखा दिया।

दीप प्रज्वलित कर सयाजीराव महाराज ने 'महाराष्ट्र साहित्य सम्मेलन' का उद्घाटन करते हुए कहा, ''माननीय सम्मेलनाध्यक्ष और उपस्थित सज्जनो, हमने बड़ौदा में मराठी की जो अल्प सेवा की है, उसमें हमारी दृष्टि प्रादेशिक नहीं है। भाषा साधन है, नीति, ज्ञान और राष्ट्र में उत्कर्ष उसका साध्य है। राष्ट्र की दशा का पता भाषा से चलता है। भाषा विचार और कल्पना के प्रसार का उत्तम साधन है। भाषा को देश की उन्नति का काम करना चाहिए।

''हमें देशी भाषाओं को शिक्षा का माध्यम बनाना चाहिए, लेकिन उनकी जननी संस्कृत की भी उपेक्षा नहीं होनी चाहिए। अगले वर्ष हम गुजराती साहित्य सम्मेलन करेंगे। उस समय भी आपको आना है। इस सम्मेलन में हिंदी को देश की राष्ट्रभाषा बनाने के बारे में विचार होनेवाला है। यह महत्त्वपूर्ण है। आप साहित्य-प्रेमी जन दूर-दूर से यहाँ आकर भाषा-साहित्य की सेवा कर रहे हैं। हम आपको धन्यवाद देते हैं।''

पर्याप्त विचार-परामर्श के पश्चात दो दिन बाद सम्मेलन सफलतापूर्वक संपन्न हुआ।

□

20

रेजीडेंट को पक्का शक था कि सयाजीराव महाराज क्रांतिकारी आंदोलन की सहायता करते हैं, लेकिन उसे सबूत नहीं मिल रहा था। परेशान होकर महाराज ने रेजीडेंट और गवर्नर जनरल को दो टूक जबाब देते हुए कहा, ''बड़ौदा रियासत में राष्ट्रद्रोहियों को खोजने का काम दीवान को सौंपा है, उनकी रपट है कि ऐसी कोई बात नहीं है। आपके पास सबूत हों तो दिखाइए, हम तुरंत काररवाई करेंगे।''

रेजीडेंट ने महाराज से बड़ौदा दरबार के किसी आदमी को प्रलोभन देकर अपना जासूस बनाने के लिए कहा। इस जाल में बड़ौदा के सीनियर पुलिस अधिकारी खान बहादुर युसुफ अली खान फँस गए।

सयाजीराव का पत्ता चलने पर उन्होंने खासेराव से कहा, ''लॉर्ड मिंटो आकर चले गए। माणिकराव के अखाड़े पर भी सेंध लगाई गई। संभव है, अपने लोक प्रलोभन का शिकार होंगे। इसलिए सावधानी की सूचना दीजिए। साहब सबूत की तलाश में हैं। हम चीन-जापान जा रहे हैं। अपने दीवान साहेब रमेशचंद्र दत्त के अकाल निधन से हमारी बहुत हानि हुई है।'' पलभर की चुप्पी के बाद महाराज ने कहा, ''हमने एन. सी. सेडन की नियुक्ति करने की बात सोची है। कार्यकुशल आई. सी. एस. हैं। ब्रिटिश हैं, इसलिए नियुक्ति सरलता से होगी।''

विदेश-यात्रा का प्रबंध हो ही रहा था कि और एक बुरी खबर आई। उनके प्रिय शिक्षक, मार्गदर्शक और मित्र इलियट चल बसे। पारिवारिक और राजनीतिक उलझनों में उनसे सही मार्गदर्शन मिलता था।

यात्रा के एक दिन पहले महाराज ने नए द्रीवान सेडन से कहा, ''आपकी कार्यकुशलता और कारोबार के बारे में हम आश्वस्त हैं। इसलिए आपके और साथियों के भरोसे हम कल प्रस्थान कर रहे हैं। रेजीडेंट और उनकी काररवाइयों से पार पाइए।''

सयाजीराव महाराज के जापान, चीन, कनाडा, अमेरिका और यूरोप की यात्रा में ब्रिटिश जासूसों की उनपर बराबर नजर रही। जासूसों की पहली रपट में बताया गया,

''महाराज इंडो-जापनीज संगठन के कार्यकर्त्ताओं से मिले। इसकी स्थापना भारतीय क्रांतिकारियों ने की थी। वहाँ 'वंदेमातरम्' की घोषणाएँ हुईं। कनाड़ा के वैंकुवर शहर में महाराज मशहूर क्रांतिकारी बाबू तारकनाथ दास से मिले। वहाँ अन्य क्रांतिकारी डॉ. पांडुरंग खानखोजे भी मौजूद थे। वही खानखोजे, जिन्हें तिलक ने हत्यारों और सैन्यशास्त्र के अध्ययन के लिए भेजा था। उन्होंने हाल में 'इंडिया इंडिपेंडेंस लीग' नामक उग्र संस्था की स्थापना की है।

''विदेशी क्रांतिकारियों से अरविंद घोष और बड़ौदा के खासेराव, केशवराव देशपांडे का संबंध है। खासेराव का बंधु माधवराव बम बनाने और शस्त्र चलाने का ज्ञान प्राप्त करने के लिए यहाँ आए हुए थे।

''पेरिस में महाराज ने पारसी क्रांतिकारी महिला मादाम कामा के साथ परामर्श किया। क्रांतिकारियों के साहित्य की छपाई और वितरण का काम करती हैं। राजद्रोही साहित्य की छपाई का खर्च बड़ौदा रियासत से मिलता है।''

रपट पढ़कर रेजीडेंट और भी बेचैन हो उठा।

यद्यपि अरविंद घोष बड़ौदा छोड़कर बंगाल चले गए, उनका काम खासेराव, केशवराव और माणिकराव अखाड़े, भवानी मंदिर और गंगनाथ भारतीय राष्ट्रीय विद्यालय के माध्यम से बखूबी चला रहे थे। इन क्रांतिकारी कामों को सयाजीराव की पूरी सहायता तो थी, लेकिन ठोस सबूत नहीं मिल रहा था।

मुंबई पुलिस को खबर मिली कि बड़ौदा रियासत में नौकरी कर रहे नरसिंहभाई पटेल ने अरविंद घोष के साहित्य का गुजराती अनुवाद छापा है। खबरी के मार्फत सेंध लगाते हुए मुंबई पुलिस सुपरिटेंडेंट ने नवसारी के एक निर्जन बँगले के बाहर के कुएँ में साहित्य बरामद किया। पुस्तक पर शीर्षक था 'वनस्पति की दवाएँ' लेकिन भीतर बम बनाने की विधि। विंसेंट ने पंचनामा किया। तब खासेराव जाधव कलेक्टर थे। उनके पास जाकर और पुलिस सहायता की माँग की तो खासेराव ने रियासत में छापा डालने के परवाने की पूछताछ की। पंचनामा, जब्ती की अनुमति किसने दी? खासेराव की कानूनी पूछताछ से विंसेंट चकित रहा गया। अपमानित भी महसूस किया। खासेराव ने जोर देकर कहा, ''मि. विंसेंट, आपने बड़ौदा रियासत में बिना अनुमति के छापा डालकर गैर-कानूनी काम किया हैं। यह हमारे अधिकारों का अतिक्रमण है। इसके बारे में हमें गवर्नर के पास शिकायत करनी पड़ेगी।'' विंसेंट ने बहस करने की कोशिश की तब खासेराव ने कहा, ''पुस्तक में जो जानकारी है, उसके बारे में अदालत निर्णय करेगी। यह आपका अधिकार नहीं है। ब्रिटिश इंडिया के सूरत और अहमदाबाद में हमने छापे डाले तो आप चुप बैठेंगे?''

विंसेंट कोई जबाब नहीं दे पाया। दीवान सेडन ब्रिटिश परंपरा का अधिकारी था, उसने खासेराव की बात का समर्थन किया और अंततः मुंबई के गवर्नर के कहने पर विंसेंट को बड़ौदा रियासत के प्रति खेद व्यक्त करना पड़ा।

रेजीडेंट कॉब ने दीवान सेडन को खासेराव और केशवराव पर काररवाई करने के लिए जोर डाला, लेकिन सेडन ने सबूत प्रस्तुत करने के लिए कहा। रेजीडेंट कॉब जिद पकड़कर इस काम के पीछे पड़ गया। सयाजीराव महाराज का निवास पेरिस के 'एलिस पैलेस' में था। सरदेसाईजी के साथ कन्या इंदिरा राजे की शिक्षा और विवाह को लेकर बातें हो रही थीं। सरदेसाईजी ने कहा, "इंदिरा राजे गुणी और बुद्धिमती हैं। रूप सुंदर है और स्वभाव सुसंस्कृत। आपके साथ विदेश पर्यटन के कारण दृष्टि भी विशाल हो गई है। चिंता की कोई बात नहीं है।" कुछ सोचकर सरदेसाईजी ने पूछ ही लिया—"सुना है, इंदिराजी के लिए आपने वर निश्चित किया है… ?"

"हाँ सरदेसाईजी, ग्वालियर के महाराजा माधवराव सिंधिया को जामात बनाने का निर्णय कर लिया है। उनकी अनुमति है।" महाराज ने कहा।

"माधवराव पैंतीस के पार। इंदिराजी उनकी दूसरी पत्नी बनेंगी। क्या आपने इंदिरा राजे की राय ली है?" संकोच से ही सरदेसाईजी ने पूछा। महाराज संजीदा हो गए। बोले, "हम इंदिरा राजे के जन्मदाता हैं। औरों से ज्यादा जानते हैं। माधवराव में क्या कमी है? हट्टे-कट्टे हैं। राजस रूप है। हमारे घराने के योग्य हैं।"

"फिर भी आपको एक बार इंदिरा राजे से पूछना चाहिए, महाराज! वह प्रगतिशील और स्वतंत्र सोच की युवती हैं।"

"दरअसल बात यह है कि माधवराव सिंधिया ब्रिटिशों की खास मरजी के राजा हैं।" महाराज अनजाने में बोल गए और समझ गए, बोलना नहीं चाहिए था। सरदेसाईजी से कहा, "हमारा प्रयोजन आप लोगों की समझ में नहीं आएगा। जो भी हो, अब इसकी चर्चा कहीं नहीं होनी चाहिए। अगले हफ्ते हम लंदन जा रहे हैं। वहाँ तीन काम है—बादशाह पंचम जॉर्ज की ताजपोशी, भारत मंत्री लॉर्ड क्रू से मुलाकात और लंदन विश्वविद्यालय में 'विश्व मानववंश परिषद्' के पहले अधिवेशन में भाषण।" दरवाजे पर दस्तक हुई। पारसी महिला मादाम कामा बिना किसी संकोच भीतर आ गईं। महाराज और महारानी का चाय-पान चल रहा था। बिना सूचना के मिलने कोई आए तो महाराज को अच्छा नहीं लगता था। महाराज ने तुरंत महारानी से कहा कि इनका चाय-पानी देखिए और बाहर चले गए। ब्रिटिश जासूसों ने देखा और दूसरे दिन 'लंदन टाइम्स' के पहले पन्ने पर समाचार प्रकाशित हुआ—

"कल पेरिस में बड़ौदा महाराज-महारानी ने मादाम कामा को चाय पर बुलाया

और दो घंटे तक गुप्त चर्चा की। भारत के क्रांतिकारी आंदोलन के बारे में अहम् बातें हुईं।''

महाराज ने सरदेसाईजी से कहा, ''देखा, जासूसों ने कैसा तीर मारा! दरअसल, अंग्रेजों की सत्ता को खून, हत्या से हटाया नहीं जा सकता! इसे हम बखूबी समझते हैं। वैज्ञानिक प्रगति से ही राष्ट्र-कार्य हो सकता है। हम इसे 'टाइम्स' को बताएँगे तो वह नहीं छापेगा। उनकी रुचि ऐसे ही समाचारों में होगी।''

□

एक हफ्ते बाद बादशाह पंचम जॉर्ज की ताजपोशी के लिए महाराज, महारानी और इंदिरा राजे लंदन पहुँचे। बहुत सारी रियासतों के राजा-महाराजा भी अपने लवाजिमे के साथ पधारे थे। ताजपोशी का समारोह धूमधाम के साथ संपन्न हुआ। इस अवसर पर माधवराव शिंदे ने सरदेसाईजी से मिलकर पंचम जॉर्ज के गौरव करने का रियासतों के राजा-महाराजाओं का मंसूबा बताया और इसके लिए महाराज सयाजीराव को अनुकूल करने का दायित्व सौंपा।

बहुत हिम्मत करके सरदेसाई ने महाराजा को माधवराव शिंदे के साथ हुई बात बताई। सब सुनकर महाराजा ने कहा, ''हिंदुस्तानी राजाओं की समझ में कुछ नहीं आता। अंग्रेजों की नीति अलग है। उन्होंने राजनिष्ठा का बिझूका बनाया है। अंग्रेजों जैसे राजनीति निपुण जन सारी दुनिया में नहीं हैं। हमने सबको सुधारने का ठेका तो नहीं ले रखा हैं। हम वही करते हैं, जो हमें ठीक लगता है। वे वही करें, जो उन्हें ठीक लगता हो। हम इतना ही जानते हैं कि इतिहास को आँखें खोलकर पढ़ना चाहिए। हम उनकी योजना में सम्मिलित नहीं हो सकते। बस, इतना ही उन्हें बताइए।''

सेक्रेटरी ऑफ स्टेट फॉर इंडिया लॉर्ड क्रू को महाराज ने निमंत्रण दिया था। बराबर दस बजे वह पधारे। महाराज ने स्वागत करते हुए आभार व्यक्त किया कि निमंत्रण पर वह आ गए।

''लॉर्ड साहब, आपको निमंत्रित करने का प्रयोजन तो आप समझ ही गए होंगे?''

''पूरी तरह से नहीं, हाँ, लेकिन कुछ अनुमान है।''

''हमारे बारे में इंग्लैंड में काफी गलतफहमियाँ हैं। इससे हमें मानसिक परेशानी होती है। हम आपके सामने सच्चाई बताना चाहते हैं।''

''बहुत अच्छा होगा।''

''मुझ पर जो आरोप लगाए गए हैं, वह कुछ व्यक्तियों से मिलने के बारे में हैं। श्यामजी कृष्ण वर्मा, बिपिनचंद्र पाल इनसे हम मिले, यह सच है लेकिन उन गरीबों की सहायता करने के लिए।''

"अरविंद घोष से उनका संपर्क है।"

"अरविंद ने तो काफी पहले बड़ौदा छोड़ दिया है। 'लंदन टाइम्स' में मादाम कामा को लेकर गलत समाचार छापा। वह हमारी रानीसाहेबा की मित्र हैं।"

"आनेवाले दिसंबर में दिल्ली में पंचम जॉर्ज के सम्मान में लॉर्ड हार्डिंग्स ने दरबार का आयोजन किया है। 1905 में आपने किंग जॉर्ज की मुलाकात को टाला था। अब भी सुना है कि आप मुजरा टालनेवाले हैं?"

"यह सब हमारे खिलाफ है। पिछली बार हम जान-बूझकर हाजिर नहीं थे। हमारा झगड़ा लॉर्ड कर्जन से था, लेकिन हमारी निष्ठा राजा के साथ है, कर्जन के साथ बिल्कुल नहीं।"

"वह बादशाह के प्रतिनिधि थे।"

"प्रतिनिधि यदि नामाकूल व्यवहार करता हो तो उसे सामने लाने की हमारी वह कोशिश थी—आत्मसम्मान की। आप इन बातों को हिज मैजेस्टी पंचज जॉर्ज के पास अवश्य पहुँचाइए।"

लॉर्ड क्रू ने सारी बातों की जानकारी नए वाइसरॉय हार्डिंग्स के पास पहुँचाई, इससे उल्टा परिणाम हुआ। महाराज पर और भी सख्त नजर रखी जाने लगी। महाराज को भी इसका आभास हो ही गया।

लंदन विश्वविद्यालय के पहले 'विश्व मानववंश परिषद्' की अध्यक्षता सयाजीराव महाराज को दी गई। सम्मान के प्रति कृतज्ञता व्यक्त करते हुए महाराज ने अपने भाषण में कहा, "विश्व में मानव समाज की समस्याएँ तो हमेशा ही रहेंगी। उन्हें सुलझाना उतना सरल नहीं है। महत्त्व की समस्या है—विचार और विकार के बीच समन्वय करने की। बुद्धि हमें अपना कर्तव्य बता देती है, लेकिन आचरण कठिन होता है। सत्-असत् की विवेकबुद्धि से सबके प्रति प्रेम और सहकारिता का भाव पैदा हो तो समस्या सुलझ सकती है। जब तक मानव जाति का एकता भाव नहीं जगता, तब तक दुराग्रह दूर नहीं होंगे।"

सयाजीराव महाराज विश्वबंधुता का स्वप्न देख रहे थे। ग्वालियर रियासत की सघनता, राजनिष्ठा आदि बातों से संभवत: सयाजीराव ने माधवराव को जामात के रूप में स्वीकार किया था, लेकिन ग्वालियर बड़ौदा जैसा प्रगतिशील नहीं था। बड़ौदा ने दूसरे विवाह पर पाबंदी लगाई हुई थी, फिर भी महाराज ने अपनी बीस वर्षीय कन्या का पैंतीस वर्षीय माधवराव से दूसरा विवाह निश्चित किया था। विश्वभर घूमी सुधारवादी इंदिरा राजे कैसे निभा पाएगी? फिर भी सगाई का कार्यक्रम संपन्न हुआ।

राजनीतिक और पारिवारिक समस्याओं का सामना महाराज बड़े धैर्य के साथ

कर रहे थे कि और एक आपत्ति खड़ी हो गई। बिएट्रिस स्टैथम नामक स्त्री के पति ने उसके महाराज के साथ नाजायज संबंधों की साजिश रचकर उनके चरित्र हनन की कोशिश की। उसका उद्‌देश्य धन ऐंठने का था और ऐसा उसने पहले भी अन्य राजाओं के साथ किया था। महाराज ने अपने वकील से कहा कि इससे तो बड़ौदा रियासत के खिलाफ कारवाइयाँ बढ़ेंगी, इसकी मुझे चिंता हैं। मुकदमा अपने वकील पर सौंपकर महाराज ने अपना दौरा जारी रखा। इससे अफवाहें फैलाई गईं कि महाराज भाग गए। यह भी कहा गया कि अब महाराज दिल्ली दरबार में भी हाजिर नहीं रहेंगे।

□

21

इधर बड़ौदा में दीवान सेडन को रेजीडेंट कॉब के साथ काम करना इसलिए कठिन हो रहा था कि वह बड़ौदा के राष्ट्रीय आंदोलन और राजद्रोह की गतिविधियों पर कड़ी काररवाई करने के लिए जोर दे रहा था। दोनों ब्रिटिश प्रशासन के आई.सी.एस. अधिकारी थे। रेजीडेंट ने वाइसरॉय के पास शिकायत की कि सेडन से सहयोग नहीं मिल रहा है। उनका नरम नीति से काम लेना खतरनाक है, लेकिन सेडन कानून और प्रशासन के विधान के अंतर्गत काम करने के कायल थे।

एक दिन कॉब ने सेडन से कहा कि बड़ौदा के तीन लोगों में से एक राष्ट्रीय आंदोलन से संबंधित होता है या फिर राजद्रोही होता है। इस भीषण आरोप को सुनकर सेडन हैरान रह गए। ऐसे आदमी से बहस करना ठीक नहीं, यह सोचकर चुप रह गए।

बड़ौदा की गतिविधियों से अरविंद घोष के संबंध की बात सुनकर सेडन ने उन्हें बता दिया कि अरविंद कब का बड़ौदा छोड़ चुके हैं और अलीपुर बम कांड में उन्हें निर्दोष मुक्त किया गया है। इस पर कॉब ने कहा, ''अरविंद के बड़ौदा के साथी खासेराव जाधव और केशवराव देशपांडे बड़ौदा प्रशासन में महत्त्वपूर्ण पदों पर रहने के बावजूद ब्रिटिश सरकार के खिलाफ काम कर रहे हैं। आप उनके खिलाफ कोई कदम नहीं उठाते?''

सेडन ने कहा कि उन्होंने दोनों के बारे में पूछताछ की है और उनके खिलाफ कोई सबूत नहीं मिला है।

मुंबई पुलिस को गुप्तचरों से पता चला कि माणिकराव के अखाड़े में सावरकरजी ने पिस्तौलों का पार्सल भेजा है। उन्होंने छापा मारा। तब भजन चल रहा था। पुलिस ने हर कमरे की तलाशी ली। अखाड़े की मिट्टी खोद डाली। कुँए में आदमी को उतारकर तल भी छान लिया। कुछ नहीं मिला तो अरविंद घोष की 'भवानी मंदिर' पुस्तकों की प्रतियाँ जब्त कीं।

दो दिन बाद पाटणकर नाम का पुलिस इंस्पेक्टर अखाड़े पर आया। माणिकराव से कहा कि एक छात्र को पूछताछ के लिए ले जाना है। पाटणकर ने उन्हें सावधान करते

हुए कहा, ''मैं भी आपका छात्र हूँ।'' पूछताछ में नासिक के बारे में कुछ न कहने की हिदायत दी और केशवराव देशपांडे को डाक से आनेवाले किसी पार्सल को स्वीकार न करने का संदेश पहुँचाने को कहा। पूछताछ में माणिकराव भी ब्रिटिश पुलिस थाने पर गए और दो टूक जबाब देकर लौट आए। केशवरावजी को तार भेजा : 'डाक की कोई बीमारी मत खरीदिए।'

दो दिन बाद एक डाकिया पार्सल लेकर केशवराव देशपांडे के घर पहुँचा। केशवराव डाक तो कार्यालय में स्वीकार करते थे। यह घर पर क्यों आया? उनका माथा ठनका। पुलिस उन्हें पार्सल स्वीकारते हुए रँगे हाथों पकड़ना चाहती थी। पार्सल नासिक से आया था। केशवराव ने मना किया। पार्सल में बम बनाने की विधि की पुस्तकें थीं, जिसे पुलिस ने ही भेजा था। शाम को केशवराव ने माणिकराव को चिट्ठी भेजी, ''साइकिल पैंचर हो गई।''

सयाजीराव महाराज बड़ौदा लौटे, तब दीवान सेडन और रेजीडेंट कॉब के बीच का तनाव बेहद बढ़ चुका था। केशवराव देशपांडे की इंक्वायरी के बारे में दीवान ने बताया, ''केशवराव देशपांडे की शुरू में डिपार्टमेंटल और बाद में न्यायाधीश से इंक्वायरी की। देशपांडेजी को निर्दोष घोषित किया गया है। लेकिन रेजीडेंट मानने को तैयार नहीं।''

महाराज ने कहा, ''रेजीडेंट से कहिए कि आपको जो लोग अपराधी लगते हैं उन्हें कोर्ट के सामने हाजिर करें। सबूत के साथ अपराध सिद्ध करें फिर हम उन्हें सजा देंगे। मात्र आपको खुश करने के लिए हम निरपराध अधिकारी को दंड नहीं देंगे।''

वाइसरॉय लॉर्ड हेस्टिंग्स के मार्फत महाराज पर दबाब डालने के प्रयास के फलस्वरूप आदेश भेजा गया—

अ) बड़ौदा में विशेष दरबार का आयोजन कर उसमें देशद्रोही आंदोलन के बारे में सरकार के बनाए गए भाषण को महाराज पढ़ें।

आ) ब्रिटिश हिंदुस्तान के मुद्रण संबंधित कानून बड़ौदा में लागू किए जाएँ।

इ) बड़ौदा का पुलिस प्रमुख ब्रिटिश अधिकारी ही रहेगा।

ई) देशद्रोही अधिकारी को नौकरी से हटाकर देश निकाला दिया जाए।

''नहीं, वाइसरॉय ने और दो पंक्तियों में इशारा दिया है—महाराज यदि इस संदर्भ में अलग भूमिका लेंगे या उस अधिकारी को पदत्याग का विकल्प देंगे, तो हमें और भी अधिक गंभीर काररवाई करनी पड़ेगी।''

दीवान के जाने के बाद महाराज ने फाइल देखी। सरदेसाईजी से बोले, ''हमें अपनी अरजी के खिलाफ निर्णय करना पड़ रहा है।'' महाराज ने फाइल पर लिखा, ''प्रस्तुत प्रमाणों के आधार पर केशवराव देशपांडे दोषी सिद्ध नहीं होते, लेकिन वरिष्ठें के आदेश के पालनार्थ हम उनका तबदला न्याय विभाग में कर रहे हैं। हुक्म के तामील त्वरित

हो।'' ऐन इसी समय केशवराव देशपांडे महाराज से मिलने आए। उन्होंने कहा, ''गुड मॉर्निंग, हिज हायनेस। बिना समय लिए अचानक आया, क्षमा कीजिए, लेकिन काम भी ऐसा ही था। मेरी वजह से आपको बहुत परेशानी हुई, इसलिए क्षमा माँगता हूँ। मैं अपनी सेवा से त्याग-पत्र दे रहा हूँ। वाइसरॉय आपको विवश करें, इसके पहले मैं ही बड़ौदा का त्याग करता हूँ।''

''केशवराव, बड़ौदा में हमारा हुकुम चलता है, वाइसरॉय का नहीं।''

''सच है महाराज, लेकिन आपको और अधिक कष्ट न उठाना पड़े, इसलिए मैं जा रहा हूँ।''

क्षणभर सोचकर महाराज ने देशपांडे की फाइल पर फिर नोट किया, ''हमारे आदेश से पहले ही उन्होंने अपने पद से त्याग-पत्र दिया था, उसे हमने स्वीकार किया है और उन्हें तुरंत सेवा-मुक्त कर रहे हैं।'' महाराज ने दस्तखत किए और फिर ''पुनश्च: बड़ौदा की उनकी सेवा की पूर्ति हेतु उन्हें एकमुश्त दस हजार रुपए दिए जाएँ।'' लिख दिया।

महाराज ने और एक आदेश के अनुसार खासेराव की बदली कनिष्ठ न्यायाधीश के पद पर की और उनको दी जानेवाली विशेष वेतन वृद्धि भी रोक दी। सरदेसाईजी से बोले, ''बहुत दुःख हो रहा है, इस तरह के आदेश पर हस्ताक्षर करने में लेकिन क्या करें? हम विवश हैं।'' सरदेसाईजी को महाराज ने यह भी कहा कि देशपांडेजी को दस हजार रुपए तुरंत अदा किए जाएँ। महाराज के निर्णय की प्रशंसा कर रहे सरदेसाईजी से महाराज ने कौंसिल और मंत्रिमंडल के सामने अपनी विवशता को व्यक्त करते हुए अपने मन में द्वंद्व और दुःख को उजागर किया—''देशपांडेजी के विरोध में वाइसरॉय ने अल्टीमेटम ही दिया, भले ही उनके विरोध में कोई सबूत नहीं था। हमारे सामने समस्या थी कि गर्व से ऑर्डर को ठुकराया जाए और अविवेक से आत्मनाश का सामना किया जाए अथवा मन को मारकर निर्णय किया जाए। बहुत मुश्किल दशा थी, जिसे हम किसी को बता भी नहीं सकते थे। हमें अंदर की आवाज बता रही थी कि तुम राजा हो, राजा को प्रजा के हित के बारे में ही सोचना चाहिए। व्यक्तिगत सुख-दुःख और मानपमान के जंजाल में नहीं उलझना चाहिए। सरदेसाईजी, जाइए। यह बातें करने का समय नहीं है।''

बहुत देर तक महाराज इसी दशा में बैठे रहे।

महाराज ने केशवराव देशपांडे को सेवा-मुक्त किया और दस हजार रुपए की ग्रेच्युइटी दी, यह वार्त्ता दो घंटे के भीतर रेजीडेंट तक पहुँच गई। उसने तुरंत पत्र लिखा, ''देशपांडे को सेवानिवृत्त किया, अच्छा ही किया, लेकिन हिंदुस्तान सरकार की अनुमति से पहले ग्रेच्युइटी की रकम अदा न की जाए।'' पत्र पाकर महाराज मुसकराए। अपने हाथों दो पंक्तियों का उत्तर दिया, ''हुक्म की तामील हो चुकी है। अब रकम वापिस नहीं ली जा सकती।''

रेजीडेंट कॉब चकित रह गया। रेजीडेंट के आदमी केशवराव को कहीं उठा न लें, इस डर से उन्हें बड़ौदा सीमा के बाहर हिफाजत के साथ भेज दिया गया। उधर से जवाब आया, ''गाड़ी स्टेशन छोड़ चुकी है।''

□

रेजीडेंट कॉब और सी.आई.डी. प्रमुख क्लीवलैंड माणिकराव के अखाड़े को उखाड़ना चाहते थे, लेकिन सबूत नहीं मिल रहा था। एक बार तो तंग आकर माणिकराव इन दोनों को पान-सुपारी के लिए निमंत्रित कर अखाड़े का पूरा परिचय करवाया। इसके बावजूद कॉब ने महाराज सयाजीराव के पास अखाड़ा बंद करने की सिफारीश की। महाराज ने हँसकर इसे दफ्तर में दाखिल किया और माणिकराव तक खबर पहुँचाने का प्रबंध किया।

लॉर्ड हार्डिंग्स ने बादशाह पंचम जॉर्ज के सम्मान में दिल्ली दरबार का आयोजन किया। भारत की सभी रियासतों को बुलाया गया। बड़ौदा नरेश के दरबार में उपस्थित रहने के बारे में कानाफूसी चल रही थी। दरबार के कुछ दिन पहले ही लॉर्ड हार्डिंग्स ने सयाजीराव के बारे में भारत मंत्री क्रू को चौबीस पन्नों का एक पत्र लिखा, जिसमें राजद्रोह और क्रांतिकारियों की सहायता आदि के बारे में विस्तार से जानकारी दी गई थी।

दरबार के एक दिन पूर्व महाराज सयाजीराव दिल्ली अपनी छावनी में पहुँचे। अपच और राजनीतिक तनावों के चलते महाराज मौन थे। बड़ा लवाजिंमा साथ था। फिर भी, उन्हें लग रहा था कि निर्जन द्वीप की यात्रा कर रहे हैं। सब स्नेही संबंधी साथ थे, लेकिन किसी से सुख-दु:ख की बातें नहीं कर पा रहे थे। कुछ देर आराम के बाद खासेराव को बुलाया। दोपहर ग्यारह बजे दरबार की रिहर्सल थी। अपने बदले संपतराव को ले जाने के लिए कहा। अपने आगमन की सूचना जरूर देने के लिए कहा। दोपहर तक लगातार दस्त होने से महाराज निढाल हो गए, लेकिन उन्होंने अपने अस्वास्थ्य की खबर को सार्वजनिक करने से मना किया। सोचा, दिन भर आराम करने से कल स्वस्थ महसूस करेंगे।

खासेराव ने दरबार के रिहर्सल के बारे में महाराज को अवगत कराया—''बादशाह पंचम जॉर्ज और महारानी का ग्यारह बजे दरबार में आगमन होगा। शाही बैंड स्वागत करेगा। लॉर्ड हेस्टिंग्स का तीन मिनट का स्वागत भाषण। फिर हिंदुस्तान के राजाओं का बादशाह को मुजरा। पहला मान हैदराबाद के निजाम का, दूसरा आपका। पंचम जॉर्ज के सामने पहली पंक्ति में आपका स्थान आठवाँ हैं। वहाँ से अंतर तीस फीट का। मुजरे की विधि तो आप जानते ही हैं।''

''हाँ, इसीलिए तो दरबार का आयोजन हुआ है।'' महाराज ने कटुता से कहा, ''उन्हें प्रदर्शित करना है कि हम सार्वभौम ब्रिटिश सत्ता के गुलाम हैं।''

"और बाकी सारी बातें पोशाक, अलंकार आदि···"

"हम जानते हैं। हो गया आपका?"

"जी, महाराज। आप आराम फरमाइए।"

उनको जाते देख महाराज अपने आप से बुदबुदाए, "आराम? अब कैसा आराम?" अकेले होने पर महाराज अपने आप से दो बातें करते। राजनीतिक गतिविधियों से महाराज निराश हो गए थे, "अपने पिंजड़े की आजादी से तो देहात का बचपन का मुक्त जीवन ही बेहतर था। उस मुक्त बनवाड़ी से बड़ौदा के भव्य राजमहल में ब्रिटिशों की मेहरबानी से आ गया और यह बात बरसों से हमारे सामने दोहराई जा रही है।

"हमारे पहले गुरु इलियट ने हमें स्वतंत्रता और समता का पाठ पढ़ाया था। हम एक अच्छे आदमी बन सके। आत्मसम्मान जाग उठा। अरविंद घोष और अन्य राष्ट्र प्रेमियों ने हम में आजादी की ज्योत जगाई। लेकिन हम खुलकर उनकी सहायता नहीं कर सके। हम सार्वभौम सत्ता के बंदी!"

महारानी ने उन्हें कुछ खा लेने, दवा लेने के लिए कहा कि कल की चिंता न करें। रात में आराम मिल जाएगा। महाराज ने कहा, "कौन सी चिंता, रानी साहेबा? घर की या बाहर की? हमें कहीं से भी मुक्ति नहीं। एक पिता और एक रियासत का राजा, दोनों अलग भूमिकाओं को निभाना पड़ता है। नाटक के पात्रों को मुखौटों का आधार होता है। हमारे लिए ऐसी कोई सुविधा नहीं।"

"आप शांत रहिए। आपको आराम की आवश्यकता है।" महारानी ने कहा।

"आप भी अब डॉक्टर की भाषा बोलने लगीं?" महाराज खामोश हो गए।

राजकुमारी इंदिरा राजे शाम को सहेलियों के साथ बाहर गई थी। उनके आने में विलंब से महारानी चिंतित थीं। उनके देर से लौटने के बारे में महारानी पूछताछ करनेवाली थीं, लेकिन महाराज के सामने पूछना उन्होंने उचित नहीं समझा और चुप रह गईं।

□

दरबार के दिन महाराज कुछ स्वस्थ हुए, लेकिन रातभर नींद न आने से थके हुए थे। महारानी ने उन्हें दरबार के लिए तैयार होने में मदद की। महाराज ने सफेद पोशाक चुन ली। हाथ में अँगूठी, गले में मोती की माला, सिर पर पगड़ी और चाँदी की मूठवाली छड़ी।

रेजीडेंट कॉब, दीवान हेडन और धैर्यशील के साथ महाराज दरबार शामियाने में पहुँचे। उनकी सफेद पोशाक को देखकर रेजीडेंट कॉब के मन में संदेह जगा। महाराज ने 'स्टार ऑफ इंडिया' का चिह्न भी नहीं पहना था। तलवार के बदले छोटी छड़ी थी। मुजरा करने के बाद सात कदम पीछे हटकर मुड़ना था, लेकिन महाराज मुजरा करते ही मुड़ गए। रेजीडेंट का गुस्सा बढ़ रहा था। दरबार के बाद उसने लॉर्ड हार्डिंग्स को यह सारी बातें बताईं। शुरू में हार्डिंग्स ने इस ओर विशेष ध्यान नहीं दिया था, लेकिन

रेजीडेंट को खोलकर बताने से उन्हें भी विश्वास हो गया कि महाराज ने जान-बूझकर अपमान करने के लिए ही ऐसा किया। सयाजीराव महाराज के दरबार के बरताव के बारे में ब्रिटिश शासन के बड़े अधिकारियों में बातें होती रहीं, जिनका तात्पर्य था कि महाराज के खिलाफ कोई काररवाई न होने पर हालत बिगड़ती जाएगी।

दरबार कार्यक्रम के तनाव से कुछ मुक्त होकर शाम को महाराज मुंबई के गवर्नर सर जॉन क्लार्क से मिलने गए जिनकी छावनी पास में ही थी। वह कहीं बाहर गए हुए थे, इसलिए महाराज लौट आए तो अतिथि कक्ष में नामदार गोपाल कृष्ण गोखले बैठे हुए थे। बिना सूचना के आने के लिए खेद व्यक्त करते हुए उन्होंने महाराज को दरबार के व्यवहार के परिणामों से अवगत कराया। देशद्रोह के आरोप की संभावना बताकर सावधान किया। महाराज ने अपना पक्ष उनके सामने रखते हुए स्पष्ट किया। अपमान करना उनका उद्‌देश्य नहीं था। गोखलेजी ने बताया कि कॉब ने इस संदर्भ आपकी एक पुरानी बात को याद किया। लॉर्ड कर्जन की बदली होने पर आपने उन्हें तार भेजा था, 'बॉन वायेज मे इंडिया नेवर सी वाइसरॉय लाइक यू अगेन।' आपने जानबूझकर न भी किया हो, लेकिन वे बहाना ढूँढ़ रहे हैं।

"तो आप क्या सोचते हैं कि हमें क्या करना चाहिए?"

"बादशाह या लॉर्ड हार्डिंग्स के नाम पत्र लिखें कि जो हुआ, वह अज्ञानतावश हुआ। रिहर्सल में हम उपस्थित नहीं थे। हमारा उद्‌देश्य किसी का अपमान करना बिल्कुल नहीं था।"

"यह तो ब्रिटिशों के सामने नाक रगड़ना हुआ। इन आरोपों के बारे में अधिकृत रूप से हमें कुछ भी नहीं कहा गया है, तो स्वयं इसे स्वीकार करने का मतलब अपराध को कबूल करना होगा। क्या हम अपने पैरों पर कुल्हाड़ी नहीं मार रहे हैं?"

"हाँ, यह हो सकता है, लेकिन अपने आप को बचाने की समझदारी के लिए दो कदम पीछे हटना ठीक होगा, महाराज।"

"अच्छा, गोखलेजी, सॉरी और थैंक यू। आपने हमारे हित की ही बात की है। आपके सुझाव के अुनसार हम चलेंगे।"

गोखलेजी ने उन्हें पत्र का एक मसौदा दिया। उनके जाने के बाद महाराज ने संपतराव को पत्र डिक्टेट किया, लॉर्ड हार्डिंग्स के लिए, "लिखिए—रिगार्डिंग दि दरबार इन ऑनर ऑफ हिज मैजेस्टी किंग जॉर्ज।" अपना पक्ष रखते हुए महाराज ने अपने अस्वस्थ होने की बात कही। अपने एक रिश्तेदार की मृत्यु के शोक का कारण सफेद पोशाक के लिए पेश किया। सम्मान चिह्न न लगाने के लिए विस्मरण की बात लिखी। दरबार के रिहर्सल का अनुपस्थिति का भी कारण बताया और अंत में बादशाह पंचम जॉर्ज और रानी साहिबा की उपस्थिति से नर्वस हो जाना भी स्वीकार किया, इन सब

कारणों से औपचारिकता का भंग हो गया हो, तो क्षमा भी माँग ली। ''आय हियर बाय अनरिजर्वेडली एक्सप्रेस माय प्रोफाउंड लॉयल्टी टू देअर मैजेस्टी।''

महारानी चिमणाबाई ने महाराज को चाय और दवा लेने का अनुरोध किया। महाराज ने अपने मन की बात उनके सामने प्रकट करते हुए कहा, ''हमें अब भी लगता है कि पत्र भेजकर हमने गलती तो नहीं की?'' पत्र उन्हें अपनी शरणागति का 'जाहिरनामा' लग रहा था। निढाल होकर महाराज की आँख लगी।

इंदिराराजे अपनी सहेलियों के साथ हँसती-खिलखिलाती हुई आई। उन्हें बताया गया कि महाराज दिनभर के थकान से सो गए हैं। एक घंटे पहले आपको याद किया था। अब जाग जाने पर आपको सूचित किया जाएगा।

कुछ ही समय बाद लॉर्ड हार्डिंग्स का जवाबी खत आया। महाराज का अनुमान सच निकला। रानी साहेबा के पूछने पर महाराज ने बताया, ''हार्डिंग्स का कहना है कि हमें अपने माफीनामे को सबके सामने पढ़ना चाहिए। कल पंचम जॉर्ज और रानी को भोज दिया जानेवाला है। उस समय इसे पढ़ने के लिए कहा गया है वरना हमें निमंत्रण नहीं दिया जाएगा।'' महाराज ने मन-ही-मन कहा, ''जिंदगी में पहली बार दूसरे की सलाह को मानकर हम धोखा खा गए। हार्डिंग्स साहब ने मौका साधा।

''हमें दो कदम पीछे हटकर इस वक्त को निभाना होगा, महारानी साहेबा। बड़ौदा रियासत के लिए, अपनी प्रजा के लिए हमें अभी बहुत काम करना है। ऐसे में व्यक्तिगत मान-अपमान का दावा खड़ा करने से हमें बचना चाहिए। इलियट सर हमेशा कहते थे, 'सिर सलामत तो पगड़ी पचास'।'' फिर संपतराव की तरफ मुड़कर महाराज ने कहा, ''वाइसरॉय साहब को संदेश दीजिए कि बादशाह पंचम जॉर्ज के भोज प्रसंग में उपस्थित रहकर हम इस पत्र को प्रकट रूप से पढ़ेंगे।''

□

22

दरबार में सयाजीराव महाराज के व्यवहार को लेकर अंग्रेजी और देशी समाचार पत्रों में काफी हंगामा हुआ। 'टाइम्स' ने महाराज के राजद्रोह को लेकर विशेष लेख छापा, तो 'अमृत बाजार पत्रिका' ने महाराज के व्यवहार की प्रशंसा करते हुए उसे हिंदुस्तानी जनता के असंतोष की अभिव्यक्ति कहा।

दरबार के कार्यक्रम के लिए लॉर्ड हार्डिंग्स के बंधु व्हायकांउट हार्डिंग्स भी लंदन पार्लियामेंट सदस्य के नाते उपस्थित थे। अपने बंधु वाइसरॉय लॉर्ड हेस्टिंग्स के साथ बातें करते हुए उन्होंने सयाजीराव का पक्ष लेते हुए कहा कि 'टाइम्स' ने जो लेख छापा है, उसमें आपके भारत मंत्री को लिखे गुप्त पत्र में भेजी गई जानकारी का प्रकाशित होना सरकार के इरादे पर शक प्रकट करता है। बड़ौदा रियासत सबसे प्रगतिशील रियासत है। उनकी अच्छाइयों को आप नजरअंदाज कर गलत बातों को उठा रहे हैं। मैं यह बात आपसे पार्लियामेंट सदस्य के रूप में कह रहा हूँ।

अपने बंधु की दो टूक राय से लॉर्ड हार्डिंग्स बेचैन हो गए। कुछ दिनों बाद उनके मन का डर सच निकला। लंदन की 'पायोनियर' पत्रिका में उनके भाई का लेख प्रकाशित हुआ, जिसमें उन्होंने सयाजीराव के दरबार-व्यवहार का पक्ष लेते हुए बड़ौदा रियासत में हुए सुधार और प्रगति के कामों की प्रशंसा की थी। भारतीय पत्रों में वह पुनः प्रकाशित हुआ। इससे सयाजीराव के प्रति उठा तूफान मंद पड़ गया। हार्डिंग्स ने अपना गुस्सा दीवान पर उतारा।

□

सरकार का दबाव बढ़ जाने से मांडवा के राणा ने नर्मदा के किनारे बसा हुआ 'गंगनाथ राष्ट्रीय विद्यालय' बंद करवाया। उसे बड़ौदा में स्थनांतरित किया गया। काशी विश्वेश्वर मंदिर के इस विद्यालय में जैक्सन हत्याकांड से संबंधित विट्ठल बालकृष्ण जोशी, सावरकरजी के 'अभिनव भारत' के कार्यकर्ता मामा फड़के, दत्तात्रय बालकृष्ण कालेलकर (काका) जैसे शिक्षक थे। रेजीडेंट कॉब के लिए यह विद्यालय काँटा बन गया

था। दीवान सेडन ने जाँच रपट देते हुए इसे राजद्रोह के आरोप से बरी किया। रेजीडेंट ने ऊपर तक शिकायतें करते हुए अंततः इसे बंद करवाया और सेडन को बड़ौदा की सेवा से वापस बुलवाया।

□

इंदिरा राजे और माधवराव शिंदे के विवाह का मुहूर्त 25 जनवरी पक्का हो गया था। बड़ौदा नगरी में विवाह की तैयारियाँ धूमधाम से चल रही थीं। निमंत्रण पत्रिकाएँ वितरित हो चुकी थीं। बड़ौदा जाने के लिए सयाजीराव महाराज दिल्ली स्टेशन की ओर रवाना हो रहे थे।

दूसरी कार से इंदिरा राजे और सहेलियाँ निकलनेवाली थीं। इंदिरा राजे ने अपने नियुक्त वर माधवराव शिंदे के लिए एक चिट्ठी रात में लिखी थी। लिफाफे से निकालकर उसे फिर से पढ़ा, "रा. रा. माधवराव शिंदे, महाराज ग्वालियर को इंदिरा राजे का स. न.। मेरी चिट्ठी देखकर आपको आश्चर्य होगा, लेकिन समय रहते निर्णय लेना हम दोनों के भावी जीवन की दृष्टि से ठीक होगा, इसलिए मैंने इस उलझन को सुलझाने के लिए यह साहस किया है। इस हेतु आप मुझे क्षमा करें। हमारी पहली मुलाकात में आपने कहा था कि पहली पत्नी के जीवित होने के बावजूद आप इसीलिए विवाह कर रहे है कि संतान नहीं है। पति का प्रेम न हो तो मात्र पुत्रवती कहलाने में मुझे कोई दिलचस्पी नहीं है। जीवनभर आपकी रानी बनकर परदे के पीछे रहने की कल्पना भी मैं नहीं कर सकती। हमारे पिताश्री ने बड़ौदा रियासत में द्विभार्या प्रतिबंधक कानून बनाया है। मेरे विवाह से इस कानून का भंग होगा। इन सब कारणों के चलते मैंने शांतिपूर्वक निर्णय किया है कि मैं इस विवाह के लिए राजी नहीं हूँ। आपको हुए कष्ट के लिए मैं क्षमाप्रार्थी हूँ—इंदिरा राजे गायकवाड़।"

मन को मजबूत कर इंदिरा राजे ने अपनी सहेली को कूच बिहार के राजकुमार के मार्फत माधवराव शिंदे के पास पत्र पहुँचाने के लिए दिया। सहेली पत्र देकर लौट आई। ग्वालियर की छावनी के सामने से इंदिरा राजे का कारवाँ गुजर गया। इंदिरा राजे के मन का बोझ हल्का हो गया।

□

दूसरे दिन बड़ौदा रियासत की स्पेशल ट्रेन बड़ौदा पहुँची। स्टेशन पर यथावत् स्वागत-सम्मान हुआ। सरदेसाईजी भी अपने कोंकण के गाँव से लौटे थे। कुशल-समाचार पूछा गया।

महाराज दीवानखाने में बैठे हुए थे। सरदेसाईजी ने संपतराव से अकेले में ग्वालियर से आए तार के बारे में बात की। "क्या लिखा होगा इंदिरा राजे ने ?" महाराज को कुछ कहने से पहले सरदेसाईजी इंदिरा राजे से मिले। पूछा, तो इंदिरा राजे ने दो टूक जवाब

दिया, ''हमने उनसे कह दिया कि हम उनके साथ विवाह नहीं कर सकतीं। हमारे मन की कोई सोच नहीं रहा था, तो हमने ही अपना निर्णय कर लिया।''

इंदिरा राजे को धीर बँधाकर सरदेसाईजी संपतराव के पास आकर बोले, ''उन्होंने विवाह तोड़ दिया है। अब इस समाचार को महाराज और महारानी के कानों पर कैसे डालें?''

महाराज ने इस सदमे को सहन किया। विवाह की तैयारियाँ थम गईं। तरह-तरह की बातें और अफवाहें फैल गईं। इंदिराजी के निर्णय से तो उनके पाँव के तले की जमीन ही हिल गई। दिल्ली दरबार से भी कई गुना और बेइज्जती हो गई। बेटी की बगावत ने इज्जत को मिट्‌टी में मिला दिया।

राजपुत्र फत्तेसिंह की अकाल मृत्यु, दिल्ली दरबार की क्षमायाचना की मानहानि और अब इंदिरा राजे के निर्णय से तो जैसे उम्मीद ही मिट गई। संपतराव, आनंदराव और सरदेसाई निकट के लोग थे, लेकिन समझ नहीं रहे थे कि क्या करें? महाराज ने अपने आपको कामों में डुबो दिया।

ब्रिटिश सरकार द्वारा मॅक्रे की नियुक्ति बड़ौदा पुलिस प्रमुख पद पर करते ही उसने हर बात को संदेह की नजर से देखना शुरू किया। सरदेसाईजी के भाई के बिलिमोरा स्थित साबुन के कारखाने पर छापा मारा। कुछ नहीं मिलने पर साहब ने पूछा, ''खबर है कि आप यहाँ बम बनाते हैं? कहाँ रखे हैं?'' सरदेसाईजी के बंधु ने मुँहतोड़ जबाब दिया, ''साहब, हम अगर बम बनाते होते तो उन्हें खुलकर सामने रखने जितने पागल तो नहीं होते! जो बनाते होंगे, वे आप जैसे गाफिल तो नहीं रहनेवाले!''

सरदेसाईजी महाराज के साथ इस घटना को लेकर बात कर रहे थे तब महाराज ने कहा, ''इसमें नया क्या है? वे खोजेंगे। हमें सावधान रहना होगा। टी. माधवराव ने राज्य के कारोबार का सूत्र बताया था। तब समझा नहीं, लेकिन अब समझ में आ रहा है। वह हमेशा कहा करते थे कि राजा को सिर्फ प्रगतिशील और सुधारवादी होना पर्याप्त नहीं। यह भी देखना चाहिए कि माई-बाप सरकार का विरोध न हो। जल्दबाजी में आत्मघात करने की अपेक्षा अपनी नीति को जरा-सा मोड़ना ठीक रहेगा।'' महारानी के आगमन से बातों की दिशा बदल गई। सरदेसाईजी ने उनसे कहा—

''महारानी साहेबा, एक महीने पूर्व मैंने आपसे प्रार्थना की थी कि सगाई से पहले इंदिरा राजे की राय जान लीजिएगा लेकिन आपने नहीं माना, बल्कि यह कहा कि हमने वचन दिया है, शिंदे महाराज के साथ ही विवाह होगा। तब इंदिरा राजे ने मुझसे कहा था कि यह हमारी मरजी के खिलाफ हो रहा है।''

''जी हाँ, सरदेसाईजी, हमें याद है। लेकिन अपने माता-पिता की मनोदशा के बारे में इंदिरा राजे को कुछ तो सोचना चाहिए था न? इधर उनकी अलिप्तता देखकर हमने

उनपर नजर रखने के लिए भी कहा था।'' महाराज ने स्वीकार करते हुआ कहा कि राज्य की समस्याओं के चलते हम उनसे ठीक तरह से बात भी नहीं कर सके।

''महाराज, मैंने उनसे कहा भी था कि माता-पिता के सामने खुलकर बात क्यों नहीं करतीं? तब उन्होंने कहा कि हमारी बात सुनने के लिए उनके पास फुरसत कहाँ हैं? माँ कुछ बोलने नहीं देती और पिता से मिलने के लिए सेक्रेटरी से समय लेना पड़ता है। क्या संतान अपने सुख-दुःख की बात माता-पिता से बिना एपॉइंटमेंट लिये नहीं कर सकती?''

''सरदेसाईजी, आपका और इंदिरा राजे का कहना सही है। हम राज प्रमुख और परिवार प्रमुख की दो भूमिकाएँ अलग नहीं कर सके। हमारा अनुभव था कि अपने करीबी लोग बेकार की बातें बढ़ाते हुए समय बरबाद करते हैं।''

''हाँ, महाराज, लेकिन क्या आपकी संतान को आपके पास आकर शिकायत करने और रोने का भी अधिकार नहीं? यह अप्राकृतिक है।''

''अब जो हो गया, सो हो गया। अब इंदिरा राजे के मन को पढ़ाई में लगाइए। हमारी अपेक्षा आपके साथ वह दिल खोलकर बोलती है। इसलिए यह दायित्व आप पर डाल रहे हैं।'' महाराज ने कहा।

सरदेसाईजी इंदिरा राजे को कालिदास का 'शाकुंतलम्' पढ़ा रहे थे। इंदिरा राजे की मनोदशा नाटक की कथा-वस्तु से मेल खा रही थी। उन्होंने सरदेसाईजी से कहा, ''गुरुजी, प्रेम का कितना सुंदर रूप है, लेकिन व्यवहार में आदमी पाश्विक विवाह के शिकार बनते हैं और जीवनभर इस कारा में तड़पते रहते हैं।''

सरदेसाईजी ने इंदिरा राजे को सयाजीराव महाराज के नाम एक पत्र लिखकर अपने मन की सारी बातें रखने का सुझाव दिया। डाक से भेजी गई चिट्ठी महाराज ने पढ़ी और उनका मन द्रवित हो उठा। उन्होंने जवाब में लिखा, ''आपकी चिट्ठी पढ़कर हमारी सारी चिंताएँ दूर हो गईं। जो बातें सामने नहीं हो सकती थीं वह स्पष्ट हो गईं। आईंदा हम आपकी मरजी के खिलाफ कुछ नहीं करेंगे। आप अपना वर स्वयं चुन सकती हैं। आपको जो स्वीकार होगा, उसे हम कबूल करेंगे।''

पिता की चिट्ठी पाते ही इंदिरा राजे दौड़ती हुई सरदेसाईजी के पास गई और बोली, ''आपके सुझाए मार्ग से समस्या सुलझ गई। अब तक हमने किसी से नहीं कहा, लेकिन आप से कह रहे हैं। कूचबिहार के राजकुमार जितेंद्रकुमार पर हमारा मन चला गया है। उनकी भी सम्मति है।''

''हमने भी ऐसा कुछ सुन रखा था। दिल्ली दरबार के समय आप बार-बार कूचबिहार छावनी की परिक्रमा करती नजर आ रही थीं।'' सरदेसाईजी ने कहा।

''तो क्या महाराज और माताजी भी... ?''

''नहीं, उनको फुरसत ही कहाँ थी? लेकिन शिंदेजी को भेजे गए आपके पत्र के

बाद उन्होंने कुछ पूछताछ की थी।''

महाराज की स्वीकृति से इंदिरा राजे के मन की कली खिल गई।

□

वाइसरॉय लॉर्ड हॉर्डिंग्स ने ऊटी में सभी रियासतों के राजाओं की बैठक का आयोजन किया था। रात में शाही भोजन था। बादशाह पंचम जॉर्ज के स्वास्थ्य के लिए सबने अपनी-अपनी गिलासें ऊपर उठाईं। सयाजीराव खामोश रहे। इसको लेकर राजाओं में कानाफूसी शुरू हो गई तो महाराज ने कहा—

''अगर हम खाली गिलास उठाते, तो भी हमें दोष दिया जाता। हम मद्यपान नहीं करते, आप सब जानते हैं। लेकिन हमारी गिलास में हमेशा की तरह पानी क्यों नहीं डाला गया? हमें बादशाह के प्रति आदर है। गिलास को ऊपर उठाने, न उठाने से उसमें कुछ फर्क नहीं पड़ता। आप लोग तो बहाने ढूँढ़ते रहते हैं।''

कोई कुछ नहीं बोल सका।

महाराज का मुकाम ऊटी के महल में था। हार्वर्ड विश्वविद्यालय की तीन वर्षों की पढ़ाई पूरी कर ज्येष्ठ राजपुत्र जयसिंहराव भी ऊटी आए थे। दिनभर घने जंगल में दोस्तों के साथ घुड़सवारी कर रहे थे। एक दिन उन्हें बेहोशी की हालत में घोड़ागाड़ी में लिटाकर लाया गया। घोड़े को ठोकर लगने से युवराज दूर फेंके गए थे। उपचार शुरू हो गए। डॉक्टर ने इलाज करते हुए कहा कि दो-तीन दिनों में ठीक हो जाएँगे।

दो दिन बाद और एक दुर्घटना का समाचार आया। दूसरे राजपुत्र शिवाजीराव इंग्लैंड में ऑक्सफॉर्ड में पढ़ रहे थे। क्रिकेट के शौकीन थे। आस्ट्रेलिया-इंग्लैंड के मैच में इंग्लैंड की तरफ से खेलनेवाले थे, लेकिन एक दिन पहले ही रैगिंग के शिकर हो गए। लड़कों ने उन्हें छेड़ा, तब जीने पर से गिर पड़े और बेहोश हो गए। तार से खबर पहुँची।

महाराज और महारानी दोनों आघातों से अवसन्न रह गए। महाराज ने सँभलकर कहा, ''समय हमारी परीक्षा लेता है। ऐसे में शांति से उसका सामना करने में ही समझदारी है। तार में बताया गया है कि शिवाजीराव के स्वास्थ्य में सुधार हो रहा है। दुर्घटना पर यही उपाय है कि हर एक को अपनी-अपनी फिक्र करनी चाहिए।''

□

दरम्यान लंदन के हाईकोर्ट में श्रीमती स्टैथम का महाराज के विरुद्ध का मुकदमा पेश हुआ। सयाजीराव महाराज के वकील ने दावा किया कि सयाजीराव सार्वभौम राजा हैं, इसलिए उनके खिलाफ लंदन में दावा नहीं चलाया जा सकता। हाईकोर्ट जज ने इसके बारे में दस्तावेजों की माँग की। बहुत कोशिशों के बावजूद 'इंडिया हाउस' उनके विरोध में कोई प्रमाण नहीं दे पाया। जज ने बड़ौदा के महाराज का कहना मान लिया। ब्रिटिश न्याय संस्था के निष्पक्ष होने के इस प्रमाण को महाराज ने सराहा। सुप्रीम कोर्ट

की अपील में भी हाईकोर्ट का निर्णय बरकरार रहा। इसके बावजूद महाराज के वकील ने परामर्श दिया कि इस मुकदमे में समझौता करना समझदारी होगी, क्योंकि उनका उद्‌देश्य ही बदनामी करना और ब्लैकमेल करना था। श्री स्टैथम को 5,700 पौंड देने पर उसने मुकदमा हटा लिया। उसने कोर्ट से कहा, ''मैं और मेरी पत्नी के बीच जो गलतफहमी थी, वह दूर हो गई है। इसलिए मैं अपने आरोप वापस लेता हूँ।''

महाराज ने कहा, ''यह बदनामी बहुत महँगी पड़ गई।''

□

23

बड़ौदा लौटने पर महाराज ने जयसिंहराव के विवाह के बार में संपतराव से बात की। संपतराव ने बताया कि महारानी साहेबा और जयसिंहराव से कुछ महीने पहले बात हुई थी और उन्होंने कहा कि उनके लिए महाराज की बात अंतिम होगी। बाईस वर्ष के राजकुमार के लिए सरदार बापूसाहेब हांडे देशमुख की तेरह वर्षीय कन्या पुतलाबाई के साथ विवाह संपन्न हुआ। बहू का नामकरण हुआ 'शकुंतला राजे'।

□

लॉर्ड हार्डिंग्स ने राजधानी का स्थानांतरण कलकत्ते से दिल्ली किया। वाइसरॉय के प्रवेश समारोह के शाही जुलूस में किसी ने बम फेंका। वाइसरॉय और पत्नी हाथी पर सवार थे। भागदौड़ मच गई लेकिन दोनों बच गए। सयाजीराव महाराज घरेलू कारणों से कार्यक्रम में उपस्थित नहीं थे। खबर सुनकर दीवान से बोले, "यदि वाइसरॉय के बड़ौदा आगमन पर ऐसा हादसा होता तो··· ?" दीवानजी ने अपना शक जाहिर किया, "महाराज, बम विस्फोट का आपकी अनुपस्थिति से संबंध जोड़ा न जाए तो अच्छा होगा।"

"दीवानजी, कई बार ऐसे संयोग होते हैं। इसके लिए हम क्या कर सकते हैं ?" कुछ याद कर कहा, "अगले महीने हम विदेश-यात्रा पर जा रहे हैं। रेजीडेंट को इत्तिला कीजिए।"

□

यूरोप-यात्रा पर महाराज ने इंदिरा राजे को भी साथ लिया। सोचा, उनका विचलित मन को इस यात्रा से कुछ शांति मिलेगी। मुंबई बंदरगाह से जहाज के निकलने के कुछ पूर्व बड़ौदा पुलिस प्रमुख मैक्रे ने महाराज को रेजीडेंट का एक संदेश सुनाया—"यूरोप-यात्रा में महाराज कुछ लोगों से न मिलें तो अच्छा होगा।" गुस्साए महाराज ने चिट्ठी देखी। उसमें मादाम कामा, श्यामजी कृष्ण वर्मा, आर. एस. राणा, गोविंद अमीन आदि नाम पढ़कर चिट्ठी को जेब के हवाले किया। कोई प्रतिक्रिया नहीं दी।

जहाज निकल पड़ा, तब महाराज ने महारानी से कहा, "जब कोई हमारी स्वाधीनता

पर बंधन डालता है, तब हमें बेहद क्रोध आता है। ये कौन लोग हैं मुझे बतानेवाले कि मैं कुछ लोगों से न मिलूँ?''

रेजीडेंट की चिट्ठी महाराज का अवमान करने के लिए ही थी। उधर ब्रिटिश सी.आई.डी. प्रमुख ने भी अपने लोगों को महाराज और उनके साथवालों पर सख्त नजर रखने की हिदायत दी थी। सयाजीराव इन सब बातों को जान गए। अपने सेक्रेटरी निंबालकर से बोले, ''सरकार हमारे पीछे कुछ-न-कुछ कारवाई करती रहेगी। हमें सावधान रहना होगा।''

''हाँ महाराज, रेजीडेंट के कार्यालय के अपने आदमी ने बताया है कि सरकार आपके खिलाफ राजद्रोह के प्रमाण जुटाना चाहती है।''

''हमारा अनुमान सही निकला, निंबालकर। इस यात्रा में कुछ ज्यादा ही सावधानी बरतिएगा।''

पेरिस, लंदन, स्विट्जरलैंड की महाराज की यात्रा की गुप्तचरों की रपट रेजीडेंट के कार्यालय में प्राप्त हुई। छोटे-मोटे ब्योरों के बाद सारांश रूप में एक टिप्पणी थी। रेजीडेंट ने उसे पढ़ा :

''महाराज मार्सेली पहुँचे और शाम को पेरिस रवाना हुए। साथ में अनूपचंद शाह नाम का शख्स था। शाह और खिमचंद बंकर सेक्रेटरी निंबालकर से मिले। हिरालाल बंकर महारानी से मिले। महाराज जर्मन डॉ. मेयर के पास गए। महाराज की गाड़ी का ड्राइवर इटैलियन है, वह भी गुप्तचर है। महाराज हमेशा यात्रा के कार्यक्रम में परिवर्तन करते हैं। ऐन मौके पर बदलाव लाते हैं। इसलिए उनका पीछा करना मुश्किल हो जाता है। वी.डी. सावरकर का खास आदमी शंकर वाघ महाराज के नाई के रूप में आया हुआ है। विशेष नोट यह कि सीमित कर्मचारियों और महाराज के लगातार बदलाव के कारण पीछा करने में कष्ट हो रहा है।'' रेजीडेंट ने सी.आई.डी. प्रमुख से अधिक बारीकी से पूछताछ कर रपट देने के लिए कहा।

महाराज लंदन गए हुए थे। महारानी और इंदिरा राजे पेरिस में ही थीं। महारानी की सहचरी मिस टोटन हैम के ध्यान में आ गया कि कोई सफेद दाढ़ीवाला बूढ़ा इंदिरा राजे से मिलने बार-बार आता है। महारानी को पता चला कि वह बूढ़ा दरअसल कूचबिहार के राजकुमार जितेंद्र हैं और महाराज की यात्रा में उनके पीछे-पीछे आ रहे थे।

लंदन से महाराज के लौट आने पर महारानी ने यह बात उन्हें बता दी। महाराज ने कहा, ''इंदिरा राजे और जितेंद्र के विवाह की जिम्मेदारी अपने लंदन के वकील पर सौंप आए हैं।''

''आपने हमें इस बारे में कुछ भी नहीं बताया?'' नाराज होकर महारानी ने कहा। तब समझाते हुए महाराज बोले, ''हाँ, गलती हो गई लेकिन अपना माहौल ऐसा है कि

कभी भी संकट आ सकते हैं, इसलिए नहीं बोले। इंदिरा राजे को निंबालकर के साथ लंदन भेज देंगे। पच्चीस अगस्त को विवाह होगा। आप ही अब यह मधुर समाचार इंदिरा राजे को बताइए और एक बात का ध्यान रहे कि अन्य कोई प्रतिक्रिया व्यक्त न हो।''

''आप विवाह में नहीं पधारेंगे ?''

''नहीं, महारानी साहेबा,'' महाराज ने दु:ख से कहा, ''इकलौती कन्या के विवाह में उपस्थित रहने का हमारा भाग्य नहीं है। हम इन झूठी प्रतिष्ठा के राजसी बेड़ियों को तोड़ नहीं सकते। आप उन्हें बताइए कि हमारे आशीर्वाद हमेशा उनके साथ रहेंगे।''

इंदिरा राजे और युवराज जितेंद्र का विवाह संपन्न हुआ। महाराज तब स्विट्जरलैंड में अपने प्रिय होटल सेंट मारित्स में रुके हुए थे। शिवाजीराव राजकुमार ऑक्सफोर्ड में पढ़ाई कर रहे थे। लंदन के शिक्षक ने तार से बताया कि एक वाद प्रतियोगिता में पाश्चात्य शिक्षा के दुष्परिणामों के पक्ष में बोलने के कारण उन्हें ऑक्सफोर्ड से निकाला गया है। बहाना बनाकर बदला लिया गया है। इस दु:खदाई समाचार से महाराज खामोश हो गए।

□

सी.आई.डी. से प्राप्त रपट पढ़कर भारत मंत्री लॉर्ड क्रू ने सयाजीराव महाराज को मिलने के लिए कहा। महाराज लंदन पहुँचे। लॉर्ड क्रू के साथ महाराज के अच्छे संबंध थे। खुलकर बातें होती थीं। स्वागत करते हुए क्रू ने कहा, ''पुल के नीचे से काफी पानी बह गया है। दिल्ली दरबार का दुर्दैवी अध्याय भी समाप्त हुआ है। लेकिन रपट है कि आप उन लोगों से मिल रहे हैं, जिनके पुराने राजद्रोही और क्रांतिकारियों से निकट संबंध हैं।''

''हम जिनसे मिले, उनके बारे में लगता है रपट कुछ अतिरंजित है।'' महाराज ने कहा।

''वाइसरॉय ने कहा है कि ब्रिटिश सरकार की नीतियों के विरोध की बातों को बड़ौदा में चलने नहीं देंगे।'' लॉर्ड क्रू ने कहा।

''हम इसका विरोध करते हैं। हमारे अपने राज्य में हमारी स्वाधीनता को ही नकारा जा रहा हो तो…'' महाराज की प्रतिक्रिया से लॉर्ड क्रू चकित हो गए। लेकिन बातों को सही रास्ते पर लाने के लिए बोले, ''हम आपको अपने मित्र होने के नाते सलाह देना चाहते हैं। आपकी बात में सच्चाई होने के बावजूद आप अभी इसे ज्यादा तूल न दें तो अच्छा।''

भारतमंत्री की सलाह में गर्भित इशारा भी महसूस किया महाराज ने।

□

यूरोप दौरे से महाराज लौट आए। नए रेजीडेंट कर्नल एल. इम्प्रे हाजिर हो गए। महाराज ने सोचा, यह तो नई बोतल में पुरानी शराब ही है।

दूसरे दिन दीवान बी.एल. गुप्ता ने महाराज के सामने फाइल रखी। महाराज के पूछने पर दीवान ने बताया—

"प्रोफेसर डी.एल. पुरोहित के बारे में शिकायत है। अध्ययन के दौरान पांडिचेरी गए थे, तब योगी अरविंद से मिले। अरविंद घोष बड़ौदा कॉलेज के भूतपूर्व उप-प्राचार्य थे और उनका राष्ट्रद्रोही क्रांतिकारियों से संबंध था। उनसे मिलने का अपराध प्रोफेसर पुरोहित ने किया है।"

"यह तो हद कर दी रेजीडेंट ने। पुरोहित हमारे विद्वान् प्राध्यापक हैं। बड़ौदा कॉलेज के भूषण हैं। धर्म और राजनीति के अध्ययन के लिए उन्हें लंदन भेजा था। पाश्चात्य और पौर्वात्य दर्शन का तुलनात्मक अध्ययन किया है उन्होंने। बताओ रेजीडेंट को, पुरोहित के विरोध में जो अभियोग है, उसे कोर्ट में साबित करें।"

दीवान ने असहाय होकर कहा कि वाइसरॉय की तरफ से भी दबाब है। महाराज का मंत्रिमंडल भी सबूरी से काम लेने के लिए कह रहा था। महाराज ने कहा, "जो दावा करते हैं कानून से राज्य करने का, उनके लिए हम भी उसी मार्ग को अमल में लाएँगे।" लेकिन प्रो. पुरोहित ने ही स्वास्थ्य ठीक न होने का कारण देकर त्याग-पत्र दिया। महाराज शंकित हो उठे कि दबाब तो नहीं होगा पुरोहित पर? पर खामोश रह गए। पुरोहित का त्यागपत्र स्वीकृत किया गया। महाराज को रातभर नींद नहीं आई।

रात के दो बज चुके थे। पुस्तक पढ़ने की कोशिश के बावजूद मन कहीं नहीं लग रहा था। महाराज ने मोटर भेजकर सरदेसाईजी को बुलाया। महाराज ने क्यों बुलाया होगा, यह सोचते हुए उन्होंने महाराज के दालान में पहुँचकर वंदन करते हुए पूछा, "आपने मुझे बुलाया, महाराज?"

"हाँ, सरदेसाईजी, नींद नहीं आ रही थी। आपको बुलाकर कष्ट दिया, इसलिए कि आप जब कुछ कहते हैं, तब वर्तमान का बोझ हल्का हो जाता है?"

"किस बारे में बात करें?"

"दु:ख और विपत्ति के बारे में नहीं, उम्मीद बढ़ानेवाली बात करें।"

सरदेसाईजी ने तुकाराम गाथा उठाकर, जिसमें तुकाराम ने कर्ता पुरुष के साथ दु:ख और विपत्ति के अनिवार्य होने के बारे में कहा था। उनके अभंगों को पढ़ते हुए विवरण किया, "मनुष्य को जो कुछ करना है, सोच-विचार से करे। भूखे को अन्न दे, प्राणिमात्र की सहायता करे। द्रव्य पात्रता का विचार करके ही दे। किसान जैसे जमीन को जाँचता है और अनुकूल जगह पर बीज बोता है, उसी प्रकार दान सत्पात्र हो अन्यथा वह पाप होता है। जो कुछ करना है, विवेक से करे अन्यथा फीके पकवान की तरह सब बेस्वाद हो जाता है।"

"सरदेसाईजी, तुकाराम बुवा के एक-एक अभंग में जीवन का दर्शन है, लेकिन हालात इतने बिगड़ चुके हैं कि समझ में नहीं आता कि क्या करें?" महाराज ने कहा।

"इसके बारे में भी तुकाराम ने कहा है—

निंबाचिया झाडा साकरेचे आले। आपली ती फले न संडीच॥ 1॥
तैसे अधमाचे अमंगल चित्त। वमन ते हित करून साड़ी॥ 2॥
परिसाचे अंगी लावले खापर। पालट अंतर नेघे त्याचे॥ 3॥
तुका म्हणे वेलू चंदना संगती। काय ते नसती जवलिके॥ 4॥

कुछ लोग अपनी दुष्टता कभी नहीं छोड़ते। दूसरों को कष्ट देना ही उनका काम होता है। नीम की बात ही लीजिए। उसके पत्ते कड़वे होते हैं। यही उसका स्वभावधर्म है। उसे शक्कर का आलवाल बनाया, तो भी फल कटु ही आएँगे। अमंगल विपक्षी को हित की कितनी बातें बताएँ, वह उलटी कर देगा। स्वीकार नहीं करेगा। खपरे को परीस लगाने पर भी वह बदलेगा नहीं। चंदन के पास बेंत लगाओ तो भी गंध नहीं आएगी। ऐसे ही महाराज, आपको परेशान करनेवालों की बात है। एक ही उपाय है—अपना चित्त स्थिर रखना।''

सरदेसाईजी तुकाराम का भाव समझा रहे थे। दोनों उसमें खो गए। प्रातः चार बज चुके थे। विदा करते हुए महाराज ने कहा, ''कल विलंब से आएँ तो चलेगा? मेरी वजह से आपको तकलीफ हुई।''

□

सयाजीराव महाराज के विरोध में कोई सबूत न मिलने के कारण वाइसरॉय ने रेजीडेंट से फिर लिखा। ''सी.आई.डी. स्कॉटलैंड यार्ड से ब्रिटिश सरकार के खिलाफ काम करनेवालों की सूची मँगाइए और यूरोप दौरे के पूर्व सयाजीराव को मुहैया कराइए।'' रेजीडेंट ने इम्प्रे को यूरोप के पचास लोगों की सूची देते हुए कहा कि महाराज इनसे संबंध न रखें तो अच्छा।

''इनमें से कुछ लोगों के साथ हमारे घरेलू गहने खरीदने के काम से संबंध आता है।''

''तब आपको सरकार के किसी जिम्मेदार प्रतिनिधि को साथ लेना होगा।''

□

मुंबई मराठी ग्रंथ संग्रहालय के नए भवन का उद्घाटन समारोह सयाजीराव महाराज के हाथों संपन्न हुआ। दो वर्ष पूर्व उन्होंने ही इसका शिलान्यास किया था। कार्यकर्ताओं का अनुरोध था कि महाराज बड़ौदा इसकी योजना समझाएँ। उद्घाटन समारोह में महाराज ने कहा, ''यह ग्रंथ संग्रहालय हम नई पीढ़ी को समर्पित करते हैं। इससे उन्हें अपने देश के इतिहास का पता चलेगा। अज्ञान ही समाज के दु:ख का कारण है। ग्रंथालय के माध्यम से ज्ञान का प्रसार होगा। अपने देश के लिए जो हानिकर है, उसका त्याग करो। हिंदुस्तान में अभी अँधेरा ही है। पुस्तकालय से वह दूर हो सकता है। मैं संग्रहालय को आशीर्वाद देता हूँ कि चिरकाल तक लोगों की सेवा करे।'' महाराज ने देन की भी बात

की। रात में महाराज रेल से बड़ौदा लौटे।

बड़ौदा में क्रेडिट सोसाइटियों की स्थापना को एक वर्ष पूरा होने के उपलक्ष्य में कृषि प्रदर्शन का आयोजन किया गया था। खासेराव के इस काम पर महाराज प्रसन्न हुए। उन्होंने कहा, "अपने देश के अस्सी प्रतिशत लोग खेती करते हैं। आज किसान को आत्मनिर्भर होना हो तो उसके उत्पाद को उचित बाजार भाव मिलना चाहिए।" महाराज ने कृषि प्रदर्शन और परिषद् का उद्घाटन किया। बारीकी से हर स्थल को देखा। फिर बोले, "हमारे देहातों से किसान अलग-अलग तरह का उत्पाद निर्माण करता है, लेकिन उसमें संगति नहीं है, बिखराव है। खेती के साथ कुटीर उद्योग को जोड़ना चाहिए। किसानों को जो माल चाहिए, वह भी उन्हें कम-से-कम दाम में मिले। यह काम क्रेडिट सोसाइटियों को करना होगा।" हॉलैंड का उदाहरण देते हुए महाराज ने कहा, "कृषि-प्रधान हमारे देश के लिए कृषि की ओर सजगता से ध्यान देना चाहिए। किसान सुखी होगा तो देश सुखी होगा।" सबको शुभकामनाएँ देते हुए महाराज ने भाषण समाप्त किया।

□

दिल्ली दरबार का तनाव कम करने हेतु महाराज विदेश दौरे पर जाने की सोच रहे थे और इधर रेजीडेंट तथा सी.आई.डी. बाधाएँ उपस्थित करने के प्रयास में थे। इसी अवसर पर विद्याधिकारी महाराज के पास एक चिट्ठी लेकर आए—

"मुंबई से भीमा रामजी आंबेडकर नामक छात्र की अरजी आई है। आपने उसे कॉलिज पढ़ाई के लिए वजीफा दिया था। वह बी.ए. पास हो गया है और रियासत में नौकरी करना चाहता है।"

"उसे बुलाइए। हरिजन बालक स्नातक बन गया, यह अच्छी शुरुआत है। पं. आत्माराम अस्पृश्य स्कूलों के इंस्पेक्टर हैं। आर्य समाजी हैं और अच्छे कार्यकर्ता हैं। उनसे आंबेडकर का प्रबंध करने के लिए कहिए।" महाराज ने कहा।

"कौन से विभाग में नियुक्ति की जाए?"

"फिलहाल सेक्रेटेरिएट में नियुक्ति करें। वहाँ से सारा कारोबार चलता है। प्रशिक्षण की अवधि में रु. 75/- के वेतन पर नियुक्ति करें। प्रशिक्षण पूरा होने पर पक्की नियुक्ति की जाएगी।" महाराज ने कहा, "तार से आंबेडकर को बुलाइए।"

23 जनवरी को आंबेडकरजी विद्याधिकारी से मिले। विद्याधिकारी ने पं. आत्माराम को बुलाकर भीमराव की नियुक्ति का आदेश दिया। पं. आत्माराम आंबेडकरजी को आर्य समाज कार्यालय में ले आए। कहा, "अन्य कोई प्रबंध होने तक आप यहाँ रह सकते हैं।"

"नौकरी का स्थान यहाँ से कितनी दूर है?" आंबेडकरजी ने पूछा।

"बहुत दूर नहीं। डेढ़-एक मील होगा। आर्य समाज के कार्यकर्ताओं ने उनके भोजन का भी प्रबंध कर दिया।"

प्रातः भीमराव कार्यालय पहुँचे। सहायक दीवान से मिले। वहीं पर विद्याधिकारी भी थे। सहायक दीवान ने कहा, "कुछ दिन आप सभी विभागों का थोड़ा-थोड़ा अनुभव लीजिए। वरिष्ठों के आदेशानुसार काम सीखिए। फिर साहब से बात करके विभाग निश्चित करेंगे।"

धीरे-धीरे खबर फैल गई कि महाराज ने भीमराव आंबेडकर नामक अस्पृश्य स्नातक को सरकारी कार्यालय में नियुक्त किया है। पहले ही दिन आंबेडकरजी ने निर्दिष्ट काम समय से पूर्व पूरा किया और साथ लाई बड़ी अंग्रेजी किताब पढ़ने लगे। यही दिनक्रम आगे भी चला। कार्यालय के एक सहकारी ने शिकायत की। "काम छोड़कर किताबें पढ़ने की तनख्वाह लेनेवाले नए साहब!" अधिकारी के पूछने पर भीमराव ने कहा, "मुझे जो काम दिया जाता है, उसे मैं समय से पहले ही पूरा कर देता हूँ। काम के बाद गपशप करने की अपेक्षा मैं पुस्तक पढ़ना पसंद करता हूँ। मेरे असपृश्य होने की वजह से अन्य सहकारी मुझे अपने साथ नहीं लेते। बातें करना तो दूर की बात। फिर मैं क्या करता?" अधिकारी सुनकर चुप हो गए।

एक हफ्ता हुआ होगा कि मुंबई से पिता के बीमार होने का तार आया। भीमराव अवकाश लेकर मुंबई चले गए। पिता का निधन होने पर अवकाश बढ़ाया। तब सयाजीराव महाराज मुंबई में ही थे, यह जानकर भीमराव उनसे मिलने मालाबार हिल के बँगले पर पहुँचे। सोचा कि बड़ौदा में रहने के स्थान की असुविधा को महाराज को बताएँ। पिता के निधन का समाचार सुनाया।

"पिता की और निवास असुविधा की बात का पता चला।" महाराज ने कहा, "हम आपको बुलानेवाले ही थे, भीमराव। आप आगे किस विषय में पढ़ना चाहते हो?"

"समाजशास्त्र, अर्थशास्त्र और पब्लिक फाइनेंस में मुझे दिलचस्पी है।"

"इनकी पढ़ाई करने पर आप क्या करनेवाले हो?"

"इस अध्ययन से मुझे अपने अवनत समाज को सुधारने के मार्ग मिल जाएँगे। उसके अनुसार मैं काम करूँगा।"

"आपको बड़ौदा सरकार से वजीफा मिला था। आप हमारे यहाँ नौकरी करोगे। फिर नौकरी, अध्ययन, समाजसेवा सब कैसे हो पाएगा एक साथ?"

"महाराज ने अवसर दिया तो मैं सारी बातों का ठीक ढंग से निर्वाह कर सकूँगा।"

"हम आपको उच्च शिक्षा के लिए अमेरिका भेजने की बात सोच रहे हैं। जाओगे?"

"आपकी कृपा हो तो जाऊँगा, महाराज।"

"तो फिर विद्याधिकारी के पास विदेश शिक्षा के लिए वजीफा मिलने हेतु अरजी करो और मुझे सूचित करो।"

सुनकर भीमराव चकित और प्रसन्न हो गए। कहाँ शिकायत करने आए थे और

कहाँ कल्पना के स्वप्नों को साकार करने का अवसर पाया! यथासमय महाराज ने अरजी मंजूर की। भीमराव ने महाराज के प्रति कृतज्ञता व्यक्त की। तब महाराज ने कहा, "शिक्षा की जिद और समाज के प्रति आपकी आस्था देखकर हमें खुशी हुई। बड़ौदा रियासत की सहायता से जो विदेश जाते हैं, शिक्षा के लिए उनके लिए हमारी कुछ शर्तें होती हैं। उन्हें एक बॉण्ड लिखकर देना होता है और बड़ौदा निवासी दो व्यक्तियों का हामीपत्र अर्थात् श्योरिटी देनी पड़ती है। अध्ययन के पश्चात् पूरी निधि लौटने तक बड़ौदा सरकार में नौकरी करना अनिवार्य हैं।" महाराज ने कहा।

बड़ौदा के किसी व्यक्ति से पहचान न होने से हामीपत्र से छूट दी गई। आठ आने के स्टैंप पेपर पर कबूलनामा किया गया। 15 जून, 1913 से तीन वर्षों के लिए वजीफा मंजूर किया गया। तीन महीनों का अग्रिम दिया गया—1,963/- रु.। कुछ रुपए परिवार के लिए देकर भीमराव अमेरिका-यात्रा के लिए निकल पड़े।

□

दूसरे दिन सयाजीराव महाराज इलाहाबाद एक बैठक के लिए गए हुए थे। वहाँ बनारस हिंदू विश्वविद्यालय के कुलपति पं. मदनमोहन मालवीय से मुलाकात हुई। मालवीयजी ने महाराज से और एक लाख रुपए की सहायता की माँग की, जिससे धर्मशास्त्र के छात्रों के लिए वजीफा दिया जा सके। महाराज ने कहा, "आप सिर्फ एक लाख माँग रहे हैं? हम पाँच लाख देने को प्रस्तुत हैं, लेकिन हमारी एक शर्त है। हिंदू छात्र इसलाम धर्म का, मुसलिम छात्र चार वेदों का, जैनेतर जैन धर्म का और अन्य ईसाई और बौद्ध धर्म का अध्ययन करें। इन पाँचों छात्रों को एक ही छात्रावास में रहने का प्रबंध विश्वविद्यालय करे।"

कार्यकारिणी से परामर्श कर निर्णय सूचित करने की बात पं. मालवीयजी ने की। आगे कई महीनों तक पत्राचार होता रहा, लेकिन विश्वविद्यालय ने स्वीकृति नहीं दी। पं. मालवीयजी विवश थे। महाराज ने भी कोई समझौता स्वीकार नहीं किया।

□

बड़ौदा नगरी के रास्तों को चौड़ा और सीधा करने का काम चल रहा था। जमीन मालिकों को उचित मुआवजा भी दिया जा रहा था। मुख्य सड़क पिंपल गेट मार्ग में एक कब्र की बाधा थी। मुसलिम अधिकारियों की बैठक बुलाकर महाराज ने चर्चा की। श्रद्धा को हानि नहीं पहुँचानी है। रातोरात कब्र को हटाकर अफवाह फैलाने की योजना बन गई कि मौलाना बाबा की कब्र अपने आप सरक गई। महाराज ने कहा, "समूह को विवेक नहीं होता, लेकिन चमत्कार पर तुरंत भरोसा होता है।" वैसा ही हुआ। महाराज ने स्वयं चादर चढ़ाई। फिर दरगाह भी बना दिया, वही पिंपला गेट 'दरगाह' नाम से मशहूर हुआ। रावपुरा रोड चौड़ा हो गया!

□

24

सयाजीराव और चिमणाबाई जब यूरोप के दौरे पर थे, तभी पहले विश्व-समर के काले बादल यूरोप पर छा गए थे। महाराज फ्रांस में उनके प्रिय व्हिची में थे तो महारानी ऑस्ट्रिया के कार्लस्बर्ग में गरम जलोपचार ले रही थीं। ऑस्ट्रियन युवराज और उसकी पत्नी की हत्या से सहसा विश्व-समर की आग भड़क उठी।

महाराज को होटल छोड़ मैनेजर के घर का आश्रय लेना पड़ा। साथ में नामदार गोखले भी थे। इंग्लैंड के राजदूत ने दोनों का सकुशल लंदन पहुँचाने का प्रबंध किया।

इंग्लैंड ने ऑस्ट्रिया के खिलाफ लड़ाई छेड़ी तो महारानी और उनके साथ वालों की मुश्किलें बढ़ गईं। महारानी का मुकाम जिस होटल पर था, उस पर बेकाबू लोगों ने हमला किया। चिमणाबाई ने ऑस्ट्रियन विदेश मंत्री को तार भेजकर सहायता माँगी। अपनी कीमती चीजों से भरी दो संदूकें छोड़कर महारानी जाली दस्तावेजों के सहारे सरहद पार कर ज्यूरिख पहुँच गई। ब्रिटिश अधिकारी ने उन्हें तुरंत रेल से पेरिस जाने के लिए कहा।

''हमारा लगेज नहीं आया।'' महारानी ने कहा,

''उसे बाद में भेजा जाएगा। आप पहले जल्दी से पेरिस पहुँच जाइए।'' पेरिस के ब्रिटिश राजदूत ने रेल अधिकारी से प्रार्थना कर उनके लिए विशेष डिब्बों का प्रबंध कराया और महारानी किसी तरह लंदन पहुँचीं। सर्वत्र युद्ध का माहौल था।

चिमणाबाई के लंदन पहुँचने पर महाराज ने मुक्ति की साँस ली और दूसरे ही दिन भारतमंत्री से मुलाकात की।

''यह विश्व-समर ब्रिटिश साम्राज्य पर बड़ा संकट है। ऐसे समय में साम्राज्य के सभी अंगों को चाहिए कि एक साथ आकर उसका मुकाबला करें। हमारे बीच इस आशय का समझौता पहले से ही हो चुका है। इसलिए हमारे राज्य की सारी साधन-सामग्री सरकार को देने के लिए हम राजी हैं।''

''दरअसल, यह बड़ी आपत्ति है साम्राज्य के लिए। आपकी बात को हम तुरंत बादशाह तक पहुँचा देंगे।'' भारतमंत्री ने कहा।

कुछ वक्त पहले सयाजीराव ने बादशाह पंचम जॉर्ज से मिलने के लिए समय माँगा था लेकिन नहीं दिया गया था। विश्व-समर के संदर्भ में हिंदुस्तान की जनता और राजाओं की सहायता की अहमियत ब्रिटिश सत्ताधीशों के ध्यान में आ गई और सयाजीराव के कार्य से वे अनजान नहीं थे। पंचम जॉर्ज ने सम्मान के साथ महाराज को विंडसर राजमहल का न्योता दिया।

महाराज और महारानी के बड़ौदा लौटने पर महाराज ने नए रेजीडेंट बोसांक्वे को मुलाकात के दौरान बताया, ''लंदन मुकाम में बादशाह पंचम जॉर्ज से मुलाकात प्रसन्नतापूर्वक संपन्न हो गई।''

□

लॉर्ड हार्डिंग्स और सी.आई.डी. प्रधान क्लिवलैंड की सयाजीराव गायकवाड़ को राजगद्दी से हटाने की साजिशें जारी थीं। भारत मंत्री को उन्होंने चौबीस पन्नों का आरोप-पत्र भी भेजा था, जिसमें राजद्रोहियों को सहारा देने, जर्मन वकीलात से संबंध रखने, अपने आपको स्वायत्त समझने जैसे आरोप थे। विश्व-समर के संदर्भ में भारतीय रियासतों के राजाओं की ओर कुछ उदारता से देखने का संकेत दिया गया था। उसके बावजूद इन दोनों ने महाराज पर नजर रखने के काम में ढील नहीं दी।

□

निंबालकरजी ने महाराज के हाथ में भारत मंत्री के आभार की चिट्ठी सौंप दी तो महाराज ने कहा, ''विश्व-समर से ब्रिटिश सरकार और हिंदुस्तान के राजाओं के बीच संबंधों की मधुरता बढ़ गई है। प्रभुसत्ता अब तक भारतीय जन और राजाओं को गौण मानती आई है, लेकिन अब इस बदले हुए नजरिए ने चमत्कार कर दिया है। ब्रिटिशों की सफलता की कामना सब करने लगे हैं। विश्व-समर के कारण धन और वस्तुओं की आवश्यकता को पूरा करने के लिए हिंदुस्तान के कई राजा आगे आ चुके हैं। इसमें हमने भी शेयरवाला हिस्सा दे दिया हैं। रेल का सामान, घोड़े और जीवनावश्यक वस्तुओं के अलावा सहायता निधि भी सुपुर्द किया है। लेडी विलिंग्डन युद्ध फंड के लिए साठ हजार, लॉर्ड हार्डिंग्स को वायुयान खरीदने के लिए पाँच लाख, सेना के लिए डेढ़ लाख, रेडक्रॉस सोसाइटी के लिए चालीस हजार, 'प्रिंस ऑफ वेल्स वार फंड' के लिए तीस हजार, 'रेजीडेंट बड़ौदा वार फंड' के लिए चार हजार। हमारी सहायता सब मिलकर चालीस लाख से भी अधिक हुई है। जब तक युद्ध चलेगा, तब तक हर माह बारह हजार रुपए देने का आदेश भी हिसाब विभाग को दिया गया है।''

फिर महाराज ने लोक निर्माण विभाग के इंजीनियर से पूछताछ कर पाटण शहर की जलवितरण योजना और प्रसूतिगृह के उद्घाटन का कार्यक्रम पक्का किया। राज्य के मुख्य शहरों की योजनाओं को भी पाँच वर्षों में पूर्ण करने की योजना बनाने के लिए कहा।

बड़ौदा के बाद पाटण नगर में नल के द्वारा जल-वितरण का प्रबंध किया जा रहा था। कार्यक्रम के दिन नगर में उत्साह का माहौल था। नल को आरंभ करने से पहले महाराज ने कहा, "पाटण के नागरिकों से मिलकर मुझे बड़ी प्रसन्नता हो रही हैं। आपको पर्याप्त और स्वच्छ जल मिले, इसलिए यह व्यवस्था की गई है। बेहतर स्वास्थ्य के लिए पानी का महत्त्व बहुत है। हमारे प्राचीन ग्रथों में जल को परम तत्त्व कहा गया है। उसकी रक्षा करना हमारा धर्म कर्तव्य है। जलदान पुण्य-कर्म माना जाता है। जल अपनी संपत्ति है, उसकी रक्षा करनी है। उसका इस्तेमाल किफायत से करना चाहिए। पानी है—ईश्वर का प्रसाद। उसका अपव्यय है—पाप। पानी तो सोना है, बल्कि सोने से भी बढ़कर है। अकाल में सारा धन देने पर भी पानी की एक बूँद नहीं मिलेगी। इसीलिए हमारे पूर्वजों ने नदी और जलाशयों को पवित्र मानकर उनकी पूजा की। अब यही पवित्र जल आपके घरों में लोहे के नल से आनेवाला है। उसकी फिजूलखरची न करिए। पानी को बेकार जाने देने का मतलब सोने को समुंदर में फेंक देना होगा। इसे ध्यान में रखकर जल संपत्ति का उपभोग करिए। अब मैं आपके लिए इस जलधारा को खोल देता हूँ।"

शाम को प्रसूति भवन का शिलान्यास समारोह संपन्न हुआ। सेठ किलाचंद देवचंद ने अपने उद्योग में प्राप्त मुनाफे के हिस्से से यह परोपकार का काम किया था। महाराज ने उन्हें 'बड़ौदा भूषण' कहते हुए उनके कार्य की प्रशंसा की। जच्चा-बच्चा को स्वास्थ्य का महत्त्व समझाते हुए महाराज ने जच्चा को अछूत मानने की प्रथा का विरोध करते हुए स्वच्छता पर जोर दिया और प्रशिक्षित कर्मचारियों के लिए अन्न-दान देने की भी घोषणा की। महाबलेश्वर जाते हुए सयाजीराव महाराज ने बिना सूचना दिए ही पंचगनी में श्री पंडित के हिंदू हाईस्कूल को भेंट दी। ए.डी.सी. निंबालकरजी के कहने पर बोले, "कई दिनों से उनका अनुरोध था। अपने ही लोग हैं। सूचना की क्या आवश्यकता?" छात्र भोजन कर रहे थे। महाराज ने देखा मराठा पैजामा-कमीज में थे, गुजराती छात्र आधी चड्डी में और ब्राह्मण छात्र लंगोट में थे। महाराज ने कहा, "उठो मत, आराम से खाना खाओ। तब तक हम परिसर को देखेंगे।" बाद में महाराज का फूलों से स्वागत किया गया। महाराज ने कहा, "बहुत ही सुंदर परिसर है। पेड़-पौधे, फूलों को देख संतोष हुआ। आप भी ईश्वर के फूल हैं। एक जैसी पढ़ाई कर रहे हैं, तो सबको एक जैसी पोशाक भी पहननी चाहिए। भेद नहीं दिखना चाहिए। भेदभाव से उच्च-नीच भाव पैदा होता है।" अध्यापकों से शिवाजी, अशोक, मॅजिनी जैसे महापुरुषों के चित्र लगाने के लिए कहा। एक हफ्तेभर महाबलेश्वर निवास कर बड़ौदा लौटे।

□

दिसंबर के अंतिम हफ्ते में क्रिस्मस का त्योहार जोर से मनाया जाता था, लेकिन इस बार अकाल को देखते हुए महाराज ने उसे रद्द किया। अकाल को रोकने के उपाय,

जैसे—कुएँ खोदना, तालाब बनाना आदि शुरू किए गए। महाराज ने गाँव-देहातों के दौरे किए। लोगों की शिकायतें सुनीं। उनको आश्वस्त किया। एक गाँव में महाराज की घोड़ागाड़ी के सामने एक बुढ़िया आकर खड़ी हो गई। महाराज ने पूछा, "माई, क्या हो गया?"

"मेरे पड़ोसी ने बाड़ तोड़कर अपने मवेशियों को मेरे खेत में घुसा दिया।"

"हम पुलिस से कहकर उसको पकड़वा लेंगे।" महाराज ने हँसते हुए कहा।

"पुलिस?" बुढ़िया ने हड़बड़ी में कहा, "नहीं, नहीं महाराज। आप से शिकायत करना आसान है, लेकिन पुलिस…" वह रुक गई।

"परेशानी होती है क्या, माई?"

इधर-उधर सहमकर बुढ़िया ने कहा, "हाँ, लेकिन हमारा नाम मत बोलिए। और नहीं है कोई हमारी शिकायत पड़ोसी के बारे में। वही काम आएगा।" हाथ जोड़ते हुए बुढ़िया बोली। महाराज ने निंबालकरजी से पुलिस की बात नोट करने के लिए कहा।

□

अकाल के बाद प्लेग की महामारी फैल गई। महाराज ने स्वास्थ्य अधिकारियों से बात कर जनसाधारण को जागरूक बनाने के लिए योजनाएँ बनाईं। स्वास्थ्य और स्वच्छता से संबंधित भित्ति-चित्रों की प्रदर्शनियों का बड़े शहरों में आयोजन करने के लिए कहा। महाराज बोले, "लैटिन भाषा में कहावत है, 'तन स्वस्थ तो मन स्वस्थ' इसका भी विचार हुआ है।" स्वास्थ्य अधिकारी ने इस बारे में भी भित्ति-चित्र बनवाने का आश्वासन दिया। कार्यक्रम कोई भी हो, महाराज उसके बारे में पूरी जानकारी लेकर अपनी टिप्पणियों के साथ तैयार रहते थे। इसलिए अधिकारी उनके सामने सहमे-से ही रहते थे।

बड़ौदा के दशहरा मैदान पर प्रदर्शनी लगाई गई। महाराज ने नगर परिषद् के अभियंता को बुलाकर रेलवे स्टेशन के बाहर का कूड़ा-कचरा हटाने के लिए कहा। सुबह टहलने गए थे, तब उन्होंने देखा था। महाराज ने कहा, "रेल से आनेवाले यात्री क्या सोचेंगे आपकी कार्यकुशलता के बारे में… ?"

"शाम तक वहाँ और अन्यत्र भी कूड़े-कचरे का नामोनिशान नहीं होगा।" अभियंता ने आश्वासन दिया।

प्रदर्शनी के एक दिन पहले महाराज ने सारे प्रबंध का मुआयना किया और संतोष व्यक्त करते हुए कहा कि, "प्रबंध बढ़िया हुआ है। अब देखिए कि अधिक-से-अधिक लोग प्रदर्शनी देखने आएँगे।"

दूसरे दिन प्रदर्शनी के उद्घाटन से पूर्व भाषण करते हुए महाराज ने कहा, "हमने दुनियाभर की यात्राएँ कीं। जहाँ जो अच्छा मिला, बड़ौदा राज के लिए काम का लगा, उसे लाने का भरसक प्रयास किया। आज दुनिया में जो राष्ट्र आगे बढ़े हैं, वे शिक्षा की

बदौलत बढ़े हैं। शिक्षा से मनुष्य का विकास होता है। आदमी को जीने के लिए हवा, पानी, अन्न जरूरी है, लेकिन हमें लगता है कि अच्छे ढंग से जीने के लिए स्वास्थ्य भी बेहद जरूरी है। आप चाहे गरीब हों या अमीर, सत्‌गुणी हो या दुर्गुणी, स्वास्थ्य सबके लिए अनिवार्य है। इसीलिए हमने इस प्रदर्शनी का आयोजन किया है। आपको इसका लाभ उठाना चाहिए।

''अब मैं स्वास्थ्य के बारे में कुछ अधिक बोलना चाहता हूँ। कहा जाता है कि तन स्वस्थ तो मन स्वस्थ। निर्मल मनवाला देवता समान होता है—अर्थात् धर्माचरण करनेवाला। मंदिर, मसजिद, चर्च, दरगाह आदि को हम देवस्थान मानते हैं। उसे स्वच्छ रखते हैं। धर्माचरण का स्वास्थ्य से निकट का संबंध हैं। भोजन के पहले हम स्नान करते हैं, हाथ-पाँव धोते हैं। शरीर के लिए भी स्वच्छता महत्त्वपूर्ण हैं। अस्वच्छता के कारण महामारी जैसी बीमारियाँ फैलती हैं। इसलिए अपना परिसर स्वच्छ हो, घर में रौशनी और हवा आती-जाती हो। जहाँ स्वच्छता है, वहाँ बीमारी को अवसर नहीं।

''मानव शरीर ईश्वर का दिया हुआ अनमोल वरदान है। उसकी देखभाल के लिए पोषक आहार, पर्याप्त व्यायाम और स्वच्छता नितांत आवश्यक है। नारी का समाज में स्थान और दायित्व भी बड़ा महत्त्वपूर्ण है। माता को अपने और बालक के स्वास्थ्य को लेकर फिक्रमंद होना चाहिए। बालक देश का होनहार नागरिक है। स्वास्थ्य की गुरु-ताली नारी के हाथ में है। वही राष्ट्र का स्वास्थ्य सुधार सकती है। इसलिए आज की इस प्रदर्शनी का उद्‌घाटन महारानी चिमणाबाई साहब करें, यह मेरी प्रार्थना है।''

महाराज का यह प्रस्ताव श्रोताओं को पाठ पढ़ानेवाला था।

□

यूरोप में विश्व-समर का माहौल था। महाराज के बाहर जाने की कोई संभावना नहीं थी। राजकीय संस्कृत पाठशाला का पुरस्कार वितरण समारोह के लिए अब समय था। विद्याधिकारी के यह बताने पर कि हमारे मन में भी यही विषय था, महाराज ने कहा, ''इसे आधुनिक मनोविज्ञान में 'टेलीपैथी' कहते हैं। हाल ही में हमने इस विषय पर एक ग्रंथ पढ़ा है।''

समारोह में नगर के धर्म, शास्त्र और साहित्य क्षेत्र के नामवरों को निमंत्रित किया गया। सरदेसाईजी की सहायता से महाराज ने भाषण के मुद्‌दे पक्के किए। पुरस्कारोत्तर भाषण में महाराज ने कहा, ''आज हम आज के जीवन में पुरोहितों के स्थान और दायित्व पर अपने विचार प्रस्तुत करने जा रहे हैं। हिंदू धर्म में पुरोहितों का विशिष्ट स्थान है। हजारों वर्षों से यह व्यवसाय चल रहा है, लेकिन अब नई परिस्थितियों में उसे बदलना होगा। धर्म के तत्त्व और व्यवहार लोगों को दिखाने का दायित्व उन पर है। उनके संदेहों को उन्हें दूर करना होगा। निरर्थक विधियों का त्याग करना होगा। विवाह की आयु-

सीमा, विदेश-गमन, फिजूलखर्ची, जाति अंतर्गत विवाह, श्राद्ध आदि से संबंधित दान के व्यवहारों को भी नए सिरे से देखने की आवश्यकता है।

"पुरोहित को ईश्वर और मनुष्य के बीच का मध्यस्थ माना जाता है। इसलिए उनका अंत:करण विशुद्ध जल की तरह पारदर्शी होना चाहिए। सदाचरण से ही मनुष्य ईश्वर के निकट जा सकता है, इसलिए पुरोहितों को चाहिए कि अपना आचरण शुद्ध रखें और दुखियों को शांति व समाधान दें। आज के धर्म को मानवता की आवश्यकता है।" कुछ रुककर उन्होंने कहा, "यदि हमारी बातें किसी को गलत लगती हों, उन्हें भी अपनी बात कहनी चाहिए। हम मन से सुनेंगे और आवश्यकता पड़ने पर अपनी राय को बदल भी देंगे।"

सभा शांत थी। किसी ने महाराज का प्रतिवाद नहीं किया।

□

निजी विभाग के लगातार बढ़ते खर्च के बारे में महाराज निंबालकरजी के साथ चर्चा कर रहे थे। किफायत की उनकी सूचनाओं को नजरअंदाज किया गया था। निंबालकरजी ने महाराज की अनुमति मिलने पर सहमत होते हुए कहा, "घर के लोगों की हमेशा शिकायत रहती है कि महाराज बाहर बहुत दान-धर्म, आर्थिक सहायता करते हैं, लेकिन घर के लोगों के लिए हाथ खींचते हैं।"

"इन लोगों से अपने से परे देखा ही नहीं जाता। मौज-मजे, ऐश, राजकीय शानो-शौकत—यही इनके जीने का मकसद दिखाई देता है। ये कब समझेंगे कि राजा प्रजा के लिए उत्तरदायी होता है ? हमें पता है कि हमारे दान-अनुदान को लेकर घर के लोग बेचैन हैं। रेवरेंड वीडन को हमारे डेढ़-सौ पौंड पुस्तकों के लिए दिए। इलियट सर जल्दी चल बसे। उनके परिवार की सहायता करना क्या हमारा दायित्व नहीं है ?" फिर दस्तावेजों को देखते हुए बोले, "राजपुत्रों को हम जेब-खर्च के लिए सालाना साठ हजार रुपए देते हैं। उसका हिसाब हमें माँगने पर भी नहीं मिलता। निजी खर्च भी तो राज्य की निधि से ही होता है न ? फिर उसका ऑडिट क्यों न हो ? हमारे कहने पर उनकी राजघराने की अस्मिता जोर मारने लगती है। कहाँ तक नजरअंदाज करें ?"

भोजन विभाग के खर्च की महाराज ने बारीकी से जाँच की, तब पता चला कि यूरोपीय भोजनगृह का प्रति व्यक्ति खर्च उन्नीस रुपए है, तो हिंदुस्तानी भोजनगृह का खर्च सिर्फ दो रुपए। हिसाब में गड़बड़ी देखकर महाराज ने आदेश दिया, "राजमहल के यूरोपीय भोजनगृह के हिसाब की जाँच हिसाब विभाग तीन हफ्ते के भीतर करे।" जाँच हुई और प्रतिवेदन देखकर महाराज चकित रह गए। महाराज जानते थे कि मुंबई के ताज होटल का एक दिन का संपूर्ण खर्च मात्र दस रुपए था। महाराज ने खर्च ज यादा होने के कारणों को पूछा। जबाब मिला, "दो कारणों का पता चलता है, महाराज।

बाजार भाव से दस गुना ज्यादा मूल्य पर खरीदी हुई है। दूसरा कारण है, एक-तिहाई अन्न बेकार जाता है।''

''खरीदी करनेवाले पर भरपाई की कारवाई की जाए। उनके स्थान पर विश्वासपात्रों की नियुक्ति की जाए।''

''निजी और खरीदी विभाग में सब तो आपके निकट के ही लोगों की नियुक्ति हुई है। उनके खिलाफ कुछ भी निर्णय करने पर चर्चा होती है।''

''यही तो हमारी पीड़ा है, निंबालकर! हमारे जन आलसी हैं। इससे भी बढ़कर वे लुच्चे हैं। हमारे पास सत्ता का गुड़ है, इसलिए ये चीटियाँ इकट्ठी हुई हैं। बिना उन्हें दुखाए उनके काम धीरे-धीरे कम किए जाएँ। ये लोग नया कुछ सीखने को तैयार नहीं, न ईमानदार हैं। ऑपरेशन कुशलता से करना होगा।''

□

25

देशी भाषाओं में विविध विषयों पर ग्रंथों को प्रकाशित करने, देशी साहित्य की अभिवृद्धि और जनसाधारण को उनकी उपलब्धि कराने की बड़ौदा सरकार की पुरानी परंपरा थी। उसे सयाजीराव महाराज ने अधिक गतिशील बना दिया। यूरोप यात्रा से लौटते वक्त अंग्रेज ग्रंथ ले आए और उनके अनुवाद करवाए। 'राष्ट्रकथामाला' और 'महाराष्ट्र ग्रंथमाला' में 305 पुस्तकें प्रकाशित हुईं। 'क्रीड़ामाला' में खेल की पुस्तकें प्रकाशित हुईं। डॉ. केतकरजी के महाराष्ट्र शब्दकोश को सहायता ली गई। पुस्तकों के लिए पुरस्कारों की योजनाएँ बनीं। महाराज ने सरदेसाईजी से कहा—

"इस वर्ष देशी भाषाओं के ग्रंथ प्रकाशन के लिए हम और दो लक्ष रुपयों की देन दे रहे हैं। इससे मिलनेवाले ब्याज से नए ग्रंथों के प्रकाशन के लिए सहायता दी जाए।"

"इस योजना को विद्याधिकारी को सौंपना है या स्वतंत्र रखना है?"

"इसे स्वतंत्र ही रखिए। इसके लिए एक छोटी सी समिति बनाइए। ग्रंथ लेखन कठिन काम है। लेखकों को प्रोत्साहन देना होगा। प्रकाशन तो और भी कठिन है। हमारे लोगों को ग्रंथों को खरीदकर पढ़ने की आदत नहीं है। इसलिए या तो हम प्रकाशित करते हैं या प्रकाशन के लिए सहायता देते हैं।"

"सरदेसाईजी, हिसाब विभाग की शिकायत है कि ग्रंथ प्रकाशन के लिए जितना खर्च होता है, उसका आधा भी वसूल नहीं होता। लेकिन मैंने उन्हें बता दिया है कि ग्रंथ लेखन और प्रकाशन हमारे लिए भविष्य में निवेश है। रेल, सड़कें, अस्पताल के खर्च में कहाँ हम वसूली की बात करते हैं? ग्रंथ लेखन और प्रकाशन को भी लाभ-हानि में नहीं नापा जा सकता।"

समिति बनाने का आदेश दिया गया।

□

अपनी पसंद का काम करने में महाराज को आनंद और संतोष होता था। लॉर्ड हार्डिंग्ज के स्थान पर लॉर्ड चेम्सफोर्ड आ गए, जिनसे महाराज लंदन में ही मिल चुके

थे। वह खुले दिल के थे। दीवान माधवराव के स्थान पर मनुभाई देसाई की नियुक्ति हुई। वह कार्यकुशल और ईमानदार थे। इन दो बातों से महाराज प्रसन्न हो गए। मनुभाई का स्वागत करते हुए महाराज ने कहा, ''मनुभाई, बरसों से हमारी मनोकामना थी कि बड़ौदा का दीवान इसी मिट्टी का कोई अधिकारी बने। आपकी नियुक्ति से हमें आनंद हुआ।''

''महाराज, आपकी सेवा में मैं कई वर्षों से हूँ। मैं निजी सचिव भी था। आप काम और गुणों की कद्र करनेवाले हैं।''

''बात ठीक हैं, मनुभाई। दुनिया में जो अच्छा हमें दिखाई देता है, उसे हम बड़ौदा के लिए ले आते हैं। दुनियाभर से तज्ज्ञ लोगों को हम यहाँ ले आए हैं। एशिया में ग्रंथालय का अप्रतिम काम बड़ौदा में करनेवाले डब्ल्यू.ए. बार्डेन, बैंक ऑफ बड़ौदा के पहले प्रबंधक सी.ई. रैंडल, शिक्षामंत्री और एक्साइज कमिश्नर अंडरसन, बड़ौदा कॉलिज के प्राचार्य आर. सी. व्हिटनेक, इटालियन शिल्पतज्ज्ञ ए.के. लीसी हमारे साथ काम कर रहे हैं। 'लंदन टाइम्स' के चित्रकला समीक्षक एन.एच. स्फाइलमैन हमारे 'कला-दालान' के लिए सहायता कर रहे हैं। बड़ौदा की शान के लिए हमने इन नररत्नों का यहाँ आने के लिए कहा। इसकी प्रशंसा करने की अपेक्षा साहबों को जलन ही होती दिखाई दे रही है। लेकिन दीवानजी, हमें उम्मीद है कि परिस्थितियाँ बदलेंगी।'' महाराज ने कहा।

□

नए वर्ष के पहले ही दिन खुशखबरी आई कि सयाजीराव महाराज को जी.एस.आई.ई. का सम्मान घोषित हुआ है। अभिनंदन के लिए 'लक्ष्मीविलास पैलेस' पर भीड़ उमड़ पड़ी।

संपतराव ने कहा, ''महाराज, प्रथम विश्व-समर के संकट से समय बादशाह का आपका सम्मान करना, हवा की बदली हुई दिशा का संकेत तो नहीं है?''

''हिंदुस्तानी राजा के सामने कभी-कभार एकाध सम्मान का टुकड़ा डालकर उसे जाल में फँसाने की साहब की चाल है यह। पिछले तीस वर्षों में हमने बड़ौदा में जो काम किया, उसकी तारीफ कभी नहीं हुई, बल्कि ब्रिटिश इंडिया की तुलना में बेहतर होने से वह उन्हें चुभता ही रहा। बरसों से हमारे बारे में शक पालते रहे। विश्व-समर में हमने जो सहायता की, शायद यह उसका असर हो। सम्मान हमें शर्मनाक ही लगता है, लेकिन राज्य और प्रजा के सुख के लिए आनंद को प्रदर्शित करते हैं। हाँ, इस सम्मान से हमें उन पर फिदा होने की जरूरत नहीं, न बेफिक्र होने की।''

□

महाराज बेंगलुरु से ऊटी जाने के लिए निकल पड़नेवाले ही थे कि बड़ौदा से संपतराव का तार आया। महाराज के ज्येष्ठ बधु आनंदराव के अचानक निधन का समाचार। माता-पिता के बाद अब रक्त के रिश्ते का धागा टूट गया। आनंदराव समझदार

और व्यवहार कुशल थे। महाराज के अंतरंग के साथी थे। महाराज दौरा छोड़कर बड़ौदा लौट आए। आनंदराव के परिवार को सांत्वना दी। लक्ष्मीविलास महल में लौट आते ही इंदिरा राजे ने महाराज को वंदन किया।

"इंदिरा राजे, आप कैसी हैं?" महाराज ने पूछा।

"महाराज, आपसे कुछ बात करनी थी।"

महाराज को कुछ चिंता हुई—"अब क्या नई समस्या है?"

"बड़े भाईसाहब के बारे में बात करनी है।"

महारानी चिमणाबाई महाराज के लिए चाय बना रही थीं। उन्होंने यह कहते हुए कि महाराज अभी यात्रा से लौटे हैं और घर में शोक हैं, इंदिरा राजे को रोकने का प्रयास किया।

"नहीं महारानी साहब, बोलने दीजिए इंदिरा राजे को। और दुःख की बात अपने लिए कोई नई बात नहीं। सच कहूँ महारानी साहेबा, जो गुजर गए, उनसे ज्यादा यहाँ के लोगों के दुःखों ने हमारा जीना दूभर किया है।"

"आपकी इच्छा न हो तो हम नहीं बोलेंगे।" इंदिरा राजे ने कहा।

"हमारी इच्छा का प्रश्न ही कहाँ उठता है? ऐसा होता तो आपके बंधुराज जयसिंहराव और धैर्यशीलराव ने अपने बेमुरव्वत और स्वच्छंद बरताव से हमारे मन को पीड़ा क्यों दी होती?"

"महाराज, इधर आपने उनसे बोलचाल बंद कर दी है, इसीलिए हमें बीच-बचाव करना पड़ रहा है।" गुस्से के स्वर में इंदिरा ने कहा। "जहाँ संवाद संभव है, वहीं पर बोलना काम का हो सकता है। राजवैभव और प्रतिष्ठा को मिट्टी में मिलानेवाले मनमौजी को खुली आँख देखना एक पिता के लिए जीते-जी सजा भोगना है। हम जो कहते हैं, उसके बिल्कुल विपरीत राजकुमारों का आचरण है। हम हर व्यवहार में किफायत की बात करते हैं, तो ये फिजूलखर्ची की सीमा पर पहुँचते हैं।"

"महाराज, आपने जयसिंहराव को जो चिट्ठी लिखी, उससे उन्हें बहुत सदमा पहुँचा है। वह अब छोटा बच्चा तो नहीं है।"

"छोटा बच्चा होता तो हमारी चिट्ठी का भाव समझ जाता, लेकिन जयसिंहराव ने हमें पलटकर बदतमीजी से जबाब दिया, फिर भी हम नाराज नहीं हुए। हो सकता है, हमसे कोई भूल हो गई हो लेकिन आपके भाईसाहब ने क्या उसे ठीक करने की कोशिश की? कल जिसे बड़ौदा का महाराज बनना है, क्या उसे ऐसी बातें शोभा देती हैं? आप चाहती हो तो हम बातचीत भी करेंगे। बिल्कुल मत सोचिए कि हम गुस्सा हो गए हैं।"

महारानी ने राजकुमारों को समझाने का प्रयास किया भी था, लेकिन माँ की ममता और पति के प्रति दायित्व से काम कुछ बना नहीं। महाराज ने कहा, "समझ में नहीं आता कि धैर्यशीलराव इस तरह का बरताव क्यों कर रहे हैं? अपने दायित्व के बारे में

कुछ सोचते ही नहीं। अपना देश, अपने लोग—क्या इनके बारे में उन्हें कुछ भी लेना-देना नहीं? सिर्फ अपने बारे में सोचते हैं। यह तो स्वार्थ है। उनका अहंकार उन्हें अपने दायित्व का अहसास भी नहीं होने देता।''

राजकुमारी ने दो पीढ़ियों के बीच के अंतर का हवाला दिया, लेकिन महाराज को यह स्वीकार नहीं हुआ। उन्होंने कहा, ''हमने राजकुमारों को सारी सुविधाएँ उपलब्ध करा दीं, लेकिन वे पश्चिमी सभ्यता के शिकार हो गए। उनके मद्यपान और स्वच्छंद जीवन की खबरों को सुनकर हमें कितनी यातनाएँ होती हैं, उसकी उन्हें फिक्र भी नहीं। हमने कभी अपने दायित्व में कसूर नहीं किया लेकिन पिता के रूप में हम नाकामयाब हो गए। हम इस बात को बाहर दुनिया के लोगों से तो नहीं कह सकते। हमें सारा वैभव प्राप्त हुआ, लेकिन पारिवारिक सुख से हम वंचित ही रहे। आज हम समझ नहीं पा रहे हैं कि किस तरह का बरताव करें? नहीं, हम अन्य किसी पर इसका दायित्व नहीं थोपना चाहते। हम ही जिम्मेदार हैं। एक ही मार्ग है कि जो परिस्थिति सामने है, उसका सामना करना है।''

□

विद्याधिकारी ने लंदन से आए भीमराव आंबेडकर की अरजी महाराज के सामने रखते हुए दीवान साहब की राय सुना दी, ''आंबेडकरजी को कॉलेज पढ़ाई के लिए हमने वजीफा दिया। शर्त यह थी कि इसके बदले में बड़ौदा की सेवा करें। इसकी छूट देकर अमेरिकी विश्वविद्यालय में पढ़ने के लिए तीन वर्षों का वजीफा दिया। फिर महाराज ने एक वर्ष की समय-सीमा बढ़ा दी। अब तीसरी बार उन्हें वजीफा देने की आवश्यकता नहीं। रियासत छात्रों को सिर्फ एक बार ही वजीफा देता आया है।''

महाराज ने दीवानसाहब की राय कायम कर दी।

भीमराव आंबेडकर लंदन की पढ़ाई छोड़कर बड़ौदा लौटे। आर्य समाजी पं. आत्माराम ने उनके खान-पान आदि का प्रबंध किया।

भीमराव दूसरे दिन विद्याधिकारी से मिले। उन्होंने कहा, ''अर्थशास्त्र पर आपका अधिकार है। महाराज ने संकेत दिया है कि रियासत के फड़नवीस विभाग का मंत्रीपद आपको दिया जाए। शुरू में आप अपने और अन्य विभागों की जानकारी प्राप्त करें।''

''मेरी नियुक्ति कब होगी?''

''आपका प्राथमिक प्रशिक्षण पूरा होते ही आपको फड़नवीस बनाया जाएगा। तब तक हर माह 125 रुपए के वेतन पर आपकी नियुक्ति की जाती है।''

कोठी में सर्वाधिक पढ़े-लिखे तो भीमराव ही थे, लेकिन महाराज ने एक अछूत अधिकारी की नियुक्ति की है, यह जानकार चपरासी से लेकर अन्य कर्मचारियों तक एक बेचैनी छा गई। वे उनसे दूर रहने लगे। छुआछूत का पालन करने लगे। अधिकारियों के

क्लब में उन्हें अवमानना का सामना करना पड़ा। अमेरिका, इंग्लैंड में मुक्त और समानता का जीवन भीमराव ने अनुभव किया था। यहाँ के व्यवहार ने उन्हें दुःख पहुँचाया।

संभवत: महाराज को पता चला और उन्होंने भीमराव को मिलने के लिए कहा। उनसे बोले, ''हमें संतोष है कि रियासत के वजीफे को आपने बेहतर अंजाम दिया। आपके ज्ञान को देखते हुए हम फड़नवीस विभाग का कारोबार आपको सौंप रहे हैं।''

''महाराज, छोटी-मोटी बातें आपके सामने रखने में संकोच होता है।'' महाराज से अनुमति मिलने पर भीमराव ने अपने अनुभव बताए। महाराज ने कहा, ''भीमराव, आज समाज की दशा बहुत नाजुक है। मैं सहसा कोई बड़ा कदम उठाकर हिंदू समाज में असंतोष पैदा नहीं कर सकता। अवसर मिलते ही हम सुधार करेंगे। आप मुकाबला करते रहिए। हमने अछूत बालकों के लिए स्कूल खोले। हिंदू शिक्षक न मिलने पर मुसलिम शिक्षकों की नियुक्ति की। कानून के बावजूद कुछ बातें हैं, जिन्हें समाज को समझाकर ही बदला जा सकता है।''

कुछ दिनों बाद भीमराव ने महाराज से मिलकर अपनी लंदन की पढ़ाई पूरी करने की अनुमति माँगी। लौटने पर रियासत में नौकरी करने का वादा भी किया। महाराज ने ठोस आश्वासन नहीं दिया, इससे भीमराव कुछ नाराज हो गए। महाराज ज्यादा बोलते नहीं थे। मन में समस्या के पहलूओं पर सोचते रहते और उचित अवसर आने पर बराबर निर्णय करते थे।

□

विट्ठल रामजी शिंदेजी ने राष्ट्रीय स्तर पर 'अस्पृश्यता निवारण परिषद्' का आयोजन किया। सर नारायणराव चंदावरकर के अनुरोध पर सयाजीराव महाराज ने उसका सभापतित्व का स्वीकार किया। शिंदेजी के काम से उन्हें हमदर्दी थी।

फ्रेंच ब्रिज के पास आयोजित सभा में नामदार, सी.बी. मेहता, बाल गंगाधर तिलक, बिपिनचंद्र पाल, बॅ. मुकुंदराव जयकर, भूलाभाई देसाई, न. चिं. केलकर आदि मान्यवर उपस्थित थे। गांधीजी का संदेश आया था। अपने भाषण में सयाजीराव महाराज ने कहा—

''अस्पृश्यता निवारण मेरी आस्था का विषय है। इस संबंध में हमने बड़ौदा में कई कदम उठाए हैं। अस्पृश्यता की समस्या जटिल है। कानून से लोगों के संस्कार नही बदलेंगे। उनका हृदय-परिवर्तन करना होगा। अंत्यज जातियों में प्रतिभा के अनेक उदाहरण पाए जाते हैं।

''हम रोटी-बेटी व्यवहार की बात नहीं करते, लेकिन इतना ही चाहते हैं कि किसी को अछूत का दूषण न लगे। समाज के एक बड़े वर्ग पर जो अन्याय हुआ है, उसे हटाना होगा।

''अछूत बालकों के स्कूल चलाने में हमें कई मुश्किलों का सामना करना पड़ा।

हमने रास्ता निकाला। हमें उनके साथ मानवता का व्यवहार करना चाहिए।''

सभा में अस्पृश्यता हटाने और उनकी उन्नति करने को लेकर कई प्रस्ताव पारित हुए। तब बाल गंगाधर तिलक ने कहा, ''अस्पृश्यता जितनी जल्दी नष्ट हो जाए, उतना अच्छा। मैं अपने घर पर छुआछूत का पालन नहीं करता। मैं साफ बताना चाहता हूँ कि मैं अस्पृश्यों के विरोध में नहीं हूँ। इस रुढ़ि को नष्ट होना ही होगा।''

किसी ने भीमराव पर हुए अन्याय की चर्चा छेड़ने की कोशिश की तो महाराज ने अपनी सफाई देते हुए बताया कि किस तरह उन्हें अधिक-से-अधिक सहायता और सुविधाएँ देने की कोशिश की गई। महाराज के अपने देवघर में पुरोहित ने महाराज के साथ भी अछूत जैसा व्यवहार किया था। इसी की प्रतिक्रिया स्वरूप महाराज ने ब्राह्मणोत्तरों के लिए वेदोक्त पाठशाला शुरू की थी। महाराज ने यह भी भरोसा दिया कि रियासत के वजीफे का लाभ अछूतों के उत्कर्ष के लिए ही होता रहेगा। भीमरावजी से हमारी इतनी ही उम्मीद है।

मुंबई परिषद् के बाद महाराज बड़ौदा लौटे। संपतराव से उन्होंने रियासत के वारिस नाती राजकुमार प्रतापसिंह की पढ़ाई के बारे में चिंता व्यक्त की। संपतराव ने बताया कि मेजर वेबर उनका ठीक ध्यान रख रहे हैं और चिंता की कोई बात नहीं। महाराज ने कहा, ''संपतराव! हमने राजपुत्रों को पढ़ाई के लिए विलायत और अमेरिका भेजने का दुस्साहस किया। अब प्रतापसिंह के बारे में इसे नहीं दुहराएँगे। राजकोट के पब्लिक स्कूल का भी अनुभव अच्छा नहीं रहा।''

''राजकुमार को हम अपने ही स्कूल में भेजेंगे।''

''हाँ, मैं भी ऐसा ही सोच रहा हूँ। इससे वह आम विद्यार्थियों के साथ मेल-जोल बढ़ा सकेंगे।'' महाराज सहसा खामोश हो गए। यह उनकी पुरानी आदत थी।

''संपतराव, इधर और एक समस्या ने सिर उठाया है। प्रतापसिंह की माताजी को कैंसर हुआ है और उनका साथ बहुत दिनों का नहीं है, डॉक्टर ने बताया है।''चिंता न करें महाराज, प्रतापसिंह हमारे बच्चों के साथ रहेंगे।''

''नहीं, वेबर गार्जियन हैं, उनके साथ ठीक रहते हैं। समस्या अब राजकुमारी इंदुमती और लक्ष्मीदेवी के लिए अच्छा वर ढूँढ़ने की है। अच्छे घर चली गईं तो दादाजी की चिंता मिट जाएगी।''

वर खोजने की मुहिम आरंभ हो गई। महाराज के एक पुराने मुलाजिम राणीजी के शिरगावकर ने कोल्हापुर छत्रपति शाहू महाराज, जोकि छत्रपति शिवाजी महाराज के वंशज हैं, के सुपुत्र राजाराम का प्रस्ताव इंदुमती के लिए रखा। सबने स्वीकार किया, तब शिरगावकरजी ने बताया कि कोल्हापुरवासी बहुत अधिक दहेज की अपेक्षा करते हैं। खंडेराव महाराज के जमाने में भी कोल्हापुर से रिश्ता हुआ था। तब दहेज कम

मिला था। महाराज ने कहा, ''छत्रपति शाहू महाराज का घराना बड़ा है। कन्यादान, वर, बाराती का सम्मान पुरानी परंपरा है। हम व्यक्तिगत रूप से दहेज के विरुद्ध हैं। जो नहीं दे सकते, उनके लिए तो संकट ही उपस्थित होता है लेकिन हमारे पास है तो हम देंगे। शिरगावकारजी, आप इसमें राह निकालिए। इसके सर्वाधिकार आपको दिए जाते हैं। लेकिन ध्यान रहे कि इस बैठक की अनावश्यक चर्चा कहीं न हो। आजकल जनमत का कोई भरोसा नहीं। हमें न घोड़े पर बैठने देता है, न पैदल ही चलने देता है।''

2 अप्रैल, 1918 को राजकुमारी इंदुमती का विवाह समारोह शाही शान के साथ दशहरा मैदान पर संपन्न हुआ। मान्यवरों के प्रति आभार व्यक्त करते हुए सयाजीराव महाराज ने कहा—

''श्रीमंत छत्रपति शाहू महाराज साहेब, मान्यवर अतिथि तथा उपस्थित सज्जनो और देवियो—

''अभी बादशाही फौजी मित्र फौजों का साथ लेकर फ्रांस की रणभूमि पर दुश्मनों के साथ लड़ रही हैं। यह समर प्रसंग अंतिम हो, यही हमारी इच्छा है। सत्य की ही जय होगी।

''सभी मराठों को वंदनीय छत्रपति शिवाजी महाराज के वारिस श्रीमंत शाहू महाराज हमारे सर्वोच्च आदरणीय महाराज हैं। प्रजा की उन्नति के लिए आपने अथक प्रयास किया है। आज हमारे और छत्रपति के घरानों के बीच नाता पक्का हुआ। हमारे मन में काफी दिनों से यह आस बनी हुई थी, उसे आज पूरी होते हुए देख हमें बहुत प्रसन्नता का अनुभव हो रहा है। दो घरानों के बीच यह दूसरी बार संबंध स्थापित हो रहा है। श्रीमंत गणपतराव महाराज की कन्या हमारी चचेरी बहन काशीबाई का विवाह स्व. छत्रपति शिवाजी महाराज द्वितीय के साथ हुआ था।

''बड़ौदा और कोल्हापुर घरानों की मित्रता चिरंतन रहने की कामना करते हुए हम आप सबके प्रति इस समारोह में उपस्थित रहकर उपकृत करने के कारण धन्यवाद प्रकट करते हैं। कृपया भोजन और स्नेहपान के लिए पधारें।''

□

26

संस्कृत पाठशाला के कार्यक्रम से लौटने के पश्चात् सयाजीराव महाराज धर्म से संबंधित कानून के बारे में गंभीरता से सोचने लगे और परिणामस्वरूप उन्होंने एक आदेश जारी किया—

"धर्म का पालन करने और उसके अनुसार आचरण करने की स्वतंत्रता हर नागरिक को है। साथ ही, वह अन्य धर्मों का आदर करे। हिंदू धर्मियों को चाहिए कि मुसलिम, ईसाई, बौद्ध, जैन आदि धर्मों का तुलनात्मक अध्ययन करें। इसके लिए धर्माधिकारी नामक अधिकारी की नियुक्ति की जाएगी। बड़ौदा कॉलिज में धर्म का तुलनात्मक अध्ययन पढ़ाया जाएगा। धर्माधिकारी धर्म से संबंधित सरल मराठी भाषा में पुस्तकें प्रकाशित कर जनता को उपलब्ध कराएँ।

"धर्म और धार्मिक विधियों को लेकर किसी भी एक जाति का एकाधिकार अब नहीं चलेगा। इसके लिए पुरोहित कानून बनाया जाएगा। किसी भी जाति का व्यक्ति पुरोहित की परीक्षा देकर पुरोहित बन सकेगा। भक्ति कोई भी करे, बिचौले की जरूरत नहीं। सबको वेदोक्त का अधिकार रहेगा।

"बालकों को साधु-संन्यासी न बनाया जाए। अल्पायु में साधुओं की तादाद बढ़ाना, काम न करनेवालों की तादाद बढ़ाना होगा। हम उन्हें आलसी और लतखोर बना देते हैं। गो-प्रदान, प्रायश्चित्त, दक्षिणा आदि पर अनुचित व्यय को रोककर उसका उपयोग धर्म संबंधित साहित्य प्रकाशन के लिए किया जाए।"

कश्मीर के महाराजा के निमंत्रण पर कश्मीर जाने से पूर्व महाराज ने इटली के शिल्पकार फेली के शिल्पों की हू-ब-हू अंकन की तारीफ की। काशीराव बाबा, फत्तेसिंहराव, जयसिंहराव आदि की मूर्तियाँ देखीं। महाराज ने यूरोप की अच्छी तसवीरों को खरीदने का दायित्व फॅमरन और स्लीलयन पर सौंपा। इसके पूर्व राजा रविवर्मा ने तसवीरें खरीदी थीं। अब पाश्चात्य चित्रकला के भी दर्शन होंगे।

कश्मीर के राजा ने गुलमर्ग के रमणीय महल में महाराज के निवास का प्रबंध किया।

श्रीनगर से निकलकर महाराज ने पहले खीरभवानी माता के दर्शन किए। कश्मीर महाराजा की कुलदेवी का जाग्रत् देवस्थान। बारह मास निर्मल पानी का झरना। पुरोहित ने बताया कि विपत्ति आने के पूर्व इसका पानी लाल होता है, समृद्धि में दूधिया अन्यथा साफ। माता भू-प्रदेश की रक्षा करती है। इच्छापूर्ति भी करती है। सयाजीराव महाराज ने मन-ही-मन इच्छा व्यक्त की, ''माते महालक्ष्मी, मेरे प्रजाजनों को सुखी करने की मेरी मनोकामना को पूरी करो। मुझे जो चाहिए, उससे ज्यादा मिल चुका है। इससे ज्यादा की कोई चाहत नहीं। पारिवारिक सुख-दु:ख से कौन बचा है? इसका सामना करने की और राह निकालने की शक्ति तुम मुझे और रानीसाहेब को दे दो। बस, मेरी इतनी ही प्रार्थना है।''

महाराज गुलमर्ग के महल लौट आए। बर्फाच्छादित हिमालय का अनोखा रूप देखकर महारानी से बोले, ''हिंदुस्तान के माथे पर कश्मीर मरकत का ताज जैसा है। यूरोपीय देशों से यहाँ का बर्फ सौंदर्य क्या कम है? लेकिन उन लोगों के पास व्यावसायिक दृष्टि है, जो हमारे पास नहीं है। स्विट्जरलैंड से बढ़कर भी हिमालय की घनी बनराई में कई सुंदर स्थल हैं लेकिन वहाँ तक जाने की सुविधाएँ नहीं हैं।''

महाराज और महारानी के कुछ दिन गुलमर्ग में खुशी से गुजर रहे थे कि संपतराव का तार आया—''जयसिंहराव की बीमारी ने जोर किया है। मुंबई से डॉक्टर को बुलाया है।''

महाराज तुरंत बड़ौदा लौटे। डॉक्टर ने बताया, ''राजकुमार को लंबे समय के लिए यूरोप ले जाकर इलाज करवाना होगा।''

महाराज को जयसिंहराव की बीमारी के बारे में जानकारी थी। उनकी मद्यपान की लत को कम करने की बहुत कोशिशें की गई थीं, लेकिन मामला बिगड़ता ही गया। स्वास्थ्य उलझता ही गया। सगे-संबंधियों के बीच महाराज को लगा कि हम किसी निर्जन द्वीप पर अकेले रह गए हैं। अतीत चलचित्र की तरह आँखों के सामने सरकता गया। सपने मृग-मरीचिका बन गए। राजपुत्रों को कर्मचारियों की तरह काम में लगाने का उपाय कारगर नहीं हुआ। दूसरे पुत्र शिवाजीराव भी बड़े भाई के नक्शे-कदम पर चलने लगे। काम के बारे में बेफिक्री, रुपयों की फिजूल-खर्ची बेहद शराबनोशी, सभ्यता की ऐसी-तैसी! अपने आदर्श और ध्येय अपनी आँखों से सामने चकनाचूर होते देखना पड़ा। अब कम-से-कम छोटे राजकुमार धैर्यशीलराव की नौका तो न भटके, इसलिए उन्हें वापस बड़ौदा बुलाया।

जयसिंहराव को हर तरह से समझाने के बावजूद उनके बरताव में परिवर्तन नहीं आया, इसका काँटा चुभता रहा। नौकरों के साथ काम करने में जयसिंहराव को अपनी बेइज्जती लगी, जबकि महाराज उन्हें राज्य कारोबार से परिचित कराना चाहते थे। मानो जयसिंहराव अपने ही दुश्मन बन गए थे। बत्तीस की उम्र में महाराज की सहायता

करने के बदले उनके लिए परेशानी का सामान बन गए। यूरोपीय डॉक्टर की सहायता से जयसिंहराव को उपचार के लिए बर्लिन के पास शार्लटनबर्ग अस्पताल भेजा गया।

महाराज ने सरदेसाईजी को बुलावा भेजा। उनसे अंतरंग की बात की—"सरदेसाई, हम न किसी को दोष देना चाहते हैं, न किसी को जिम्मेदार मानते हैं। धार्मिक ग्रंथ पठन के दौरान आपने प्रारब्ध की बात की थी, जिसका हमने विरोध किया था, लेकिन लगता है कि आज हम उसे मानने लगे हैं।"

महाराज की मनोदशा को पहचानकर सरदेसाईजी ने कहा, "प्रारब्ध होने पर भी हमें अपना कर्म करना चाहिए। भारतीय अध्यात्म की यही सीख है, महाराज। हमने सभी राजपुत्रों को पढ़ाया। सभी बुद्धिमान और होनहार थे। जयसिंहराव भी तेज बुद्धि के और खुशमिजाज थे। आपके मार्गदर्शन में उनकी संतोषजनक पढ़ाई हुई। आगे की पढ़ाई के लिए इंग्लैंड के मशहूर हैरो स्कूल में और अमेरिका भेजा गया।"

"वहीं से सारा मामला बिगड़ गया। हमने कई बार इस विषय पर बात की है। काले कोयले घिसकर हाथ काले हो गए। आज हमने एक अलग ही काम से आपको बुलाया है।"

कुछ रुककर महाराज बोले, "परसों बड़ौदा कॉलिज के इतिहास के प्राध्यापकों के साथ बातें करते हुए एक बात ध्यान में आ गई कि छत्रपति शिवाजी महाराज की जीवनी लिखने में आज इतिहासकार को अनेक बाधाओं का सामना करना पड़ता हैं। भविष्य में बड़ौदा का इतिहास लिखने में संदर्भ साधन उपलब्ध होने की दृष्टि से हम चरित्र-संग्रह नाम की स्वतंत्र शाखा शुरू करने जा रहे हैं। इसके प्रमुख आप रहेंगे।"

"धन्यवाद, महाराज!" सरदेसाईजी ने कहा, "बढ़िया और मेरी पसंद का निर्णय आपने किया। आपकी कृपा से जब मैं इंग्लैंड में था, तब वहाँ की यूनिवर्सिटी में पुराने दस्तावेजों पर काम करने का अवसर मुझे प्राप्त हुआ। उसी वक्त मैंने सोचा कि उसी प्रणाली से हिंदुस्तान के इतिहास का भी अध्ययन क्यों न हो? इतिहास मेरा प्रिय विषय है। भावी इतिहास के लिए आज की टिप्पणियाँ काम आएँगी।"

"अठारह वर्ष पूर्व आपका 'मुसलमानी रियासत' ग्रंथ प्रकाशित हुआ था। अनुशासन, अध्ययनशीलता और तटस्थता आपके गुण हैं। हमें लगता है कि आप इस क्षेत्र में अच्छा काम कर सकेंगे। हमने आपको अन्य कामों में व्यस्त रखा, इसलिए अपने पसंदीदा क्षेत्र में काम करने के लिए आपको समय नहीं मिला। इसके लिए हम जिम्मेदार हैं, लेकिन अब 'चरित्र-संग्रह' विभाग का दायित्व हम आप पर सौंप रहे हैं, आप इसे स्वीकार करें।" महाराज ने उनके लिए तीन सहायक नियुक्त करते हुए कहा, "जिद और अविरत श्रम—आपके इन गुणों से हम परिचित हैं। कई बार लेखक अपने विषय की अंधभक्ति से इकतरफा हो जाते हैं या फिर तटस्थता का स्वाँग रचते हुए अड़ियल बन जाते हैं।

आप इनमें से नहीं हैं। आपके स्वभाव और लेखन में हमने न्यायाधीश की वृत्ति पाई है।''

''आपकी प्रतिक्रिया के लिए धन्यवाद, महाराज।''

गोविंद सखाराम सरदेसाईजी ने बड़ौदा दफ्तर के सारे नए-पुराने दस्तावेजों, पत्रों, आदेशों, तसवीरों, भाषणों आदि के साहित्य का संदर्भ-मूल्य देखकर उनका यथोचित वर्गीकरण किया। महाराज की विदेश-यात्राओं का विवरण, पारिवारिक समारोहों की जानकारी और विशेष रूप से 'हुजूर हुकूम' अर्थात् शासकीय आदेशों को संग्रहीत करना शुरू किया।

महाराज और महारानी यूरोप में उपचार ले रहे पुत्र की चिंता में थे। इधर पोते प्रतापसिंह की माता कैंसर की बीमारी से जूझ रही थी और महाराज पोते की शिक्षा को लेकर भी बेचैन थे। विपत्तियों का सामना महाराज धीर-गंभीरता से कर रहे थे, लेकिन अपने आपको बहुत अकेला, अस्थिर और उदास भी महसूस करने लगे थे। पुरानी बीमारी ने फिर सिर उठाया। उपचारार्थ महाराज को यूरोप जाने की आवश्यकता प्रतीत हुई। निकलने से पहले संदेश आया कि बहू पद्मावती देवी की तबीयत काफी बिगड़ गई है। महाराज असमंजस में पड़ गए। बोले, ''समय तो मानो हमारी परीक्षा ले रहा है। होनी को तो हम रोक नहीं सकते, लेकिन उसका सामना करने की शक्ति तो बची रहे। बड़ौदा के लिए अभी बहुत काम करना है हमें।''

महाराज खिन्न मन से यूरोप-यात्रा पर निकल पड़े। आँखों के सामने दो चेहरे दिखते रहे—मरणासनन बहू पद्मावती और पोता बड़ौदा का भावी राजा प्रतापसिंह।

यूरोप पहुँचते ही महाराज ने जयसिंहराव के स्वास्थ्य के बारे में पूछताछ की। पता चला कि हालात जैसे थे, वैसे ही हैं; बल्कि उपचार बेअसर हो रहे हैं। ऐसे में महाराज उनसे न मिलें तो बेहतर! महाराज और महारानी ने सुना तो दशा ऐसी कि कौन-किसको साँत्वना दे? राजपुत्र से बिना मिले बेचैन थे कि बड़ौदा से तार आया ''बहू पद्मावती हमें छोड़कर चल बसी।''

महाराज ने संपतराव को तार भेजकर व्यवस्था सँभालने और प्रतापसिंह की ओर ध्यान देने के लिए कहा। महाराज और महारानी कुछ दिन लंदन रहकर पेरिस आए। दो हफ्ते दो मास जैसे लगे। दिन के चौबीस घंटे गुजारे नहीं गुजरते थे। बड़ौदा से और एक तार आया, ''राजपुत्र शिवाजीराव हमें छोड़कर चल बसे।''

महाराज और महारानी इस सदमे को सहन नहीं कर सके। उन्होंने सोचा भी नहीं था कि अपने लाड़ले सुंदर बेटे के बारे में ऐसा कुछ सुनना पड़ेगा!

इतना ही पता चला कि दो-तीन दिन जरा-सा ज्वर चढ़ा था। जोश में आकर उन्होंने ठंडे पानी से स्नान किया। ज्वर बढ़कर निमोनिया बन गया। उपचार के दौरान ही चल बसे। शिवाजीराव से महाराज को बड़े अरमान थे। तुरंत बड़ौदा लौटें या जयसिंहराव

से मिलकर लौटें, इस पशोपेश में महाराज अपने स्वास्थ्य के बारे में भी बेफिक्र हो गए। निराशा और खिन्न मानसिकता ने उन्हें घेर लिया। जीवन का स्वाद ही चला गया। समस्याओं का जंजाल आँखों के सामने उलझने लगा, ''बड़ी सत्ता के सामने बड़ौदा के हाल के लिए जूझते समय हाथी का बल था हमारा, लेकिन पारिवारिक अनिष्ट के चक्र के फेरे ने हमें हतबल कर दिया।''

महाराज ने निजी सचिव को बुलाकर प्रतापसिंह, शिवाजीराव की अभागिनी पत्नी और बच्चों को तुरंत विलायत भेजने का प्रबंध कराने के लिए बड़ौदा तार भेजने को कहा। उनके आने तक उनकी प्रतीक्षा में आँखें लगाए बैठे रहे।

□

बहू और बाल-बच्चों के साथ महाराज लंदन में अपने मन को बहलाने का प्रयास करते रहे। महारानी स्विट्जरलैंड में थीं। पुत्र से मिलने की आस में एक बार बर्लिन गईं, तब डॉक्टर के 'मिलना ठीक नहीं होगा' कहने के बावजूद पुत्र-वियोग से तरस रहे दिल से जयसिंहराव के कमरे में गईं और उनकी हालत देखकर रोती हुई बाहर आ गईं।

''मैं फिर उन्हें नहीं देख सकूँगी!'' कहती हुई लंदन लौट गईं। महाराज ने हिंदुस्तान लौटने का निर्णय किया—''अपने बेटे को विदेश में अकेले मरणासन्न दशा में छोड़कर हम जा रहे हैं।'' महारानी ने जहाज पर चढ़ते हुए कहा।

एक के बाद एक दु:खों के सिलसिले से महाराज का मन बेचैन रहने लगा, कमजोर होने लगा। उम्मीद टूटने लगी। मुंबई बंदरगाह पर उन्हें कुरसी में बिठाकर उतारना पड़ा। ऐसे ही बड़ौदा लौटे। परिचित माहौल में आने से मन का बोझ कुछ उतर-सा गया।

संध्या को घूमने निकले तो चौराहे पर गंधर्व नाटक मंडली का पोस्टर दिखाई दिया। नाटक और संगीत में महाराज को दिलचस्पी थी। महाराष्ट्र की नाटक मंडलियाँ बड़ौदा आकर धन्य होती थीं।

नारायणराव बालगंधर्व ने निजी सचिव से मिलकर महाराज से मुलाकात की प्रार्थना की। सचिव ने कहा, ''आपके दौरे से महाराज वाकिफ हैं। उन्होंने मुझसे कहा ही है कि नारायणराव के आते ही हमसे मिलवाएँ। महाराज हमेशा कहा करते है कि बालगंधर्व आज के मराठी रंगमंच का अंतिम शब्द है। इस सुमधुर सपने को देखने के लिए महाराज आतुर रहते हैं।''

सचिव नारायणराव को महाराज के दीवानखाने ले गए। उन्हें देखते ही महाराज ने कहा, ''आइए, नारायणराव! हम कल से आपकी राह जोह रहे हैं। रास्ते-रास्ते हमने आपके पोस्टर्स देखे!''

''महाराज, प्रणाम! आपके आश्रय से सेवा का अवसर हमें मिल रहा है।'' नारायणराव ने विनय से कहा।

''ऐसा नहीं है, नारायणराव! हम बड़ौदावाले भाग्यवान् हैं। संगीत, नाटक चित्र शिल्पादि कलाएँ मन को उल्हसित करती हैं। आप तो हिंदुस्तानी संगीत-नाटक के लिए ताज हैं।''

नारायणराव से गंधर्व कंपनी की हालत सुनकर महाराज बोले, ''नहीं, नारायणराव। कंपनी को बंद नहीं होना चाहिए। आपने संगीत-नाटक का स्वर्णयुग निर्माण किया है। हम आपकी सहायता करेंगे। सालाना पाँच हजार रुपयों का अनुदान दिया जाएगा। शर्त एक ही है कि आपकी कला का लाभ बड़ौदावासियों को होना चाहिए। एक नए नाटक का शुभारंभ आप बड़ौदा में करें।''

मराठी के श्रेष्ठ नाटककार राम गणेश गडकरी का कुछ मास पूर्व देहावसान हुआ था। उनके लिखे 'एकच प्याला' का शुभारंभ बड़ौदा में किया गया। फलक पर लिखा गया, 'श्रीमंत महाराज सयाजीराव गायकवाड़ बड़ौदा के विशेष आश्रय में गंधर्व नाटक मंडली।' महाराज, महारानी और अन्य मान्यवर दरबारी जन खेल को देखने उपस्थित थे। मराठी रंगमंच की डगमगाती नैया को महाराज ने सँभाला और वह फिर वैभव की दिशा में चलने लगी। महाराज ने नाटक के ऐतिहासिक महत्त्व को पहचानकर, नटश्रेष्ठों का सत्कार करते हुए कहा, ''यह 'एकच प्याला' नाटक मराठी संगीत नाटकों में मील का पत्थर साबित होगा। हम और सारे दर्शक धन्य हैं कि हम इस पहले खेल के भाग्यशाली दर्शक बने। आप रंग देवता की सेवा करते रहिए। हम आपके साथ हैं।''

☐

महाराज लंदन में थे, तब 'लंदन टाइम्स' में प्रकाशित होनेवाली बेड़न पॉवेल की 'स्काउटिंग फॉर बॉईज' लेखमाला उनके पढ़ने में आई। बालकों पर उत्तम संस्कार कर उन्हें उत्तम नागरिक कैसे बनाया जा सकता है, इसे अपने अनुभव के आधार पर उन्होंने समझाया था। प्रकृति से मित्रता, सबसे अभेद अर्थात् बंधुभाव, ईमानदारी, दीन-दलितों की सहायता, निर्मल कथनी और करनी और प्रतिदिन एक सत्कृत्य करना जैसी बातों का संस्कार। ब्रिटिश सेना में अधिकारी रह चुके बेडन पॉवेल में दक्षिण अफ्रीका की बोअर लड़ाई में बालकों की एक सेना इस तरह से बनाई, उसी का रूपांतर स्काउट्स में हो गया। बेडन पॉवेल शिक्षकों को प्रशिक्षण देने का कार्य करनेवाले थे, यह जानते ही महाराज ने बड़ौदा से श्री प्रसाद दवे नाम के होनहार युवा को उसमें सम्मिलित होने के लिए बुलाया। इस तरह बड़ौदा में स्काउट्स आंदोलन ने जोर पकड़ लिया। इसे संतोषजनक चलते हुए देखकर महाराज ने बालिकाओं के लिए भी इसे आवश्यक मानकर स्कूल शुरू किए।

☐

एक बार हवाखोरी से लौटते हुए महाराज ने देखा कि एक बुढ़िया उपलों के ढेर से भरी टोकरी पास खड़ी होकर उसे उठाने के लिए इधर-उधर देख रही है। महाराज

ने टोकरी उठाकर उसके सिर पर रख दी। उसने असीस दिया, ''भगवान् तुम्हारा भला करे, हमारे महाराज जैसा। जब तक जान है, तब तक काम करना पड़ेगा।'' महाराज ने सहायक से कहा, ''ऐसी कई सद्‌भावनाओं और आशीषों के बल पर हमारी यात्रा आगे बढ़ रही है।'' चालीस-पचास वर्षों बाद बचपन की गोबर गंध फिर नाक में महक उठी।

□

इंग्लैंड के युवराज के भारत-दौरे की घोषणा हुई और इधर महात्मा गांधीजी ने असहयोग आंदोलन पुकारा। जनता में उत्साह संचरित हुआ। 'प्रिंस ऑफ वेल्स' मुंबई पधारे, तब 'मुंबई बंद' और काले झंडों से उनका स्वागत हुआ। निदर्शकों को हटाने के लिए पुलिस को गोलीबारी करनी पड़ी। दूसरे दिन निर्मनुष्य मार्ग पर प्रिंस का जुलूस निकाला गया। सयाजीराव महाराज को चिंता थी कि प्रिंस का अगला मुकाम बड़ौदा में है, तब क्या होगा? खासेराव ने महाराज को आश्वस्त किया कि बड़ौदा में कुछ भी अनुचित नहीं होगा।

मुंबई गवर्नर ने प्रिंस को शाही खाना दिया। रियासतों के राजा भी निमंत्रित थे। महाराज न चाहते हुए भी शामिल हुए। खाने के दौरान 'प्रिंस ऑफ वेल्स' की रानी ने सांगली की रानी का पहना हुआ मूल्यवान हार देखा और तारीफ की तो रानी ने वह हार उनको पहनने को दिया। वह उनके गले में ही रह गया। सांगली की रानी ने बड़ौदा महाराज को यह बात बताई। बड़ौदा के शाही भोजन के वक्त महाराज ने गले के हार की तारीफ करते हुए कहा कि असली हार तो सिर्फ त्योहारों में पहने जाते हैं। विदेशी मेहमानों के सामने हम नकली हार पहनते हैं। प्रिंस की रानी ने पूछा, ''तो क्या यह नकली है?'' महाराज ने कहा, ''हाँ, और आप जैसी शाही मेहमान के गले में शोभा नहीं देता। आप इसे लौटाइए। हम असली रत्नों का हार बाद में भेजने का प्रबंध करेंगे।''

सांगली की रानी को मूल्यवान रत्नहार वापस मिल गया। 'लक्ष्मीविलास पैलेस' के दरबार हॉल के प्रवेश द्वार पर दोनों ओर सोने के दो सिंह रखे हुए थे। प्रिंस ने उनकी तारीफ की। महाराज ने कहा, ''हम आर्थिक संकट के समय इनका उपयोग करते हैं।''

'प्रिंस ऑफ वेल्स' के दौरे के बाद वाइसरॉय ने पत्र भेजकर प्रिंस के लिए बकिंगघम पैलेस में रखने हेतु सिंह मूर्ति की माँग की। महाराज ने उत्तर दिया, ''प्रिंस बड़ौदा में थे, तभी माँग लेते तो हम उन्हें तुरंत दे देते, बाखुशी! लेकिन अकाल के चलते हमने उन्हें पिघला दिया और अकाल के कामों में वह रकम लगा दी है। अतः हम आपकी माँग को पूरी नहीं कर सकते, इसका बहुत खेद है।'' बड़ी सत्ता के लुटेरेपन की वृत्ति को महाराज इतने बरसों में पहचान पाए थे।

□

'केसरी' पत्र में प्रकाशित समाचार पढ़कर महाराज ने निंबालकरजी से कहा,

''अभागे वासुदेव सदाशिव बापट! कितना कर्मठ और विद्वान अधिकारी! लेकिन हमारे बदले रेजीडेंट बिडुल्फ का शिकार बन गया। यहाँ से जाने के बाद तिलकजी ने उन्हें सहारा दिया। विद्याधिकारी को बताकर उनके छोटे बेटे की पढ़ाई का प्रबंध किया। उसे हर माह तीस रुपए का वजीफा मंजूर किया है। बापट को गए बीस बरस बीत गए, लेकिन लगता है कि अभी कल-परसों की बात है।''

□

27

सरदेसाईजी की आयु छप्पन वर्ष की हो चुकी थी। सयाजीराव महाराज के आश्रय में तैंतीस वर्षों की सेवा पूरी करने पर नियमानुसार सेवानिवृत्ति के लिए पात्र हो गए थे। बड़ौदा की हवा उन्हें रास नहीं आ रही थी। इतिहास का अनुसंधान और लेखन उनकी रुचि के क्षेत्र थे, लेकिन महाराज के सान्निध्य में रियासत के विविध दायित्वों को उन्हें सँभालना पड़ा, इसलिए अपने प्रिय विषयों की ओर विशेष ध्यान नहीं दे पाए थे। अब सेवा निवृत्ति स्वीकार कर इतिहास लेखन में रमना चाहते थे, इसलिए उन्होंने महाराज से कहा, ''महाराज, आपकी संगत में जीवन का पर्याप्त बड़ा समय बेहतर गुजरा। अब आगे के जीवन में अपनी रुचि का काम करना चाहता हूँ।''

'चरित्र-संग्रह शाखा' के काम के बारे में पूछते हुए महाराज बोले, ''सरदेसाईजी, आप तो जानते हैं कि बड़ौदा का इतिहास लिखने का काम हिंदुस्तानी अंग्रेजी पत्रकार सेंट निहालसिंह को सौंपा था। उन्होंने हमारे शासनकाल तक लिखा है। उन्हें अच्छा-खासा पारिश्रमिक भी दिया गया, लेकिन उनका टाइप किया हुआ त्रिखंडात्मक इतिहास पढ़कर हमें संतोष नहीं हुआ। रूखे ब्योरों और आँकड़ों से भरे इतिहास में पठनीयता बिल्कुल ही नहीं है।

''अंग्रेजी में इतिहास के नायकों पर बहुत सारी अच्छी पुस्तकें हैं, लेकिन भारतीय इतिहास के नायकों पर कुछ भी ठीक ढंग से नहीं लिखा गया है। यह राष्ट्र का अपमान है। मैंने तैंतीस वर्ष आपकी सेवा में बिताए हैं। आपकी तारीफ नहीं, बल्कि एक ऐतिहासिक सत्य बताता हूँ। आप आधुनिक युग की एक महान् विभूति हैं। आपने दुनिया देखी है। दुनिया के मान्यवरों से मिले हैं। नामदार गोखले, लोकमान्य तिलक, लाला लाजपत राय, सुरेंद्रनाथ बैनर्जी और मोहनदास गांधी जैसे राष्ट्रपुरुषों ने स्फूर्ति और प्रेरणा आपके व्यक्तित्व और कतृत्व ने दी है।

''सरदेसाईजी, बड़े लोग हैं वे। हिंदुस्तान की स्वतंत्रता के लिए सीना तानकर, जिंदगी की बाजी लगाकर लड़ रहे हैं। हम ऐसा कुछ नहीं कर सकते। एक दायित्व के बंधन ने हमें बाँध रखा है।'' फिर थोड़ी देर बाद कुछ संकोच से ही महाराज बोले,

''हमें आपको कहने में संकोच हो रहा है, लेकिन हमारा मन कहता है कि बड़ौदा और हमारे बारे में आप लिखेंगे तो यह हमारे साथ न्याय होगा। यह काम दूसरा कोई नहीं कर सकता।''

''महाराज, चरित्र-लेखन विभाग का मेरा काम देखकर आपका ऐसा सोचना स्वाभाविक ही है, लेकिन आपका काम करने में मेरे लेखन पर कई मर्यादाएँ आ सकती हैं। मैं आपका वेतनभोगी कर्मचारी हूँ। जीवनी के नायक के गुण-दोषों का स्पष्ट वर्णन करने के काबिल नहीं हूँ और समझदारों की रीत है कि व्यक्ति के जाने के बाद जीवनी लिखी जाए।'' बड़े धीरज के साथ सरदेसाई ने कहा।

सयाजीराव महाराज संजीदा हो गए। सरदेसाईजी की बात को काट तो नहीं सकते थे, लेकिन उनके निर्णय से दुःखी भी हुए थे। महाराज में अभिमान तो था ही। उनको यह बात अच्छी नहीं लगी, लेकिन खुलकर उन्होंने इतना ही कहा—

''अच्छी बात है। आपका चरित्र-संग्रह का काम पूरा हो जाने पर आपका तबादला फिर से चीफ अकाउंटेंट के पद पर कर देते हैं।''

सरदेसाईजी से महाराज की नाराजगी छिपी तो नहीं, लेकिन वह भी अपने निर्णय से समझौता करने के लिए तैयार नहीं थे।

□

हिंदुस्तान की रियासत के राजा अपने निजी खर्च के लिए राज्य की आय की मात्रा में से कुछ राशि ले लेते थे, जिसे 'प्रिव्ही पर्स' कहते थे। सयाजीराव महाराज उसमें भी किफायत से काम लेकर जरूरतमंद लोगों, संस्थानों, शिक्षालयों आदि की सहायता करते थे। 1909 के अकाल में राज्यकोष की निधि के साथ-साथ अपने निजी कोष से तीन लक्ष रुपए दिए।

महाराज की व्यवहार कुशलता के बावजूद एक बदमाश अंग्रेज उद्योजक ने उनको बड़ा झाँसा दिया। 'हेल्जियर्स ब्रदर्स' नाम की कंपनी बिहार में खनन उद्योग शुरू करने जा रही थी। उसके संचालक वाइसरॉय के निकट संबंधी विलियर्स ने महाराज के सामने कंपनी के विकास और लाभ के हरे-भरे सपने दिखाए। महाराज ने अपने निजी आर्थिक व्यवस्थापक श्री दातार और बड़ौदा बैंक के रैंडल के आश्वासन पर आरंभ में पाँच लक्ष रुपयों के शेयर खरीदे। एक वर्ष में कंपनी ने कागज पर बड़ा लाभ दिखाया तो महाराज ने निवेश और बढ़ाया।

विलियर्स ने अपना जाल बिछाना शुरू किया। कंपनी के भीतर ही 'ईस्टर्न बाय प्राडक्टस्' नाम की एक नई कंपनी शुरू की। उस पर निर्भर 'ईस्टर्न आयर्न' नाम की और एक कंपनी बनाई। महाराज को बताया गया कि अपनी कंपनी जमशेदपुर की टाटा कंपनी का मुकाबला करेगी। दातारजी को इसमें कुछ संदेह-सा हुआ, लेकिन एक अच्छे अवसर

को क्यों खोएँ, इस विचार से महाराज ने पैंसठ लक्ष रुपयों के शेयर खरीदे। महाराज को शेख मुहम्मदी सपने दिखाए गए। कागज पर लाभ का नाटक चलता रहा, लेकिन भागीधारकों को कुछ भी लाभ नहीं हो रहा था। एक के भीतर दूसरी बोगस कंपनियों की चाल जब महाराज की समझ में आ गई तो उनको बड़ा सदमा पहुँचा। पूछताछ समिति ने दातार और रैंडल को दोषी करार दिया। उन्हें नौकरी से हटाया गया। दंडित भी किया गया लेकिन आर्थिक हानि को कैसे पूरा किया जाता ? राज्य के कारोबार की अव्यवस्था से महाराज उद्विग्न हो गए और उनकी पुरानी जोड़ों की व्यथा ने फिर सिर उठाया।

महाराज ने निर्णय किया कि निजी या राज्य की तिजोरी से औद्योगिक क्षेत्र में राशि निवेश के लिए मंत्रिमंडल की सम्मति अनिवार्य होगी। एक वर्ष में तीस लक्ष रुपयों से अधिक राशि का निवेश नहीं होगा। सारा प्रस्ताव सी.ए. की जाँच के बाद ही स्वीकार किया जाए।

दीवानजी ने भी इस बात को गंभीरता से नहीं लिया था। हम कैसे विलियर्स के मोहजाल में उलझते गए, पता नहीं चला। बहुत बड़ी हानि हुई। धोखा हुआ। बदनामी भी शायद हुई। अब इतना ही किया जा सकता है कि ऐसा फिर न हो, इसके लिए सावधानी के उपाए किए जाएँ। शारीरिक और मानसिक दुरावस्था से निकलने के लिए महाराज ने अपने आपको अन्य नए कामों में उलझाने का प्रयास किया।

□

महाराज ने धारा सभा और मंत्रिमंडल की बैठक बुलाई। धारा सभा का काम था—कानून बनाना और मंत्रिमंडल को परामर्श देना। महाराज ने अपने संबोधन में कहा, "आज तक हमने लोगों की माँग न होते हुए भी जनता को राजनीतिक अधिकार दिए हैं। ग्राम पंचायत, नगर परिषद्, धारा सभा इसके उदाहरण हैं। राजनीतिक प्रक्रिया में सुधार होते ही रहेंगे। धारा सभा को प्रातिनिधिक बनाया गया है। हमारे राज्य की मूल इकाई गाँव हैं। गाँव का कारोबार पंचायत देखती है। उसे सामान्य और विशेष दो प्रकार के अधिकार दिए गए हैं। पंचायत को इस तरह मूलभूत अधिकार देकर हमने भावी हिंदुस्तान के प्रजातांत्रिक प्रशासन का आरंभ किया है।"

महाराज ने फिर स्वास्थ्य, लोक निर्माण, कानून और शिक्षा मंत्रियों से उनके विभागों के कामों की जानकारी ली। प्रसूतिगृह, शुद्ध जल-प्रबंध, सड़कों का निर्माण, बाल विवाह पर रोक, विधवाओं को मायके की जायदाद में हिस्सा, बाल श्रम की मनाही जैसे काम बड़ौदा रियासत में ही पहली बार शुरू हुए। प्राथमिक शिक्षा मुफ्त और अनिवार्य करनेवाला यही पहला राज्य था। औद्योगिक शिक्षा के लिए कला विभाग की स्थापना हुई। अभियांत्रिकी, वास्तु रचना, शिल्पकला, मुद्रण, रंगकार्य आदि विभागों में दूर-दूर से छात्र आने लगे।

बैठक के समापन में महाराज ने कहा, "आप सब अपने-अपने क्षेत्र में बढ़िया काम कर रहे हैं, इसको हमें संतोष है। फिर भी कहीं कोई चूक न हो, इसलिए दक्षता आवश्यक है। अपनी गलतियाँ भी हमें बहुत कुछ सिखा जाती हैं। बड़ौदा का दायित्व आप सब पर सौंपकर हम अपने बिगड़े स्वास्थ्य के उपचार हेतु अगले हफ्ते यूरोप जा रहे हैं।"

□

बर्लिन नगर के पास के स्वास्थ्य केंद्र से दो हफ्तों के उपचार के बाद महाराज ने कुछ राहत महसूस की। साथ में महारानी चिमणाबाई भी थीं। जयसिंहराव के उपचार के बारे में पूछताछ करने पर डॉक्टर ने बताया कि हालत जैसी थी, वैसी ही है।

महाराज ब्रुसेल्स पहुँचे नहीं थे कि लंदन से कन्या इंदिरा राजे का तार आया "महाराज के जामात कूचबिहार के राजा सहसा बहुत बीमार हो गए हैं।" पति की चिंता में लंदन में अकेली पड़ी बेटी से मिलने लंदन पहुँचे। जब अस्पताल गए तो उन्हें जितेंद्र नारायण के निधन का समाचार सुनना पड़ा। बेजान नजर से महाराज को और एक विपत्ति का सामना करना पड़ा। जामात की अकाल मृत्यु से महाराज फिर अकेलापन महसूस करने लगे। उन्होंने मौन ग्रहण किया। उनकी खामोशी महारानी और इंदिरा राजे की चिंता का सबब बन गई। महाराज बच्चों के साथ खेलने-बोलने से मन को रिझाने की कोशिश करते थे, लेकिन पहले जैसी न उम्मीद रही थी, न उमंग। न किसी के साथ बोलना, न किसी को चिट्ठी लिखना। बेचैनी और बदहवासी के घने जंगलों में उनका अकेले का सफर चल रहा था। महारानी और इंदिरा राजे अपने दुःख को दबाकर महाराज की देखभाल करने लगीं।

एक हफ्ते बाद महाराज ने अपने आपको सँभाला। इंदिरा और बच्चों से बोले, "बेटा, दुःख में तुम्हें धीरज देने और सँभालने के बदले तुम्हें ही मेरी चिंता करनी पड़ रही है। मैं अब तन से बूढ़ा हो गया हूँ, मन की उम्मीद भी पहले जैसी नहीं रही लेकिन अब मैं सँभल गया हूँ। अब आगे मुझे सावधान रहना होगा, वरना मेरी प्रजा की प्रगति में बाधा आ सकती है। तुम्हारा निजी दर्द हम सबका है लेकिन हम नियति के पासों को पलट नहीं सकते। जो होना था, वह हो गया। अब अधिक दक्षता से काम लेना ही हमारे हाथ है। तुम्हारा दायित्व अब बढ़ गया है। अब तुम ही इन बच्चों की माता-पिता हो और कूचबिहार की राजा-रानी भी।"

□

परिवार समेत महाराज इटली आए। रोम में बादशाह विक्टर इमैन्युएल से भेंट की। नए तानाशाह बेनिटो मुसोलनी से एक घंटेभर मुलाकात की। उसके आरंभिक दिन थे, जब उसने रोम में कई सुधार किए थे। इमारतें बनवाई थीं। महाराज ने उनकी तारीफ की। रोम से अपने प्रिय सेंट मरित्झ आए। स्विट्जरलैंड की आबोहवा से कुछ बेहतर

महसूस कर ही रहे थे कि जयसिंहराव के अवसान का तार आया। उन्हें रेलवे से उपचार के लिए पेरिस ले जा रहे थे कि रास्ते में ही प्लॉशिंग स्थान पर चल बसे। महाराज को मानो इस समाचार की प्रतीक्षा ही थी।

पुत्र-वियोग से महाराज फिर खामोश हो गए। जयसिंहराव की मौत तो मानो अपनी बनाई हुई आफत थी, जिसे टालने की बहुत कोशिश की, लेकिन अंतस् मानो बता रहा था कि ऐसा ही होगा। महाराज अपने आप से कबूल कर रहे थे कि राजपुत्र के निधन के लिए वे ही जिम्मेदार हैं। अपयश का काँटा चुभ रहा था।

मेजर भाऊसाहेब गायकवाड़ ने एक भारतीय स्नेही के बँगले में शव को नहलाया, नए कपड़े पहनाए, बड़ौदा के भगवे ध्वज में लपेटा और पेरे ला चैसे की ऐतिहासिक श्मशान भूमि में अंतिम विधि संपन्न की। अत्यं यात्रा में इंडियन कॉलोनी के निवासी और महाराज के सारे अधिकारी-कर्मचारी सम्मिलित हुए। महाराज और महारानी की मनोदशा ऐसी नहीं थी कि उसमें शामिल हो सकें। दोनों पेरिस के एक होटल में बैठकर शोक मनाते रहे। अंतिम दर्शनों के लिए जाने की न उनमें हिम्मत थी, न ताकत।

बड़ौदा के गायकवाड़ का पेरिस में दुःखद निधन

विख्यात न्यूज एजेंसी 'रायटर' न्यूज के प्रतिनिधि ने समाचार भेजा। दुनिया के कोने-अंतरे के समाचार-पत्रों के कार्यालयों में मृत्यु संबंधित लेख, संपादकीय और समाचार धड़ल्ले से छपने लगे। हिंदुस्तान में भी खलबली मच गई।

सयाजीराव नित्य की तरह घूमने निकलनेवाले ही थे कि निजी सचिव ने समाचार-पत्रों का गट्ठर सामने रखते हुए कहा, "महाराज की उम्र लंबी हो।"

"अरे, जो है उम्र, सो भारी हो रही है, और लंबी उम्र की बात क्या कर रहे हो सुबह-सुबह?"

"महाराज, समाचार देखिए। बड़ौदा के महाराज सयाजीराव गायकवाड़ का पेरिस में दुःखद निधन। सभी समाचार-पत्रों ने मृत्यु-लेख भी छापे हैं।"

महाराज ने 'लंदन टाइम्स' उठाया। उसमें अपनी मृत्यु का समाचार पढ़ने लगे। फिर लेख पढ़कर बोले, "बड़ौदा में हमने अच्छे सुधार किए। बड़ौदा भारत की एक उत्तम रियासत है, यह बताते हुए यह भी लिखा है कि गायकवाड़ ने साम्राज्य सत्ता का अवमान करने का एक भी अवसर नहीं छोड़ा।

" 'मॉर्निंग पोस्ट' ने दिल्ली दरबार के गड़े मुर्दे उखाड़ने की कोशिश की है लेकिन बहुत सारे पत्रों ने तारीफों के पुल बाँधे हैं।

"हमें अपने जीते-जी अपने काम के बारे में लोगों की सही और पक्षपातविहीन राय जानने का अभूतपूर्व अवसर मिल गया।" महाराज ने कहा, "चलो, इस बहाने

अंग्रेजी पत्रकारिता की पोल खुल गई। भारतीय परिवार में कुलनाम का पता 'रायटर' न्यूज एजेंसी को न होने से उसने 'गायकवाड़' हमें ही मान लिया और समाचार भेज दिया। अब तुरंत बड़ौदा तार भेजकर वस्तुथिति की जानकारी दीजिए और 'रायटर' से भी गलती ठीक करने के लिए संपर्क कीजिए।'' कहकर महाराज फिर घूमने के लिए निकल पड़े।

मेजर भाऊसाहेब गायकवाड़, सयाजीराव के रिश्तेदार और जयसिंहराव, फत्तेसिंहराव, शिवाजीराव के साथी लेकिन किसी भी बुरी लत से दूर रहे। राजपुत्र भी दूर रहे, इसलिए प्रयास किया, लेकिन चचेरे भाई की भी एक मर्यादा थी, इसलिए उनके सामने भाऊसाहेब का कुछ नहीं चलता था। महाराज से अनुमति लेकर भाऊसाहेब जयसिंहराव की अस्थियाँ लेकर हिंदुस्तान तीर्थक्षेत्र में विसर्जन के लिए निकल पड़े।

जयसिंहराव के निधन दरम्यान ही बड़ौदा से समाचार आया था कि नवसारी क्षेत्र के आदिवासियों ने बगावत की है। यह बड़ौदा राज्य की 'काली प्रजा' थी। महाराज ने उनकी शिक्षा के लिए पाठशालाएँ शुरू की थीं, छात्रावास बनाए थे। उनके युवकों को नौकरियाँ दी थीं। इसके पहले आदिवासियों के लिए पुनर्वसन का प्रयास किसी ने नहीं किया था। महाराज नवसारा का लंबा दौरा कर अपनी इस काली प्रजा से मिले थे। उनका विश्वास संपादन किया था। डेढ़ लाख के करीब 'काली प्रजा' अज्ञानी, रुढ़िनिष्ठ और शराबी थी। जमींदार, व्यापारी साहूकार उनका शोषण करते थे। उनको बंधुआ मजदूर बनाते थे। महाराज ने इसे बंद करने का कानून बनाया था।

नवसारी क्षेत्र के पास बागलान में ग्वालियों की बस्ती थी। उन्होंने आदिवासियों को शराब, माँस खाना आदि बातों से दूर रहने को कहा, हिंदू देवताओं की पूजा करने को कहा। पीड़ित, शोषित काली प्रजा उनके प्रभाव में आ गई और उसने अन्याय के विरोध में झंडा उठाया। सूबेदार ने उन्हें महाराज के आने तक शांत रहने का अनुरोध किया।

□

महाराज को बड़ौदा लौटने की आस लगी। मुंबई के बंदरगाह पर उनके स्वागत के लिए लोगों का हुजूम उमड़ पड़ा। दूसरे दिन वे बड़ौदा पहुँचे। विशेष दरबार का आयोजन किया गया था। अपनी प्रजा का प्रेम देखकर महाराज का दिल भर गया। शांत भाव से बोले, ''आप सबने हमारे साथ जो प्रेम और हमदर्दी दिखाई, उसके लिए हम आपके बहुत आभारी हैं। मनुष्य के जीवन में विपत्तियाँ और दुःख-दर्द भी उसकी परीक्षा के लिए आते हैं। समय ही हमारा परीक्षक होता है। धीरज के साथ परीक्षा में जाना ही परीक्षार्थी का फर्ज होता है। हमने अपनी प्रजा की याद और राजकर्तव्य की प्रेरणा के सहारे इस परीक्षा को पार किया। हमारे बारे में झूठ-मूठ अफवाहें फैलाने का यह कोई पहला अवसर नहीं है। हम इतना ही चाहते हैं कि इनके पीछे बदले की भावना न हो।

''दुनिया में हम कहीं भी हो, चौबीसों घंटे बड़ौदा और यहाँ की प्रजा के सुख के

बारे में सोचते आए हैं। हम बहुत बार विदेश यात्राएँ करते रहे हैं। हमारे ध्यान में आ गया है कि यह दुनिया तेजी से बदल रही है। हमें दुनिया से पिछड़ना नहीं चाहिए। दुनिया के साथ रहना हो तो हमें अपने मनोबल को बढ़ाना होगा। अपने पर भरोसा होना चाहिए। कृषि की आय, सड़कें, स्वास्थ्य, न्याय, जलसंधारण, कृषि उत्पाद, शिक्षा, उद्योग की प्रगति के लिए हम प्रयास करते आए हैं लेकिन समाज-सुधार का काम कुछ जटिल और मुश्किल है। उसमें हम गलत फहमियों और प्रतिरोध के शिकार बन जाते हैं।

"राजनीतिक और सामाजिक विकास का दायित्व राजा और प्रजा—दोनों के संबंधों पर आधारित होता है। कानून के सामने कोई छोटा-बड़ा नहीं। छुआछूत जैसी अकाट्य बेड़ियों को जब तक हम तोड़ नहीं देते, तब तक हमारी बातें दंभपूर्ण होंगी। गांधी वैसे कुछ लोग इस दिशा में अच्छा काम कर रहे हैं। हमें उनका अनुसरण करना चाहिए।

"शिक्षा के माध्यम से यदि हम नई प्रौद्योगिकी को नहीं अपनाएँगे तो दुनिया से पचास-साठ साल पिछड़ जाएँगे। अंत में, हमें कहना होगा कि अब हमारी उम्र हो चली है। साठ पार हो चुके हैं। पता नहीं देह कब तक साथ देगी? हिंदुस्तान में जो नहीं हुआ, उस वक्त हमने बड़ौदा में कर दिखाया है। प्रजा से इतना ही कहना है कि कानून की पाबंदी में सारे व्यवहार करें। जब तक देह में प्राण हैं, हम अपने अनुभवों का लाभ अपनी प्रजा के हित के लिए अविरत देते रहेंगे। सज्जनो, हमारे बारे में आपने जो अपार प्रेम और राजभक्ति दिखाई तथा हमारे परिवार के प्रति जो सद्भावनाएँ व्यक्त कीं, उसके लिए हम आपके बहुत-बहुत आभारी हैं।"

दरबार के बाद महाराज ने काली प्रजा के प्रतिनिधि मंडल से बात की, "मित्रो, पारिवारिक मुसीबतों के कारण हम आप से मुलाकात नहीं कर सके, लेकिन सुभेसाहब से सारी जानकारी मिलती रही। सरकार आपकी ही है। प्रशासन भी आपका ही है। ऐसे में आप किसी पराए की बातों में क्यों बहक जाते हैं? इससे तो कानून और नियम का भंग होगा। प्रशासन के साथ यदि आपका असहकार होगा तो हमें विवश होकर आप लोगों की दी गई सारी सुविधाएँ, सहूलियतें मजबूरन बंद करनी पड़ेंगी। हम आए हैं, अपनी शिकायतें हमें सुनाइए, लेकिन कानून तोड़ना तो अपराध ही माना जाएगा न?"

प्रतिनिधि मंडल ने महाराज से माफी माँगकर उनके प्रति आभार ही व्यक्त किए—"महाराज, आपसे मिलना हुआ, आपके आश्वासन से हमें न्याय मिल गया। परमात्मा आपको लंबी आयु दे।"

महाराज प्रजा के मनोविज्ञान को भलीभाँति जानते थे। काली प्रजा को विश्वास देकर उन्होंने वर्ग-संघर्ष की समस्या को बखूबी हल किया।

□

सयाजीराव महाराज चाहते थे कि अपने जीते-जी अपनी जीवनी प्रकाशित हो।

सरदेसाई जैसे जानकार विद्वान्-लेखक कई वर्षों से उनकी सेवा में थे। उनकी विवशता से महाराज नाराज हो गए लेकिन उसे प्रकट नहीं होने दिया। सरदेसाईजी की निवृत्ति की प्रार्थना पर महाराज ने कहा, ''सरदेसाईजी, आप हमारे पुराने विश्वासपात्र, ईमानदार सेवक हैं। हम चाहते हैं कि आप पूरे वेतन पर अंत तक काम करते रहें। हमारे विदेश दौरे पर हम आपके ही भरोसे निश्चिंत रहते हैं। आप हमें नहीं छोड़ सकते। आपको मरते दम तक हमारे महल में रहना होगा।''

ऐसे चार वर्ष बीत गए। सरदेसाईजी ने फिर प्रार्थना की। उनके वेतन में भी बढ़ोत्तरी नहीं की गई थी। सरदेसाईजी ने पुणे के पास कामशेत में जमीन खरीदी थी। वहाँ शांतिपूर्वक इतिहास लेखन का इरादा था। महाराज को यह पसंद नहीं था। उनकी यूरोप जाने की तैयारी हो चुकी थी। अपने पोतों की ओर इशारा करते हुए महाराज ने उनके संगोपन के लिए रहने का अनुरोध किया लेकिन सरदेसाईजी ने अब दृढ़ निश्चय किया था। महाराज उदास हो गए, लेकिन मुंबई जाते हुए सरदेसाईजी से कहा, ''इसका परिणाम अच्छा नहीं होगा।''

दूसरे दिन सरदेसाईजी ने दीवान के पास नौकरी का त्याग पत्र दिया। उसे यथासमय मंजूरी दी गई। साथ ही हर माह दो सौ साढ़े सैंतीस रुपए की पेंशन मंजूर हो गई।

□

28

27 मई, 1875 के दिन सयाजीराव महाराज बड़ौदा के सिंहासन पर विराजमान हुए। 27 मई, 1925 को सुवर्ण महोत्सव दिन मनाया जानेवाला था, लेकिन अस्वस्थ होने के चलते महाराज विदेश में थे। स्वास्थ्य ठीक होने पर नवंबर में लौटे। आते ही कड़ी और अन्य क्षेत्रों का दौरा किया। जनवरी के पहले हफ्ते में बड़ौदा लौटे। सुवर्ण महोत्सव के कार्यक्रम की रुपरेखा बन गई। देशी रियासतों के राजाओं और अन्य महत्त्वपूर्ण अधिकारियों को निमंत्रण भेजे गए। महाराज ने दीवान मनुभाई के पास इस अवसर पर जारी करने के लिए हुजूर हुक्म का कागज दिया—"सुवर्ण महोत्सव के अवसर पर हमारे अधीन जो जमींदार सरदार हैं, उनका बकाया लगान माफ किया जाता है। 'ब' और 'क' श्रेणी के कारावास के बंदियों की बची हुई सजा माफ कर उन्हें मुक्त किया जाता है। बड़ौदा में विज्ञान महाविद्यालय का आरंभ होगा। कला भवन से संलग्न प्रौद्योगिक कॉलिज शुरू किया जाएगा। प्रमुख नगरों को बड़ौदा से टेलीफोन द्वारा जोड़ा जाएगा। हमारे मान्यवर पूर्वजों की स्मृति के लिए कीर्ति मंदिर की स्थापना की जाएगी। वृद्ध गरीबों के लिए पिलांजीराव महाराज के नाम से अनाथाश्रम शुरू किया जाएगा। इन चार दिनों में इन कार्यक्रमों का आयोजन किया जाए।"

□

ग्यारह जनवरी से पहले ही बड़ौदा नगरी बंदनबारों-कमानों से सज गई। प्रजा जनों के लिए तो दीपावली का त्योहार ही हो गया। ग्यारह जनवरी को प्रातः ही 'लक्ष्मीविलास पैलेस' के सामने सोने की अंबारीवाला हाथी खड़ा था। शाही पलटन और शाही बैंड हाजिर थे। शाही जुलूस बरोशिया मैदान की तरफ चल पड़ा, जहाँ भव्य वितान बनाया हुआ था। मार्ग के दोनों ओर हजारों नागरिक महाराज को मान-वंदना दे रहे थे। उनके साथ महारानी और युवराज प्रतापसिंह भी थे।

मंडप में तिल रखने को जगह नहीं थी। बाहर भी बहुत लोग खड़े थे। महाराज के आगमन पर तोपों की सलामी दी गई। सबको नमस्कार करते, हाथ हिलाते महाराज पधारे

और उच्चासन पर विराजमान हुए। पास में महारानी, युवराज और परिवारजन थे। सुवर्ण महोत्सव समिति ने स्वागत किया। अनेक संस्थानों ने विविध भाषाओं में सम्मान-पत्र पढ़े। सत्कार पश्चात् महाराज ने अपने भाषण में कहा—

''युवर एक्सलेंसी लॉर्ड रीडिंग, लेडी रीडिंग तथा सज्जनो और देवियो, सुवर्ण महोत्सव के अवसर पर आप सबका प्रेम देखकर हम अभिभूत हुए हैं। प्रजा के कल्याण की बात ही हम निरंतर ध्यान में रखते आए हैं, इसलिए आनंद भी है। हमने आरंभ से ही कहा है कि हिंदुस्तान की आज की अवनति का कारण अज्ञान है। शिक्षा से दूर रहने पर हमारे जीवन में अँधेरा ही छा जाता है। इस अँधेरे को दूर हटाएँगे, तब हिंदुस्तान को एक राष्ट्रीयता से कोई रोक नहीं सकेगा।

''भिन्न जाति-धर्मों के भेद के बावजूद हमें इस संकीर्ण दृष्टि को त्यागकर उसे राष्ट्रीय उद्देश्य की ओर मोड़ दे। अज्ञान के कारण ही हम अपने दुश्मन बने हुए हैं। अज्ञान और दुष्ट रुढ़ियों की शृंखलाओं से हमने अपने ही हाथ-पैरों को बंदी बनाया है। इनका त्यागकर नए रिवाजों को अपनाना होगा। दूसरी संस्कृतियों की अच्छी बातों को ग्रहण करना चाहिए।''

महाराज के भाषण के बाद फिर पचास तोपों की सलामी दी गई। दोपहर में 'लक्ष्मीविलास पैलेस' में दरबार हुआ। गुणी जनों का सत्कार किया गया। उस अवसर पर महाराज ने कहा, ''बड़ौदा गुणी जनों की खान है। यहाँ साहित्य-संगीत, कला, नाटक, शिल्प आदि क्षेत्रों में श्रेष्ठ काम करनेवाले लोग हैं, जो बड़ौदा के भूषण हैं। राज्य की पहचान कृषि, उद्योग व्यवसाय, प्रशासन, न्याय-प्रबंध से होती है, उसी प्रकार उसकी समृद्ध सांस्कृतिक विरासत से भी होती है। कलाकारों का सम्मान करना सुसंस्कृत होने की निशानी है। बड़ौदा ने हमेशा कलाकारों का आदर और सम्मान किया है।

''साहित्य और कला की समृद्धि भी राजकीय वैभव है। बड़ौदा के ग्रंथालय और प्रकाशन, ओरिएंटल इंस्टीट्यूट का प्राचीन साहित्य-संग्रह यह सब हमारी असली संपत्ति है, जो आज की और कल की पीढ़ी के काम आनेवाली है।''

महाराज ने और भी कई जनोपयोगी घोषणाएँ कीं। समारोह के बाद शाही भोजन हुआ। तब महाराज ने कहा, ''परम ईश्वर की कृपा से बड़ौदा के राज्य कारोबार का दायित्व हमने स्वीकार किया, इसे पचास वर्ष पूरे हो गए। आधी शती का सिंहावलोकन करने पर लगता है कि अभी बहुत कुछ करना बाकी है फिर भी, बड़ौदा का स्थान सम्मानजनक रहा है।

''इस समारोह के अवसर पर हम नामदार साहब से प्रार्थना करते हैं कि आनेवाले संविधान में हिंदी रियासतों के अधिकारों का विस्मरण न हो। हम ब्रिटिश शासन को सुझाव देना चाहते हैं कि हमारे पहले जैसे मित्रत्व और अन्य अधिकार बरकरार रहें।

हिंदी रियासतों को यदि ब्रिटिश सरकार के दोस्त और साम्राज्य के मंडल के भागीदार बनना है तो उनमें उस भाव का विश्वास उत्पन्न होना चाहिए।" वाइसरॉय लॉर्ड रीडिंग ने अपने भाषण में कहा—

"हिंदुस्तान के आगामी राज्य संविधान से संबंधित बातों में देशी रियासतों के अधिकारों की अनदेखा नहीं की जाएगी। आपने अपने राज्य के कल्याण के मूलतत्त्व शांति, सुप्रबंध और कारोबार की शुद्धता को महत्त्व देकर उस दिशा में ठोस प्रयास किए हैं। प्रजा के उत्कर्ष हेतु सामाजिक और आर्थिक सुधारों को अंजाम दिया है। उसे सुशिक्षित बनाने हेतु अपार कष्ट उठाए हैं। इससे प्रजा के प्रति आपका दायित्व और प्रेम ही सिद्ध होता है।"

महाराज ने आभार व्यक्त करते हुए कहा, "वाइसरॉय साहब ने हमारे स्वास्थ्य के बारे में जो कहा, उसके लिए हम उनके आभारी हैं। अपने जीवन में जितना भी करना संभव था, उसे हमने सीमा तक करने की कोशिश की है। शेक्सपियर ने कहा हैं, 'अपने जीवन के जो भी लक्ष्य हों वे अपने देश, ईश्वर और सत्य के हों।' यही मेरे जीवन का मूलमंत्र रहा है। हम आप सबका फिर एक बार हृदय से आभार व्यक्त करते हैं।"

□

मकर संक्राति के दिन अनाथों और अपाहिजों के लिए बनाए गए अनाथाश्रम का उद्घाटन हुआ। महाराज ने दान-धर्म का महत्त्व समझाते हुए यह भी बताया कि बैठे-ठाले गैर-जरूरतमंदों को दान देने का जो उपक्रम धर्म के नाम पर चलते थे, उन्हें किसी तरह बंद कर उस निधि को अछूतों, दीन-दलितों और काली प्रजा के छात्रों की शिक्षा के लिए किया गया। राजधर्म की बात करते हुए महाराज को अंग्रेजी उदाहरण याद आया,

'Be as a father un to the fatherless
So shalt thou be as son of the Most High
And He shall love thee more than my motherhood.'

'पिताहीनों के लिए पिता बनो
तो परमपिता तुमसे पुत्रवत् प्रेम करेगा।'

महाराज ने कहा, "हमारा धर्मशास्त्र कहता है कि ज्ञान, कर्म और भक्ति के तीन मार्गों से जाकर मनुष्य जीवन में सफल हो सकता है। इनमें ज्ञानमार्ग को श्रेष्ठ माना जाता है। तीनों के संतुलन में ही सफलता की कुँजी है। परमार्थ में तीनों में से एक मार्ग चल सकता है, लेकिन प्रपंच में तीनों के सुंदर समन्वय की आवश्यकता है। अपने कर्तव्य कर्म को भक्तिभाव से करें, किंतु उसमें नैरंतर्य चाहिए। ज्ञान कुछ कम रहा तो कर्तव्य कर्म का आरंभ होना ही कठिन। सारांश, काम में, जीवन में तीनों मार्गों का अनुसरण करना होगा। तभी ऐसे संस्थान खड़े किए जा सकते हैं और यही तो परमार्थ है।"

अखिल भारतीय महाराष्ट्र साहित्य सम्मेलन कोल्हापुर में आयोजित किया गया, जिसकी अध्यक्षता के लिए सयाजीराव महाराज को मनोनीत किया गया। इसके पूर्व चार-पाँच बार उनसे प्रार्थना की थी, किंतु इस बार टालना संभव नहीं था। सम्मेलन में अध्यक्ष का भाषण सर्वाधिक महत्त्वपूर्ण होता है। महाराज ने भाषण की तैयारी शुरू की। महाराज के कोल्हापुर आने के बहाने महाराष्ट्र के अन्य महत्त्वपूर्ण नगरों ने उनके स्वागत-सत्कार के कार्यक्रम निश्चित किए। इन कार्यक्रमों के बाद महाराज मुंबई लौटे और अस्वस्थ हो गए। उधर कोल्हापुर में भी प्लेग का कहर बढ़ गया। डॉक्टर ने न जाने का परामर्श दिया। सम्मेलन में महाराज का भाषण पढ़कर सुनाया गया। स्वस्थ होने पर महाराज मुंबई से बड़ौदा लौट आए।

□

दैनंदिन काम-काज से निपटकर महाराज अपने वाचन कक्ष में बैठे हुए थे। संकेत था कि इसके बाद कोई काम महाराज के सामने पेश नहीं किया जाएगा। अपवाद था, बेहद महत्त्वपूर्ण काम का। संपतराव लिफाफा महाराज के हाथ में सौंपते हुए बोले, ''दूसरे 'विश्व सर्वधर्म परिषद्' की स्वागत समिति का शिकागो अमेरिका से निमंत्रण आया है।''

पत्र को खोलते हुए महाराज को बंद आँखों में कुछ याद आया, पढ़कर बोले, ''चालीस वर्ष पूर्व शिकागो में पहली धर्म परिषद् का आयोजन हुआ था। भारतमाता के सुपुत्र स्वामी विवेकानंद ने अपनी वक्तृता के बल पर हिंदू धर्म की ध्वजा सात समंदर पार फहराई थी। आज हमें उसी बात का स्मरण हो रहा है।''

''शिकागो स्वागत समिति ने आपको प्रधान अतिथि के रूप में सम्मलित किया है। स्वागत समिति में पचास राष्ट्रों के तीन सौ प्रतिनिधि हैं। ग्यारह धर्मों के प्रतिनिधि उपस्थित रहेंगे। आठ अधिवेशन होंगे। आठवें अंतिम अधिवेशन का नाम है World Fellowship of Faiths इस धर्म संसद् की अध्यक्षता स्वीकार करने की आप से प्रार्थना की गई है।'' संपतराव ने प्रसन्नता से कहा।

''इन लोगों ने बड़ा ही दायित्व हम पर सौंपा है। हमारी स्वीकृति और आभार का पत्र भेज दीजिए। सचिव तथा अन्य अधिकारियों से बात कर दौरे का कार्यक्रम पक्का कीजिए। 27 अगस्त 'विश्व शांति दिवस' को परिषद् का प्रारंभ होगा। मॉरिसन होटल के विशाल दीवानखाने में पच्चीस हजार मान्यवरों की उपस्थिति में पार्लियामेंट ऑफ रिलीजन का अधिवेशन होगा। सयाजीराव गायकवाड़ महाराज अध्यक्षता ग्रहण करेंगे।'' पत्र पढ़कर महाराज ने आँखें बंद कर लीं और मन-ही-मन शिकागो के सभागार में पहुँचकर भाषण देने लगे—

'मेरे भाइयो और बहनो,

'विश्व सर्वधर्म परिषद्' की अध्यक्षता का सम्मान मैं हिंद माता का ही सम्मान

मानता हूँ। मैं धर्म से हिंदू हूँ। हिंदू धर्म सबसे सहिष्णु है। यदि विश्व में शांति स्थापित करनी हो तो सबको सहिष्णु होना चाहिए। वर्तमान दुनिया अस्थिरता, परिवर्तन और जागरण की है। भौतिकी से विकास तो हुआ है, लेकिन आर्थिक विषमता है। ऐसे में, धर्म ही आध्यात्मिक और संस्कृतिक एकता ला सकता है। आज मनुष्य भोगवादी हो गया है। सोचना चाहिए कि उसे सभ्य कैसे बनाया जाए? स्फूर्ति और ज्ञान के लिए धर्म मनुष्य की सहायता करेगा। इसलिए धर्म की पुनर्रचना करनी होगी। आडंबर को टालना होगा।

"हिंदुस्तान में गौतम बुद्धि, चार्वाक, श्रीकृष्ण और आधुनिक युग में महात्मा गांधी जैसों ने और कबीर, तुकाराम, तुलसीदास जैसे संतों ने हमें धर्म और जीवन का समन्वय सिखाया। भगवत् गीता का पाठ है कि निष्काम कर्म ईश्वर तक पहुँचता है, लेकिन हम तृष्णा के मारे इस सुंदर विश्व का विध्वंस कर रहे हैं।

"मित्रो, यह सच है कि आज के वैज्ञानिक, वैद्यक शास्त्रज्ञ, समाज सुधारक, धर्मद्रष्टा इस नई दुनिया के निर्माता हैं। प्रकारांतर से परमेश्वर के ही साथी। लेकिन स्वार्थ, जातिद्वेष, संकीर्ण देशाभिमान और लोभ जैसे दुर्गुणों ने दुनिया में सर्वत्र कोलाहल मचा रखा है।

"आम आदमी को उसके अधिकार देना, पिछड़ों को सुविधाएँ देना, यही प्रजातंत्र है। आज दुनिया में नीति के नए आदर्श धर्म को चुनौती दे रहे हैं। जीवन ही धर्म का आधार है। साथ ही परब्रह्म है। उससे बड़ा ईश्वर नहीं। दुनिया में समता और संवाद के बिना शांति स्थापित नहीं हो सकती।

"आज दुनिया के सामने दो समस्याएँ हैं—शांति स्थापना और बेरोजगारी हटाना। धर्म इनके लिए क्या करनेवाला है?

"हमारा जोर अहिंसा पर है। राष्ट्रों के बीच लड़ाई स्वार्थ के कारण है। आपने 'विश्व सर्वधर्म परिषद्' का जो आयोजन किया है, उसमें समझदारी और दूरदर्शिता है। हर एक धर्म को चाहिए कि बदलती परिस्थितियों के अनुसार इष्ट सुधार करे। आज दुनिया के बहुत बड़े हिस्से में अज्ञान, स्वार्थ और जड़वाद ने मानव जाति को जकड़ रखा हैं। इन शत्रुओं का मुकाबला करने सभी धर्म बंधुओं को सुजनता और बंधुभाव से एक साथ आना चाहिए। हमारे धर्मों का रूप भिन्न दिखने पर भी तत्त्वतः वह एक ही वस्तु है। एक-दूसरे का बोझ उठाएँगे और ईश्वर निर्मित सृष्टि की सेवा करेंगे तो हम परमेश्वर के आनंद स्वरूप में सहभागी हो सकेंगे। इस परमेश्वर की मैं जय-जयकार करता हूँ।"

□

सयाजीराव महाराज ने संपतराव से सातारा दौरे का कार्यक्रम निर्धारित करने के लिए कहा। सतारा के 'मराठा विद्या प्रसारक समाज' ने छात्रावास को महारानी जमनाबाई का नाम देने की पेशकश की थी। महाराज के कर्मठ अधिकारी रामचंद्रराव माने माताश्री के

घराने से संबंधित थे। उनका भी अनुरोध था और सतारा के कर्मवीर भाऊराव पाटील का बहुत दिनों से आग्रह था कि श्री शाहू छत्रपति बोर्डिंग हाउस का काम देखें।

मराठा विद्या प्रसारक समाज के महारानी जमनाबाई छात्रावास का उद्‌घाटन करते हुए महाराज ने सतारा के छत्रपति, कलेक्टर बैहम और अन्य मराठा नेताओं और कार्यकर्ताओं को संबोधित करते हुए कहा—

"सतारा का श्रीमंत छत्रपति का घराना मशहूर है और हमें गर्व है कि इसके साथ हमारा पुश्तैनी संबंध है। आपकी तरह हमें भी अपने पुराने इतिहास पर गर्व है, लेकिन इतिहास पर झूठी शान बघारने का कोई मतलब नहीं। उसका बुद्धिनिष्ठ विश्लेषण कर उससे पाठ सीखना चाहिए। शिवाजी महाराज के राज्याभिषेक से लेकर पेशवाई के डूबने तक के डेढ़-दो सौ वर्षों के मराठों के इतिहास में कितने झगड़े, आपसी बैर, धोखाधड़ियाँ, दुश्मनों से जा मिलना, घरभेदीपना जैसी बातें भरी पड़ी हैं। मराठी सत्ता की एक भी यादगार निशानी देखने को नहीं मिलती। झूठे अभिमान के स्थान पर आपको यह तटस्थ भाव से सोचना चाहिए कि हमारा राज्य इतनी जल्दी क्यों डूब गया?

"हमें लगता है कि मराठों का अज्ञान, एकता का अभाव, शिक्षा के प्रति अनास्था और सच्चे धर्म को भूल जाना ही इसके कारण हैं। राष्ट्र की प्रगति के लिए क्रियावान लोगों की आवश्यकता होती है। इसके लिए ज्ञान का प्रसार अनिवार्य है।

"विश्व में प्रगतिशील राष्ट्र उसे ही कहा जाता है, जिसका राजा और लोक प्रतिनिधि सुविद्य हो। राज्य शासन का भी शास्त्र होता है, इसलिए प्रशासकों को ज्ञानी होना चाहिए। प्रजा को भी ज्ञान का आश्रय लेना चाहिए, अन्यथा आनेवाला समय आपके लिए बहुत अच्छा नहीं होगा।"

महाराज के दो टूक भाषण ने श्रोताओं की आँखों में अंजन डाला। कर्मवीर भाऊराव पाटील के शिक्षा क्षेत्र में अवदान से महाराज परिचित थे। मुंबई में एक-दो बार मिले भी थे। श्री शाहू छत्रपति बोर्डिंग में महाराज का छात्रों ने स्वागत किया। आम के एक बड़े पेड़ के नीचे छात्र पढ़ रहे थे। भाऊराव ने महाराज को छात्रावास दिखाया। फिर आम के पेड़ के नीचे पधारे। छात्रों ने महाराज की जय की। काफी जनसमूह भी आया था। भाऊराव ने कहा, "श्रीमंत महाराज साहेब, आपने समय निकालकर मुझ जैसे एक फकीर का निमंत्रण स्वीकार किया। समझ में नहीं आता कि कैसे आपका आभार व्यक्त करूँ? यह एक संन्यासी का झोंपड़ा है और मेरे पास आप जैसे महान् राजर्षि के स्वागत के लिए अंत:करण की आस्था के सिवाय कुछ भी नहीं है। आपकी चरणधूलि इस झोंपड़े को लगी, इसी से हम बड़े प्रसन्न हैं।

"महाराज, 1906 में मैंने आपका अंत्यजोद्धार से संबंधित भाषण पढ़ा था। उस भाषण ने मेरे मन को बहुत बेचैन कर दिया था। तभी मैंने निश्चय किया कि श्रीमंत

महाराज के विचारों के अनुसार ध्येय बनाकर जीवनभर प्रयास करूँगा। इसी इरादे से मैंने छात्रावास के माध्यम से गरीब और पिछड़े वर्ग की शिक्षा का दायित्व स्वीकार किया।

"मेरे कार्य को स्व. श्री शाहू छत्रपति महाराज का पूरा समर्थन था। महाराज, शुरू से ही मैं भीख माँगने की रीति के विरोध में हूँ, इसलिए मैंने छत्रपति से कुछ आर्थिक सहायता नहीं माँगी। सिर्फ उनके पहलवानों की माँग की, जिनकी कुश्तियों के प्रदर्शन से रुपए बचाए। छत्रपति ने कहा, इस तरह पहलवानों के पोषण का दायित्व लेनेवाले तुम ही पहली बार मिले।

"महाराज, संस्थान में सौ छात्र हैं, उनमें से पचास अछूत हैं। प्रति छात्र मासिक खर्च रुपए पाँच आता है। हम यहाँ बच्चों को काम देते हैं। उन्हें मेहनत का मूल्य समझना चाहिए। इस काम से छात्र को मासिक डेढ़ रुपए की कमाई होती है। छात्र यहाँ बरतन माँजते हैं, रसोई बनाते हैं, पानी भरते हैं, बाग का काम करते हैं। छात्रावास की लीपापोती करते हैं। कोई काम बड़ा नहीं, न कोई काम छोटा। इस आम के पेड़ की छाँव में बैठते-सोते, खाते-पीते खेलते हैं। मुझे यह कहने में गर्व है कि हमारे छात्रावास के अछूत छात्रों ने संस्कृत के पुरस्कार जीते हैं। हम छात्रों को आत्मसम्मान की सीख देते हैं। न हम याचना करते हैं, न उन्हें याचना करने देते हैं।

"मुंबई में हम मिले थे, तब आपने पूछा था कि भाऊराव, आपने दाढ़ी क्यों बढ़ाई है? तब मैंने जबाब नहीं दिया था। आज देता हूँ। एक कारखाने की नौकरी मुझे छोड़नी पड़ी। तब मैंने प्रतिज्ञा की थी कि जब तक इस कारखाने के सारे पदों पर मेरे छात्रों की नियुक्ति नहीं होती, तब तक बालों को हाथ नहीं लगाऊँगा। महाराज, आप गुण-ग्राहक हैं। हमारे जिले का एक रत्न आपकी सेवा में है। हमने रामचंद्र मानेजी को काउंसिल के चुनाव में खड़ा करना चाहा, लेकिन उन्होंने कहा, "मैं सयाजीराव के चरणों को छोड़कर अन्यत्र नहीं जाऊँगा।"

"अब प्रार्थना है कि आप हमारे छात्रों और उपस्थित जनों को अपनी अमृततुल्य वाणी से उपदेशामृत वर्षा करें।"

सयाजीराव महाराज ने कहा, "इस बोर्डिंग को देखकर मुझे बड़ा संतोष हुआ। आज देश को ऐसे ही बोर्डिंगों की आवश्यकता है, जहाँ सभी जातियों के छात्र एक साथ पढ़ सकें।

"जातिभेद से ही हमारी अवनति हुई हैं। सत्य मानवधर्म को भूलकर हम विपरीत बातों को धर्म समझ बैठे हैं। सत्य धर्म समता और भूतदया का है। जिसमें यह गुण नहीं, वह सत्य धर्म ही नहीं।"

"इस धरती पर मनुष्य विविध धर्मों के हो सकते हैं, लेकिन वे सारे प्रभु की संतान हैं। मनुष्य की योग्यता जाति, धर्म पर नहीं, उसके गुणों पर होनी चाहिए। झूठ और गलत

बताया जा रहा है कि चातुर्वर्ण्य ईश्वर निर्मित है।

"हम नहीं जानते कि स्वर्ग या नरक वास्तव में हैं या नहीं, लेकिन इतना जानते हैं कि सत्कार्य करने में स्वर्ग का आनंद मिलता है। भाऊराव, आप सभी जातियों के बच्चों को पढ़ाने के काम करते हैं। इससे अलग स्वर्ग कहाँ है? अपने अच्छे कामों से स्वर्ग इस धरती पर भी बनाया जा सकता है। भाऊराव का काम श्रेष्ठ है और उनकी सफलता से हम चकित हैं। हम अपनी रियासत में ऐसे छात्रावास बनाने का प्रयास करेंगे।

"एक सूत्र बताते हैं। इस दुनिया में सच्चा अमीर कौन है? सुस्थितिप्राप्त मनुष्य दुःस्थितिग्रस्त मनुष्य के बारे में प्रेम, सहानुभूति और करुणा का भाव रखे और उसकी जितनी हो सके, उतनी सहायता करने को अपना दायित्व समझे। भाऊराव पाटील यही कर रहे हैं। हम स्वयं पिछले चालीस वर्षों से इसी आदर्श का पालन करने का प्रयास कर रहे हैं।

"अंत में, छात्रों को एक संदेश देना चाहता हूँ। आप में असीम ऊर्जा है। तंदुरुस्ती बदन की और मन की शक्ति अभ्यास से बढ़ती है। इसे प्राप्त करेंगे तो आनेवाला समय आप ही का है। भाऊराव ने आपके लिए ज्ञान का प्याऊ खुला कर दिया है। इस ज्ञानगंगा को आपको समाज के सभी विभागों के घरों और झोपड़ियों तक ले जाने के लिए उनकी सहायता कीजिए। आशा करता हूँ कि इसी से देश का सच्चा हित साधनेवाले आर्यभू के सुपुत्र निकलेंगे और अपने देश का उद्धार करेंगे।"

भाषण के बाद भाऊराव ने महाराज को छात्रों के साथ सहभोजन की प्रार्थना की। आटे और बाजरे की रोटी का स्वाद आम के पेड़ के नीचे लेते हुए महाराज खुश हुए।

सतारा दौरे के बाद महाराज बड़ौदा लौट आए।

महाराज के सचिव ने प्रो. माणिकराव के आने की खबर दी। माणिकराव के साथ अमरावती के हनुमान व्यायाम प्रसारक मंडल के श्री भ.रा. देशपांडे थे। महाराज ने दोनों के कार्य की प्रशंसा की। देशपांडेजी ने मिलने का कारण बताया, "महाराज, बर्लिन ओलंपिक के लिए हनुमान व्यायामशाला का संघ जानेवाला है। माणिकरावजी से पता चला कि आप भी उपस्थित रहनेवाले हैं। काफी खर्च होनेवाला है। महाराष्ट्र के एक राजा ने नाम न बताने की शर्त पर कुछ सहायता की है। महाराज, आपको इन लोगों की सहायता करनी चाहिए।" माणिकराव ने कहा। महाराज ने देशपांडेजी से पूछा, "पहले दिन संचलन में आप कौन सा ध्वज फहरानेवाले हैं?"

"यूनियन जैक, महाराज।"

"हनुमान व्यायाम मंडल के आप सब लोग बड़ौदा रियासत के प्रतिनिधि के रूप में जाएँगे और मार्चिंग परेड में भगवा झंडा बर्लिन शहर में शान से फहराएँगे। हम आपके राष्ट्रीय काम का मोल जानते हैं और हमें अपने लोगों पर गर्व है। आपके संघ के आने-

जाने और रहने का खर्च बड़ौदा रियासत करेगी। हम भी बर्लिन पधारनेवाले हैं, तब फिर मिलेंगे।'' महाराज ने कहा।

माणिकराव और देशपांडे संतोष से निकल पड़े। महाराज ने माणिकराव को अकेले फिर से बुलाया और कहा, ''एक बात आपके कानों पर डालना चाहते हैं जो अतिथि के सामने नहीं बोल पाए।

''आजकल हम बड़ी शिद्दत से महसूस करने लगे हैं कि अंग्रेजी साम्राज्य को यदि कोई नीचे झुका सकता है तो सिर्फ जर्मनी का हिटलर ही झुका सकता है। पिछले कुछ वर्षों में जर्मनी ने हिटलर के मार्गदर्शन में औद्योगिक क्षेत्र में लंबी कूद लगाई है, उससे हमारा यह अनुमान है। वही शक्तिशाली ब्रिटिश साम्राज्य को चुनौती दे सकते हैं। हिटलर नए अनुसंधान और उद्योग को भी प्रोत्साहित कर रहे हैं। इससे दूसरा विश्व युद्ध विज्ञान और प्रौद्योगिकी की सहायता से ही होगा। हिटलर की नीति हिंदुस्तान की गुलामी की हवा में रहनेवाले हम जैसों के लिए पोषक ही होगी।''

''आपने क्या सोचा है, महाराज ?''

''माणिकराव, हमारा सपना है, शायद सच हो न हो। ब्रिटिश शासन को चुनौती आज सिर्फ हिटलर ही दे सकता है। ऐसी दशा में हम सब को संगठित होना चाहिए। बर्लिन ओलंपिक बहाना है। इस बहाने हिटलर से मिलकर उनके सामने अपना सपना रखने का इरादा है। इसके लिए हमारा एक दूत बर्लिन पहुँच गया है। वहाँ से हरी झंडी दिखाई गई है। आपकी क्या राय है ?''

''महाराज, हमारी क्या राय हो सकती है ? इतना अवश्य कहेंगे कि आपका सपना सही है और हम जानते हैं कि आप सपना सच करने में कोई कसर नहीं छोड़ते।''

□

देर रात तक महाराज हिटलर की संगठन कुशलता के बारे में सोचते रहे। जर्मनी का यह चांसलर ब्रिटिश साम्राज्य को उसकी औकात दिखा सकता है। इस अवसर से चूकना नहीं चाहिए। इसी विचार में महाराज की आँख लगी और बर्लिन ओलंपिक शुरू हुआ।

महाराज बर्लिन पहुँचे। वि.पां. नेने ने महाराज का स्वागत करते हुए कहा, ''जैसा सोचा था, वैसा हुआ। हमने आपकी बातें उनको सुनाईं। बताया कि दूसरा विश्व युद्ध शुरू हुआ तो हिंदू राजा जर्मनी की सहायता करेंगे। कल उनके यहाँ आपको भोज का निमंत्रण है। कल की मुलाकात में आपको बरोडा-बर्लिन इकरारनामे पर हस्ताक्षर करने हैं। स्टेडियम में हिटलर के आसन के बाद आपका खास आसन होगा। हनुमान व्यायाम शाला का संघ भगवा ध्वज फहराएगा। ''हिटलर तेजस्वी सूर्य की तरह स्वतंत्रता का प्रभा सर्वत्र फैलने लगा। गुलामी में बेजान पड़े स्वतंत्रता प्रेमियों को प्रेरित करने लगा। महाराज सपने में बुदबुदाए, '' यह अंतिम अवसर है। वक्त निकल जाएगा तो समय तुम्हें

क्षमा नहीं करेगा, कभी भी।'' और फिर सपने में खो गए।

पचास वर्ष पूर्व सयाजीराव महाराज राजा बनने के लिए दूर कवलाणा देहात से बड़ौदा आए और वहीं पर बस गए। धीरे-धीरे कवलाणा का सारा गायकवाड़ परिवार बड़ौदा आ गया, लेकिन इन पचास वर्षों में महाराज अपने जन्म गाँव नहीं जा सके थे।

1885 में अपने बड़े भाई आनंदराव के लिए कवलाणा में बड़ी कोठी बनवाई। छोटे से गाँव में वह 'वाडा' राजमहल जैसा ही था। और भी छह गायकवाड़ वाडे बन गए। आनंदराव और गायकवाड़ परिवार भी बड़ौदा में आकर बस गए। महाराज बड़ौदा के कारोबार में डूब गए और ब्रिटिश सत्ता का मुकाबला करने में पचास वर्षों का समय कैसे बीत गया, पता ही नहीं चला। महाराज यात्राप्रिय थे इसलिए हिंदुस्तान और बाहर की दुनिया को देखने के लिए कई बार गए, लेकिन जन्मगाँव न जाना एक पहेली बनकर रह गई।

सीखने की उम्मीद में फुरसत नहीं मिली। माता-पिता, भाई आदि लोग बड़ौदा ही में थे। इसलिए कवलाणा जाने की आवश्यकता ही नहीं पड़ी। सुवर्ण महोत्सव के लिए गाँव के लोग आए थे। संपतराव उनका प्रबंध कर रहे थे। उनमें महाराज का बचपन का हमजोली खंडू पहलवान था। उसने संपतराव से कहा, ''महाराज को कवलाणा दर्शन देने के लिए कहिए न! गाँव के सब लोग तो यहाँ नहीं आ सके हैं। अपने गाँव के राजा को देखने की गाँववाले आस लगाए बैठे हैं।''

संपतराव ने आए हुए लोगों को महाराज से मिलवाया। ''हम बड़े दिनों से चाहते हैं गाँव आने के लिए। अगले हफ्ते जरूर आएँगे। पचास वर्ष पूर्व का गाँव, सखासंगी और सारी यादें आँखों के सामने ताजा हैं।'' महाराज ने कहा। गाँववाले खुश होकर लौट पड़े। आस-पास के गाँवों में भी खबर फैल गई कि राजा गाँव आनेवाले हैं।

मुंबई होते हुए महाराज रेल से मनमाड़ आए। स्टेशन पर पैर रखने की जगह नहीं थी। दर्शन के लिए बड़ी भीड़ इकट्ठा हुई थी। स्वागत के बाद महाराज मोटरकार से कवलाणा की ओर निकल पड़े। रास्तें में पड़नेवाले गाँवों, निशानियों को पहचानती हुई कार सरपट गति से जा रही थी। जैसे-जैसे गाँव निकट आने लगा, महाराज का बचपन भी दौड़ते-दौड़ते सामने आने लगा। कवलाणा मोड़ पर गाड़ी रुक गई। छोटे-बड़े, बाल-बच्चे सड़क पर आकर खड़े थे। बंदनवार लगे थे। गाँव की सीमा तक एक फलांग का वितान तना हुआ था। बाजे बजने लगे।

महाराज कार से बाहर आए। गाँववालों ने महाराज की जय-जयकार की। महाराज और परिवारजन सजी हुई बैलगाड़ी पर बैठ गए। जुलूस निकल पड़ा गाँव की तरफ। रास्ते में नाला आया। महाराज ने दाएँ-बाएँ देखा। नाला सूखा था। दोनों किनारों पर बबूल का वन बढ़ गया था। बचपन में पानी होने पर इस नाले में खूब डुबकियाँ लगाते थे।

मारुति मंदिर के सामने कार रुकी। सामने आनंदराव की बड़ी हवेली थी। गाँव तोरण पताकाओं से सजा हुआ था। महाराज नीचे उतरे। सुहागिनों ने आरती उतारी। महाराज ने हर एक की थाली में सोने की मुद्राएँ डाल दीं। नए कपड़े पहनकर आया खंडू पहलवान महाराज को मुजरा करने लगा तो महाराज ने झट-से उसके दोनों हाथ हाथों में लेकर उसे जोर से गले लगाया और बोले, "खंडू, मैं अब महाराज नहीं हूँ। मुझे मुजरा नहीं चाहिए। पचास वर्ष इसी को झेलता आया हूँ, लेकिन जिगरी दोस्त को गले लगाना ही भूल गया था।" भरा-पूरा खंडू महाराज के प्रेम से थर्रा उठा और आँखों से बहनेवाले आनंदाश्रुओं को बाजुओं से पोंछने लगा।

उसके हाथ को उसी तरह पकड़कर महाराज मंदिर की सीढ़ियाँ चढ़ गए। मूर्ति के सामने हाथ जोड़े और मन-ही-मन बोले, "सबकुछ आपके कृपाप्रसाद से हुआ है। आगे भी इसी तरह ममता बनी रहे।"

मंदिर के सामने संत लक्ष्मण बाबा की समाधि थी। महाराज ने उसके दर्शन किए और बोले, "लक्ष्मण बाबा, आपने अछूत समाज में जन्म लेकर भी पांडुरंग भक्ति और समता का संदेश उस जमाने में दिया। आपकी दृष्टि का लाभ हमें बड़ौदा के वास में भी हुआ।" गाँव में शोभायात्रा निकली। गाँव में गायकवाड़ों के महल छोड़ दें तो कोई परिवर्तन नहीं हुआ था। महाराज भीड़ में बचपन के साथियों के चेहरे ढूँढ़ रहे थे। मिलने पर गले लगाकर खुशी जाहिर कर रहे थे। कोने पर एक बूढ़ी ने कानों के पास उँगलियों को मोड़कर आशीर्वाद दिया। महाराजा बुढ़िया के पास कुछ झुके तो उसने कहा, "नहीं नहीं बापा, राजा को ऐसे झुकना नहीं चाहिए।" महाराज को अपनी जन्मदाता माँ उमाबाई के शब्दों की याद आई।

"दादी, आज भी मैं वही गोपाल हूँ, कवलाणा के काशीराव पाटील का।" महाराज हँसते हुए बोले। बुढ़िया ने आकाश के सूर्यनाराण को काँपते हाथ जोड़कर कहा, "हमारे राजा को हमारी उमर दे रे बाबा।"

□

मंदिर के पास आनंदराव की हवेली के सामने बड़ा मैदान लोगों से खिल उठा था। गाँववालों ने महाराज का सत्कार किया। महाराज ने कहा, "आज आपने अपने गोपाल का जो भव्य सत्कार किया है, उससे हमारा मन आनंद से भर गया है। हम अपने आस-पास हमारे बचपने के सखाओं, गाँव-देहात के अपने संबंधियों, गाँव के छोटे-बड़े भाई-बहनों को जब आज देख रहे हैं तो हमारे सामने अपना बचपन ही दिखाई देने लगा है। इसी मैदान में हम खेलते-कूदते, मस्ती करते थे। थक जाने पर पास के बड़ के पेड़ की छाँव में आराम करते थे। दोपहर में लपक-डंडा, पकड़ा-पकड़ी खेला करते थे।

"दशहरा दीवाली पर पटाखे फोड़ते थे। बूँदी के लड्डू खाते थे। शादी-ब्याह में

सड़क पर ही थाली-लोटा साथ में लाकर भोजन की पंगत में बैठते थे। देर रात तक मारुति मंदिर के चबूतरे पर चलनेवाले भजनों को सुनते हुए आँख लग जाती थी।

"कवलाणा छोड़कर हम बड़ौदा पहुँचे। राजपद मिला, वैभव मिला। लेकिन कवलाणा का मुक्त आनंद और मजा फिर कभी नसीब नहीं हुआ। जिम्मेदारियाँ बढ़ गईं। परेशानियाँ बढ़ गईं। बचपन की मासूम खुशियाँ गायब हो गई। आज बरसों बाद आपके बीच आए हैं तो लगता है कि वे खुशियाँ फिर मिल गई है।" महाराज गद्‍गद हो गए। महाराज के सखा-मित्र उनकी बातों से हिल गए। बोलना चाहते थे, लेकिन समझ में नहीं आता था कि क्या कैसे बोलें।"

गाँव भोजन हुआ। महाराज गाँववालों के साथ सड़क पर भोजन के लिए बैठे। किसी की एक नहीं मानी। गाँव के मुखिया ने पारंपरिक घोषणा की बोला, "पुंडलिका वरदा हरी विट्‌ठल श्री ज्ञानदेव तुकाराम पंढरीनाथ महाराज की जय।" महाराज ने थाली को वंदन कर भोजन शुरू किया।

दोपहर के भोजन के बाद महाराज खंडोबा मंदिर की तरफ चल पड़े। गाँव के दक्षिण में नदी के पार एक छोटे से टीले पर मंदिर था। खंडेराय ग्रामदेवता। हर वर्ष यहाँ मेला लगता था। महाराज ने दर्शन किए।

सामनेवाले खेत में चिंधिया रहता है। संपतराव ने नीम के पेड़ के पासवाली झोपड़ी की ओर इशारा किया।

"चिंधिया से मिलना है।" कहते हुए महाराज जोते हुए खेत में चलने लगे। साथ में आनेवाले लोगों को महाराज ने रोका। अकेले ही आगे बढ़े। झोंपड़ी के पास एक गाय, दो बकरियाँ बँधी हुई थीं। पास में टोकरी के नीचे कुछ मुरगियाँ। चिंधिया आँगन में बैठा हुआ था—"क्यों रे चिंधिया, कैसा क्या चल रहा है तेरा?" निस्तेज आँखों से महाराज को देखकर हड़बड़ी में खड़े होते चिंधिया बोला, "महाराज, मैं आनेवाला था! तू खुद होकर चला आया! "ठीक चल रहा है? "हम ठहरे गरीब जन, खींचतान तो जिंदगी भर की लगी रहती है।"

स्वयं महाराज को सामने देखकर चिंधिया झोंपड़ी से खटिया बाहर ले आया। कंबल डालकर महाराज को बैठने के लिए कहा। बैठते हुए महाराज ने पूछा, "पोट्टे पेट के लिए दो टुकड़े देते हैं कि नहीं?"

"यहाँ कोई किसी का नहीं रहा, महाराज। काम-धंधे के बहाने सब चले गए।"

"दारू-वारू पीता है कि नहीं?"

"हाँ, लेता हूँ कभी-कभार। नौटांक चढ़ाता हूँ।"

"अरे, दारू नहीं पीनी चाहिए। बहुत खराब है पीना।"

"क्या करूँ महाराज? बच्चों की माँ थी, तब रोकती थी, लेकिन अब वह तो

चली गई ऊपर और...'' घरवाली की याद से चिंधिया का गला भर आया। उसके कंधे पर हाथ रखते हुए महाराज ने पूछा—

''फिर करता क्या है?''

''एक नौटांक चढ़ाने पर अकेलेपन का दुःख लग जाता है और फिर मैं भी तेरे जैसा राजा बन जाता हूँ।''

चिंधिया की बात पर महाराज खिलखिलाकर हँस पड़े और उनके अपने दुःख की पीड़ा पानी में पड़े ढेले की तरह पतली हो गई। अपने आपसे बोले, ''कौन मुक्त है अपने-अपने दुःख से? चिंधिया को बता रहे हैं कि दारू मत पियो, लेकिन उसका दुःख हल्का करने के लिए हम क्या कर रहे हैं? सबकुछ है हमारे पास, लेकिन पीछा नहीं छोड़ा है दुःख ने।''

''चिंधिया तुझे क्या चाहिए?'' महाराज ने पूछा।

''महाराज, मुझे कुछ नहीं चाहिए। भगवान् ने दिया वह सब भी काफी नहीं हुआ। लगता था, आप मिले। बचपन का दोस्त राजा है, बताने पर सुननेवाले दाँत दिखाते थे। आज आपके पाँव मेरे झोंपड़े को लगे और मेरा सोना हो गया। इस चिंधिया को सबकुछ मिल गया। तेरे आने से पहले खंडेराय से एक बात माँगी थी। मेरे राजा को दुःख की हवा न लगे।'' खंडेराय के मंदिर की ओर देखते हुए चिंधिया बोला।

महाराज ने मुँह फेर लिया। अपनी आँखों के आँसू देखकर चिंधिया को बुरा न लगे, इसलिए। महाराज ने झट आँसू पोंछे और चल पड़े। आकाश जितने बड़े कलेजेवाले चिंधिया ने उन्हें जीने के लिए और ही ताकत दी थी।

ढेलों को रौंदते हुए महाराज हवेली की तरफ चल पड़े॥

□□□